LES LOIS COMMERCIALES DE LA TUNISIE

PAR

S. BERGE

Conseiller à la Cour d'appel de Paris,
Ancien président des Tribunaux français de Tunis et de Sousse,
Président honoraire du Tribunal mixte de Tunisie,
Directeur honoraire de la justice tunisienne.

PARIS

LIBRAIRIE GÉNÉRALE DE DROIT ET DE JURISPRUDENCE

Ancienne Librairie Chevalier-Marescq et Cie et ancienne Librairie F. Pichon réunies.

F. PICHON ET DURAND-AUZIAS, ADMINISTRATEURS.

Librairie du Conseil d'État et de la Société de Législation comparée.

20, RUE SOUFFLOT, 20

LES LOIS COMMERCIALES DE LA TUNISIE

Explication des abréviations employées dans le corps du présent ouvrage.

On trouvera la plupart des documents législatifs dont nous avons donné l'analyse dans le *Code Annoté de la Tunisie* de M. *Paul Zeys*, alphabétique jusqu'en 1900, chronologique dans ses suppléments annuels depuis 1901. Nous avons indiqué les renvois à cet ouvrage par la lettre Z. suivie d'un chiffre qui est le numéro sous lequel M. *Zeys* a publié le document objet du renvoi.

La jurisprudence tunisienne a été réunie dans un *Répertoire Alphabétique de la Jurisprudence tunisienne* qui va jusqu'au 31 décembre 1908 et dont nous avons terminé la publication en 1910. Nous y renvoyons par cette indication: *S. Berge, Répertoire* V°..... N°..... Il nous a paru bon de renvoyer aussi parfois le lecteur au *Journal des Tribunaux de la Tunisie* qui a commencé sa collection en 1889 et que nous dirigeons depuis 1892; le renvoi est indiqué par le mot *Journal*, suivi du numéro de l'année et de la page du volume.

Avant propos.

1. La Tunisie a vu son commerce se développer dans des proportions extraordinaires et inespérées depuis l'établissement du Protectorat que la France y exerce actuellement. Ses importations et ses exportations sont devenues extrêmement importantes et portent, d'une part, sur toutes sortes de produits manufacturés, d'autre part, sur les céréales, les huiles, les minerais et les phosphates.

2. Ce mouvement commercial énorme consistant surtout en échanges entre la Tunisie et le reste du monde, il a paru utile de renseigner les intéressés et les hommes de loi appelés à leur donner des conseils, sur la législation spéciale que les affaires faites avec la Tunisie pourrait être appelées à subir et c'est cette idée qui a donné naissance au présent ouvrage. Celui qui l'a entrepris s'est trouvé aux prises avec deux difficultés; la première consistait dans le choix qu'il fallait faire entre les éléments qui composent la législation tunisienne, afin de ne pas encombrer le livre de notions inutiles, tout en ne laissant pas de côté les réglementations qui sont de nature à affecter des intérêts commerciaux en Tunisie, bien qu'elles ne continssent pas à proprement parler des lois commerciales; la seconde résidait dans le classement à effectuer entre les très nombreux documents à mentionner, à analyser ou à reproduire, afin de faciliter les recherches du lecteur.

3. La première de ces difficultés nous a amené à faire des incursions dans certains domaines dont l'étude ne constituait pas le but essentiel de notre monographie; nous ne nous sommes laissé aller que très sobrement à ces promenades dans les alentours de notre sujet; on ne nous reprochera certainement pas d'en avoir abusé. La seconde difficulté nous a conduit à une division de l'ouvrage qui est plus empirique que rationnelle, mais que nous avons adoptée, après y avoir mûrement refléchi, parce qu'elle facilitera les recherches en raison de son caractère pratique. Nous avons d'ailleurs mis à la fin du livre une table analytique qui permettra de trouver rapidement et sûrement le renseignement cherché.

4. Dans une première partie, après des notions historiques sur l'organisation judiciaire du pays et sur son régime politique, on expose l'organisation administrative dans ce qu'elle offre d'intéressant pour le commerce, soit ce qui touche au système monétaire, aux poids et mesures, au régime des banques, des chambres et bourses de commerce, à l'Office postal, à la législation ouvrière. — Une deuxième partie expose l'organisation judiciaire actuelle, intéressante par cette particularité qu'il existe deux justices indépendantes l'une de l'autre opérant simultanément sur le même territoire. — La troisième partie, après des notions sur les conflits des lois, en matière de contrats et obligations, donne l'analyse du Code tunisien qui régit les opérations soumises à la loi locale. — La quatrième partie donne le détail de la règlementation de certains commerces et de certaines industries. — Enfin, dans la cinquième et dernière, ou trouvera groupées des règlementations d'une nature spéciale, se distinguant des précédentes à ce qu'elles ont principalement une nature fiscale.

Tout cela nous aurait entraîné à composer un très gros volume si nous n'avions pas condensé l'essence des choses dans des analyses plus ou moins rapides, en donnant toujours aux lecteurs les moyens de trouver les textes ou d'étudier plus profondément les matières spéciales qui les intéresseront le plus.

Première partie. Organisation politique et administrative de la Tunisie.

Chapitre premier. Notions historiques sur l'ancienne organisation judiciaire.

5. Nous n'avons pas l'intention de placer sous ce titre des aperçus sur la Tunisie telle qu'elle fut dans le passé et telle qu'elle se trouvait avant l'établissement du Protectorat français, au point de vue politique et économique; une telle étude nous entraînerait un peu trop loin de notre programme, qui se concentre sur l'exposé de la législation commerciale de la Tunisie; mais il nous paraît essentiel d'exposer sommairement l'organisation judiciaire antérieure au protectorat français et l'état des relations du pouvoir beylical avec les puissances, pour l'intelligence de ce que nous aurons à dire des institutions actuelles.

6. En 1881, au moment où la France établit son protectorat sur la Tunisie, les Capitulations y avaient divisé l'exercice du pouvoir judiciaire en deux parties dont l'une était restée aux mains du Gouvernement beylical, tandis que l'autre avait été concédée aux Puissances. Il faut parler séparément de chacune d'elles.

Section première. La justice beylicale avant le protectorat français.

7. La caractéristique de la justice beylicale, c'est une division en deux branches, l'une séculière, l'autre religieuse.

8. Les tribunaux religieux sont composés de magistrats nommés par le Bey, jugeant soit isolément, soit par collèges, conformément à la loi religieuse, c'est à dire à la loi coranique; ils ont pour domaine les matières de statut personnel et les questions immobilières.

9. A Tunis, le grand conseil de ces magistrats porte le nom de *Chara*. Il est double pour le motif que voici; la loi musulmane, qu'il doit appliquer, comporte plusieurs rites dont deux sont presqu'exclusivement en vigueur en Tunisie; ce sont le rite *hanafite*, qui est celui de la famille beylicale et d'un certain nombre de familles, généralement d'origine turque et le rite *malékite*, qui est celui de la masse de la population. Afin de ne froisser personne, on a en réalité fait fonctionner deux *Charas*, qui siègent dans la même salle, indépendamment l'un de l'autre, et qui appliquent, respectivement chacun suivant son rite, la loi religieuse aux parties qui s'adressent à lui.

10. Le choix entre les rites, et par conséquent, entre les deux parties du Chara, se fait d'une manière assez curieuse: c'est le défendeur, c'est à dire celui qui est ajourné à comparaître, qui a le droit de choisir le rite auquel sera soumise la contestation; l'habileté du plaideur consiste à se placer dans une situation juridique où il a la jouissance du droit qu'on lui conteste, par exemple à se procurer la possession d'un immeuble litigieux, afin qu'on soit dans l'obligation de l'attaquer pour le faire sortir de cette position avantageuse; de cette manière il peut choisir le rite le plus favorable à sa cause, et il le fait sans se préoccuper de la secte dont il fait partie, à laquelle il retourne, ou plutôt qu'il ne quitte pas, si ce n'est pour les besoins de sa procédure.

11. Le juge choisi, c'est le *Cadi*, qui juge la contestation en premier ressort à moins que d'office, il ne la renvoie au Chara tout entier, qui se compose d'un *bach-mufti* et d'un certain nombre de *muftis* (le *bach-mufti* hanafite porte le titre de *cheikh el Islam*). Le Cadi ne renvoie l'affaire à ce conseil que s'il la juge particulièrement difficile ou si, pour un motif personnel, il ne veut pas la juger; mais quand il a donné sa sentence, la partie qui n'en est pas satisfaite peut s'adresser elle-même au Conseil des muftis du rite, qui forme ainsi une sorte de juridiction d'appel. Si ces muftis arrivent à s'entendre pour une solution, ils l'expriment dans une sentence; sinon, ils font appel à l'intervention du Bey qui, juge suprême, dit le droit d'une façon souveraine. Ajoutons, pour ne rien laisser d'essentiel en dehors de ces indications, que le Bey peut toujours dessaisir le Chara et évoquer le procès devant lui.

12. Dans les principaux centres de la Régence, il y a aussi des Cadis; à vrai dire, ils n'ont pas de pouvoirs propres et les magistrats de Tunis ne les considèrent que comme des délégués agissant sous leur contrôle. Voici comment se déroule la procédure qui les met en action: on adresse au Chara de Tunis une requête, à laquelle il est répondu par une ordonnance ou *mrasla* qui correspond à peu près à ce que nous appellerions dans la procédure française une *commission rogatoire*; le cadi local est habilité à prendre la mesure sollicitée, s'il trouve que les dires du demandeur sont établis par les investigations et vérifications auxquelles il se livre, et s'il n'y a pas d'opposition; mais cette solution, mise au pied d'un rapport, n'est que provisoire et elle peut toujours être révisée par le Chara, s'il est saisi.

13. Le Chara et les magistrats qui s'y rattachent ne peuvent pas connaître de toutes les matières; il a déjà été indiqué plus haut qu'ils s'occupent seulement des affaires de statut personnel et des contestations immobilières.

14. Dans la première catégorie rentrent les questions de mariage, de répudiation et de divorce, d'interdiction, de tutelle et d'émancipation, de filiation et de succession. Le Cadi, qui est le tuteur et protecteur né de tous les incapables, jouit d'un immense pouvoir relativement aux contestations familiales; il peut détenir dans sa maison de Justice (*dar adel*) la femme qui s'est soustraite aux devoirs que lui imposait le mariage, y recueillir celle dont deux contestants prétendent être le mari ou qui a été abandonnée; il peut marier les jeunes filles ou les jeunes femmes sans asile et sans ressources; il administre ou fait administrer les biens des mineurs et des interdits, recueille les successions vacantes ou en deshérence, opère la licitation et le partage des successions entre divers héritiers et fixe le nombre de *kirats* ou de subdivisions de kirats qui doivent revenir à chacun d'eux. En matière immobilière, le Chara statue sur la validité des ventes, des échanges, des baux à complant, des retraits d'indivision ou *chefaa*, des *habous* on clauses d'inaliénabilité et de consécration de fonds à des fondations pieuses.

15. Mais tous les tunisiens ne sont pas musulmans; il y a parmi eux un grand nombre d'israélites; eux aussi ont leur juridiction religieuse. Il est vrai que pendant longtemps, les Beys, pratiquant une tolérance qu'on pourrait envier ailleurs, bien que trop souvent par ignorance on la nie, laissèrent les communautés israélites régler elles-mêmes les affaires de famille de leurs membres, c'est à dire choisir les rabbins chargés de rendre la justice, en matière de statut personnel, conformément au droit rabbinique; mais ils furent finalement obligés d'intervenir à cause des querelles intestines des communautés juives; ils se contentèrent d'ailleurs de nommer les rabbins quand on le leur demandait et de les investir du pouvoir de juger. Observons que le parallélisme entre les deux justices religieuses indigènes n'est pas complet; les rabbins ne sauraient connaître que du statut personnel et des successions, mais jamais de l'attribution des droits réels et de la régularisation juridique du sol, qui est, quelle que soit la religion du propriétaire, soumis au droit musulman, qui même, dans la rigueur originaire du droit, ne peut être possédé que par un musulman.

16. Passons maintenant à la justice séculière. Le Bey, juge suprême, peut évoquer devant lui, nous l'avons vu, toutes les affaires; en fait, il les laisse, sauf exception, aux juges religieux, pour les matières que nous avons dites, et il se réserve personnellement le reste, de telle sorte qu'en principe, il est le juge unique de la totalité du territoire. Comment exerce-t-il cette partie de ses attributions?

17. La machine administrative qui est l'organe d'exécution des volontés beylicales est *l'Ouzara* ou ministère; elle a à sa tête un premier ministre et un premier secrétaire (*bach kateb*) auquel les européens ont eu l'idée assez saugrenue de donner

le titre de Ministre de la plume. Sous la direction de ces deux hauts fonctionnaires, travaillent des secrétaires groupés en trois sections: la section d'Etat, la section civile et la section pénale; la première de ces trois divisions s'occupe des affaires administratives de l'Etat, la seconde des contestations personnelles et mobilières entre particuliers, la troisième de la répression des infractions pénales.

18. Dans les trois sections, la méthode de travail est la même; le chef de section distribue les affaires entre les secrétaires qui, sous la surveillance de plusieurs sous-chefs, les étudient, les instruisent, reçoivent et classent les pièces justificatives et documentaires, reçoivent les intéressés, entendent, s'il y a lieu, les témoignages, réunissent, en un mot, les éléments d'une solution et clôturent leurs opérations par un rapport qui est un résumé du dossier et qui se termine par un avis. Le chef de section, auquel le tout est transmis, rédige un projet de sentence ou de décret que les ministres examinent, approuvent ou modifient, visent, et finalement soumettent au Bey. Toute la correspondance nécessitée par ces travaux est à la signature du premier ministre; les agents actifs du dehors sont les Gouverneurs de province, *amels* (que nous avons ensuite improprement décorés du titre de *caïd* que nous avons importé d'Algérie) qui exécutent les ordres reçus et, spontanément, saisissent le Ministère de ce qui naît dans leurs circonscriptions. Particulièrement, en matière répressive, quand ils reçoivent une plainte d'une partie qui se dit lésée, ils la transmettent avec un rapport précédé d'une investigation plus ou moins complète et c'est cet acte qui met en action la justice répressive beylicale.

19. Lorsque la sentence est rendue, sur les diligences de la section civile ou de la section pénale, c'est encore le Gouverneur qui est l'agent d'exécution; on lui transmet la décision (*maroudh*) et il force la personne contre laquelle une condamnation a été prononcée à l'exécuter, soit en saisissant ses biens au profit d'un créancier, soit en l'emprisonnant, s'il y a lieu. Cependant les peines sont ramenées le plus souvent à exécution par le Ministère sur les instances de la partie civile; la peine de mort l'est sur l'ordre même du souverain.

20. Tel est le système: pas d'organisation judiciaire spéciale, pas de tribunaux, pas de débats contradictoires et publics entre les plaideurs; un juge souverain, des bureaux administratifs, des sentences sous forme de décrets individuels; cela s'applique sans atténuation ni restriction aux contestations personnelles et mobilières et à la justice répressive. Cependant la multiplicité des affaires a conduit à l'installation de deux institutions qui ressemblent quelque peu à des tribunaux et à de la justice déléguée.

21. D'une part, c'est l'*Orf* ou assemblée des *amines* syndics des métiers de Tunis, siégeant sous la direction du *Cheikh el Medina* (Gouverneur de la ville) et ayant pour mission de trancher les contestations commerciales, notament les faillites et les règlements entre gens de métier et négociants. Par exemple, un individu a fait une convention avec un puisatier, un maçon, un bijoutier, pour l'exécution d'un travail ou d'une fourniture dans des conditions déterminées, et il croit avoir à se plaindre de son co-contractant; c'est au Cheik el Medina qu'il porte sa plainte et celui-ci réunit les amines du métier du défendeur pour qu'ils fassent le rapport technique qui est nécessaire; par exemple encore, un commerçant ne peut plus faire face aux engagements qu'il a pris; il porte les clefs de son magasin à son *amine*, lui remettant ainsi son actif et ses comptes, afin que l'amine distribue ce qu'il y a à ses créanciers, proportionnellement et conformément aux droits de chacun; ainsi encore deux bouchers ou deux fabricants de *chechias* (calottes rouges indigènes) sont en contestation à propos de concurrence illégitime ou de marchés professionnels; c'est leur corporation, par ses amines, qui doit les départager.

22. Dans le cas où la décision rendue par les amines est acceptée, le Cheikh el Medina assure son exécution, de même qu'il surveille la distribution de l'actif du failli ou le paiement de l'indemnité due à celui qui a été déloyalement concurrencé; mais si celui qui a succombé devant l'Orf n'accepte pas la sentence, la contestation est envoyée à l'Ouzara, qui étudie à nouveau l'affaire, dans laquelle le rapport des amines n'a plus guère d'autre valeur que le travail d'un arbitre-expert, et le Bey finalement, par un *maroudh*, confirme, adopte, ou modifie ou casse la décision qui lui a été déférée.

23. D'autre part, c'est la *Driba*, dont l'origine est assez curieuse: les beys prirent autrefois l'habitude de renvoyer devant le *daoulatli*, chef de leur milice particulière, les nombreux plaignants qui venaient, au jour d'audience, encombrer la salle de justice pour des futilités, ainsi que les individus amenés par les officiers de la police urbaine. Le daoulatli entendait plaignants et inculpés dans le vestibule (*driba* en arabe) du palais et, sans procédure ni débats, après un court interrogatoire et l'audition de quelques témoins amenés par les parties ou requis, statuait, prononçait prison ou amende, ou forçait à payer séance tenante au plaignant, à moins qu'il ne le mit à la porte. Ces affaires étaient aussi nombreuses que peu importantes en elles-mêmes; elles formèrent, avec le temps, une juridiction occupée qui fut l'apanage des *daoulatlis*, souvent très puissants, lesquels refusèrent, à l'occasion, de s'en dessaisir. C'est ainsi qu'on trouva, lors de l'établissement du Protectorat français, un tribunal dit de la *Driba* qui, à Tunis, sous une forme purement militaire, avec une prison spéciale, sans registre ni papiers d'aucune sorte, par un général de division et quelques officiers subalternes, rendait activement et copieusement une justice civile et pénale aussi expéditive que rudimentaire.

24. En dehors de cela, il y avait bien un tribunal municipal de Tunis qu'on essaya de faire passer près de la nouvelle administration pour une institution judiciaire; en réalité, l'organisme qu'on décora de ce nom n'était qu'une assemblée chargée de gérer les intérêts de la ville sous la présidence du Cheik el Medina.

Section II. Les justices consulaires.

25. En ce qui concerne les Européens, la souveraineté beylicale n'était pas restée entière; comme tous les pays dits hors chrétienté, la Tunisie était soumise au régime des capitulations. Ce nom désigne l'ensemble des traités passés entre les Puissances et la Porte ottomane pour la protection des sujets des premières résidant dans les territoires relevant de la dernière; ces traités étaient, pour la France, les capitulations du 18 mai 1740, du 25 novembre 1838 et du 30 mars 1858, pour l'Angleterre, la convention du 19 juillet 1875, pour l'Italie, celle du 8 septembre 1868[1]; en matière judiciaire; l'effet de ces arrangements fut de soustraire les Européens à la justice beylicale, de telle sorte que celle-ci ne put jamais prendre ou exécuter une décision contre eux. Mais comme il fallait que la justice leur fut rendue, car leur nombre augmentait sans cesse, chaque consulat européen compléta son tribunal, devant lequel ses nationaux purent être poursuivis; il se créa ainsi autant de justices indépendantes de la souveraineté beylicale qu'il y avait de consulats européens dans la Régence et la règle de compétence servant à trancher les conflits d'attribution entre toutes ces justices consista à reconnaître le pouvoir exclusif de juger au tribunal consulaire de la nationalité du défendeur. Il va sans dire d'ailleurs que l'Européen demandeur à l'encontre d'un Tunisien ne put poursuivre ce dernier que devant l'autorité beylicale; mais là encore le consul intervenait, non pas comme juge, il est vrai, mais comme protecteur; il accompagnait ou faisait accompagner par un de ses agents son ressortissant au prétoire du juge tunisien, lequel ne pouvait instruire la contestation ou la résoudre qu'en sa présence ou en celle de son délégué.

26. Ce système avait, spécialement au point de vue judiciaire, l'inconvénient de fractionner les litiges; il excluait en effet les actions dirigées contre plusieurs défendeurs de nationalités différentes, ainsi que les appels en garantie ou les demandes reconventionnelles et cela amenait des frais, des longueurs et des contrariétés de décision. De plus, chaque consul-juge appliquant sa loi et sa procédure nationales, on arrivait fatalement à des décisions inconciliables entre elles et à des inégalités de traitement entre des situations intrinsèquement identiques. Il en résultait un grand désordre, préjudiciable à tous[2] et cela avait lieu en toutes matières: en matière répressive d'abord, d'une manière complète; en matière civile et commerciale ensuite, pour les actions personnelles et mobilières; enfin en matière immobilière, de façon indirecte.

27. En Tunisie, comme dans tous les pays de l'Islam, il y avait eu tout d'abord interdiction complète pour les Européens d'acquérir des immeubles; on voulait imprimer à leurs établissements commerciaux ce caractère temporaire et précaire qui résultait nécessairement de ce qu'ils ne pouvaient s'appuyer que sur des locations plus ou moins courtes; on voulait aussi éviter que le sol fut soustrait, de par la nationalité de son propriétaire, à la souveraineté beylicale et à la loi musulmane, car on considérait de tels faits comme dangereux au point de vue de l'envahissement

1) Voir Faucon, La Tunisie; d'Estournelles de Constant (P.H.X.) La politique française en Tunisie; Férand-Giraud, Juridiction française dans les Echelles du Levant t. 1 p. 98 et 113; Souchon, Questions de compétence (Clunet 1894 p. 794); Bompard, Législation de la Tunisie p. 470. — 2) On peut en lire le dernier et saisissant exposé dans: Mandelstam, La Justice ottomane dans ses rapports avec les puissances étrangères.

économique et politique des Européens sur les terres de l'Islam; on avait été dans l'obligation de leur faire beaucoup de concessions; celle-là, importante par elle-même, était de nature à conduire à d'autres plus graves encore et les gouvernements orientaux la retardèrent le plus qu'ils purent; ils n'accordèrent qu'aux établissements consulaires eux-mêmes un bénéfice d'exterritorialité.

28. Cependant il fallut bien, à une époque où on fit appel aux capitaux européens, consentir à des concessions plus étendues que celles du passé et admettre les Européens à posséder des biens immeubles dans la Régence; on le fit, mais à la condition expresse que ces immeubles continueraient à être régis par le statut qui leur était propre et que les actions y relatives ne cesseraient pas d'être dans la compétence du Chara. La règle qui voulait qu'on ne put actionner un Européen que devant son propre consul dut donc plier lorsqu'il s'agit d'une action relative à un immeuble tunisien dont il se prétendait propriétaire; il y eut obligation pour cet Européen de se laisser, dans ce cas, traduire devant le Chara où il ne se présenta d'ailleurs qu'escorté de son consul ou du délégué de celui-ci. Il faut d'ailleurs observer, pour rester dans l'exactitude, que les tribunaux consulaires se firent juges d'actions immobilières sans qu'on put les empêcher, parce qu'il était dit dans les traités qu'ils étaient les juges exclusifs de leurs nationaux, pour les procès qu'ils avaient entre eux et que cela s'étendit naturellement à tous les procès entre Européens. Ils jugèrent donc couramment les contestations immobilières qui ne concernaient pas des Tunisiens, tout en appliquant d'ailleurs à ces procès, conformément aux principes généraux du droit international, le statut réel qui leur convenait.

Section III. La Commission financière.

29. La souveraineté beylicale avait aussi, avant le Protectorat, reçu d'autres atteintes politiquement plus graves. La Tunisie est un pays où, depuis l'antiquité la plus haute, les bases de la richesse publique reposent sur la culture du sol, où les conditions climatériques sont constamment variables, où les récoltes sont tantôt extrêmement bonnes, tantôt absolument mauvaises, souvent médiocres et déficitaires; une politique d'économies et d'accumulation de réserves y est donc une obligation impérieuse. C'est pour n'avoir pas su discerner ces nécessités primordiales et pour n'avoir pas su combiner une assiette de taxes en rapport avec ces conditions matérielles, c'est pour avoir imprudemment engagé les ressources de l'avenir, que les beys et leurs ministres parcoururent successivement et rapidement toutes les étapes qui mènent à la ruine. En créant de nouveaux impôts, en augmentant sans mesure les impôts anciens, en multipliant les taxes qui frappent les marchandises sur les marchés et à l'exportation, en confiant ces perceptions, pour un prix à forfait, à des agents et fermiers peu scrupuleux, en rendant ainsi les recouvrements difficiles et irréguliers, en recourant au crédit des banques, en sollicitant l'appui onéreux des prêteurs étrangers, la banqueroute fut préparée et aussi fut provoquée, après elle, l'intervention des Puissances.

30. Un arrangement intervint alors entre la France, l'Angleterre et l'Italie, d'une part, et le Bey d'autre part, qui concéda aux créanciers de la Tunisie une partie des recettes publiques ainsi que le droit de les administrer par une *Commission financière internationale*.

31. Cette commission, composée d'un *Comité exécutif* comprenant un inspecteur des finances français et d'un *Comité de contrôle*, comprenant deux membres français, deux membres anglais et deux membres italiens, commença à introduire l'ordre dans la gestion des derniers publics et assura tant bien que mal, au moyen des revenus concédés, le paiement des intérêts de la dette convertie en obligations à 5%.

32. Ce service de la dette absorbait la moitié environ des ressources normales; ce qui restait était insuffisant pour les services publics et la nécessité de concilier les intérêts des créanciers avec une gestion du pays assez vivante pour en empêcher la désorganisation complète, amena souvent la Commission financière à mettre la main dans l'administration de la Régence. Elle le fit, tout le monde s'accorde à le reconnaître, avec sagesse, méthode et probité; mais son action eut pour résultat d'affaiblir encore et de déconsidérer le pouvoir beylical, qui perdit chaque jour de sa réalité au point qu'une intervention politique étrangère devint une nécessité inéluctable. C'est dans ces conditions que la France, pour sauvegarder ses immenses intérêts algériens, dut assumer la responsabilité du Protectorat[1].

[1]) Voir S. Berge, Répert. alphab. de la jurispr. tunisienne, Vo Commission financière Nos. 1, 3, 4 et 5.

Chapitre II. Aperçu sur l'organisation politique et administrative du protectorat français.

33. A la suite d'une expédition militaire organisée par la France en territoire tunisien, pour mettre fin à des troubles graves sur sa frontière d'Algérie et pour faire échec aux entreprises italiennes sur la Régence, le Gouvernement français passait avec le Bey de Tunis, à la date du 12 mai 1881, une convention dont voici le texte intégral:

«Art. 1. Les traités de paix, d'amitié et de commerce et toutes autres conventions existant actuellement entre la République française et S. A. le Bey de Tunis, sont expressément confirmés et renouvelés.

2. En vue de faciliter au Gouvernement de la République française l'accomplissement des mesures qu'il doit prendre pour atteindre le but que se proposent les hautes Parties contractantes, S. A. le Bey de Tunis consent à ce que l'autorité militaire française fasse occuper les points qu'elle jugera nécessaires pour assurer le rétablissement de l'ordre et de la sécurité de la frontière et du littoral. Cette occupation cessera lorsque les autorités militaires française et tunisienne auront reconnu, d'un commun accord, que l'Administration locale est en état de garantir le maintien de l'ordre.

3. Le Gouvernement de la République française prend l'engagement de prêter un constant appui à S. A. le Bey de Tunis contre tout danger qui menacerait la personne ou la dynastie de S. A. ou qui compromettrait la tranquillité de ses Etats.

4. Le Gouvernement de la République française se porte garant de l'exécution des traités actuellement existants entre le Gouvernement de la Régence et les diverses puissances européennes.

5. Le Gouvernement de la République française sera représenté auprès de S. A. le Bey de Tunis par un Ministre Résident, qui veillera à l'exécution du présent acte et qui sera l'intermédiaire des rapports du Gouvernement français avec les autorités tunisiennes pour toutes les affaires communes aux deux pays.

6. Les agents diplomatiques et consulaires de la France en pays étrangers seront chargés de la protection des intérêts tunisiens et des nationaux de la Régence. En retour, S. A. le Bey s'engage à ne conclure aucun acte ayant un caractère international sans en avoir donné connaissance au Gouvernement de la République française et sans s'être entendu préalablement avec lui.

7. Le Gouvernement de la République française et le Gouvernement de S. A. le Bey de Tunis se réservent de fixer, d'un commun accord, les bases d'une organisation financière de la Régence qui soit de nature à assurer le service de la Dette publique et à garantir les droits des créanciers de la Tunisie.

8. Une contribution de guerre sera imposée aux tribus insoumises de la frontière et du littoral. Une convention ultérieure en déterminera le chiffre et le mode de recouvrement, dont le Gouvernement de S. A. le Bey se porte responsable.

9. Afin de protéger contre la contrebande des armes et des munitions de guerre les possessions algériennes de la République française, le Gouvernement de S. A. le Bey de Tunis s'engage à prohiber toute introduction d'armes ou de munitions de guerre par l'île de Djerba, le port de Gabès ou les autres ports du sud de la Tunisie.»

34. Une loi française du 27 mai 1881 a approuvé ce traité qui a été suivi d'une autre convention, en date du 8 juin 1883, laquelle en a assuré l'application et qui est ainsi conçue:

«Art. 1. Afin de faciliter au Gouvernement français l'accomplissement de son protectorat, S. A. le Bey de Tunis s'engage à procéder aux réformes administratives, judiciaires et financières que le Gouvernement français jugera utiles.

2. Le Gouvernement français garantira, à l'époque et sous les conditions qui lui paraîtront les meilleures, un emprunt à émettre par S. A. le Bey pour la conversion ou le remboursement de la dette consolidée s'élevant à la somme de 125 millions de francs et de la dette flottante jusqu'à concurrence d'un maximum de 17 500 000 francs. S. A. le Bey s'interdit de contracter à l'avenir aucun emprunt, pour le compte de la Régence, sans l'autorisation du Gouvernement français.

3. Sur les revenus de la Régence, S. A. le Bey prélèvera: 1° les sommes nécessaires pour assurer le service de l'emprunt garanti par la France; — 2° la somme de 2 millions de piastres (1 200 000 fr.) montant de sa liste civile, le surplus des revenus devant être affecté aux dépenses de l'administration de la Régence et au remboursement des charges du Protectorat.

4. Le présent arrangement confirme et complète, en tant que de besoin, le traité du 12 mai 1881. Il ne modifiera pas les dispositions précédemment intervenues pour le règlement des contributions de guerre.»

35. En exécution des pactes dont le texte précède, un décret beylical du 9 juin 1881 (Z. 1319) a chargé le Ministre Résident de France à Tunis du rôle d'intermédiaire officiel et unique dans les rapports que les représentants des Puissances amies, accréditées près du Bey, entretiendraient à l'avenir avec lui; un décret du Président de la République en date du 22 avril 1882 (Z. 1320) a établi les rapports du Gouvernement français avec le Gouvernement beylical: les divers services ou établissements fonctionnant en Tunisie sous l'action du Gouvernement français sont placés dans la dépendance du département ministériel correspondant de la République; le Ministre Résident de France à Tunis est le représentant de ces services près du Gouvernement français et l'intermédiaire de leurs rapports avec les départements ministériels français, par le canal du Ministère des Affaires étrangères de France. Enfin un décret du 23 juin 1889 précise les fonctions et le rôle du fonctionnaire chargé de représenter la France en Tunisie, en lui conférant le titre de Résident général. Ce document contient les dispositions suivantes (Z. 1321): Le représentant du Gouvernement de la République française en Tunisie porte le titre de Résident général et relève du Ministre des Affaires étrangères. Il est le dépositaire des pouvoirs de la République dans la Régence; il a sous ses ordres les commandants des troupes de terre et de mer et tous les services administratifs concernant les européens et les indigènes. Il a seul le droit de correspondre avec le Gouvernement français, sauf pour les affaires d'un caractère purement technique et d'ordre intérieur dans chaque administration française. Il communique avec les divers départements ministériels par l'intermédiaire du Ministre des affaires étrangères.

36. Il faut compléter par quelques notions prises en dehors de ces textes l'indication des fonctions dévolues au Résident général: il préside le conseil des ministres et des chefs de service du Gouvernement tunisien; il prépare le projet de budget, prend tous les arrêtés réglementaires intéressant la colonie française, dont il est le chef, préside la Conférence consultative, dont nous dirons quelques mots plus loin, enfin promulgue les lois de la Régence en contresignant les décrets du Bey qu'il a provoqués et en leur donnant ainsi le caractère d'actes du Gouvernement du Protectorat, émanant à la fois du prince protégé et du pays protecteur.

37. Dans cette tâche complexe, le Résident général est assisté par deux secrétaires généraux du Gouvernement tunisien; l'un d'eux (décret du 6 février 1883 Z. 12) a la direction du personnel des bureaux de l'administration centrale, la garde des archives, la remise au premier ministre de la correspondance préparée par les divers services publics et l'envoi de la correspondance émanée du premier ministre aux destinataires; la présentation et la promulgation des lois administratives. Sa coopération avec les services indigènes fait obstacle à ce que ceux-ci puissent exécuter aucun acte sans la participation du Gouvernement français et assure la surveillance de celui-ci sur l'administration centrale indigène. Il a encore l'ordonnancement des dépenses de l'administration générale, la haute direction de la police, la surveillance des municipalités et le service hospitalier.

38. L'autre secrétaire général, dont le rôle a été indiqué dans un décret du 28 avril 1910 (Z. 4046) est chargé de la préparation des Codes tunisiens, de la haute direction de la justice indigène, de la promulgation des lois concernant le droit civil, le droit commercial et le droit pénal, ainsi que du service des antiquités et arts.

39. Les autres chefs de services du Protectorat sont: le général commandant la division d'occupation, qui est ministre de la guerre de S. A. le Bey et qui dirige et administre l'armée tunisienne; le premier ministre et le ministre de la plume, deux indigènes chargés de la haute direction de l'administration indigène et de la présentation au Bey de ce qui doit être revêtu de son sceau; le directeur général des finances, le directeur général des travaux publics, le directeur général de l'Enseignement, le directeur de l'agriculture, du commerce et de la colonisation, qui sont des fonctionnaires français détachés des cadres métropolitains et mis à la tête des divers services techniques de la Tunisie. Il faut aussi noter l'existence d'un directeur de l'Office postal de la Tunisie, qui y dirige les postes, les télégraphes et les téléphones et qui, comme ses collègues, a été emprunté à l'administration française.

40. A côté de ces fonctionnaires, se trouve un corps élu qui porte le nom de conférence consultative[1]. Ce n'est pas une assemblée politique, c'est une représentation d'intérêts; elle se compose des élus de trois collèges, le premier est constitué par l'ensemble des français propriétaires et usufruitiers de fonds ruraux ainsi que de tout le personnel français des exploitations agricoles; le second comprend les français commerçants et industriels de tous ordres; le troisième les français non compris dans les deux premiers collèges. A ces délégués de la colonie française ont été adjoints seize membres indigènes, dont un israélite (Décret du 2 février 1907 Z. 3225).

41. Dans un premier état du droit, la Conférence consultative était simplement appelée à donner son avis sur les questions touchant les intérêts divers de la colonie française au sujet desquels le Gouvernement jugeait à propos de la consulter; avec le décret du 2 février 1907, elle a acquis le droit d'examiner le budget. Celui-ci comprend, au regard de la Conférence consultative, des dépenses obligatoires et des dépenses facultatives; l'initiative des dépenses obligatoires est exclusivement réservée au Gouvernement; elles ne sont pas indéfiniment extensibles et les augmentations des crédits portés au budget de 1907 doivent être soumis à l'avis de la Conférence: Le Gouvernement ne peut, sans cet avis, augmenter un impôt ou son rendement; la Conférence ne peut proposer des réformes ayant pour résultat une répercussion dans les finances de l'Etat sans proposer en même temps des taxes de remplacement propres à rétablir l'équilibre. Toute motion de la conférence tendant à relever une dépense facultative est nulle de plein droit, lors qu'il n'a été proposé aucune ressource nouvelle correspondante.

42. Un décret du 27 avril 1910 (Z. 4044) a donné sa dernière forme à cette organisation en la complétant par l'institution d'un Conseil supérieur de Gouvernement. Il décide que la section française et la section indigène de la Conférence délibèrent séparément, fixe les formes de cette délibération et décide qu'avant la transmission au Ministère des affaires étrangères des avis émis par les deux sections de la Conférence, ces avis sont soumis à un Conseil supérieur de Gouvernement, composé du Conseil des Ministres et des chefs de service auquel sont adjoints trois délégués de chacune des deux sections de la Conférence; chaque collège de la section française élit un délégué et les délégués de la section indigène sont élus au scrutin de liste.

43. Pour compléter ces quelques notions sur l'organisation administrative du Protectorat, il nous faut dire quelques mots des administrations locales.

La population indigène est divisée en tribus et en fractions de tribus; à l'origine, les tribus étaient certainement le développement de la famille patriarcale; elles formaient donc des corps d'individus reliés entre eux par la commununté d'origine et qui ne se trouvaient attachés étroitement au sol que dans la partie du pays où la propriété privée était complètement organisée. Le Gouvernement du protectorat a fait tous ses efforts pour transformer la division administrative dont s'agit en circonscription territoriale; de la sorte le chef de la tribu est plus complètement qu'avant le gouverneur d'un territoire et de ceux qui l'habitent, au lieu d'être le premier d'une quantité d'individus de même race. Ce chef, *amel* en langue arabe, c'est-à-dire gouverneur, est celui que les français appellent *caïd,* appellation équivalente usitée en Algérie. Il est nommé par le Gouvernement; c'est son agent, qui est chargé de l'exécution de ses ordres, de l'administration et de la police du territoire, de la perception des impôts et de certaines attributions judiciaires que nous spécifierons par le détail, quand nous expliquerons l'organisation judiciaire de la Tunisie. Il est assisté d'un ou plusieurs lieutenants dit *khalifas.*

44. Les fractions de tribu, plus ou moins considérables, suivant que les traditions et les conditions spéciales du territoire les ont faites, sont sous l'autorité de leur ancien ou *cheikh.* Ce fonctionnaire est nommé par le Gouvernement, mais par une sorte d'investiture qui n'est que la consécration d'une élection; en effet ce sont les membres de la collectivité qui, réunis à cet effet sur les ordres du caïd, en cas de décès ou de révocation ou de démission du titulaire, désignent celui d'entre eux qui leur semble devoir être nommé; cette désignation des administrés est d'autant plus suivie que le cheikh, collecteur des impôts, rémunéré par une remise sur ses perceptions qu'il verse à l'amel, est en quelque sorte le répondant

[1]) Arrêtés résidentiels du 22 février 1896 (Z. 251) du 23 février 1896 (Z. 252) du 31 janvier 1898 (Z. 257) du 24 mai 1898 (Z. 298) du 2 janvier 1905 (Z. 2644) du 15 mai 1907 (Z. 3288), décret du 10 juin 1907 (Z. 3306) arrêté du 2 novembre 1907 (Z. 3400).

de ceux qui le choisissent, tant au point de vue du paiement des taxes qu'à celui du bon ordre dans la circonscription. Le cheikh se trouve ainsi l'intermédiaire utile et autorisé entre la population et l'agent du Gouvernement. Si son territoire est important et ses ressortissants disséminés en des campements par trop isolés, il est aidé dans sa tâche pour chaque fraction ou *douar* par un *kebir* (l'aîné) nommé à peu près dans les mêmes conditions que lui, plus près encore des particuliers, qui le supplée et l'assiste pour tout ce qui est nécessaire.

45. Nous ne parlerons pas de la force armée mise à la disposition de ces chefs; c'est une sorte de gendarmerie indigène, dite *oudjak*, commandée par des sous-officiers indigènes appelés *chaouchs* et *bach-chaouch*, auxquels un décret du 29 mars 1911 a donné un cadre supérieur français, et qui reçoit les ordres des amels et de leurs khalifas.

46. Tout cet ensemble est surveillé par des fonctionnaires français qui portent le nom de *contrôleurs civils*. Ce corps a été créé par un décret du 4 octobre 1884 (Z. 263) et organisé par de nombreux arrêtés parmi lesquels nous citerons ceux du 27 octobre 1897 (Z. 279), du 4 novembre 1903 (Z. 2317) et du 18 octobre 1907 (Z. 3392). Les attributions des Contrôleurs civils ont été précisées dans une circulaire du Résident général en date du 22 juillet 1887 (Z. 268) complétée ultérieurement par des instructions partielles; on peut les résumer ainsi: ils sont, dans leur circonscription, qui comprend un nombre variable de caïdats, les délégués du résident général (des contrôleurs suppléants les assistent et les remplacent au besoin); ils surveillent les chefs indigènes. Ils n'ont aucunement le droit d'administrer eux-mêmes, ne nomment à aucune fonction, ne prennent aucun arrêté; mais les Gouverneurs doivent leur faire rapport sur tout et recevoir sur tout leurs conseils. Ils ont aussi la haute police de leur territoire et la suprême direction de l'oudjak. Les contrôleurs civils sont aussi vice-consuls de France, et à ce titre les protecteurs des colons; ils s'emploient à apaiser les conflits qui se présentent entre ceux-ci et les indigènes.

47. Dans les villes, il y a aussi une organisation communale; un décret du 1er avril 1889 (Z. 982) en forme la charte. Les municipalités sont composées d'un président indigène, d'un ou de plusieurs vice-présidents français qui exercent en réalité le pouvoir municipal et d'un certain nombre de conseillers, nommés par décret, parmi lesquels se trouvent des étrangers et des indigènes. Le conseil municipal conserve et administre les propriétés de la commune, gère ses revenus, surveille les établissements communaux, prépare le budget, ordonnance les dépenses communales, passe les baux des biens de la commune et les adjudications nécessaires pour la bonne marche de la commune, fait les ventes, échanges, partages, acquisitions, représente en justice la commune, soit en demandant, soit en défendant, assure le bon état de la voirie; la plupart de ses décisions est soumise à l'approbation du premier ministre.

48. Le président de la municipalité prend des arrêtés exécutoires (après approbation du Gouvernement) pour les objets de police urbaine et locale confiés à sa vigilance et à son autorité, pour la publication des arrêtés de police et pour leur exécution; il prend les mesures voulues pour assurer le bon état et l'usage commode de la voirie urbaine, autorise les occupations temporaires de la voie publique et assure l'usage légal des cimetières, des abattoirs, des fourrières et autres établissements communaux.

49. Ces municipalités sont complètement organisées dans les grandes villes: Tunis, Sousse, Sfax, Bizerte, Béja, Kairouan, Le Kef, Souk-el-Arba, Mahdia, La Goulette, Gabès; elles le sont incomplètement, sous le nom de *Commissions municipales*, dans des centres moins importants, au nombre d'une douzaine, plus incomplètement encore, sous le nom de *Commissions de Voirie*, dans une vingtaine de centres en formation.

50. L'état civil est double, en Tunisie; il est consulaire ou municipal. Les consuls de tous les pays, comme les consuls de France, exercent les fonctions d'officiers de l'Etat civil pour leurs nationaux; mais leur compétence ne va pas au delà; ils ne sauraient procéder, par exemple, à un mariage entre époux de nationalités différentes ou constater un décès ou une naissance, lorsqu'il ne s'agit pas d'individus de leur nationalité. Aussi a-t-on organisé un état civil municipal, qui forme la loi locale, à laquelle les étrangers eux-mêmes peuvent recourir, et qui peut procéder, par exemple, à des mariages mixtes. Cette organisation, inspirée des lois européennes et placée sous la surveillance et le contrôle des Procureurs de la République près les Tribunaux de Tunis et de Sousse, résulte d'un décret du 29 juin 1886 (Z. 618). Il serait oiseux d'en analyser ici les dispositions. Il nous suffit de dire que les commerçants de toutes nationalités établis ou de passage dans la Régence peuvent, en cas de besoin, y recourir.

51. Avant de clore ce chapitre, nous voulons revenir sur la promulgation des lois. Elle résulte de l'insertion au *Journal Officiel Tunisien* (Raid et Tounsi) français et arabe (Décret du 27 janvier 1883 — Z. 1491); les délais, modifiés par décret du 12 décembre 1896 (Z. 1494) pour la mise à exécution des documents publiés, sont de trois jours francs pour les contrôles de Tunis, Bizerte, Béja, Souk et Arba, Grombalia et Sousse, de 4 jours francs pour ceux du Kef, de Sfax et de Kaironan, de 6 jours francs pour ceux de Gabès, Thala, Maktar, Gafsa et pour les territoires soumis à la surveillance de l'administration militaire.

52. On sait déjà que les actes du Bey ne peuvent être publiés et exécutés qu'après qu'ils ont été revêtus du visa du Résident général; cela résulte du décret du 10 novembre 1884 dont nous avons déjà parlé (Z. 1492). Pour le passé, on a fait une liste des décrets les plus importants dont le maintien était nécessaire et formait la base de l'organisation administrative de la Régence et un arrêté du Résident général en date du 15 décembre 1884 (Z. 1493) en a opéré le visa pour promulgation en bloc.

53. Cette opération était nécessaire pour obliger les français et les européens à l'exécution de ces mesures, ou tout au moins de certaines d'entre elles, particulièrement de celles qui comprenaient des dispositions répressives; en effet, elle transformait la nature des actes législatifs dont s'agit; elle en faisait une émanation, non plus seulement du pouvoir beylical, mais encore de la souveraineté française, parce que le Résident général exerce dans la Régence les pouvoirs législatifs attribués au pouvoir exécutif de France en ce qui touche les territoires situés hors de la Métropole; elle donnait un effet pratique à cette notion restée un peu théorique jusqu'alors, à cette jonction de deux souverainetés, unies par un traité de Protectorat, pour l'administration en commun d'un territoire[1].

Chapitre III. Traités internationaux.

54. Nous ne parlerons pas ici des traités qui ont constitué le Protectorat, parce que nous l'avons fait suffisamment dans le chapitre précédent, auquel nous renvoyons le lecteur; nous ne nous occuperons pas non plus maintenant des traités qui ont mis fin au régime des juridictions Consulaires, nous réservant de les mentionner lorsque nous exposerons l'organisation judiciaire actuelle de la Régence. Nous nous bornerons à indiquer dans le présent chapitre, par une nomenclature accompagnée d'une courte analyse, les conventions internationales qui réglementent l'industrie et le commerce des étrangers en Tunisie.

55. On a vu, dans nos développements précédents, que le traité qui a fondé le protectorat de la France en Tunisie stipulait formellement la garantie et le maintien par la nation protectrice de toutes les conventions internationales conclues auparavant par le Bey avec les puissances et encore actuellement en vigueur. La France a tenu rigoureusement les obligations qu'elle avait assumées à cet égard, mais aussi elle a dénoncé les conventions, au fur et à mesure qu'elles sont venues à échéance afin de mettre la situation économique de la Tunisie mieux en rapport avec sa nouvelle situation politique. C'est en 1897 que cette évolution put se produire et elle se manifesta par un certain nombre de décrets en date du 1 février 1897, qui fondèrent un régime absolument nouveaer et qu'il est indispensable d'exposer.

56. Un décret du 1er février 1897 (Z. 1581) visant des conventions et arrangements intervenus entre le Gouvernement français et les Gouvernements: allemand le 18 novembre 1896, austro-hongrois le 30 juillet 1896, danois le 26 janvier 1897, espagnol, le 12 janvier 1897, italien le 28 septembre 1896, russe le 14 octobre 1896, suisse les 12 avril 1893 et 14 octobre 1896, a déclaré définitivement abrogés les traités et conventions de toute nature relatifs à la Tunisie conclus antérieurement aux conventions susvisées de 1896 et de 1897; d'autre part, sont étendus à la Tunisie et y seront appliqués sans autre promulgation les traités et conventions de toute nature en vigueur entre, la France d'une part, et l'Allemagne, l'Autriche-Hongrie, le Danemark, l'Espagne, l'Italie, la Russie et la Suisse, d'autre part.

[1]) Voir: S. Berge, Répert. alphab. de la jurispr. tun. Vo. Promulgation No. 8 et s. 16 et s. — S. Berge, De la jurid. franç. en Tunisie p. 98 et s.

57. On voit l'importance du changement: d'un côté, abolition complète de l'ancien régime international de la Tunisie, de l'autre, identification de la Tunisie avec la France, relativement aux Gouvernements sus-indiqués, quant à la législation internationale.

58. Afin de bien faire saisir tout ce qui est contenu dans cette formule, nous croyons utile de reproduire ici une des Conventions visées dans notre décret du 1 février 1897, et comme elles sont toutes, à peu de choses près identiques, nous nous bornerons à donner celle passée le 18 novembre 1896 avec l'Allemagne; la voici: «En vue de déterminer les rapports entre la France et l'Allemagne en Tunisie et de bien préciser la situation conventionnelle de l'Allemagne dans la Régence, les soussignés... etc.... font d'un commun accord la déclaration suivante: L'Allemagne renonce à invoquer en Tunisie le régime des capitulations et s'abstiendra d'y réclamer pour ses Consuls et ses nationaux d'autres droits et privilèges qur ceux qui leur sont acquis en France en vertu des traités existants entre l'Allemagne et la France. L'Allemagne n'entend pas non plus revendiquer le bénéfice du régime établi ou à établir, en matière de douane et de navigation, entre la France et son Protectorat tunisien pourvu que le traitement de la nation la plus favorisée lui reste conservé à l'égard de toute autre puissance. Par suite, les droits, privilèges et avantages de toute nature qui sont ou qui à l'avenir seraient concédés en Tunisie à une tierce puissance, excepté la France, reviendront de plein droit à l'Allemagne et aucune tierce puissance, toujours à l'exception de la France, ne pourra être traitée sous aucun rapport, dans le Protectorat, d'une manière plus favorable que l'Allemagne. Il est entendu qu'en échange l'Allemagne accordera à la Tunisie le traitement de la nation la plus favorisée, sous les rapports sus-mentionnés.»

59. Les rapports internationaux avec l'Italie se modifièrent aussi à la même époque, mais d'une manière moins simple: trois décrets beylicaux du 1 février 1897 (Z. 1582, 1583 et 1584) promulguèrent dans la Régence les conventions conclues le 28 septembre 1896, entre la France et l'Italie, la première de commerce et de navigation, la seconde consulaire et d'établissement, la troisième d'extradition.

60. La première stipule pleine et entière liberté de commerce et de navigation entre la Tunisie et l'Italie (art. 1). Accès est assuré pour les navires de l'une des puissances dans les ports de l'autre dans les mêmes conditions que pour les navires d'une tierce puissance, y compris la France, et ne pourront être soumis qu'aux mêmes taxes (art. 2). Les navires de l'un des pays contractants, entrant dans les ports de l'autre, sont libres de n'y décharger qu'une partie de leur cargaison, sans être astreints à payer, pour la partie conservée à bord, des droits plus élevés que ceux imposés aux navires nationaux ou français (art. 3). Franchise des droits de tonnage et d'expédition est assurée, dans les deux pays, pour les bâtiments qui, entrés sur lest, en ressortent sur lest; qui, passant du port d'un des deux pays dans un ou plusieurs ports du même pays, soit pour y débarquer tout ou partie de leur chargement, soit pour y prendre ou compléter leur chargement, justifieront avoir déjà acquitté ces droits; qui entrent dans un port, soit volontairement, soit en relâche forcée, sans y faire aucune opération volontaire ou non occasionnée par avarie de mer (art. 4). La nationalité des navires est admise de part et d'autre, d'après les lois et règlements particuliers à chaque pays, au moyen de titres et patentes délivrés par les autorités compétentes aux capitaines, patrons et bateliers (art. 5). Egalité de traitement est assurée pour le paiement des droits d'importation (art. 6). Pour l'exercice du cabotage, les tunisiens et les italiens sont respectivement traités comme les nationaux en Italie et comme les nationaux et les français en Tunisie. En ce qui concerne la pêche, les tunisiens jouiront en Italie des droits et avantages accordés aux sujets des puissances étrangères par la législation en vigueur dans le Royaume et les italiens seront traités en Tunisie comme les nationaux et comme les français (art. 7). Stipulation pour les deux pays du traitement de la nation la plus favorisée, étant entendu que cet arrangement ne donne pas à l'Italie droit au régime douanier qui pourrait être institué entre la Tunisie et la France, mais seulement aux avantages, de quelque nature que ce soit qui seraient concédés à une tierce puissance quelconque (art. 8). «Au cas où le tarif actuel de 10% à l'entrée sur les vins et de 8% sur les autres articles, viendrait à être supprimé en Tunisie, le droit nouveau ne pourra être plus élevé que celui inscrit, pour le même article, au tarif minimum français, exception faite pour les produits repris audit tarif minimum sous les nos 88 et 110» (art. 9). Droit de prohiber les importations ou de restreindre les sorties de l'un des pays dans l'autre, pour des motifs sanitaires, ou de sécurité publique, ou pour empêcher la propagation d'epizooties ou de destruction de récoltes (art. 10). Probibition dans les deux pays de tous droits d'accise ou de consommation intérieure ne grevant pas les marchandises similaires du pays où elles sont importées (art. 11).

61. La deuxième convention contient les stipulations ordinaires des traités d'établissement. Assurance pour la jouissance des mêmes droits et privilèges que les nationaux, dans chaque pays, à charge de supporter les mêmes contributions, avec exemption de tout service militaire ou de toute taxe pour exemption de ce service (art. 1). Jouissance pour les tunisiens en Italie et pour les italiens en Tunisie des mêmes droits civils que ceux appartenant aux italiens dans le premier cas, aux français et aux tunisiens dans le second cas; en conséquence, droit de voyager librement, de séjourner, de s'établir, d'acquérir et de posséder toute espèce de meubles ou d'immeubles, de faire le commerce, tant en gros qu'en détail, d'exercer toutes sortes d'art, de profession et d'industrie, de louer et occuper maisons, boutiques et magasins, de créer des fabriques et manufactures, d'effectuer des transports de marchandises ou d'argent, de recevoir des consignations, tant de l'intérieur que de l'étranger, de faire leurs affaires par eux mêmes ou par mandataires, de servir eux-mêmes de mandataires ou courtiers, de fixer librement le prix de leurs marchandises, le tout en se conformant aux lois et règlements et sans être soumis à des taxes, obligations ou formalités plus onéreuses que les nationaux (art. 2). Liberté d'établir des sociétés commerciales, industrielles ou financières, pourvu que leur but soit légitime et non contraire aux lois du pays de l'établissement (art. 3). Droit de disposer par donation, vente, échange, testament ou autrement ou de recueillir le bénéfice desdits contrats sans acquitter d'autres charges que celles supportées, le cas échéant, par les nationaux (art. 4).

62. Admission en justice sans autres formalités et taxes que les nationaux (art. 5); bénéfice de l'assistance judiciaire dans chaque pays dans les mêmes conditions que les nationaux, avec stipulation que les certificats d'indigence émaneront des autorités de la résidence (art. 6). «Les Italiens en Tunisie ne sont justiciables que de la juridiction française, toutefois, en matière d'immeubles, à moins que ceux-ci soient immatriculés ou que toutes les parties en cause soient personnellement justiciables des tribunaux français; il sera statüé par les tribunaux tunisiens et, en dernier ressort, par S.A. le Bey. Les assignations devant un tribunal tunisien destinées à un italien seront transmises par l'intermédiaire et par ordonnance du Consul italien, lequel sera appelé, à peine de nullité du jugement qui interviendra, à assister aux débats ou à s'y faire représenter. Les jugements rendus en matière immobilière par le tribunal tunisien compétent, à l'encontre d'un italien, continueront à être exécutés par les autorités judiciaires françaises» (art. 7). Remise des significations et exécution des commissions rogatoires en matière civile et commerciale (art. 8); des mesures sont prises pour la remise des significations sans frais par la voie diplomatique ou consulaire (art. 9) et, aux moindres frais possibles, pour l'exécution des commissions rogatoires (art. 10). «Les jugements et arrêts en matière civile et commerciale prononcés en Tunisie par les Tribunaux français et dûment légalisés auront en Italie, et ceux prononcés en Italie par les Tribunaux italiens et dûment légalisés auront en Tunisie, lorsqu'ils auront acquis la valeur de chose jugée, la même valeur que les jugements et arrêts prononcés par les tribunaux du pays. Néanmoins lesdits jugements et arrêts ne pourront être exécutés qu'après que le tribunal compétent du pays où ils doivent recevoir leur exécution les aura déclarés exécutoires à la suite d'un jugement prononcé dans la forme sommaire et dans lequel il sera constaté qu'ils ont été prononcés par une autorité judiciaire compétente, les parties dûment citées et régulièrement représentées ou légalement déclarées défaillantes et qu'ils ne contiennent aucune disposition contraire à l'ordre public et au droit public de l'Etat.» (art. 11). Transmission réciproque sans frais, par voie diplomatique, des actes de l'état civil (art. 12). Sont considérés comme tunisiens en Italie et comme italiens en Tunisie, ceux qui ont conservé, d'après les lois de leur pays, la nationalité tunisienne ou italienne (art. 13).

63. Etablissement et exequatur pour les Consuls généraux, consuls et agents consulaires établis ou à établir par l'Italie en Tunisie et indication des Consuls généraux, consuls et agents consulaires de France en Italie pour la protection, dans ce pays, des sujets tunisiens (art. 14). Exemption de certaines taxes et droit d'arborer le drapeau italien pour les agents consulaires d'Italie en Tunisie (art. 15). Dispense pour eux de comparaître comme témoins en justice; obligation pour la justice locale d'aller recueillir leurs dépositions à domicile (art. 16). Règles à suivre pour leur suppléance (art. 17). Inviolabilité de leurs archives (art. 18). Nomination d'agents par les Consuls italiens en Tunisie (art. 19). Possibilité pour eux d'adresser des réclamations aux autorités locales (art. 20).

64. Les agents consulaires de tout grade peuvent recevoir, soit à leur chancellerie, soit au domicile des parties, soit à bord des navires de leur nation, les déclarations que peuvent avoir à faire les capitaines, les matelots, les passagers, les négociants et tous autres ressortissants de leur pays. Ils ont le droit de recevoir, comme notaires, les dispositions testamentaires de leurs nationaux; ils peuvent dresser des actes notariés, même pour les français et tunisiens, lorsque ces actes sont relatifs à des biens situés ou à des affaires à traiter en Italie (art. 21). Ces actes ont la même valeur que s'ils avaient été dressés par un officier compétent du pays; ils sont soumis au timbre et à l'enregistrement dans le pays où ils doivent être exécutés; leurs expéditions régulières font foi en justice et hors de justice au même titre que les originaux, sauf confrontation avec l'original en cas de contestation. Les mêmes agents susdits ont le droit de traduire et légaliser toute espèce de documents (art. 22).

65. Avis doit être donné dans chaque pays, à l'autorité consulaire, du décès d'un ressortissant de l'autre pays; ladite autorité peut alors: 1° apposer les scellés sur tous meubles, effets et papiers du défunt en prévenant l'autorité locale qui peut aussi apposer les siens; — 2° faire inventaire après avoir prévenu l'autorité locale; — 3° ordonner la vente aux enchères publiques des effets sujets à dépérissement; — 4° déposer en lieu sûr les effets et valeurs inventoriés; — 5° annoncer le décès en vue de la convocation des créanciers et de la production des créances; du paiement desdites, s'il existe des ressources, dans un délai de 15 jours, et de la remise aux héritiers de la succession liquide après 6 mois; — 6° administrer et liquider les successions testamentaires ou *ab intestat,* à moins qu'il n' y ait des difficultés contentieuses, lesquelles sont réservées aux tribunaux compétents; 7° organiser, s'il y a lieu, tutelle ou curatelle (art. 23). Si le décès a lieu en un point éloigné d'une agence consulaire, l'autorité locale procède aux opérations nécessaires, conformément à la législation du pays, à charge d'en rendre compte à l'autorité consulaire la plus voisine dans le plus court délai (art. 24). Ces dispositions sont applicables aux successions des tunisiens qui, étant décédés hors d'Italie, et des italiens qui, étant décédés hors de Tunisie, laissent en Italie ou en Tunisie des biens mobiliers ou immobiliers (art. 29). Le tunisien ou l'italien intéressé dans une succession ouverte sur le territoire italien ou tunisien peut provoquer l'intervention de l'autorité consulaire pour la défense de ses droits (art. 26).

66. L'autorité consulaire de chaque pays connaît exclusivement des actes d'inventaire et autres opérations à accomplir pour la conservation des biens et objets de toute nature laissés par les gens de mer et les passagers qui décèdent soit au port d'arrivée, soit à bord (art. 27).

67. L'autorité consulaire peut aller personnellement ou envoyer des délégués à bord des navires soumis à son autorité, après leur admission à la libre pratique, interroger le capitaine et l'équipage, examiner les papiers du bord, recevoir les déclarations sur le voyage, la destination du bâtiment et les incidents de la traversée, dresser les manifestes et faciliter l'expédition du navire. Les fonctionnaires de l'ordre judiciaire ne peuvent faire recherches ni visites sans prévenir l'autorité consulaire dont ressort le navire, et lui indiquer une heure pour les opérations, auxquelles, en son absence, il peut d'ailleurs être passé outre (art. 28).

68. La police des ports appartient à l'autorité locale; celle des navires à l'autorité consulaire, sauf le cas de désordres de nature à troubler l'ordre public local et à charge par l'autorité locale de venir en aide au Consul qui le lui demande (art. 29). L'autorité consulaire peut faire arrêter et renvoyer, soit à bord, soit dans leurs pays, tous marins et membres des équipages des navires de commerce, de guerre ou de plaisance, soumis à son autorité, qui auraient déserté; elle adresse à cet effet une réquisition avec pièces justificatives à l'autorité locale. Celle-ci les lui remet ou les emprisonne pendant 3 mois au plus, si le consul n'est pas en demeure de les faire partir. Il y a exception pour les français ou tunisiens qui auraient déserté en Tunisie ou pour les italiens qui auraient déserté en Italie (art. 20).

69. «Toutes les fois qu'il n'y aura pas de stipulations contraires entre les armateurs, chargeurs et assureurs, les avaries que les navires tunisiens ou italiens auraient souffertes en mer, soit qu'ils entrent dans les ports d'Italie ou de Tunisie volontairement ou par relâche forcée, seront réglées par les Consuls généraux, Consuls, Vice-consuls ou Agents consulaires respectifs à moins que des personnes ne relevant pas de l'autorité du Consul ne soient intéressés dans ces avaries; dans ce cas, et à défaut de compromis amiable entre toutes les parties intéressées, elles devraient être réglées par l'autorité locale» (art. 31). En cas d'échouage ou de naufrage, l'autorité consulaire doit être avertie afin qu'elle puisse prendre toutes mesures conservatoires utiles (art. 32).

70. La troisième convention concerne l'extradition des malfaiteurs; elle ne rentre pas assez directement dans le cadre de cet ouvrage pour que nous nous attardions à son analyse; nous dirons seulement qu'on comprend parmi les faits donnant lieu à extradition les faux commerciaux de toute nature, la banqueroute frauduleuse, les crimes commis en mer et l'abandon par le capitaine d'un navire de commerce ou de pêche, ainsi que tous méfaits d'indiscipline ou de désordre à bord et de baraterie (art. 2).

71. L'ordre chronologique nous donne à noter un décret du 30 août 1897 (Z. 1585) étendant à la Tunisie les traités en vigueur entre la France et la Belgique; puis nous arrivons au décret du 18 octobre 1897 (Z. 1586) qui règle la situation avec la Grande Bretagne et qui doit nous arrêter quelque peu.

72. Les traités et conventions de toute nature en vigueur entre la France et le Royaume-Uni de Grande Bretagne et d'Irlande sont étendus à la Tunisie. La situation des agents consulaires d'Angleterre en Tunisie est assimilée à celle de ces agents consulaires en France. Le traitement de la nation la plus favorisée en Tunisie est accordé à l'Angleterre, étant entendu que ce traitement ne comprend pas le traitement français (art. 1).

73. «Les cotonnades originaires du Royaume-Uni et des Colonies et possessions britanniques ne pourront pas être frappées en Tunisie de droits d'importation supérieurs à 5% de leur valeur au port de débarquement. Elles ne seront pas grevées d'autres taxes ou impôts quelconques. Cette disposition restera en vigueur jusqu'au 31 décembre 1912 et, après cette date, jusqu'à l'expiration du sixième mois à partir du jour ou l'une des parties contractantes aura notifié à l'autre son intention d'en faire cesser les effets» (art. 2).

74. Un décret du 18 octobre 1897 (Z. 1587) a étendu à la Tunisie les traités en vigueur entre la France et la Suède, la Norvège et la Grande Bretagne, un autre, du 14 mars 1898 (Z. 1588) a réalisé la même extension pour les traités entre la France et les Pays-Bas et un troisième, du 19 avril 1898 (Z. 1589) pour les traités entre la France et la Grèce. Ceci nous conduit au décret du 16 avril 1899 (Z. 1590) qui a promulgué en Tunisie une convention de commerce et de navigation passée entre le Gouvernement français et le Gouvernement bulgare.

75. Ce document stipule d'abord pleine et entière liberté de commerce et de navigation entre les nationaux des deux pays, c'est-à-dire de la France et de la Bulgarie, avec, pour les taxes, le traitement de la nation la plus favorisée (art. 1). Il assure exemption de toutes charges militaires pour les ressortissants d'un des deux pays dans l'autre, à l'exception de celles qui sont attachées à la possession d'un bien quelconque (art. 2). Il affirme le droit d'acquérir ou de louer des maisons, boutiques, terres et affirme le droit d'exercer tout négoce, sauf, en Bulgarie, ceux de cabaretier de village, de pharmacien, de courtier, de colporteur et de marchand ambulant (art. 3). Le traitement de la nation la plus favorisée est convenu pour tous tarifs et droits et pour toutes facilités d'importation, d'entreposage, de réexportation et de transit ainsi que tout ce qui se rapporte à l'exercice du commerce et de l'industrie (art. 4). Certains droits sur certaines marchandises sont établis (art. 5 et tableaux A et B-Z. 1591 et 1592). Il est décidé que les marchandises provenant d'un des deux pays ne paieront pas dans l'autre de droits d'accise ou de consommation intérieure plus élevés que ceux exigés sur les marchandises indigènes (art. 6). Exemption de patente bulgare et droit de faire circuler des échantillons sont accordés aux commis voyageurs français en Bulgarie qui se seront munis d'une carte spéciale (art. 7). Le droit de navigation dans des conditions semblables aux nationaux est assuré, sauf pour le cabotage (art. 8).

76. Un décret du 20 avril 1902 (Z. 1940) a promulgué en Tunisie l'arrangement concernant les relations commerciales avec le sultanat de Zanzibar, signé entre la France et l'Angleterre. Il se rapporte principalement à la fixation des bases du droit *ad valorem* perçu sur les eaux de vie et liqueurs à leur entrée dans le sultanat et provenant de France, d'Algérie, de l'Indo-Chine ou de la Tunisie (20 shellings par caisse de 12 bouteilles). En compensation, les produits de Zanzibar profitent de la taxe la plus réduite à leur entrée en France, en Algérie, en Indo Chine et en Tunisie.

77. Des avantages analogues ont été accordés pour les marchandises circulant entre la Tunisie et Costa-Rica (Décret du 20 avril 1902 — Z. 1934) et entre la Tunisie et les Antilles danoises (Décret du 20 avril 1902 — Z. 1935). Un autre décret du même jour (Z. 1936) a promulgué un arrangement entre la France et le Salvador qui assure les mêmes bénéfices que ci-dessus aux cafés et à certaines marchandises du Salvador, ainsi qu'à tous produits naturels ou manufacturés de Tunisie (tableaux A et B — Z. 1837 et 1938). Le même jour encore, un autre décret a pris des mesures analogues pour l'Etat indépendant du Congo (Z. 1939), en ce qui touche le café, le cacao, le poivre, le piment, les amones et cardamones, la canelle, la cassia lignea, les muscades, macis, girofle, la vanille et le thé, pour le Congo, et en ce qui touche tous produits naturels ou manufacturés, pour la Tunisie. Les certificats d'origine doivent être, dans les deux pays, visés en gratuité des taxes consulaires (art. 3).

78. Un décret du 13 mai 1905 (Z. 2742) a promulgué en Tunisie une convention commerciale conclue entre la France et le Honduras. Elle stipule, pour les denrées coloniales de consommation de ce dernier pays et pour tous produits naturels ou manufacturés de la Tunisie, le traitement douanier le plus réduit applicable à des marchandises étrangères (art. 1 et 2); les certificats d'origine doivent être, dans les deux pays, visés en gratuité des taxes consulaires (art. 3).

79. Quatre décrets en date du 24 mai 1905 (Z. 2749 à 2752) ont promulgué en Tunisie des conventions analogues, respectivement entre la Tunisie et: 1° les pays de protectorat britannique de l'Est-africain, du Centre africain et de l'Ouganda; — 2° l'île de Ceylan; — 3° les Indes anglaises; — 4° les îles Seychelles.

80. Un décret du 23 avril 1906 (Z. 3014) a promulgué en Tunisie la convention commerciale conclue les 16/29 septembre 1905 entre la France et la Russie. Il n'y a pas lieu d'analyser ici cette convention, qui n'est pas spéciale à la Tunisie; nous nous bornerons à signaler, qu'en addition à l'art. 1er il a été «entendu que les arrangements intervenus entre la France, d'une part, Monaco et le Bey de Tunis, d'autre part, . . . ne pourront pas être invoqués par la Russie pour modifier les relations de commerce et de navigation établies entre les deux hautes parties contractantes par la présente convention». Il faut encore ajouter à cet ensemble l'arrangement conclu entre la France et la Russie le 2/19 janvier 1906, sur le régime douanier des vins mousseux.

81. L'application de l'ensemble de ces conventions par les autorités administratives et judiciaires de la Régence n'a jamais fait sérieusement difficulté. A la date du 30 décembre 1899, une circulaire du Procureur de la République de Tunis aux Juges de paix de l'arrondissement judiciaire de cette ville (Z. 1664) a recommandé de ne pas manquer d'appeler les consuls aux opérations de police judiciaire à effectuer à bord des barques de pêche montées en permanence, sur les côtes tunisiennes, par des marins étrangers, sans se demander si ces petits bâtiments doivent être considérés comme des navires, dans le sens des traités, afin de faciliter la parfaite entente désirable en Tunisie entre les autorités consulaires et les auxiliaires de la justice française. Quant aux jugements rendus en la matière[1] ils ne touchent pas directement le droit commercial.

Chapitre IV. Aperçu sur le droit foncier de la Tunisie.

82. Il ne peut pas entrer dans nos vues d'exposer ici le droit foncier de la Tunisie; sa complication et son originalité exigeraient des développements considérables et nous ne pouvons pas considérer cette matière comme rentrant essentiellement dans le cadre de la présente monographie. Cependant, nous n'avons pas cru devoir nous abstenir complètement d'en parler: un commerçant qui fonde des établissements en pays étranger peut être amené à s'y faire une installation immobilière; même s'il se réduit au rôle plus modeste de locataire, il peut avoir besoin de mesurer les conditions dans lesquelles un possesseur a le droit de consentir un bail. Il y a plus: il n'est pas un industriel ou un commerçant qui, sans aller lui-même s'établir hors de son pays, ne soit amené un jour ou l'autre, s'il importe ou s'il exporte, à ouvrir des crédits ou à rencontrer des débiteurs récalcitrants. De là la nécessité pour lui de s'adresser à la justice étrangère, ou tout au moins, au cas de clause compromissoire, d'exécuter les jugements qu'il obtient dans son pays, sur le territoire étranger de l'établissement de son débiteur; et c'est surtout l'exécution immobilière qui est

[1]) On les trouvera dans notre *Répertoire alphabetique de la jurisprudence tunisienne,* V° Traités internationaux.

intéressante et efficace quand elle est possible. Il faut donc que nous donnions ici quelques notions générales.

83. La première à fournir, c'est que le droit foncier tunisien est double: il y a l'ancien droit, celui qui régissait le sol, lors de l'établissement du Protectorat et il y a celui que le nouveau régime politique s'est empressé de constituer, pour donner à la colonisation et à l'expansion économique du pays une base plus solide.

Section première. Ancien droit.

84. Le droit de propriété n'est pas organisé pour la totalité du sol tunisien; si on l'y rencontre, comme formant la règle, dans le Nord de la Régence, on ne le constate plus qu'à l'état d'exception, formant des îlots plus ou moins épars et rares, dans le centre et dans le Sud. Beaucoup d'explications de cet état de choses pourraient être trouvées dans les conditions climatériques, dans les habitudes de campements nomades et de transhumance des populations méridionales, dans des traditions et des usages; ne nous attardons pas à cette recherche; contentons nous de constater que tout le territoire de la Tunisie n'est pas le siège du droit de propriété privée et qu'il y a de vastes espaces qui en sont affranchis.

85. Dans ces espaces, il s'en trouve qui ne sont pas susceptibles de propriété privée; ce sont d'abord les parties qui, par leur nature, forment le domaine public; ces parties sont: les cours d'eau, les lacs salés ou *sebkhas*, les rivages de la mer; on a été obligé de respecter certains droits privatifs qui, abusivement, s'étaient créés dans le passé sur ces immeubles, mais on ne l'a fait que quand on s'est trouvé en présence de titres réguliers et la législation s'oppose à ce qu'il s'en établisse de nouveaux.

86. Il y a ensuite les terres dites de jouissance collective de tribus. Ce sont des espaces qui, de temps immémorial, sont en la possession des indigènes nomades; ils les parcourent et en retirent toutes les utilités qu'ils sont susceptibles de produire, mais seulement comme membres de la confédération qui les unit à leurs compatriotes, et non pas *ut singuli*. Si, à la saison propice, l'un d'eux laboure une parcelle et y fait sa récolte, ce n'est pas là un acte d'appropriation privative, car il délaissera ce morceau pour en prendre un autre l'année suivante, sans s'y attacher davantage; il n'est pas le maître d'agir autrement, d'ailleurs, car il est sous les ordres de chefs qui déterminent les lieux de campement et les travaux qui incombent à chacun des membres des communautés patriarcales qui habitent ces territoires. Il est arrivé souvent que des spéculateurs se sont fait vendre par des indigènes des parties de ce territoire, ou plutôt se sont fait passer par eux des actes frauduleux; les procès qui s'en sont suivis, ainsi que le trouble qui a été apporté à la vie indigène, ont amené le Gouvernement à délimiter les territoires de jouissance collective qui, tant que l'état social du pays n'aura pas changé, ne pourront devenir la propriété privée d'un particulier.

87. D'autres parties du sol n'ont pas jusqu'ici été l'objet d'une appropriation privée, mais seraient aptes à y donner lieu. Ce sont, d'une part les montagnes incultes et les forêts, qui sont présumées jusqu'à preuve contraire, appartenir à l'Etat, et qu'il peut aliéner lui-même dans certaines conditions; ce sont, d'autre part, les *terres mortes*.

88. La terre morte est, en droit musulman, celle dont personne n'a retiré une utilité quelconque; elle n'appartient à personne, si ce n'est que la puissance publique pourrait en disposer au profit de qui il lui plairait de le faire; mais elle est aussi, en quelque sorte, à la disposition du premier venu. Que quelqu'un, en effet, s'applique à tirer une utilité quelconque d'une terre morte et qu'il la travaille de telle sorte qu'il en retire un profit, en la labourant, en la plantant, en ouvrant une carrière, en recueillant ou en faisant paître les herbes; qu'il fasse cela exclusivement à tout autre et avec continuité, on dira qu'il a vivifié cette terre qui, avant l'effort qu'il lui a consacré, ne produisait rien et on reconnaîtra qu'il est né sur elle, à son profit, un droit de propriété privée.

89. Mais comment ce droit s'établira-t'il à l'égard des tiers? comment prendra-t'il une forme concrète et légale? L'intéressé comparaîtra devant les témoins officiels ou *adouls*, qui correspondent à certains points de vue à ce que nous appelons des notaires, et, avec l'assentiment de l'autorité judiciaire, du *Cadi*, établira par témoins le fait de la vivification et de l'appropriation privée, c'est-à-dire de la possession exclusive. A la suite de ce premier acte, toutes les mutations du droit ainsi constaté doivent être inscrites à leur tour, avec leurs modalités, si bien que théoriquement,

un titre de propriété tunisien doit relater l'histoire complète, depuis son origine, de tout droit de propriété issu de la vivification d'une terre morte et ce système foncier si simple paraît au premier abord comme très séduisant.

90. Mais la réalité l'est beaucoup moins; il est rare, très rare, de rencontrer de ces vénérables titres, rouleaux de parchemins qui se sont ajoutés bout à bout par la suite des siècles, et qui relatent l'histoire d'une terre en même temps que celle d'une ou de plusieurs familles; il est moins rare des voir des titres d'apparence tout aussi respectable et chenue, mais qui sont faux ou falsifiés en tout ou en partie; il est fréquent de trouver des titres, vrais ou faux, qui ne correspondent à aucun droit actuel, s'ils ont jamais correspondu à quelque chose, et l'expérience porterait presque à affirmer que le titre de propriété régulier, réel et sincère est l'exception. Les causes d'un tel état de choses sont multiples; laissons de côté les habitudes de fraude qui ont fait vivre grassement en Tunisie, comme dans tout l'Islam, d'habiles faussaires; éliminons ce qui revient aux habitudes d'insouciance et de paresse des indigènes, ce qui est le résultat des guerres incessantes entre tribus, des vols, des violences, des épidémies; ne nous occupons que de la cause principale qui est l'importance de la possession dans le droit réel musulman.

91. Il suffit de posséder à titre non précaire et ce ouvertement, *animo domini*, l'immeuble d'un tiers, pendant une durée de 15 ans suivant un rite, de 10 ans suivant un autre, pour que le droit du propriétaire soit *paralysé*, c'est-à-dire mis hors d'usage par l'impossibilité où il se trouve désormais de servir de base à une action en justice. Voilà donc le propriétaire vrai, qui a un titre de valeur purement théorique et historique, et un possesseur qui n'a pas de titre, mais qui exerce sans qu'on puisse légalement l'en empêcher, tous les droits du vrai propriétaire. Et s'il se présente devant les adouls avec ses témoins, pour la constatation de sa possession, on lui confectionnera un titre qu'on appellera acte de notoriété ou *outika*, qui sera, à vrai dire, un titre de propriété bon et valable, propre à servir de souche à l' inscription ultérieure des mutations et à devenir rapidement un titre de propriété aussi respectable que les autres. Si l'on ajoute que tout individu qui a perdu son titre ou qui feint de l'avoir perdu, peut à peu près librement se faire confectionner une *outika*, on comprendra qu'il peut y avoir des droits de propriété sans titre, mais plus fréquemment encore, des titres nombreux et contradictoires pour une seule propriété.

92. Il est inutile d'insister pour faire saisir les multiples inconvénients et l'insécurité d'un tel régime; ce désordre et les dangers qui s'ensuivent sont augmentés encore par une institution du droit tunisien qui était de nature à rendre de grands services, mais qui a été discréditée par beaucoup d'abus et de fraudes. Nous voulons parler de la *rahnia*, sorte de nantissement.

93. On a vu qu'en principe, le droit de propriété est constaté par un titre qui, créé lors de la naissance du droit, fait l'histoire de ses différentes vicissitudes et constate son état actuel; les juristes musulmans ont eu l'ingénieuse pensée de considérer comme équivalant à la remise réelle d'une propriété immobilière, pour sûreté d'une créance, la remise du titre entre les mains du créancier; tout au moins cette remise mettait le débiteur dans l'impossibilité de disposer de son fonds, puisque sans son acte, il ne pouvait faire dresser un acte régulier de transmission de droits immobiliers. La jurisprudence a étendu les résultats pratiques de ce contrat en admettant qu'un créancier gagiste de premier rang pouvait détenir le titre pour la sûreté d'autres créances de second et de troisième rang, quand leur existence et la concession d'un droit de gage de second ou de troisième rang lui avaient été notifiées. Ainsi s'était constitué une sorte de régime hypothécaire qui avait eu beaucoup de succès près des prêteurs et qui avait facilité de nombreuses transactions.

94. Mais, comme nous l'avons dit, la fraude vint tout gâter; on profita de l'avidité et de l'ignorance des prêteurs d'argent pour obtenir des remises de somme au moyen du dépôt de titres anciens, souvent vrais au point de vue matériel, mais aussi fréquemment truqués, ne répondant plus, en tous cas, à une possession effective actuelle et suffisante, de telle sorte que le créancier qui ne s'était pas assuré de la possession de l'emprunteur était certain de perdre son capital. La vérification même de la possession ne constitue pas un moyen absolument sûr de se soustraire aux entreprises des escrocs; nous avons connu une famille dûment propriétaire de nombreux immeubles, qui avait trouvé moyen de se faire faire, à une époque assez éloignée, où elle avait beaucoup d'influence et où on n'osait rien lui refuser, trois titres pour chaque maison ou fonds de terre et elle en profita pour mettre chacun d'eux en gage entre les mains de prêteurs différents, dont chacun se croyait créancier gagiste unique. Beaucoup furent ruinés par cette audacieuse spéculation.

95. Nous verrons plus loin ce qui a été fait pour parer aux défectuosités d'un système qui offre aussi peu de sécurité; auparavant, et pour compléter l'exposition de l'ancien droit (qui est encore en vigueur concurremment avec le nouveau), il faut dire quelques mots des divers démembrements du droit de propriété qui affectent une très grande partie des immeubles tunisiens.

96. Le plus important, celui qui a donné naissance à tous les autres, c'est le *habous*. C'est la consécration d'un immeuble à une œuvre pie, à laquelle il doit revenir un jour en toute propriété, mais dont cette œuvre ne jouira qu'après l'extinction de la descendance du constituant (presque toujours, de la descendance mâle); une dévolution spéciale du habous aux générations successives du constituant est instituée dans l'acte de constitution, et ces dévolutaires viennent à tour de rôle percevoir les fruits et jouir de l'immeuble, sans qu'il entre dans leur patrimoine et sans qu'il fasse partie de leur succession[1]. L'essence du *habous*, c'est d'être inaliénable et hors du commerce; à un certain moment, on a estimé que le cinquième environ des propriétés tunisiennes était frappé de habous, ce qui crée une situation économique d'autant plus lamentable que ces immeubles, ainsi retirés de la circulation, sont très mal entretenus par leurs détenteurs, négligents parce que précaires. L'ingéniosité des juristes musulmans, qui s'est donné carrière tant de fois, s'est manifestée brillamment par l'élaboration de combinaisons destinées à faire rentrer dans le commerce ce que les fondations pieuses lui avaient arraché.

97. La plus importante et la plus fréquemment pratiquée de ces combinaisons est *l'enzel*. S'il est impossible de vendre un habous, on peut le louer; quand des dévolutaires le louent, la location ne saurait dépasser une durée normale, parce que ces dévolutaires n'ont la disposition de l'immeuble que pour le temps de leur propre existence; mais quand l'autorité apte à représenter les droits de la fondation pieuse, du dévolutaire final et définitif, vient agir avec celle qui est habile à représenter les intérêts des dévolutaires futurs, on peut consentir une sorte de bail perpétuel, moyennant le paiement d'une rente: si la rente est fixée une fois pour toutes, c'est l'*enzel*; si elle est stipulée révisable à époques déterminées, en vue d'une augmentation au profit de la fondation pieuse, c'est le *kirdar*. Que ce soit l'un ou l'autre (l'enzel est très commun et le kirdar très rare), ce n'est en réalité qu'une aliénation déguisée sous cette formule: le domaine *éminent* ou théorique, est séparé du domaine *utile*; le premier reste à la fondation pieuse, ce qui suffit à satisfaire au principe d'inaliénabilité du habous; le second appartient au débiteur de la rente et il est complet, sauf, peut-être, le droit de détruire ou de diminuer la chose, restriction sans grande valeur pratique[2]. On peut donc devenir propriétaire d'un habous moyennant le paiement d'une rente foncière perpétuelle.

98. Différentes modalités de l'enzel ont été imaginées pour les boutiques, sous le nom de *khoulou el meftah*, de *nasba*, etc.; ces contrats sont très rares, très anciens, on n'en fait pas de nouveaux, il est inutile d'en parler autrement que pour mémoire.

99. Nous terminerons cette courte esquisse en notant qu'on a permis les échanges de habous; on remplace le fonds grevé par un autre fonds, avec l'agrément du Chara qui, pour assurer la validité de l'opération, attachée à ce que la fondation pieuse ne perde rien, n'autorise l'échange que s'il lui est démontré que le fonds nouveau est de valeur supérieure au fonds ancien.

Section II. De l'immatriculation.

100. Lorsque le Gouvernement français se rendit compte de l'insécurité du droit de propriété en Tunisie, il prit les mesures nécessaires pour y remédier; ces mesures aboutirent à la promulgation de la loi du 1er juillet 1885 (Z. 1495) qui subit des modifications partielles le 16 mai 1886, le 6 novembre 1888, le 15 mars 1892 et le 10 avril 1898. Cet ensemble législatif constitue tout un système foncier qui a admirablement réussi et qui, en dépit de critiques que nous estimons infondées, constitue un des meilleurs qui aient jamais été mis en pratique.

1) Sur la location des habous et la validité des contrats de bail à l'égard des dévolutaires subséquents, après le décès du dévolutaire bailleur, voir: S. Berge, Répertoire. V° Habous nos 125 et s.; Ouzara, 9 janvier 1912 (Journal 1912, 120). — 2) Sur l'enzel voir: S. Berge, Note sur la jurispr. en matière d'enzel (Journal 1893 p. 117); S. Berge. Répertoire. V° Enzel, où on trouvera l'exposé de tout le droit relatif à ce contrat.

101. Le principe duquel est parti le législateur est celui-ci: tout propriétaire, tout détenteur de droits réels qui le désire, peut soumettre l'immeuble objet du droit à une procédure spéciale qu'on appelle *l'immatriculation* et qui a pour effet: 1° de liquider le passé et d'apurer la situation juridique de l'immeuble; — 2° de le soumettre pour l'avenir à la loi française, dans la mesure indiquée par la loi foncière tunisienne.

102. La procédure d'immatriculation, facultative comme elle l'est, s'ouvre par une *réquisition* adressée au Conservateur de la propriété foncière, avec paiement d'une provision pour les frais. Cette formalité donne ouverture: 1° à une publicité; — 2° à un bornage de la propriété objet de la réquisition; le tout est fait de manière à ce que les contradictions des intéressés soient provoquées et aient toutes facilités pour se manifester; un procès-verbal est dressé au bout d'un certain délai, lequel relate qu'il n'y a pas eu d'opposition aux prétentions du requérant, ou qu'au contraire il s'en est manifesté, cas où il indique lesquelles, avec le nom et la demeure des opposants; un plan est dressé du bornage de la réquisition et des emprises des revendications des opposants, s'il y a lieu.

103. La réquisition, les pièces et les titres produits, dûment traduits, sont transmis à une juridiction composée de magistrats français et de magistrats tunisiens, qu'on appelle, en raison de cette composition, le *Tribunal mixte.* D'office, cette juridiction, qui confie le dossier à un juge rapporteur chargé des intérêts des mineurs et des absents, prend toutes les mesures voulues pour l'instruction des difficultés et contestations qui se sont révélées ou dont l'étude des pièces démontre l'existence; un délai est aussi accordé aux opposants pour produire leurs titres, pièces et mémoires; les mesures d'instruction effectuées et toutes les investigations nécessaires ayant été faites, des débats contradictoires sur rapport ont lieu en audience publique et le Tribunal mixte statue.

104. Si la décision intervenue rejette purement et simplement la réquisition, aucune valeur de chose jugée ne s'y attache; la situation juridique de l'immeuble et du prétendant droit reste ce qu'elle était avant la réquisition, et toute la procédure devient sans effet utile d'aucune sorte. Si la décision admet en tout ou en partie la réquisition, elle a au contraire des effets d'autant plus importants et plus graves qu'elle n'est susceptible d'aucune voie de recours; elle fixe l'état juridique et la consistance matérielle de l'immeuble à la date de la réquisition et détermine dans tous leurs détails les droits réels qui l'affectent à cette même époque; tout ce qui existait antérieurement à ce sujet devient inexistant et caduc; c'est une purge énergique et absolue; c'est une vie juridique nouvelle qui commence. Et le jugement rendu est corroboré et consacré par la création d'un *titre de propriété* inscrit au livre foncier où il est individualisé par un numéro et un nom et par l'établissement d'un plan qui reproduit le bornage définitif exécuté sur le terrain.

105. A partir de ce moment, rien n'est opposable aux tiers, relativement à la propriété immatriculée, que ce qui est inscrit au livre foncier, car on doit y inscrire, ainsi que sur les copies remises aux parties, toutes les modifications survenues, à quelque titre que ce soit, dans les droits réels ou dans la consistance matérielle de l'immeuble; la propriété ainsi constatée est *imprescriptible*; les droits réels, tels que les hypothèques, grèvent l'immeuble tant qu'ils n'ont pas été l'objet d'une radiation; les charges occultes n'existent pas.

106. Il n'est pas nécessaire d'en dire davantage pour démontrer l'état de sécurité absolue de la propriété immatriculée et pour faire comprendre la valeur de l'admirable instrument de crédit qui a été créé par le Gouvernement du Protectorat. Si le travail de l'immatriculation est délicat est difficile et s'il a souvent porté l'inquiétude dans l'esprit de ceux qui ont eu la lourde tâche de l'effectuer, il s'est fait dans des conditions particulièrement heureuses, et les erreurs ont été rares. Aujourd'hui il s'est produit environ 12 500 réquisitions d'immatriculation, et, à la suite de morcellements, le chiffre des titres en circulation est d'environ 18000. Il constitue un des éléments de l'énorme dévoloppement de la prospérité actuelle de la Tunisie.

Section III. De l'expropriation pour cause d'utilité publique.

107. Les anciens traités avaient tous stipulé, au profit des européens, l'impossibilité d'être légalement dépouillés de leurs propriétés immobilières par un acte du prince; c'était le corollaire indispensable du droit qui leur était reconnu d'acquérir lesdites propriétés. Cependant, des travaux publics importants devant être exécutés, il fallut recourir à l'expropriation et ce ne fut pas chose facile en raison de l'imperfection de la législation; la jurisprudence sauva la situation en consacrant une pratique judiciaire un peu hardie[1] et ce ne fut qu'en 1905 qu'aboutirent les travaux législatifs qui dotèrent la Tunisie d'un système d'expropriation pour cause d'utilité publique. Sans nous attarder à dire les défauts de cette très médiocre conception, nous l'exposerons succinctement.

108. D'après le décret du 5 septembre 1905 (Z. 2837), l'expropriation est prononcée par un décret accompagné d'un plan parcellaire (art. 1). L'administration expropriante ne peut prendre possession de l'immeuble que moyennant payement ou consignation d'une juste et préalable indemnité (art. 2). Après publication du décret et du plan, un certain délai est ménagé pour que les intéressés puissent se révéler et l'administration fait ses offres; si elles ne sont pas acceptées dans un autre délai, l'administration s'adresse à l'autorité compétente pour la désignation d'experts (art. 4 à 9).

109. Des listes annuelles sont dressées annuellement pour le ressort de chaque juridiction par une commission nommée par le Premier ministre et comprenant le Procureur de la République du ressort; elles comprennent les noms de ceux qui pourront être choisis comme experts par le magistrat compétent (art. 10); elles ne peuvent comprendre des intéressés à des expropriations en cours (art. 11). Les experts désignés pour une affaire déterminée sont au nombre de 5, dont un président nommé spécialement; ils doivent être tous européens si l'un des ayants droit est justiciable des tribunaux français (art. 12).

110. Dans les huit jours de sa nomination, le Président de la commission d'expertise réunit ses co-experts avec notification de l' heure, du jour et du lieu de la séance à l'administration expropriante et aux intéressés qui se sont révélés; un délai de 5 à 8 jours plus 1 jour par 5 myriamètres est ménagé entre la convocation et la séance; celle-ci a lieu tant en l'absence qu'en présence des parties dûment appelées (art. 13). Les experts entendent les parties, procèdent à toutes recherches utiles et déterminent la valeur de l'immeuble exproprié, au jour de la promulgation du décret et sans prendre en considération la plus-value pouvant résulter des travaux publics à exécuter (art. 14 et 15); ne donnent pas lieu à indemnité les constructions et plantations exécutées dans le but de faire majorer l'indemnité d'expropriation, non plus que les baux et autres actes passés dans le même but (art. 16). Les experts dressent un rapport motivé où ils indiquent les bases de leur calcul; ils consignent l'avis unanime ou les avis différents émis (art. 17).

111. La fixation de l'indemnité n'est susceptible d'appel que pour vice de forme ou violation de la loi ou, pour tous autres motifs, si elle n'est pas prononcée par l'unanimité des experts[2]. L'appel doit être formé et notifié au greffe de la juridiction compétente avant l'expiration d'un délai de 10 jours à partir de la notification ou du dépôt du rapport (art. 18).

112. Lorsqu'il y a litige sur le fond du droit ou la qualité des réclamants, et toutes les fois qu'il s'élève des difficultés étrangères à la fixation du montant de l'indemnité, celle-ci est réglée par expertise et ensuite consignée sans offres préalables. Il en est de même, pour la consignation, si l'exproprié refuse de recevoir l'indemnité arbitrée d'une manière définitive (art. 21). Si le propriétaire présumé ne produit pas de titre ou si le titre produit ne paraît pas régulier, l'administration expropriante consigne et il est fait une publicité spéciale pour provoquer des réclamations; l'indemnité est versée au propriétaire apparent un an après que ces formalités ont été régulièrement effectuées sans produire de résultat (art. 22).

113. Si dans le délai de 5 ans à partir du décret d'expropriation, les immeubles expropriés n'ont pas été employés à un travail d'utilité publique, les anciens propriétaires peuvent en obtenir la rétrocession, pourvu qu'ils réclament au cours de la sixième année, à peine de forclusion, et contre restitution de l'indemnité reçue (art. 24).

114. A partir de la notification des offres, l'administration peut se faire mettre en possession des terrains non bâtis moyennant la consignation d'une somme arbitrée en référé par la juridiction compétente (art. 26).

115. Des dispositions spéciales règlementent l'expropriation des immeubles immatriculés on en cours d'immatriculation (art. 32 à 40); des dispositions très pratiques règlent l'allocation des dépens (art. 27), les intérêts pour les différence entre la somme allouée et la somme consignée (art. 28), la forme des significations et notifications (lettres recommandées avec accusé de réception), la forme des consignations (art. 30) et dispense toutes les pièces de la formalité de l'enregistrement (art. 31).

[1]) Voir: S. Berge, *Revue de la jurispr. en matière d'expropriation pour cause d'utilité publique* (Journ. des trib. de la Tunisie, 1893. p. 211). — [2]) Sur l'application de cette disposition, voir: S. Berge, Répert. alphab. de la jurispr. tun. V° Expropriation publique nos 72 et s.

Chapitre IV. Réglementations intéressant le commerce.

Section première. Contrôle des étrangers.

116. Un décret du 13 avril 1898 (Z. 623) a réglé les conditions dans lesquelles les étrangers peuvent s'établir en Tunisie. Ses dispositions sont les suivantes:

117. Depuis le 1er mai 1898, tout étranger qui veut établir sa résidence en Tunisie ou y exercer une profession, un commerce ou une industrie quelconque, doit, dans un délai de cinq jours à partir de son arrivée, faire devant l'autorité de police locale une déclaration de résidence en justifiant de son identité. S'il n'est pas porteur des pièces justificatives nécessaires, l'autorité de police locale peut, avec l'approbation du premier ministre, lui accorder un délai pour se les procurer (art. 1).

118. La déclaration comporte les nom et prénoms du déclarant, ceux de ses père et mère, sa nationalité, le lieu et la date de sa naissance, le lieu de son dernier domicile, sa profession ou ses moyens d'existence. Elle est individuelle, même pour les membres d'une même famille, à l'exception des enfants mineurs n'exerçant ni profession, ni commerce, ni industrie. Cette déclaration est inscrite sur un registre dont un extrait est délivré au déclarant (droit de timbre à payer: 90 cent.) et il doit le représenter à toute réquisition des agents de l'autorité (art. 2).

119. Les déclarations sont faites à Tunis au Commissariat de la sûreté; dans les autres localités de la Régence, au Commissaire de police. Les pièces justificatives sont laissées en dépôt tant que l'intéressé ne vient pas déclarer qu'il quitte la localité (art. 3).

120. En cas de changement de résidence, l'intéressé fait viser son certificat d'immatriculation, dans les deux jours de son arrivée, par l'autorité de police de sa nouvelle résidence et dépose à nouveau ses pièces d'identité (art. 4).

121. L'exécution de ces dispositions est assurée par des sanctions pénales: celui qui emploie un étranger qui n'a pas satisfait aux obligations qui viennent d'être spécifiées, peut être puni d'une amende de 1 à 15 fr. inclusivement et d'un emprisonnement de 1 à 5 jours inclusivement ou de l'une de ces deux peines seulement. Elles peuvent être portées au double s'il a été rendu contre le contrevenant, dans les douze mois qui précèdent, une condamnation pour la même contravention commise dans le ressort du même tribunal (art. 9); l'étranger qui n'a pas fait dans le délai réglementaire les déclarations exigées, ou qui refuse de produire son certificat d'inscription à première réquisition de l'autorité, ou qui, en cas de changement de résidence, ne fait pas viser ledit certificat, est passible d'une amende de 50 à 200 fr.; celui qui a fait une fausse ou inexacte déclaration est passible d'un emprisonnement de 6 jours à 1 mois et d'une amende de 100 à 300 fr. Le condamné peut en outre être transféré à la frontière et expulsé (art. 6).

122. Le même décret confère au Gouvernement le droit d'expulser tout étranger dont la présence lui paraît de nature à compromettre la sécurité publique. L'expulsion est ordonnée par le Premier ministre, avec le contre-seing du Résident général (art. 7). Si un étranger expulsé rentre en Tunisie sans autorisation, ou s'il y revient après s'être soustrait à l'application des pénalités ci-dessus dites, il peut être puni d'un emprisonnement de 1 à 6 mois et expulsé de nouveau (art. 8). L'art. 463 C. pén. fr. sur les circonstances atténuantes est applicable aux cas prévus par le décret que nous venons d'analyser.

123. Il y a peu de jurisprudence sur cette législation qui, appliquée avec tact et modération, n'a jamais donné lieu à des difficultés sérieuses; cependant on a eu à trancher la question de savoir quelle serait la situation des mineurs devenues majeurs en Tunisie, au point de vue de l'obligation de faire une déclaration; jugé que l'étranger né en Tunisie n'est pas astreint à faire une déclaration de résidence, parce que le décret du 13 avril 1898 ne lui en fait pas une obligation expresse et que, comme il s'agit d'une disposition pénale, les tribunaux ne peuvent lui donner une interprétation exclusive: Alger, 24 juillet 1908 (Journal 1909 p. 73). Cette même jurisprudence a été suivie par: Tunis, 8 décembre 1908 (Journal 1909 p. 79) qui a décidé en outre que le défaut de déclaration de résidence dans le délai imparti par la loi ne constitue pas un délit successif, mais un délai unique soumis à la prescription.

Section II. Chambres et bourses de commerce. Magasins généraux.

124. Il existe en Tunisie un certain nombre de corps consultatifs qui portent le nom de Chambres d'agriculture, de Chambres de commerce et de Chambres mixtes;

leur organisation est le résultat d'un certain nombre d'arrêtés résidentiels dont il suffira d'indiquer les dates et les références (19 mars 1892, Z. 208. — 20 novembre 1895, Z. 209, 210, 211. — 27 décembre 1899, Z. 212. — 21 novembre 1902, Z. 2076) en ajoutant que ces corps constitués sont élus par les commerçants français, qu'ils sont tous nés de l'ancienne Chambre de commerce française, celle d'avant le Protectorat et que leurs attributions consistent uniquement à donner des avis au Gouvernement, bien que ceux qui les composaient aient souvent essayé, non sans succès, à les transformer en organes de politique personnelle. Il n'y a rien, dans tout ceci, qui puisse intéresser beaucoup le présent ouvrage, non plus que de savoir ce que la jurisprudence a eu occasion de décider relativement à la transmission des pouvoirs entre une Chambre dont les pouvoirs sont expirées et celle qui vient d'être élue en son remplacement (S. Berge, Répertoire, V° Chambres de commerce, — Tunis, 14 avril 1900 (Journal 1900 p. 429).

125. Ce qui concerne la Bourse de commerce de Tunis est un peu plus digne d'attention. Sa réglementation a été faite par un arrêté du Directeur de l'agriculture en date du 19 juillet 1898 (Z. 249). Il fixe les jours et heures d'ouverture qui sont: lundi, mercredi et vendredi de 7 à 11 heures du matin, la salle de lecture et de correspondance étant ouverte tous les jours de 7 à 11 heures du matin et de 2 à 5 heures du soir (art. 1). L'entrée de la Bourse est interdite: 1° aux faillis non réhabilités, 2° aux individus en état d'ébriété, 3° aux individus ayant subi une peine afflictive ou infamante. Tous les jeux de hasard, cartes, dés et autres, sont interdits dans l'intérieur de la Bourse (art. 2).

126. Toute opération sur fonds publics ou valeurs mobilières est interdite à la Bourse de commerce (art. 4). Il faut d'ailleurs observer que c'est un simple lieu de réunion pour les commerçants et qu'il ne s'y trouve aucun courtier officiel ni aucun agent de change, bien que certains personnages qui font de la banque à Tunis s'en soient attribué la qualification.

127. Des échantillons de produits, accompagnés du nom du vendeur, de la quantité de la marchandise à vendre et du prix demandé pour la vente, peuvent être exposés dans le local de la Bourse (art. 7) dont la police intérieure appartient au président de la Chambre de commerce de Tunis (art. 8).

128. Le service des douanes et les formalités d'importation, ainsi que les opérations commerciales en général et le crédit ont été également facilités par un décret du 22 février 1900 (Z. 604) qui a réglementé l'entrepôt réel et le régime des magasins généraux.

129. Les magasins généraux sont destinés à opérer la garde, la conservation et la manutention des matières premières, objets fabriqués, marchandises et denrées que les commerçants, industriels et agriculteurs voudront y déposer et à faciliter la circulation des marchandises et le crédit basé sur leur nantissement par l'émission de récépissés et de warrants (art. 1). Tous les dépôts de marchandises sont constatés par des récépissés portant toutes mentions utiles et auxquels sont annexés, sous la dénomination de warrant, un bulletin de gage contenant les mêmes mentions que le récépissé (art. 2). Les récépissés et warrants peuvent être transférés par voie d'endossement, soit ensemble, soit séparément; à toute réquisition du porteur des deux pièces réunies, elles peuvent être retirées et remplacées par des récépissés et des warrants fractionnés autant qu'il y a de lots de marchandises (art. 3).

130. »L'endossement du warrant séparé du récépissé vaut nantissement de la marchandise au profit du cessionnaire du warrant. L'endossement du récépissé transmet au cessionnaire le droit de disposer de la marchandise, à charge par lui, lorsque le warrant n'est pas transféré avec le récépissé, de payer la créance garantie par le warrant ou d'en laisser payer le montant sur le prix de la vente de la marchandise» (art. 4). L'endossement du récépissé et celui du warrant doivent être datés; s'ils sont séparés, l'endossement du warrant doit énoncer la créance garantie, la date de la créance, son échéance, et indiquer par ses noms, profession et domicile, le créancier (art. 5). Il y a lieu à transcription de l'endossement du warrant, par son premier cessionnaire, sur les registres du Magasin général (art. 6).

131. Le porteur du récépissé séparé du warrant peut, avant l'échéance, payer la créance garantie par le warrant. Si le porteur du warrant n'est pas connu, ou si, étant connu, il n'est pas d'accord avec le débiteur, il y a lieu à consignation de la somme au Magasin général, et cette consignation libère la marchandise (Art. 7).

132. Le warrant est payable au domicile du Magasin général à moins qu'un autre soit indiqué. A défaut de paiement à l'échéance, le porteur du warrant séparé du récépissé peut, huit jours après le protêt et sans aucune formalité de justice, faire procéder à la vente publique, aux enchères et en gros, de la marchandise engagée (art. 8). Le créancier est payé de sa créance sur le prix, directement et sans formalité de justice, par privilège et préférence à tous autres créanciers, sans autres déductions que celles des droits de douane, et autres taxes dues sur la marchandise, et des frais de réception, de vente, de magasinage, de primes d'assurances et autres frais faits pour la conservation de la chose. Si le porteur du récépissé ne se présente pas lors de la vente, la somme excédant celle due au porteur est consignée à l'Administration du Magasin général (art. 9). «Le porteur du warrant n'a de recours contre l'emprunteur et les endosseurs qu'après avoir exercé ses droits sur la marchandise et en cas d'insuffisance. Les délais fixés par les art. 165 et s. C. com. fr. pour l'exercice du recours contre les endosseurs ne courent que du jour où la vente de la marchandise est réalisée. Le porteur du warrant perd en tous cas ses recours contre les endosseurs, s'il n'a pas fait procéder à la vente dans le mois qui suit la date du protêt» (art. 10). Les porteurs de récépissés et de warrants, ont, en cas de sinistre, les mêmes droits sur les indemnités d'assurances que sur la marchandise qui était assurée (art. 11).

133. Les autres dispositions de ce décret règlent la responsabilité des exploitants des Magasins généraux et leurs tarifs et règlements; il leur est défendu de se livrer au commerce pour leur propre compte, mais permis de prêter sur nantissement, de se charger des opérations de douane, des avances de frais, des règlements de frets, etc., moyennant courtage.

133a. Des magasins généraux ont été créés à Tunis (Décrets du 31 mai 1899, Z. 602 — et du 12 février 1906, Z. 2961); à Sousse (décrets du 4 avril 1900, Z. 605 — du 3 juillet 1909, Z. 3831 — du 6 septembre 1910, Z. 4131 — et du 24 août 1912 Journ. Off. Tun. 4 septembre 1912); à Sfax (décrets du 20 décembre 1901, Z. 1874 — du 18 juin 1903, Z. 2247 — et du 26 janvier 1911); à Bizerte (décret du 10 mars 1908, Z. 3486); à Monastir et à Mahdia (décret du 4 avril 1900, Z. 605 et 26 janvier 1911).

Section III. Expositions.

134. Il est extrêmement intéressant pour un pays de récente expansion économique comme la Tunisie, de se faire connaître et de faire apprécier ses produits par une participation assidue aux Expositions universelles ou nationales qui ont lieu sur les différents points du globe. C'est dans le but de favoriser cette activité utile que le Résident général a pris, le 13 avril 1891, un arrêté pour créer un Comité permanent des Expositions (Z. 625).

135. Ce comité est chargé de recueillir les renseignements sur les diverses expositions qui doivent avoir lieu, de donner son avis sur l'utilité qu'il y aurait pour la Tunisie à y participer officiellement, de stimuler et de grouper les efforts des producteurs de la Régence, de préparer les collections à exposer et d'apporter son concours au Gouvernement pour l'organisation de la représentation des produits tunisiens dans ces expositions (art. 1). Il a les mêmes attributions pour les Concours agricoles de France, d'Algérie et de Tunisie (art. 2). Il est composé de l'Inspecteur de l'agriculture ou de son délégué, du président et d'un délégué des Municipalités de Tunis, de Sousse et de Sfax et d'un délégué des sociétés suivantes: Chambre de Commerce de Tunis, Syndicat obligatoire des viticulteurs, Comice agricole, Société d'agriculture, Syndicat des colons français de la Tunisie, Syndicat franco-tunisien du Sahel (art. 3). Les délégués sont renouvelables par tiers tous les 2 ans (art. 4). Le Comité est présidé par le Directeur de l'agriculture ou son délégué; il nomme son secrétaire (art. 5).

136. Mais la participation aux expositions constitue une publicité et occasionne des déplacements à l'étranger qui peuvent faire courir des dangers aux commerçants et aux industriels en ce qui touche les brevets d'invention et les marques de fabrique et de commerce. Il a été paré à ces inconvénients aux deux points de vue. Pour les brevets d'invention, on trouve dans la loi du 26 décembre 1888 (Z. 149) des dispositions ainsi conçues: «Art. 18. Tout Tunisien ou étranger auteur d'une découverte ou invention susceptible d'être brevetée, ou ses ayants droit peuvent, s'ils sont admis dans une Exposition publique autorisée par l'Administration, se faire délivrer par le Premier ministre un certificat descriptif de l'objet déposé. — Art. 19. Ce certificat assure à celui qui l'obtient les mêmes droits que lui conférerait un brevet d'invention à dater du jour de l'admission jusqu'à la fin du troisième mois qui suivra la clôture de l'Exposition, sans préjudice du brevet que l'exposant peut prendre avant l'expiration de ce terme. — Art. 20. La demande de ce certificat doit être faite dans le premier mois, au plus tard, de l'ouverture de l'Exposition. Elle est adressée au Premier ministre et accompagnée d'une description exacte de l'objet à garantir et, s'il y a lieu, d'un plan ou d'un dessin dudit objet. Les demandes, ainsi que les décisions prises par le Premier ministre, sont inscrites sur un registre spécial qui sera communiqué à toute réquisition.»

137. Ces dispositions ont été corroborées par un décret du 11 juin 1906 (Z. 3053) accordant une protection temporaire aux inventions brevetables devant figurer aux expositions internationales officielles ou officiellement reconnues. Cette protection, dont la durée est fixée à 12 mois à dater de l'ouverture officielle de l'exposition, a pour effet de conserver aux exposants et à leurs ayants cause le droit de réclamer, pendant ce délai, la protection dont leurs découvertes, dessins, modèles ou marques seraient légalement susceptibles. Cette durée n'est pas augmentée des délais de priorité prévus par l'art. 4 de la Convention internationale du 20 mars 1883 (art. 1).

138. Les exposants qui veulent jouir de cette protection temporaire ont à se faire délivrer par l'autorité chargée de représenter officiellement la Tunisie à l'exposition un certificat de garantie qui constatera que l'objet pour lequel la protection est demandée est réellement exposé. La demande doit être faite au cours de l'exposition, au plus tard dans les 3 mois de son ouverture officielle; elle est accompagnée d'une description exacte de l'objet à garantir et, s'il y a lieu, de dessins dudit objet (art. 2).

139. Pour les marques de fabrique et de commerce, en outre du document précédent, qui s'y réfère, nous avons la Convention internationale du 20 mars 1883, art. 11, modifiée par la Convention internationale de Bruxelles du 14 septembre 1900, art. 11: «Les hautes parties contractantes accorderont, conformément à la législation de chaque pays, une protection temporaire aux inventions brevetables, aux dessins et modèles industriels, ainsi qu'aux marques de fabrique et de commerce, pour les produits qui figureront aux expositions internationales officielles ou officiellement reconnues, organisées sur le territoire de l'une d'elles.»

140. La législation intérieure de la Tunisie en la matière consiste dans un décret du 23 février 1910 (Z. 4000) qui dit: Les dispositions des art. 19 à 20 du décret du 26 décembre 1888 sont applicables aux marques de fabrique et de commerce non encore enregistrées et destinées à figurer dans une exposition tunisienne (art. 1). Qu'il s'agisse d'une marque de fabrique ou de commerce ou d'une invention, les exposants doivent joindre à leur demande un certificat délivré par le Commissaire général de ladite exposition attestant que l'objet ou la marque en cause figure réellement à cette exposition (art. 2).

Section IV. Système monétaire.

141. Au moment de l'établissement du Protectorat, l'unité monétaire de la Régence était la piastre et l'étalon de la monnaie, la pièce de cent piastres en or, appelée par les indigènes *bou mia*. Le poids de cette pièce, fixé à 100 nouayas (19 gr. 68 453 125) par un décret du 23 octobre 1855, était théoriquement supérieur au poids total de trois pièces d'or de 20 fr. de l'Union latine (19 gr. 35 483), mais, en fait, comme les frappes de monnaies tunisiennes s'effectuaient le plus généralement, non avec du métal neuf, mais par la refonte de monnaies de l'Union latine, la pièce de 100 piastres en or résultait dans la pratique de la transformation de 3 pièces de 20 fr. et valait exactement 60 fr. Les autres pièces d'or s'obtenaient en observant la même proportion et c'est ainsi que s'est fixée, sauf les variations du change, la valeur de la piastre à 60 centimes.

142. La réforme monétaire a été réalisée par un décret du 1er juillet 1891 (Z. 943) dont l'analyse sera donnée plus loin; à cette époque, les monnaies légalement en circulation dans la Régence étaient celles frappées sous l'empire des décrets du 23 octobre 1855 pour l'or, du 21 avril 1872 pour l'argent et du 22 mai 1872 pour le bronze. Elles offraient cette particularité qu'aucune coupure ne représentait l'unité monétaire, c'est-à-dire qu'il n'existait pas de pièces de 1 piastre et que les types des pièces d'argent n'étaient pas d'un nombre entier de piastres (3 piastres 25, 2 piastres 4375, 1 piastre 625, 0 piastre 8125). Même parmi les pièces d'or, deux coupures, celles de 10 piastres et de 5 piastres, n'avaient qu'une valeur nominale inférieure à leur dénomination officielle et n'étaient données et reçues que pour 9 p. 75 et 4 p. 8125. On comprend sans peine les complications et les difficultés qui naissaient dans les transactions journalières de ces dénominations[1].

[1]) Rapport du directeur général des finances en date du 1er mai 1893.

143. La réforme a eu pour objet de substituer à ce système compliqué et incohérent le système français; aussi le premier article du décret qui l'a réalisée est-il ainsi conçu: «L'unité monétaire de la Régence est le franc. Le franc se divise en cent centimes.»

144. Les types de monnaies créées sur cette base sont: pour l'or, des pièces de 20 et de 10 fr.; pour l'argent, des pièces de 2 fr., de 1 fr. et de 0,50 centimes; pour le bronze, des pièces de 10, 5, 2 et 1 centimes (art. 2). Toutes ces pièces portent, d'un côté, le monogramme du bey, l'indication de la valeur en francs et le millésime hégirien de la fabrication, le tout inscrit en caractères arabes; de l'autre côté, en caractères français, le mot Tunisie, l'indication de la valeur en francs et le millésime de l'année grégorienne de la fabrication (art. 4). Les monnaies d'or ont un pouvoir libératoire illimité, les monnaies d'argent un pouvoir libératoire limité à 50 fr. entre particuliers; les monnaies de bronze un pouvoir libératoire limité à 5 fr. pour un seul paiement. Les monnaies d'or de l'Union latine de 10 et de 20 fr. ont un pouvoir libératoire illimité pour les paiements à faire aux caisses publiques tunisiennes (art. 5). Un décret du 30 mars 1912 (Journ. Off. Tun. 17 avril 1912) donne un pouvoir libératoire illimité pour les paiements à faire entre particuliers et par les caisses publiques aux monnaies d'or de 20 fr. et de 10 fr. et aux pièces d'argent de 5 fr. de l'Union latine.

145. Le décret du 1 juillet 1891 a été complété par deux autres: l'un du 19 décembre 1891 (Z. 946) qui a interdit l'introduction en Tunisie des monnaies de cuivre et de billon de fabrication étrangère, sous les peines portées par les lois concernant les marchandises prohibées à l'entrée du territoire, l'autre du 19 mars 1904 (Z. 2432) prohibant l'importation des monnaies d'argent n'ayant plus cours légal dans leur pays d'origine, ce sous les mêmes peines (art. 8 décret 3 oct. 1884 Z. 471). Il y est dit que ces monnaies seront admises cependant après avoir été coupées, brisées ou martelées, de manière à ne pouvoir servir que pour la refonte.

146. Il faut rapprocher de ces dispositions celle du décret du 11 décembre 1902 (Z. 2108) qui interdit la contrefaçon et l'altération des monnaies tunisiennes ou étrangères dans la Régence, par rappel des dispositions de décrets antérieurs, et qui étend cette interdiction à la fabrication, à la vente, au colportage et à la distribution de toutes les imitations des monnaies ayant cours légal en France et en Tunisie et des monnaies étrangères (art. 1); peines: 5 jours à 6 mois de prison et 16 à 2000 fr. d'amende, les circonstances atténuantes pouvant être admises (art. 2).

147. La jurisprudence a donné quelques indications relatives à l'usage de la monnaie dans la Régence; il n'est pas sans intérêt de la rapporter ici. Elle a décidé, d'une part, que le *dinar*, monnaie fictive dépendant de l'ancien système monétaire, et dont on trouve fréquemment mention dans les vieux actes, équivalait à 10 carroubes, soit 10/16 de piastre (Tunis, 20 mai 1895 — S. Berge, Répertoire V° Monnaies No. 1) et que les piastres doivent être converties en francs au taux de 60 centimes, tant pour les contrats passés avec l'Etat que pour ceux passés entre les particuliers (Tunis, 6 mars 1893 — S. Berge, eod. op. V° No. 2).

148. D'autre part, au point de vue pénal, il a été jugé: 1° que ne peut être poursuivie en Tunisie la contravention de distribution de pièces imitant les monnaies d'or françaises prévue par l'art. 57 de la loi de finances française du 30 mars 1902, non promulguée en Tunisie (Tunis, 7 octobre 1902 — S. Berge, eod. op. No. 204); 2° que les monnaies d'argent tunisiennes ayant cours légal en Tunisie sont assimilées aux monnaies françaises pour la répression de la contrefaçon punie par l'art. 132 C. pén. fr. (Trib. crim. Tunis, 8 février 1897 — S. Berge eod. op. V° No. 5).

Section V. Banques et institutions de crédit.

A. Circulation fiduciaire. — Banque de l'Algérie.

149. Un décret du 8 janvier 1904 (Z. 2372) a autorisé la Banque de l'Algérie à s'installer dans la Régence de Tunisie et à y émettre des billets de banque; voici les principales dispositions de cet acte législatif.

150. La Banque de l'Algérie a un privilège d'émission réglé par la loi française du 5 juillet 1900, c'est-à-dire échéant au 31 décembre 1920. Toutefois le Gouvernement tunisien se réserve la faculté de retirer à la Banque de l'Algérie ce bénéfice au cas où son siège social cesserait d'être établi à Paris (art. 1). «Les billets de la Banque de l'Algérie seront reçus comme monnaie légale par les particuliers et par toutes les caisses publiques de la Régence et remis valablement en paiement dans les mêmes conditions» (art. 2). Ces billets sont exempts en Tunisie de tout droit de timbre proportionnel ou par voie d'abonnement (art. 3). Ils doivent être revêtus d'une estampille spéciale indiquant leur origine tunisienne; leur remboursement devra être effectué, comme de droit, en monnaies métalliques ayant cours légal dans la Régence (art. 4). «La Banque est tenue de remettre sans prime à toute personne partant pour la France, qui lui en versera le montant en billets de la Banque de l'Algérie ou en or tunisien, une somme de 1000 fr. en billets de la Banque de France ou en or français» (art. 5).

151. La Banque fera en Tunisie les mêmes opérations qu'en Algérie et aux mêmes conditions; elle accordera aux établissements publics les mêmes avantages. «Les connaissements d'expédition de marchandises exportées de Tunisie pourront suppléer à une des deux signatures exigées par l'art. 12 des statuts de la Banque au même titre que les connaissements d'expédition des marchandises exportées d'Algérie. Les avantages accordés aux personnes domiciliées en Algérie demeurent acquis aux personnes domiciliées en Tunisie» (art. 9).

Aucune opposition n'est admise sur les fonds déposés en compte courant à la Banque de l'Algérie (art. 11). Tous actes qui ont pour objet de constituer les nantissements par voie d'engagement, de transport ou autrement, au profit de la Banque, et d'établir ses droits comme créancière, sont enregistrés au droit fixe de 1 fr. (art. 12).

152. A défaut de remboursement à l'échéance des sommes prêtées, la Banque est autorisée, huit jours après une simple mise en demeure, à faire vendre aux enchères publiques et par le ministère des officiers ministériels compétents, nonobstant toute opposition, soit les marchandises, soit les matières d'or ou d'argent données en nantissement, sans préjudice des autres poursuites qui pourront être exercées contre les débiteurs, jusqu'à entier remboursement des sommes prêtées, en capital, intérêt et frais (art. 13).

153. «Les souscripteurs, accepteurs, endosseurs ou donneurs d'aval d'effets souscrits en faveur de la Banque de l'Algérie ou négociés à cet établissement, seront justiciables des tribunaux français de 1re instance statuant en matière commerciale en raison de ces engagements et des nantissements ou autres sûretés y relatifs» (art. 14)[1].

154. Ce décret, dont la partie purement administrative est négligée intentionellement, en raison du peu d'intérêt qu'elle présente pour les fins de cet ouvrage, a été suivi d'un décret du Président de la République française, en date du 7 mai 1904 (Z. 2468) qui autorise la Banque de l'Algérie à effectuer son émission de billets au porteur et à vue en Tunisie (art. 1), d'y créer une succursale à Tunis, avec faculté d'en établir d'autres à Sousse, à Sfax et à Bizerte (art. 2) et qui assure l'exercice des droits de l'Etat français à l'égard de ces nouveaux établissements (art. 3). Un autre décret de même date et de la même autorité (Z. 2469) approuve la convention financière entre la Banque de l'Algérie et le Gouvernement tunisien. Un décret du 30 mars 1912 (Journ. Off. Tun. 17 avril 1912) a approuvé trois conventions passées entre l'Etat tunisien et la Banque de l'Algérie; entre autres dispositions contenues dans ces actes, la Banque de l'Algérie s'engage à recevoir en Tunisie dans ses caisses les pièces de 5 fr. en argent de l'Union latine et à garder une encaisse d'au moins 12 millions en monnaie d'or tunisienne.

155. C'est ici le lieu de mentionner un décret beylical du 11 décembre 1902 (Z. 2108) qui «interdit la fabrication, la vente, le colportage et la distribution de tous imprimés ou formules obtenus par un procédé quelconque qui, par leur forme extérieure, présenteraient avec les billets de banque, les titres de rente, vignettes et timbres du Service des Postes et Télégraphes ou des Régies des Etats français et tunisien, actions, obligations, parts d'intérêt, coupons de dividende ou intérêts y afférents et généralement avec les valeurs fiduciaires émises par les Etats français et tunisien, les départements français, les communes françaises, les municipalités, commissions municipales et commissions de voirie tunisiennes, les établissements publics français ou tunisiens, ainsi que par des sociétés, compagnies ou entreprises privées, une ressemblance de nature à faciliter l'acceptation desdits imprimés ou formules aux lieu et place des valeurs imitées» (art. 1).

[1]) Cet article n'a jamais joué, à notre connaissance; il n'aurait pas pour effet de modifier la compétence respective des justices francaise et tunisienne, mais de faire obstacle à la compétence des juges de paix français en matière commerciale. Est-ce ce qu'on a voulu? Pouvait on le faire par décret beylical? Ce dernier point devrait être résolu affirmativement, à cause de visa pour promulgation du Résident général.

156. Les infractions à cette interdiction sont punies d'un emprisonnement de 5 jours à 6 mois et une amende de 16 à 2000 fr. L'art. 463 C. pén. fr. sur les circonstances atténuantes est applicable à la matière (art. 2). Le corps du délit ainsi que les instruments de fabrication doivent être saisis et confisqués (art. 3).

157. C'est aussi le lieu de se poser la question de savoir si la loi française du 15 juin 1872 sur les titres au porteur perdus ou volés est applicable en Tunisie; il semble bien que la négative aurait dû prévaloir, en vertu de ce principe que les lois de cette nature sont d'ordre public local, par suite, destinées à une application purement territoriale; c'est cependant la solution contraire qui a été adoptée, par une décision d'ailleurs isolée: jugé que les lois françaises sont exécutoires pour les français résidant en pays étranger par le seul fait de leur promulgation en France; qu'en conséquence la loi du 15 juin 1872 est applicable en Tunisie à une société française, si elle a reçu en gage des titres volés postérieurement au jour où a pu parvenir en Tunisie le bulletin des agents de change contenant l'opposition du propriétaire, d'où il suit qu'elle est tenue de restituer ces titres sans pouvoir exiger le remboursement de la créance (S. Berge, Répertoire V° Titres au porteur): Tunis, 20 janvier 1890 (Journal 1894 p. 320).

158. En dehors de cette décision, la jurisprudence n'offre rien de bien notable; avant le décret du 8 janvier 1904, il avait été décidé que des offres réelles faites en Tunisie à un créancier en billets de la Banque de l'Algérie, qui n'y avaient pas alors cours légal, étaient nulles (S. Berge, Répertoire V° Offres réelles n° 4): Tunis 4 août 1890 (Journal 1890 p. 307). Plus généralement, il avait été jugé (S. Berge Répertoire V° Paiement n° 12) que nul n'est tenu de recevoir en paiement une monnaie fiduciaire, à moins qu'elle n'ait cours forcé au lieu du paiement; qu'ainsi le bénéficiaire d'un effet de commerce n'est pas tenu de recevoir en Tunisie des billets de la Banque nationale d'Italie même si le paiement a été stipulé en lires italiennes: Tunis, 28 mars 1895 (Journal 1895 p. 275). Mais il est licite de stipuler qu'un paiement aura lieu en monnaie étrangère (S. Berge, eod. op. V° Paiement n° 8); spécialement une compagnie de chemins de fer italienne qui a stipulé dans ses tarifs que les paiements lui seraient faits en monnaie ayant cours en Italie ne peut pas exiger que le paiement à une de ses stations située en territoire français sera fait en monnaie française: Cass. 18 novembre 1895 (Journal 1895 p. 557). Quant à celui qui s'est engagé, en acceptant un effet de commerce, à fournir au porteur, à certaine date, une quantité déterminée de monnaie étrangère, il ne peut prétendre se libérer, au cas où ladite monnaie n'existe pas au lieu du paiement, en remboursant au porteur ce que celui-ci a remis au tireur; il lui doit la valeur au cours du change au lieu du paiement: Tunis 4 décembre 1890 (Journal 1895 p. 269).

B. Crédit foncier.

159. Le crédit foncier a été pour la première fois organisé en Tunisie par un décret du 20 juin 1906 (Z. 3059). Il décide qu'aucune société de crédit foncier ayant pour objet de faire aux propriétaires d'immeubles immatriculés des avances remboursables par annuités ne pourra être établie qu'avec l'autorisation du Gouvernement qui se réserve également d'approuver les statuts ainsi que les modifications qui y seraient apportées. Aucune émission d'obligations foncières ne peut être faite que dans la même forme et sous la même autorisation (art. 1).

160. Les contrats d'avance seront remis dans le mois de leur date au Conservateur qui inscrit l'hypothèque et délivre une copie contenant la formule exécutoire française (art. 2)[1].

161. Dans le cas de la mise en faillite d'une société de crédit foncier, les porteurs d'obligations sont colloqués par privilège et préférence à tous autres créanciers sur le montant en principal et accessoires des prêts hypothécaires consentis à la Société et non encore remboursés au jour de la déclaration de faillite (art. 3). Les porteurs d'obligations n'ont d'autre action pour le recouvrement des sommes qui leur sont dues que celle qu'ils peuvent exercer directement contre la société. Il n'est admis, aucune opposition au paiement de ces sommes (art. 4).

---

[1]) On a discuté la question de savoir si un décret beylical a pu légitimement donner au Conservateur de la propriété foncière le droit d'apposer la formule exécutoire française; pour l'affirmative (implicitement): Tunis 30 juin 1909 (Journal 1910, p. 436); en sens contraire: Tunis 1er mars 1911 (Journal 1911, p. 451). La première opinion nous paraît préférable; si la seconde prévalait, il serait à désirer qu'une intervention énergique du législateur ne se fît pas attendre et rendît à l'art. 295 de la loi foncière la force nécessaire.

162. Sont exécutoires dans la Régence les dispositions du décret français du 28 février 1852 relatives aux privilèges accordés aux sociétés de crédit foncier, au séquestre des biens des débiteurs en retard, à l'expropriation et à la vente des immeubles hypothéqués, et aux dispositions de la loi du 10 juin 1853, pourvu qu'il s'agisse de propriétés immatriculées. Les affiches sont apposées dans l'auditoire du Tribunal où la vente doit être effectuée, dans celui de la justice de paix du domicile du saisi et à la porte du bureau du caid de la situation des immeubles. Le Tribunal peut ordonner que la vente aura lieu devant le Juge de paix de la circonscription où les biens sont situés (art. 5).

163. A la suite de cette réglementation de principe, un décret du Président de la République du 24 août 1909 (Z. 3879) a autorisé le Crédit foncier de France à faire, dans la Régence de Tunis, des prêts fonciers sur les immeubles immatriculés conformément à la législation spéciale tunisienne et des prêts aux communes et établissements publics (art. 1). Les prêts fonciers qui seront faits par le Crédit foncier de France aux propriétaires d'immeubles situés en Tunisie ne pourront dépasser 5 p% de la totalité des prêts qui auront été effectués sur le territoire continental de la France. Cette proportion pourra être augmentée par un décret rendu en la forme des règlements d'administration publique (art. 2).

164. Ce décret français est appuyé d'un décret tunisien qui porte la date du 16 septembre 1909 (Z. 3898). Il autorise le Crédit foncier de France à faire en Tunisie des prêts hypothécaires à long et à court terme, avec ou sans amortissement, sur immeubles immatriculés, et lui accorde le bénéfice des privilèges divers énumérés dans le décret du 20 juin 1906 (art. 1). Les prêts pourront être faits en numéraire ou en obligations foncières ou lettres de gage. L'indemnité exigible des débiteurs au profit de la Société, en cas de remboursement anticipé, ne pourra pas dépasser ½ p.% du capital remboursé par anticipation (art. 2). Le Crédit foncier de France est également autorisé à prêter aux communes et aux établissements publics de la Régence (art. 3).

C. Crédit agricole.

165. Le crédit agricole a été organisé par un décret beylical du 19 août 1900 (Z. 45). Il décide que les récoltes, détachées ou non, les produits industriels résultant de l'exploitation agricole, telles que l'huile, le vin, l'alcool, peuvent faire l'objet d'un nantissement sans être mis en la possession du créancier ou d'un tiers (art. 1).

166. Ce gage ou nantissement ne peut comprendre que des objets dont l'emprunteur est propriétaire et ne peut être consenti que par le détenteur du fonds rural à titre de propriétaire, usufruitier, fermier, locataire ou colon partiaire. Il donne au prêteur le droit de se faire payer par privilège sur les choses qui en sont l'objet, après le propriétaire pour ses loyers, fermages et avances et après tous les autres créanciers privilégiés, mais avant tous autres créanciers hypothécaires ou chirographaires. En cas de saisie de l'immeuble portant les récoltes données en nantissement, les fruits ne sont pas immobilisés et restent le gage du créancier nanti (art. 2).

167. Le gage doit être constaté, même lorsqu'il s'agit d'une valeur inférieure à 150 fr., par un écrit, soit sous seings privés, soit notarié. Il porte toutes mentions propres à assurer l'exécution du contrat et à faire obstacle aux collusions et fraudes (art. 3). Il ne peut être consenti pour plus d'un an, mais est renouvelable en cas de mauvaises récoltes ou de pertes imprévues (art. 4). Pour donner ouverture au privilège qu'il consacre et valoir à l'égard des tiers, le contrat doit être inscrit au Bureau des finances du lieu où se trouvent les objets (art. 5).

168. Il peut être créé des billets à ordre ou des lettres de change, soit pour partie, soit pour la totalité de la somme empruntée; mention de ces effets est portée sur l'acte et réciproquement, mention de l'acte est portée sur les effets. L'échéance des effets ne peut être plus éloignée que celle du contrat. Bien que ne constituant pas des opérations commerciales, ces effets sont soumis au Code de commerce français relativement à l'échéance, à l'endossement, la solidarité, l'aval, le paiement par intervention, les droits et devoirs du porteur et le rechange (art. 6).

169. Toute action est soumise à la procédure commerciale (art. 7); toutes mesures conservatoires utiles pourront être demandées au juge compétent (art. 8); l'emprunteur est constitué gardien des choses données en nantissement et s'il ne peut les représenter à l'échéance sans justifier d'un cas fortuit ou de force majeure, il est puni d'un emprisonnement de 2 mois au moins à 2 ans au plus et d'une amende

qui ne peut excéder le quart des restitutions et dommages intérêts dus aux parties lésées, ni être moindre de 25 fr. (art. 9). L'art. 463 C. pén. fr. et la loi française du 26 mars 1891 sont applicables aux pénalités prononcées en vertu du présent décret par l'une ou l'autre des deux justices (art. 10). En exécution de l'art. 7 du décret du 19 août 1900, il a été jugé que la juridiction commerciale est compétente, bien que la dette soit purement civile, pour connaître de l'action en paiement de billets à ordre créés en exécution d'un contrat de prêt avec nantissement constitué suivant les formes prévues par ledit décret: Tunis, 23 décembre 1910 (Journal 1911, 335).

170. Une instruction du Directeur général des finances, en date du 30 janvier 1901 (Z. 1723) a établi la forme du registre des formalités, les droits à percevoir, les salaires et la comptabilité.

171. Enfin un décret beylical du 30 mars 1910 (Z. 4024) est venu compléter la législation sur la matière en édictant que la transcription des actes de nantissement formés aux conditions du décret du 19 août 1900 n'entraînerait pas l'assujettissement obligatoire à la formalité de l'enregistrement et ne donnerait ouverture qu'à des salaires (art. 1). L'enregistrement au droit de 0. 25 p% ne devient obligatoire qu'au cas de vente par autorité de justice des marchandises engagées et le droit sur cette vente est réduit à 0,05 p% (art. 2).

172. Tout serait dit sur ce point si le Gouvernement tunisien, allant plus loin encore dans l'organisation du crédit agricole, n'avait fondé le crédit agricole mutuel par un décret du 25 mai 1905 (Z. 2754). Ce décret est divisé en trois titres qui vont faire l'objet d'une analyse rapide.

173. Le titre premier est consacré à l'organisation de caisses locales de crédit agricole mutuel. Elles ont le caractère de sociétés commerciales et sont soumises à toutes les dispositions des lois françaises sur les sociétés compatibles avec le présent décret; elles ont la personnalité civile, peuvent ester en justice, mais ne peuvent posséder d'autres immeubles que ceux nécessaires à leur fonctionnement (art. 1).

174. Peuvent en faire partie tous les propriétaires de fonds ruraux situés dans la circonscription de la société, les fermiers et tous employés à la culture de ces fonds, les industriels, fabricants et commerçants qui, dans la circonscription, exercent une profession connexe à celle d'agriculture ou placent des produits agricoles (art. 2).

175. Les caisses de crédit agricole ont exclusivement pour objet de faciliter et de garantir les opérations concernant l'industrie agricole et effectuées par leurs membres. Elles peuvent recevoir des fonds en comptes courants, se charger de recouvrements et de paiements, contracter des assurances, escompter le papier des membres, contracter les emprunts qui leur sont nécessaires (art. 3).

176. Le capital social ne peut être formé par des souscriptions d'actions; il peut être constitué à l'aide de souscriptions des membres de l'association; ces souscriptions forment des parts qui peuvent être de valeur inégale; elles sont nominatives et ne peuvent être cédées qu'à des membres de l'association ou à des personnes réunissant les conditions requises pour en faire partie et avec l'agrément de l'association; la caisse n'est constituée qu'après le versement du quart du capital souscrit (art. 4).

177. Les statuts fixent les conditions de l'association (art. 5); ils déterminent également les prélèvements à opérer au profit de la caisse sur les opérations faites par elle. Les sommes résultant de ces prélèvements après déduction des frais, sont d'abord consacrées à la constitution d'un fonds de réserve; le surplus peut être réparti, en fin d'exercice, entre les membres de la caisse, au prorata des prélèvements faits sur leurs opérations. En cas de dissolution de la caisse, le fonds de réserve et l'actif sont partagés entre les associés au prorata de leurs apports, à moins que les statuts n'en aient autrement disposé (art. 6).

178. Des mesures de publicité sont prescrites pour faire connaitre la société et ses opérations (art. 7); la direction ou la gérance doivent être assumés par des membres de la caisse (art. 8).

179. Le titre II du décret prévoit l'établissement de caisses régionales de crédit mutuel agricoles; elles sont constituées par le groupement des sociétés locales dont il vient d'être parlé (art. 9). Elles ont pour but de faciliter les opérations de ces sociétés en escomptant les effets de leurs membres qu'elles ont endossé et en leur faisant des avances, à un taux qui ne peut être qu'inférieur au taux pratiqué dans la région par la Banque de l'Algérie. Toutes autres opérations leur sont interdites (art. 10).

180. Le titre III expose les conditions dans lesquelles l'Etat tunisien peut faire des avances aux caisses de crédit mutuel agricole qui font l'objet du décret (art. 13), les sociétés auxquelles le fonds formé pour ces allocations peut être attribué (art. 14), la répartition des fonds (art. 15), la limite extrême des avances (art. 16), la comptabilité d'Etat à laquelle elles donnent lieu (art. 17 et 18), les actions qui peuvent conduire au remboursement des effets échus (art. 19 et 20). Le reste du décret contient des dispositions purement administratives.

180a. Cette législation a été remaniée récemment pour la mettre en harmonie avec un nouveau système d'enregistrement et de timbre; cela a fait l'objet d'un décret du 13 juillet 1912 (Journal 1912, 473) qui pose en principe (art. 1) que pour bénéficier des exemptions d'enregistrement et de timbre prévues par les décrets des 19 et 20 avril 1912, les sociétés ou caisses d'assurances mutuelles agricoles doivent se constituer d'après certaines règles, moyennant quoi elles n'auront pas besoin de l'autorisation du Gouvernement.

180b. Elles auront la personnalité civile et pourront ester en justice, mais ne posséderont pas d'autres immeubles que ceux nécessaires à leur fonctionnement (art. 1); elles ne comprendront que des agriculteurs; des associations agricoles ou des personnes exerçant une profession connexe à l'agriculture (art. 2). Elles ne pourront garantir leurs membres que contre des risques exclusivement agricoles (art. 3). Le fonds social ne peut être formé par des souscriptions d'actions; il ne peut résulter que de cotisations, droits d'entrée, primes et subventions ou subsides, soit de l'Etat, soit d'associations agricoles; les recettes sociales doivent être affectées au paiement des frais de gestion, des primes de réassurances et des indemnités de sinistres; les excédents de recettes sont mis en réserve (art. 4).

180c. Les statuts déterminent le siège, la circonscription territoriale, les tarifs d'assurances et les conditions de fonctionnement de chaque société (art. 5). Ils sont établis sur papier libre et déposés en triple exemplaire au greffe de la justice de paix du canton dans lequel la société a son siège. Chaque année on dépose au même greffe, dans la même forme, la liste des sociétaires au premier janvier précédent, ainsi que le tableau sommaire des opérations, des recettes et des dépenses effectuées au cours de l'exercice précédent (art. 6).

180d. «Les caisses locales d'assurances mutuelles agricoles ne sont définitivement constituées et ne peuvent faire d'opérations qu'à la double condition: 1° de comprendre 7 membres au moins, les associés conservant obligatoirement à leur charge $^1/_{20}$e du risque pour les assurances contre les incendies et $^2/_{20}$es pour les assurances contre la mortalité du bétail; — 2° d'avoir, au nombre de 7 au moins, formé entre elles une caisse régionale de réassurance des risques prévus par leurs statuts» (art. 7). Chaque caisse locale doit obligatoirement conserver à sa charge, sans qu'il puisse y avoir confusion avec la portion du risque laissée à la charge des associés, une part. des risques assurés par elle; le surplus est obligatoirement réassuré à la caisse régionale (art. 8).

180e. Chaque caisse locale verse à la caisse régionale la moitié des cotisations par elle encaissées (art. 9); elle ne peut rien en reprendre avant l'expiration de l'engagement de ses polices réassurées et doit rembourser à la caisse régionale les avances qu'elle en a reçues, ainsi que le montant de la part de risques qui lui incombait (art. 10). Les caisses régionales qui garantissent le paiement de la part de risques conservée par les caisses locales (art. 11) ont le droit de vérifier à tout moment la comptabilité de celles-ci (art. 12); elles peuvent aussi se fédérer entre elles et même avec des caisses régionales françaises ou algériennes (art. 13).

180f. La caisse centrale garantit le paiement de la part des risques conservés par les caisses régionales (art. 14); si elle est tunisienne, les règles du présent décret lui sont applicables et elle peut fonctionner dès que deux caisses régionales au moins s'y sont rattachées (art. 15).

180g. En cas de dissolution d'une caisse locale, l'actif net est versé à une institution agricole indiquée par l'assemblée générale votant la dissolution ou, à défaut, par le Gouvernement; en cas de dissolution d'une caisse régionale, l'actif net est réparti entre les caisses locales au prorata des primes des 5 dernières années; en cas de dissolution de la caisse centrale, son actif est réparti de même entre les caisses régionales (art. 16).

Section VI. Poids et mesures.

181. Une des transformations les plus nécessaires pour le développement du commerce européen en Tunisie a été le remplacement, par le système métrique des poids et mesures, des innombrables systèmes usités dans les diverses régions de la Régence. Elle a été réalisée par un décret du 12 janvier 1895 (Z. 1558) qu'il est nécessaire de reproduire ici intégralement:

«Art. 1. A partir du 1er mars 1895, le système décimal des poids et mesures dit «système métrique» sera seul employé dans toute l'étendue de la Tunisie, en ce qui concerne les poids, les mesures de longueur et les mesures de volume.

2. A partir de la même date, il sera interdit de faire usage de dénominations de poids, de mesures de longueur ou de mesures de capacité autres que ceux énumérés dans le tableau ci-après:

Tableau des mesures légales.

Noms systématiques.	Valeur.
Mesures de longueur.	
Myriamètre	10000 mètres
Kilomètre	1000 mètres
Hectomètre	100 mètres
Décamètre	10 mètres
Mètre	unité fondamentale (dix millionième partie du quart du méridien terrestre)
Décimètre	$^1/_{10}$ du mètre
Centimètre	$^1/_{100}$ du mètre
Millimètre	$^1/_{1000}$ du mètre
Mesures de capacité pour les liquides et les matières sèches.	
Kilolitre	1000 litres
Hectolitre	100 litres
Décalitre	10 litres
Litre	Décimètre cube
Décilitre	$^1/_{10}$ de litre
Poids.	
Tonne métrique	1000 kilogrammes
Quintal métrique	100 kilogrammes
Kilogramme	1000 grammes
Hectogramme	100 grammes
Décagramme	10 grammes
Gramme	poids d'un centimètre cube d'eau distillée à 4° centigrades
Décigramme	$^1/_{10}$ de gramme
Centigramme	$^1/_{100}$ de gramme
Milligramme	$^1/_{1000}$ de gramme

3. Les taxes frappant les marchandises vendues au poids, à la mesure linéaire ou à la capacité, seront remaniées de façon à ce qu'elles correspondent aux nouvelles unités.

4. Tout marchand qui aura fait usage, après la date fixée ci-dessus, d'un poids, d'une mesure de longueur ou d'une mesure de capacité autres que ceux indiqués à l'article 2 ci-dessus, sera puni d'une amende de 11 à 15 francs. En outre ces poids et ces mesures seront saisis et détruits.

5. Il est interdit aux notaires et à tous officiers publics ou ministériels, sous peine d'une amende de 20 fr., de dresser et de recevoir des contrats de vente ou d'achat, de dresser ou de recevoir aucun acte public dans lequel le poids, la longueur ou la capacité d'objets ou de marchandises quelconques seraient calculés sur des unités autres que celles indiquées au présent décret. La même interdiction est prononcée, à peine d'une amende de 10 fr. par contrevenant, pour la rédaction d'actes sous seings privés, registres de commerce ou autres écritures privées produits en justice. Cette amende de 10 fr. sera perçue pour chaque acte ou écriture sous signature privée; quant aux registres de commerce, ils ne donneront lieu qu'à une seule amende pour chaque contestation dans laquelle ils seront produits.

6. Il n'est rien innové, quant à présent, aux mesures agraires ou aux mesures de solidité actuellement en usage dans la Régence et qui continueront à être valablement employées.»

182. A ce décret, qui se termine par des mesures de transition sans intérêt aujourd'hui, est joint un tableau qui indique des équivalences entre les anciennes mesures et les nouvelles (Z. 1559). Le moindre inconvénient de ce document est d'être incomplet; peut-être n'est il pas non plus complètement exact; il suffira ici d'en extraire les indications les plus sûres et les plus usuelles.

183. La mesure de longueur usitée par les indigènes était le *pik* ou *drâa* (coudée) on distinguait: 1° le pik arbi (o m 4929); — 2° le pik *turki* (o m 8452); — 3° le pik *andoulsi* (o m 6485). Il y avait aussi la palme (*cheber*) estimée à o m 1810.

184. La mesure de capacité était la *ouiba* avec son multiple le *caffiz*, valant 16 ouibas et son sous-multiple le *sâa* valant un douzième de ouiba. Le tableau auquel il vient d'être fait allusion estime la ouiba de Tunis à 40 litres 180; cette évaluation semble exacte; mais la capacité de la ouiba varie avec chaque région et l'indication du mot ouiba dans un acte ne signifie rien, s'il ne dit pas dans quelle région on a opéré ou quelle mesure on a choisi. On trouve beaucoup d'actes stipulant que telle redevance de céréales qui grève une propriété sera de tant de *caffiz* ou *de ouibas* de Béja, car c'était la mesure la plus grande de la Régence; le tableau ne dit pas quelle est son équivalence. Heureusement que tout cela n'aura bientôt plus qu'un intérêt historique et il n'en est parlé ici que pour fermer la porte à des erreurs possibles.

185. La mesure pour le plâtre était la *temna* (18 litres 040) et celle pour le *leben* (lait aigre) le *kabbous* (0 litre 450). La mesure pour l'huile était la *koulla* (cruche); le tableau que nous suivons l'appelle *gouller* et l'évalue: pour Tunis à 10 litres 10, pour Sousse et Monastir à 12 litres 775, pour Ksour Essaf à 15 litres 860, pour Mahdia à 13 litres 983, pour Sfax à 14 litres 905. Le *metar* vaut deux koullas et le *sâa* un huitième de koulla. *L'oukia* ou once valait 31 g 4870; son multiple était le *rotolo* (livre); le rotolo attari valait 16 onces, le rotolo bakkali 17 onces, le rotolo souki 18 onces, le rotolo kaddari 20 onces. Le sous multiple de l'oukia était le *tsem* qui valait un huitième et qui se subdivisait lui-même en vingtièmes appelés *nouayas*. On trouvait aussi un *mektal* qui valait 24 nouayas.

186. Si la disparition de ces nombreuses mesures a été un bien et a délivré le commerce d'entraves étroites, l'expérience des choses tunisiennes faisait voir qu'un avantage plus étendu encore résulterait de la disparition des poids et mesures faux et on fut obligé, pour le réaliser, d'imposer un système de vérification qui fut d'une application bien autrement difficile que le changement des poids et mesures considéré essentiellement. Ce système a donné lieu à des décrets du 25 janvier 1899 (Z. 1560, 1561 et 1562) du 16 février de la même année (Z. 1563) du 6 avril 1904 (Z. 2451) et enfin du 29 juillet 1909 (Z. 3864). Il n'échet d'analyser ici que ce dernier, qui remplace et coordonne les précédents.

187. Le décret du 27 juillet 1909 est divisé en six titres d'inégal intérêt pour le présent ouvrage. Il n'y a pas lieu d'insister beaucoup sur le titre premier qui traite du service de la vérification; il suffit de savoir que le personnel qui l'assure est recruté avec soin, prête serment avant d'être admis à l'exercice de ses fonctions, est pourvu d'étalons types conformes à ceux admis par le Gouvernement français et d'un jeu de poinçons différents pour la première vérification des appareils et mesures et pour leur vérification annuelle subséquente (art. 1 à 4).

188. Le titre II doit retenir davantage parce qu'il contient l'énoncé d'une certaine quantité d'assujettissements imposés aux commerçants. Il pose d'abord en principe que les poids, les mesures et les instruments de pesage et de mesurage nouvellement fabriqués ou rajustés doivent être présentés à la vérification par le fabricant ou le rajusteur, vérifiés et poinçonnés avant d'être livrés au commerce (art. 5). Ils doivent porter en caractères français, et, lorsque la construction le permet, en caractères arabes, le nom qui leur est affecté dans le système métrique, la marque du fabricant ou du rajusteur (laquelle doit faire l'objet d'un dépôt légal décret du 3 juin 1889 — Z. 889), lequel est aussi dans l'obligation de produire certaines justifications au Service de la vérification avant de se livrer à l'exercice de son industrie (art. 6). Sont de plus soumis à une vérification périodique pour reconnaître si la conformité avec les étalons n'a pas été altérée, les poids, les mesures et les instruments de pesage ou de mesurage dont font usage ou que possèdent les négociants, fabricants, marchands, en gros ou en détail à demeure ou ambulants, les entrepreneurs ou directeurs de messageries ou de transports et tous autres faisant un usage public quelconque de poids ou de mesures pour vendre ou pour acheter, pour déterminer commercialement le prix ou la valeur d'un objet quelconque ou d'un

travail fait, ou pour donner ou recevoir, en consignation ou autrement, un produit ou une marchandise ou bien des matières qui doivent être travaillées ou réduites à une autre forme. Chacune de ces vérifications est constatée par l'apposition d'un poinçon nouveau (art. 8).

189. Les assujettis doivent posséder et présenter à la vérification un assortiment complet de poids, mesures et instruments de pesage en rapport avec la nature et l'importance de leurs opérations. Ces objets sont maintenus en bon état de propreté et dégagés de toute matière qui pourrait en altérer la justesse ou la sensibilité. Les séries de poids doivent être complètes et les poids et mesures isolés ne sont pas tolérés, pas plus que la détention de poids et mesures d'un autre type que ceux autorisés par le présent décret. Dans leurs opérations commerciales, les assujettis ne peuvent se dispenser de peser ou de mesurer lorsqu'ils en sont requis par les intéressés (art. 11). L'assujetti qui occupe plusieurs locaux pour son commerce ou sa profession, doit soumettre à la vérification les objets servant au pesage ou au mesurage contenus dans chacun d'eux, quand bien même ils ne seraient pas tous ouverts au public (art. 12).

190. La vérification périodique se fait tous les ans. Elle s'effectue, soit aux bureaux permanents de vérification, soit dans les localités qui en sont dépourvues, au bureau temporaire établi à cet effet. Un arrêté du Directeur de l'Agriculture et du Commerce détermine les localités où la vérification s'opérera, l'époque de cette vérification et le poinçon de l'année. A l'époque fixée et sur avis donné par les vérificateurs aux autorités locales, les assujettis sont avertis d'avoir à présenter les poids, mesures et instruments de pesage et de mesurage nouvellement fabriqués ou rajustés pour la vérification primitive et ceux en service depuis l'année précédente pour la vérification périodique. Les assujettis résidant à distance du bureau permanent ou temporaire doivent être avertis huit jours à l'avance de la date où a lieu la vérification (art. 14). Les instruments difficilement transportables sont vérifiés sur place, à la demande des intéressés, pourvu que ceux-ci soient munis de poids et mesures préalablement vérifiés en quantité suffisante pour la vérification des instruments eux-mêmes (art. 15). Tout pont à bascule déplacé doit être vérifié à nouveau avant d'être remis en service (art. 16).

191. Les poinçons de vérification ne sont apposés que si les objets présentés ont conservé leur justesse, et, pour les instruments anciennement en service, une sensibilité d'au moins la valeur d'une division de la graduation (art. 17). Les poids, mesures et instruments de pesage reconnus défectueux à la vérification, mais susceptibles d'être rajustés, sont laissés à leur propriétaire, sous sa responsabilité, à charge par lui de les remettre ou de les envoyer immédiatement au fabricant ou au rajusteur de son choix et à charge de les représenter réparés dans un délai imparti par le vérificateur. Ceux des instruments présentés qui sont reconnus illégaux ou non susceptibles d'être rajustés sont brisés par le vérificateur et la matière en est remise au propriétaire. En cas de protestation de l'assujetti sur l'exécution de cette mesure, le vérificateur met l'instrument sous scellé, le dépose, soit au Greffe du Tribunal, soit aux mains de l'autorité locale, et dresse procès verbal de l'incident. Par décision de justice, et si l'opposition de l'assujetti n'est pas reconnue fondée, il est condamné à une amende par application des art. 38 et 42 du décret dont il sera parlé plus loin (art. 18).

192. Ceux qui, dans l'intervalle de deux vérifications périodiques, acquièrent des poids, mesures ou instruments de pesage ou de mesurage ne portant pas le poinçon de la dernière vérification annuelle, doivent les présenter à la vérification avant de les mettre en service (art. 20); si le vérificateur est absent de la localité, une mise en service provisoire est cependant autorisée, après déclaration à l'autorité administrative (art. 21). Les déclarations de l'espèce et leurs suites sont minutieusement réglées (art. 22 à 24).

193. Le titre III du décret parle des poids et mesures irréguliers ou faux. «Art. 27. Sont considérés comme irréguliers et, conséquemment, différents de ceux établis par la loi: 1° tous les poids, mesures ou instruments de pesage et de mesurage autres que ceux qui sont établis en conformité des règlements en vigueur; — 2° tous les poids, mesures ou instruments de pesage et de mesurage conformes auxdits règlements, s'ils ne sont pas revêtus de l'empreinte légale du poinçon de la vérification primitive; — 3° tous les poids, mesures ou instruments de pesage et de mesurage détenus par les assujettis qui ne seraient pas pourvus de l'empreinte du poinçon de vérification annuelle» sauf les cas prévus au décret. La détention et l'usage de ces objets est interdite et punie.

«28. Sont considérés comme inexacts, en tenant compte toutefois des tolérances admises par les règlements en vigueur: 1° les mesures linéaires dont la longueur ou les divisions ne sont pas égales à celles des étalons déposés dans les bureaux de vérification; — 2° les mesures de capacité dont la contenance est, soit plus petite, soit plus grande que celle des étalons déposés dans lesdits bureaux et les dépotoirs et autres appareils autorisés dont les indications sont inexactes; — 3° les poids dont la pesanteur est inférieure ou supérieure à celle des étalons susindiqués; — 4° les instruments de pesage dont les indications sont inexactes, quel que soit le point du plateau ou du tablier où peuvent être placés les poids et la marchandise à peser. La détention par les assujettis et l'usage de ces objets est passible de peines.»

194. Le titre IV s'occupe du mode de constater les contraventions, des visites inopinées des vérificateurs, auxquelles les commerçants doivent se prêter, sur production de la commission du fonctionnaire (art. 30), des procès verbaux qui font foi jusqu'à preuve contraire, des saisies (art. 31); on peut passer rapidement et arriver sans s'attarder au titre V qui traite des pénalités. Il contient les dispositions suivantes:

«Art. 36. Seront punis d'une amende de 1 à 5 fr. ceux qui auront contrevenu aux règlements établis par les décrets et arrêtés sur les poids et mesures. En cas de récidive, la peine de l'emprisonnement pourra être prononcée pendant trois jours au plus.

«37. L'emploi et la détention par les assujettis de poids, mesures ou instruments de pesage ou de mesurage différents de ceux établis par les décrets et arrêtés en vigueur, sera punie d'une amende de 11 à 15 fr. En cas de récidive, la peine de 1 à 5 jours de prison pourra être appliquée. La fabrication, la vente ou la mise en vente de ces mêmes poids, mesures ou instruments de pesage ou de mesurage seront punis des mêmes peines. Les mêmes peines seront aussi applicables à ceux qui auront vendu ou mis en vente des poids, mesures ou instruments de pesage ou de mesurage qui ne seraient pas revêtus de la marque de vérification primitive, ou qui, ayant été reconnus défectueux par le vérificateur, n'auraient point subi le rajustage et la nouvelle vérification prescrits aux art. 18 et 19 du présent décret.

«38. Seront punis d'une amende de 16 à 25 fr. et d'un emprisonnement de 6 à 10 jours ou de l'une de ces deux peines seulement, suivant les circonstances, ceux qui, sans motifs légitimes, auront dans leurs magasins, arrière-magasins, boutiques, ateliers, entrepôts ou maisons de commerce, ou dans les halles, foires ou marchés, des poids ou mesures faux ou autres appareils inexacts servant au pesage ou au mesurage.

«39. Seront punis d'un emprisonnement de 3 mois au moins et d'un an au plus et d'une amende de 50 à 200 fr. ceux qui, par l'usage de poids, mesures ou appareils de pesage ou de mesurage inexacts, auront trompé ou tenté de tromper sur la quantité des choses vendues ou achetées.

«40. Le refus de se soumettre aux visites prévues par l'art. 30 sera puni d'une amende de 100 à 200 fr.

«41. Les dispositions de l'art. 463 C. pén. fr. relatif aux circonstances atténuantes, seront applicables aux infractions prévues par le présent décret.

«42. Les poids, mesures et instruments de pesage et de mesurage dont la vente, l'usage ou la possession constitue la contravention ou le délit, seront saisis et confisqués.»

195. Le titre VI du décret ici examiné établit le tarif des droits de vérification. La première est faite gratuitement, ainsi que celle après rajustage (art. 43); les autres donnent lieu à une perception dont le détail est fourni par un tableau B annexé au décret (Z. 3866). Au cas de vérification hors du bureau (art. 26) il y a lieu à la perception d'un droit kilométrique de transport du vérificateur et à celle d'une somme de 5 fr. par vacation de 2 heures sans fractionnement (art. 45). Les taxes sont liquidées par le vérificateur et perçues sur son décompte (art. 47); un recours peut être présenté au Directeur des finances par l'assujetti dans un délai de 3 mois; s'il est rejeté, il est recouru devant le juge de paix qui statue sur mémoires et sans frais (art. 48).

196. A ce décret est annexé un tableau A (Z. 3865) des professions assujetties; il est trop considérable pour qu'il soit possible de le reproduire ici; il suffira de dire que l'assujettissement est la règle, pour tout industriel et commerçant, suivant la nomenclature de l'art. 8 ci-dessus résumé, et que le non assujettissement serait l'exception.

197. Si complète qu'ait été la réglementation de la matière par les documents législatifs qui ont été mentionnés jusqu'ici, il a fallu cependant, pour mettre fin à certains abus, y adjoindre un décret du 20 avril 1910 (Z. 4037) sur le mesurage des matières sèches et la pratique du pesage.

198. Il commence par poser en principe que le mesurage des céréales, olives, légumineuses en grains et autres matières sèches, comporte obligatoirement, quel que soit le lieu où il y est procédé, l'arasement des mesures de capacité employées (art. 1). «Ce résultat s'obtient au moyen d'une radoire ou règle plate en bois ou en métal, tenue de champ, perpendiculairement à la surface à araser et suffisamment large pour que l'arasement puisse s'opérer d'un seul coup» (art. 2).

199. Dans les magasins, boutiques, ateliers et entrepôts, les halles, foires et marchés, les balances et les poids servant à peser les marchandises livrées ou reçues doivent être placés en vue et à la portée des acheteurs et des vendeurs afin de faciliter tout contrôle (art. 3). «Les balances à fléau simple, c'est-à-dire dont le point de suspension est au dessus des plateaux, doivent être suspendues de telle sorte que l'oscillation du fléau soit absolument libre et s'opère normalement sans que l'un des deux plateaux soit mis en contact avec le sol ou le comptoir» (art. 4). Elles ne peuvent être tenues à la main qu'à la condition d'être munies d'un anneau ou d'un crochet permettant la manutention sans toucher à la chape de suspension du fléau (art. 5). Les balances à plateau supérieur et en général toutes celles reposant sur un socle doivent être placées sur un plan horizontal et il est interdit d'adapter des liens à leurs parties mobiles (art. 6). S'il est fait usage, pour la pesée, de certains récipients, la tare doit être faite en présence des intéressés (art. 7).

200. Les contraventions à ces dispositions sont punies des peines portées en l'art. 36 du décret susvisé du 29 juillet 1909 et l'art. 463 C. pén. fr. sur les circonstances atténuantes est applicable à leurs auteurs (art. 8).

201. Il faut compléter ces données par celles qui sont fournies par un décret du 8 avril 1900 (Z. 1564) au sujet de l'emploi de la trémie-chevalet. Cet instrument doit être posé sur le sol, être construit en bois ou en métal et avoir la forme d'un tronc de pyramide renversé à base triangulaire reposant sur des pieds et ayant les dimensions suivantes: hauteur totale de l'appareil 1 m. 10; hauteur au dessus du sol de l'ouverture inférieure de la trémie, y compris l'épaisseur du métal 0 m. 60; diamètre de cette ouverture 0 m. 06. Dimensions de la trémie prises à l'intérieur: à l'ouverture supérieure 1 m. 15 sur 0 m. 60; à la base 0 m. 10 sur 0 m. 10; profondeur 0 m. 50. Les côtés formant la largeur du tronc de pyramide sont prolongés de façon à produire une surélévation de 0 m. 15 sur le niveau de l'ouverture supérieure, ce qui donne à l'instrument sur ces côtés, une hauteur totale de 1 m. 25. Pour le mesurage des olives et des matières à gros grains, telles que le maïs, les haricots et les fèves, la trémie-chevalet employée doit avoir ces mêmes dimensions, excepté pour l'ouverture inférieure dont le diamètre doit atteindre 0 m. 08. Une inscription en caractères apparents, en français et en arabe, indique à quel usage l'instrument est destiné (art. 2). La trémie-chevalet doit être vérifiée comme tout autre instrument de pesage (art. 4). L'appareil qui vient d'être décrit est destiné à conduire les matières à mesurer des récipients à la mesure. Celle-ci doit être le double décalitre en tôle, muni d'une radoire. L'arasement doit être fait sous la trémie, sans déplacement (art. 5 et 6). La possession d'une trémie conique est tolérée, mais elle ne doit en aucun cas servir au mesurage (art. 7 et 8).

202. Enfin le pesage public a aussi été réglementé par un décret du 10 août 1886 (Z. 1371). Le peseur public doit être commissionné par le Premier ministre et il prête serment (art. 1); en cas de fausse pesée, il est passible des peines portées en l'art. 423 C. pén. fr. (art. 3); le pesage public est facultatif et il n'y est procédé qu'à la demande des intéressés (art. 4); il donne lieu à la perception de certains droits (art. 6); le produit des taxes revient: $^1/_3$ au Trésor et $^2/_3$ aux peseurs publics (art. 11).

203. Toute cette législation a laissé de côté les mesures agraires. Il était déjà assez difficile, au moment où en institué en Tunisie le système métrique des poids et mesures, d'obtenir de la population le renoncement à des usages séculaires, pour qu'il convint d'étendre la réforme à une matière où ces usages avaient une force plus considérable que dans toute autre et qui touchait de près les titres de propriété indigène. La difficulté s'atténuera rapidement. On a déjà vu qu'on a créé en Tunisie un régime foncier nouveau, qui se base sur des bornages appuyés de plans où il est fait usage du système métrique. Les titres indigènes sont graduellement supprimés par le passage des propriétés qu'ils concernent sous le régime nouveau et la population apprécie beaucoup la régularité et la précision qui en résultent pour l'établissement du chiffre exact de la superficie des terres. Il n'est donc pas douteux qu'il arrivera un moment où l'introduction du système métrique pour les mesures agraires, en Tunisie, se fera sans la moindre peine et pour la plus grande satisfaction de tout le monde.

204. En attendant, on continuera à entendre parler de *mechias* et de *merdjas*. Il faut le dire, rien n'est plus incertain que ce langage. S'il fallait en croire l'auteur qui a recueilli la législation tunisienne dans un ouvrage qui est continuellement cité ici, (note sous le décret du 12 janvier 1895 n° 1558) ce serait très simple: il y aurait deux sortes de mechias, la petite pour les locations, renfermant 140 merdjas, carrées, équivalant à 8 hectares 75 et la grande, pour les propriétaires, composée de 192 merdjas carrées, soit 12 hectares, le tout fixé sur une base donnant à la *merdja*, longueur, une équivalence de 25 mètres, soit, pour la merdja carrée 625 m. c. Malheureusement ces renseignements, que M. Zeys dit avoir puisé dans le Bulletin de l'Enseignement public, 1887, p. 167, sont complètement inexacts. La merdja varie selon les régions et si elle est habituellement d'environ 25 mètres, il s'en faut de beaucoup que ce chiffre soit invariable; rien que cela ferait crouler tout le système; mais il y a mieux: la mechia n'est pas un multiple de la merdja; ce n'est pas à proprement parler une mesure de superficie; elle ne change pas de dimension suivant qu'il s'agit d'une vente ou d'une location; elle varie suivant les régions et la nature du sol. C'est, à proprement parler, la superficie du terrain qu'une charrue indigène attelée de deux bœufs (en arabe *mechia*) peut travailler au cours d'une saison agricole; c'est encore la surface de terre qu'on peut ensemencer avec un caffiz de blé (Tunis 27 décembre 1905 — S. Berge, Répertoire V° Mesures agraires n° 5); c'est en pratique une surface qui varie avec les régions, la richesse du sol, les difficultés du terrain, dans la proportion d'un tiers; elle est généralement comptée pour 10 hectares, mais elle peut descendre à 8 comme elle peut atteindre le chiffre de 12 (Tunis 27 décembre 1905 — S. Berge *eod. loc.* n° 6); dans la région de Béja, elle est comptée largement (Tunis 27 décembre 1905 — S. Berge *eod. loc.* n° 7); dans la région de Souk el Khemis, elle correspond en moyenne à 9 hectares ou, plus exactement 9 hectares 50 ares s'il s'agit d'une terre à blé et à 8 hectares 50 ares, s'il s'agit d'une terre à orge (Tunis 23 mai 1906 — S. Berge *eod. loc.* n° 4); le mot *mechia* seul ne signifie donc rien; il faut, pour en saisir la portée, qu'il soit suivi de certaines mentions propres à lui donner une signification à peu près précise: Tunis 16 décembre 1895, 19 décembre 1900, 23 mai 1906 (S. Berge *eod. loc.* nos 1 et 2).

205. Les commerçants qui voudront donc en Tunisie prêter sur propriétés foncières ou acheter de celles-ci, feront bien de ne se fier dans aucune mesure sur la superficie indiquée en mechias et en merdjas dans les actes, car ils s'exposeraient à de sérieux mécomptes. On a dit d'ailleurs dans une autre partie de cet ouvrage qu'on fera bien de s'abstenir absolument de toute transaction ne portant pas sur un immeuble immatriculé[1].

Section VII. Propriété industrielle et commerciale.

206. Afin de mettre de l'ordre dans les nombreux documents qui règlent cette matière, on traitera séparément; 1° de la propriété industrielle et commerciale; — 2° de la propriété artistique et littéraire; — 3° des brevets d'invention; — 4° du nom commercial.

A. Propriété industrielle et commerciale. — Marques de fabrique.

207. Le document législatif le plus ancien concernant la propriété des marques, est l'art. 7 du décret du 12 mars 1884 (Z. 242) concernant la corporation des fabricants de *chechias* (calottes en tissu rouge en usage en Tunisie); il est ainsi conçu: «les *chouachis* (fabricants de chechias) ne pourront se servir d'aucune marque de fabrique qu'autant qu'ils en auront eu l'autorisation de S. A. le Bey. Cette marque devra être déposée chez *l'amine* (le syndic de la corporation) et ne sera appliquée que sur les chechias tunisiennes.» Le même décret déclarait que les marques de

[1]) Un décret du 26 décembre 1911 (J. O. T. du 30 décembre 1911) a autorisé l'emploi de la dénomination de «carat métrique» au double décigramme, dans les transactions relatives aux diamants, perles fines et pierres précieuses.

fabriques (*nichan*) appartenant aux fabricants de chechias tunisiens, ne pouvaient être valablement apposées sur des marchandises étrangères et que celles qui en seraient revêtues seraient saisies à l'importation. Il ne faisait d'ailleurs que consacrer d'anciens usages. Les chouachis, corporation puissante et ancienne, ont non seulement le droit de posséder une marque de fabrique spéciale, mais ils y sont même tenus; cette marque se transmet de père en fils par ordre de primogéniture; le fils aîné a seul droit à la marque paternelle, les filles n'y ont jamais droit; les descendants mâles autres que le fils aîné ont le droit de se servir de la marque paternelle, mais en y introduisant des modifications assez importantes pour qu'elle devienne une création nouvelle et ne puisse être confondue avec l'ancienne[1].

208. Cette législation était insuffisante pour deux motifs; d'abord parce qu'elle ne se rapportait qu'à une seule branche d'industrie, ensuite parce qu'elle n'était pas de nature à procurer une protection suffisante à l'industriel et au commerçant, même si on l'avait étendue à toutes les branches de la production. Aussi un important décret du 3 juin 1889 (Z. 889) vint-il règlementer complètement la matière. Il est divisé en six titres qui vont être parcourus successivement.

209. Le titre premier traite du droit de propriété des marques. La marque de fabrique ou de commerce, pose-t'il d'abord en principe, est facultative. Toutefois des décrets peuvent exceptionnellement la déclarer obligatoire pour les produits qu'ils déterminent. «Sont considérés comme marques de fabrique et de commerce les noms sous une forme distinctive, les dénominations, emblêmes, empreintes, timbres, cachets, vignettes, reliefs, lettres, chiffres, enveloppes et tous autres signes servant à distinguer les produits d'une fabrique ou les objets d'un commerce» (Art. 1). — «Nul ne peut revendiquer la propriété exclusive d'une marque s'il n'a déposé au greffe du tribunal de son domicile: 1° 3 exemplaires du modèle de cette marque; — 2° un cliché typographique de cette marque» (Art. 2).

210. Le titre II parle du dépôt. Il doit être fait par la partie intéressée ou par son fondé de pouvoirs muni d'un pouvoir spécial, même sous seing privé dûment légalisé. Les trois exemplaires de la marque doivent satisfaire à certaines conditions (art. 4); l'un d'eux est collé par le greffier sur un registre tenu à cet effet et dans l'ordre des présentations; le second est transmis dans les 5 jours au plus tard au bureau de la Propriété industrielle du Gouvernement tunisien; le troisième est remis à l'exposant revêtu du visa du greffier portant l'indication de l'heure et du jour du dépôt (art. 5). Le procès verbal de dépôt dressé par le greffier contient toutes indications utiles (art. 6); chaque année le greffier dresse une table ou répertoire des marques dont il a reçu le dépôt pendant le cours de l'année précédente; ce répertoire est publié par les soins du bureau de la Propriété industrielle du Gouvernement tunisien au Journal Officiel de la Régence (art. 8). Les registres, procès-verbaux et répertoires déposés au Greffe ainsi que les modèles réunis au Dépôt central des archives sont communiqués sans frais (art. 9). «Le dépôt n'a d'effet que pour 15 années. La propriété de la marque peut toujours être conservée pour un nouveau terme de 15 années au moyen d'un nouveau dépôt» (art. 10).

211. Le titre III réunit les dispositions relatives aux étrangers. Ceux qui possèdent dans la Régence des établissements d'industrie ou de commerce, ou des exploitations agricoles, jouissent, pour les produits de leurs établissements, du bénéfice de la présente loi, en remplissant les formalités qu'elle prescrit (art. 12). «Les étrangers et les tunisiens dont les établissements sont situés hors de la Régence jouissent également du bénéfice de la présente loi, pour les produits de ces établissements si, dans les pays où ils sont situés, la législation ou les traités internationaux assurent aux industriels fixés en Tunisie les mêmes garanties» (art. 13). Le greffier chargé de recevoir le dépôt des marques des étrangers et des tunisiens dont les établissements sont situés hors de la Régence, doit en former un registre spécial et mentionner dans le procès verbal de dépôt le pays où est situé l'établissement industriel, commercial ou agricole du propriétaire de la marque, ainsi que la législation ou les traités par lesquels la réciprocité a été établie (art. 14).

212. Le titre IV est consacré aux pénalités. Il mérite d'être reproduit intégralement:

«Art. 15. Sont punis d'une amende de 50 piastres à 3000 piastres[2] et d'un emprisonnement de 3 mois à 3 ans ou de l'une de ces deux peines seulement: 1° ceux

[1] Atger, Les Corporations tunisiennes, p. 69 et s. — [2] Ces chiffres d'amende doivent être aujourd'hui convertis en francs, conformément au décret du 1er juillet 1891, sur le taux de 0 fr. 60 cent. la piastre.

qui ont contrefait une marque ou fait usage d'une marque contrefaite; 2° ceux qui ont frauduleusement apposé sur leurs produits ou les objets de leur commerce une marque appartenant à autrui; — 3° ceux qui ont sciemment vendu ou mis en vente un ou plusieurs produits revêtus d'une marque contrefaite ou frauduleuse.

16. Sont punis d'une amende de 50 piastres à 2000 piastres et d'un emprisonnement d'un mois à 1 an ou de l'une de ces deux peines seulement: 1° ceux qui, sans contrefaire une marque, en ont fait une imitation frauduleuse de nature à tromper l'acheteur ou ont fait usage d'une marque frauduleusement imitée; — 2° ceux qui ont fait usage d'une marque portant des indications propres à tromper l'acheteur sur la nature du produit; — 3° ceux qui ont sciemment vendu ou mis en vente un ou plusieurs produits revêtus d'une marque frauduleusement imitée ou portant des indications propres à tromper l'acheteur sur la nature du produit.

17. Sont punis d'une amende de 50 piastres à 1000 piastres et d'un emprisonnement de 15 jours à 6 mois ou de l'une de ces deux peines seulement: 1° ceux qui n'ont pas apposé sur leurs produits une marque déclarée obligatoire; — 2° ceux qui ont vendu ou mis en vente un ou plusieurs produits ne portant pas la marque déclarée obligatoire pour cette espèce de produits; — 3° ceux qui ont contrevenu aux dispositions des décrets rendus en exécution de l'art. 1er de la présente loi.

18. Quiconque aura, soit apposé, soit fait apparaître par addition, retranchement ou par une altération quelconque sur des objets fabriqués, le nom d'un fabricant autre que celui qui en est l'auteur, ou la raison commerciale d'une fabrique autre que celle où lesdits objets auront été fabriqués, ou enfin le nom d'un lieu autre que celui de la fabrication, sera puni, sans préjudice des dommages-intérêts, s'il y a lieu, de l'emprisonnement pendant 3 mois au moins et 1 an au plus et d'une amende qui ne pourra excéder le quart des restitutions et dommages-intérêts ni être au dessous de 50 piastres. Les objets du délit ou leur valeur, s'ils appartiennent encore au vendeur, seront confisqués. Le Tribunal pourra ordonner l'affichage du jugement dans les lieux qu'il désignera, le tout aux frais du condamné. Tout marchand, commissionnaire ou débitant quelconque sera passible des effets de la poursuite, lorsqu'il aura sciemment exposé en vente ou mis en circulation les objets marqués de noms supposés ou altérés.

19. Les peines établies par la présente loi ne peuvent être cumulées. La peine la plus forte est seule prononcée pour tous les faits antérieurs au premier acte de poursuite.

20. Les peines portées aux art. 15, 16, 17 peuvent être élevées au double en cas de récidive, lorsqu'il a été prononcé contre le prévenu, dans les 5 années antérieures, une condamnation pour un des délits prévus par la présente loi.

21. Si les circonstances paraissent atténuantes, le Tribunal est autorisé, même en cas de récidive, à réduire l'emprisonnement même au-dessous de 6 mois et l'amende même au-dessous de 50 piastres. Il pourra aussi prononcer séparément l'une ou l'autre de ces peines et même substituer l'amende à l'emprisonnement, sans qu'en aucun cas elle puisse être inférieure à 16 piastres.

22. Les délinquants peuvent, en outre, être privés du droit de participer aux élections des chambres de commerce pendant un temps qui n'excèdera pas 10 ans. Le Tribunal peut ordonner l'affichage du jugement dans les lieux qu'il détermine et son insertion intégrale ou par extrait dans les journaux qu'il désigne, le tout aux frais du condamné.

23. La confiscation des produits dont la marque serait reconnue contraire aux dispositions des art. 15 et 16 peut, même en cas d'acquittement, être prononcée par le Tribunal, ainsi que celle des instruments et ustensiles ayant spécialement servi à commettre le délit. Le Tribunal peut ordonner que les produits confisqués soient remis au propriétaire de la marque contrefaite ou frauduleusement apposée ou imitée, indépendamment de plus amples dommages-intérêts, s'il y a lieu. Il prescrit, dans tous les cas, la destruction des marques reconnues contraires aux dispositions des art. 15 et 16.

24. Dans le cas prévu par les deux premiers paragraphes de l'art. 17, le Tribunal prescrit toujours que les marques déclarées obligatoires soient apposées sur les produits qui y sont assujettis. Le Tribunal peut prononcer la confiscation des produits, si le prévenu a encouru, dans les 5 années antérieures, une condamnation pour un des délits prévus par les deux premiers paragraphes de l'art. 17.»

213. Le titre V détermine la compétence. Elle est attribuée aux tribunaux français de première instance, quelle que soit la nationalité des parties. «En cas

d'action intentée par la voie correctionnelle, si le prévenu soulève pour sa défence des questions relatives à la propriété de la marque, le Tribunal de police correctionnelle statue sur l'exception» (art. 25).

Le propriétaire d'une marque peut faire procéder par tous huissiers à la description détaillée, avec ou sans saisie, des produits qu'il prétend marqués à son préjudice, en contravention aux dispositions de la présente loi, en vertu d'une ordonnance du Président du Tribunal civil de 1re instance ou du Juge de paix, à défaut de Tribunal dans le lieu où se trouvent les produits à décrire ou à saisir. L'ordonnance est rendue sur simple requête et sur la présentation d'un procès-verbal constatant le dépôt de la marque. Elle contient, s'il y a lieu, la nomination d'un expert pour aider l'huissier dans sa description. Lorsque la saisie est requise, le juge peut exiger du requérant un cautionnement qu'il est tenu de consigner avant de faire procéder à la saisie. Il est laissé copie aux détenteurs des objets décrits ou saisis, de l'ordonnance et de l'acte constatant le dépôt du cautionnement le cas échéant, le tout à peine de nullité et de dommages-intérêts contre l'huissier» (art. 26). A défaut par le requérant de s'être pourvu en justice dans le délai de 15e outre un jour par 5 myriamètres de distance entre le lieu de la description et de la saisie et le domicile de la partie défenderesse, la saisie ou la description est nulle de plein droit, sans préjudice de dommages-intérêts (art. 27).

214. Il n'y a pas lieu d'insister sur le titre VI, qui contient des dispositions transitoires maintenant sans intérêt; à noter seulement que tous produits étrangers portant des marques tunisiennes sont saisis à la douane si on tente de les importer (art. 28).

215. Telles sont les dispositions relatives aux marques de fabrique en Tunisie, telle est la législation intérieure. Cet ensemble est corroboré et complété par l'adhésion de la Régence à une certaine quantité d'accords internationaux et c'est ce second aspect de la question qui doit être développé maintenant. Les documents qui s'y rapportent vont être exposés par ordre chronologique.

216. En premier lieu, la Tunisie a pris part, comme partie contractante, aux quatre conventions conclues à Madrid en avril 1891, entre la France, la Belgique, l'Espagne, le Guatemala, l'Italie, les Pays-Bas, le Portugal et la Suisse.

217. Le premier de ces documents, qui porte la date du 14 avril 1891 (Z. 1511) dispose que les sujets ou citoyens des Etats contractants pourront s'assurer, dans tous les autres Etats, la protection de leurs marques de fabrique ou de commerce acceptées au dépôt dans le pays d'origine, moyennant le dépôt desdites marques au Bureau international, à Berne, fait par l'entremise de l'Administration du pays d'origine (art. 1). Le Bureau international enregistre immédiatement les marques déposées, notifie cet enregistrement aux Etats contractants et les publie dans un supplément au Journal du Bureau international, au moyen, soit d'un dessin, soit d'une description présentée en langue française par le déposant (art. 3). A partir de l'enregistrement ainsi fait au Bureau international, la protection dans chacun des Etats contractants est la même que si la marque y avait été directement déposée (art. 4). Dans les pays où leur législation les y autorise, les Administrations qui reçoivent la notification d'enregistrement du Bureau international ont la faculté (dans l'année seulement) de déclarer que protection à cette marque ne peut être accordée sur leur territoire (art. 5). La protection résultant de l'enregistrement au Bureau international dure 20 ans, mais ne peut plus être invoquée en faveur d'une marque qui ne jouirait plus de la protection légale dans le pays d'origine (art. 6). L'enregistrement peut toujours être renouvelé (art. 7). Il supporte des taxes énumérées en l'art. 8. L'administration du pays d'origine notifie au Bureau international les annulations, radiations, renonciations, transmissions et autres changements qui se produisent dans la propriété de la marque; le Bureau international publie aussitôt ces renseignements et les notifie aux Etats contractants (art. 9).

218. Le traité dont l'analyse précède est accompagné d'un règlement portant la même date (Z. 1512) et destiné à assurer son application. Il règle la forme des demandes d'enregistrement, le paiement des taxes (art. 1), la forme des transmissions au Bureau international (art. 2), la tenue du registre d'enregistrement tenu par cette institution (art. 3), les notifications et constatations qu'elle doit opérer (art. 4), la publication des marques (art. 5), la notification des déclarations de non admission (art. 6), les consignations de changements (art. 7), le compte des frais du Bureau (art. 8). Tout cela est trop connu pour qu'il soit nécessaire d'en faire ici l'exposé complet.

219. Il en est à peu près de même pour l'arrangement de la même date (Z. 1513) passé à Madrid entre la Tunisie, le Brésil, l'Espagne, la France, la Grande Bretagne, le Guatemala, le Portugal et la Suisse, sur la répression des fausses indications de provenance. Le principe est celui-ci: tout produit portant une fausse indication de provenance dans laquelle un des Etats contractants ou un lieu situé dans l'un d'entre eux, serait, directement ou indirectement, indiqué comme pays ou comme lieu d'origine, sera saisi à l'importation dans chacun desdits Etats. La saisie pourra aussi s'effectuer dans l'Etat où la fausse indication de provenance aura été apposée ou dans celui où aura été introduit le produit muni de cette fausse indication. Si la législation d'un Etat n'admet pas la saisie à l'importation, elle est remplacée par la prohibition d'importation; s'il n'admet pas la saisie à l'intérieur, elle est remplacée par les moyens et actions que la loi dudit Etat assure en pareil cas à ses nationaux (art. 1). La saisie a lieu à la requête du Ministère public ou de la partie intéressée, individu ou société, mais l'Etat requis n'est pas tenu d'y procéder en cas de simple transit (art. 2).

220. Les dispositions qui précèdent ne font pas obstacle à ce que le vendeur indique son nom ou son adresse sur les produits provenant d'un pays différent de celui de la vente, mais, dans ce cas, l'adresse ou le nom doit être accompagné de l'indication précise et en caractères apparents du pays ou du lieu de fabrication ou de production» (art. 3). «Les tribunaux de chaque pays ont à décider quelles sont les appellations qui, à raison de leur caractère générique, échappent aux dispositions du présent arrangement, les appellations régionales de provenance des pays vinicoles n'étant cependant pas comprises dans la réserve statuée par cet article» (art. 4).

221. Un protocole du 15 avril 1891 signé à Madrid entre les mêmes Etats contractants (Z. 1514) pourvoit à la charge des dépenses du Bureau international.

222. Il faut faire suivre ce premier groupe de documents d'un décret beylical en date du 25 octobre 1892 (Z. 891) organisant en Tunisie l'enregistrement international des marques de fabrique ou de commerce. Il déclare que quiconque voudra profiter des avantages assurés par les arrangements de Madrid devra en faire la demande au bureau tunisien de la propriété industrielle (art. 1). Cette demande doit contenir: le nom et l'adresse du propriétaire de la marque, l'énonciation des produits ou marchandises auxquels la marque est appliquée, la date et le numéro d'enregistrement de la marque au Greffe d'un Tribunal de Tunisie (art. 2). Il faut y joindre: 1° un des exemplaires de la marque revêtu du visa du greffier ou toute autre pièce constatant le dépôt en Tunisie; — 2° une somme de 100 fr. destinée au Bureau international de Berne; — 3° une surtaxe de 1 fr. perçue au profit du Trésor tunisien; — 4° deux exemplaires d'une reproduction typographique de la marque ou, à leur défaut, une description en langue française; — 5° un cliché dont les caractères et les dimensions sont minutieusement réglementés (art. 3).

223. Après avoir ainsi édifié son propre régime et avoir assuré aux tunisiens l'accès du Bureau international de Berne, le Gouvernement tunisien a, par un décret du 8 août 1899 (Z. 1515) promulgué la convention internationale du 20 mars 1883, conclue à Paris entre la Belgique, le Brésil, l'Espagne, la France, le Guatemala, l'Italie, les Pays-Bas, le Portugal, le Salvador, la Serbie et la Suisse, pour la protection de la propriété industrielle. Elle consiste essentiellement dans les dispositions qui suivent.

224. Les sujets ou citoyens des Etats contractants jouissent, dans tous les autres Etats de l'Union, en ce qui concerne les brevets d'invention[1], les dessins ou modèles industriels, les marques de fabrique ou de commerce et le nom commercial[2], des avantages que les lois respectives accordent aux nationaux. En conséquence, ils ont la même protection que ceux-ci et le même recours légal contre toute atteinte portée à leurs droits, sous réserve de l'accomplissement des formalités et des conditions imposées aux nationaux par la législation intérieure de chaque Etat (art. 2). Sont assimilés aux sujets ou citoyens des Etats contractants les ressortissants des Etats ne faisant pas partie de l'Union qui sont domiciliés ou ont des établissements industriels ou commerciaux sur le territoire de l'un des Etats de l'Union (art. 3).

---

[1]) Voir plus loin la législation spéciale aux brevets d'invention. — [2]) Voir plus loin ce qui est spécial au nom commercial.

225. Celui qui a régulièrement fait le dépôt d'une demande de brevet d'invention, d'un dessin ou modèle industriel, d'une marque de fabrique ou de commerce, dans l'un des Etats contractants jouit, pour effectuer le dépôt dans les autres Etats, et sous réserve des droits des tiers, d'un droit de priorité de six mois pour les brevets d'invention et de trois mois pour les dessins ou modèles industriels, ainsi que pour les marques de fabrique ou de commerce; ces délais sont augmentés d'un mois pour les pays d'outre-mer.

226. Toute marque de fabrique ou de commerce régulièrement déposée dans le pays d'origine est admise au dépôt et protégée telle quelle dans tous les autres pays de l'Union; est considéré comme pays d'origine le pays où le déposant a son principal établissement et, si ce pays n'est pas situé dans un des Etats de l'Union, est considéré comme pays d'origine celui auquel appartient le déposant (art. 6). — La nature du produit sur lequel la marque de fabrique ou de commerce doit être apposée ne peut, en aucun cas, faire obstacle au dépôt de la marque (art. 7); néanmoins le dépôt peut être refusé si l'objet pour lequel il est demandé est considéré comme contraire à la morale et à l'ordre public (art. 6).

227. Tout produit portant illicitement une marque de fabrique ou de commerce ou un nom commercial peut être saisi à l'importation dans ceux des Etats de l'Union dans lesquels cette marque ou ce nom ont droit à la protection légale; cette saisie a lieu, soit à la requête du Ministère public, soit à celle de la partie intéressée, conformément à la législation intérieure de chaque Etat (art. 9). Ces dispositions sont applicables à tout produit portant faussement, comme indication de provenance, le nom d'une localité déterminée, lorsque cette indication sera jointe à un nom commercial fictif ou emprunté dans une intention frauduleuse. Est réputé partie intéressée tout fabricant ou commerçant engagé dans la fabrication ou le commerce de ce produit et établi dans la localité faussement indiquée comme lieu de provenance (art. 10).

228. Chacune des parties contractantes établit chez elle un service spécial de la propriété industrielle et toutes s'entendent pour former à Berne, sous la haute autorité de la Confédération Suisse, un Bureau international (art. 11 à 13).

229. A cette convention se trouve joint un protocole de clôture où il est bon de puiser quelques indications utiles. «1° les mots «Propriété industrielle» doivent être entendus dans leur acception la plus large, en ce sens qu'ils s'appliquent non seulement aux produits de l'industrie proprement dite, mais également aux produits de l'agriculture (vins, grains, fruits, bestiaux etc.) et aux produits minéraux livrés au commerce (eaux minérales etc.); — 2° le § 1 de l'art. 6 doit être entendu en ce sens qu'aucune marque de fabrique ou de commerce ne pourra être exclue de la protection dans l'un des Etats de l'Union par le seul fait qu'elle ne satisferait pas, au point de vue des signes qui la composent, aux conditions de la législation de cet Etat, pourvu qu'elle satisfasse, sur ce point, à la législation du pays d'origine et qu'elle ait été, dans ce dernier pays, l'objet d'un dépôt régulier . . . . . Pour éviter toute fausse interprétation, il est entendu que l'usage des armoiries publiques et des décorations peut être considéré comme contraire à l'ordre public, dans le sens du § final de l'art. 6.»

230. Les documents législatifs qui restent à mentionner sur la matière ne touchent plus que des modifications partielles de l'ensemble. C'est d'abord un décret beylical du 11 septembre 1902 (Z. 2035) qui promulgue la Convention internationale conclue à Bruxelles le 14 décembre 1900 pour modifier certaines dispositions de la Convention internationale du 20 mars 1883, qui précède. L'art. 3 de cette dernière convention est rédigé à nouveau de manière à assurer que les établissements des personnes ne ressortissant pas à des Etats de l'Union, fondés dans un de ces Etats, seront effectifs et sérieux. Les délais de priorité de l'art. 4 sont portés à 12 mois pour les brevets d'invention et à 4 mois pour les dessins et modèles industriels ainsi que pour les marques de fabrique ou de commerce. A l'art. 9, on ajoute que dans les pays où la saisie à l'importation n'est pas possible, on la remplace par la prohibition de l'importation, et à l'art. 10 que les ressortissants des Etats de l'Union jouiront, dans tous ces Etats, de la protection accordée aux nationaux contre la concurrence déloyale.

231. C'est ensuite un autre décret du 11 septembre 1902 (Z. 2036) qui promulgue en Tunisie la Convention internationale conclue à Bruxelles le 14 décembre 1900 pour modifier certaines dispositions de la Convention internationale de Madrid en date du 14 avril 1891. L'art. 2 de ce dernier document est modifié de manière à le mettre en harmonie avec l'art. 3 de la Convention du 20 mars 1883. L'art. 3 précise les déclarations à faire par les déposants de marques qui spécifient la couleur à titre d'élément distinctif. Un art. 4 bis stipule qu'au cas d'enregistrement d'une marque au Bureau international, celui-ci est substitué aux enregistrements nationaux antérieurs. L'art. 5 est modifié de manière à préciser les circonstances dans lesquelles un Etat peut refuser l'enregistrement d'une marque. Un art. 5 bis permet la délivrance, par le Bureau international, de copies des mentions inscrites dans le registre relativement à une marque déterminée.

232. Puis on trouve un décret beylical du 28 juin 1903 (Z. 2251) qui détermine les mesures spéciales pour l'application en Tunisie des arrangements de Madrid qui viennent d'être analysés. Il édicte que toute personne propriétaire d'une marque régulièrement déposée en Tunisie et se trouvant dans les conditions prévues par les arrangements précités, qui désirera assurer la protection de cette marque dans les autres Etats de l'Union, doit en faire la demande au Bureau tunisien de la propriété industrielle (art. 1). Cette demande, en double exemplaire, énonce: 1° le nom, la profession et l'adresse du propriétaire de la marque; — 2° les produits ou marchandises auxquels elle s'applique; — 3° la date et le numéro de l'enregistrement de la marque au Greffe d'un Tribunal de Tunisie (art. 2). A cette demande on joint: 1° 2 exemplaires de la marque conformes au modèle déposé en Tunisie; — 2° un cliché typographique reproduisant exactement la marque, n'ayant pas moins de 15 millimètres ni plus de 10 centimètres, soit en longueur, soit en largeur, sur une épaisseur de 24 millimètres; — 3° une procuration spéciale dûment enregistrée, si la demande est faite par un fondé de pouvoirs (art. 3). L'intéressé verse: 1° à titre d'émolument du Bureau international, 100 fr. pour une seule marque, plus 50 fr. pour chaque marque autre que la première, s'il s'agit d'une demande d'enregistrement collective; — 2° une somme de 1 fr. perçue au profit du Trésor tunisien.

233. Enfin on rencontre le décret beylical du 7 avril 1908 (Z. 3505) réglementant le dépôt des marques de fabrique en Tunisie et modificatif de l'art. 4 § 1 du décret du 3 juin 1889, modifié par le décret du 22 octobre 1892. La modification introduite est la suivante: «Ce dépôt doit être fait par la partie intéressée ou par son fondé de pouvoirs spécial. La procuration peut être sous seing privé, sans qu'il soit besoin de la faire légaliser.»

234. Nous aurons fini l'exposé de la législation sur la matière lorsque nous aurons mentionné l'adhésion de la colonie de Trinidad et Tobago à l'Union pour la protection de la propriété industrielle (Z. 3518).

235. La jurisprudence des tribunaux de Tunisie sur les marques de fabrique et de commerce est assez abondante; en voici le résumé (S. Berge, Répertoire V° marques de fabrique n°s 1 à 10, V° Propriété industrielle n°s 2 et 3). Le fait, par un fabricant, d'imiter l'apparence extérieure des produits d'une autre fabrique, dans le but de créer des confusions de nature à tromper les acheteurs et à faire profiter ses propres produits de la notoriété acquise par un concurrent, est un acte de concurrence déloyale qui donne ouverture à une réparation proportionnelle au préjudice causé; il doit être fait de ce principe une application particulièrement rigoureuse en Tunisie où les acheteurs sont en majeure partie cosmopolites, peu éclairés, illettrés et où la fraude est plus facilement praticable: Tunis, 13 décembre 1894 (Journal 1895, p. 87). Le fait de se servir des vases spéciaux et des étiquettes d'un commerçant pour vendre au public, qui demande ses produits, des marchandises d'une autre provenance, constitue de la part de celui qui s'en rend coupable un quasi-délit qui donne ouverture à une action en dommages intérêts au profit de celui qui en a été victime: Tunis, 19 décembre 1895 (Journal, 1896 p. 60).

236. Une marque de fabrique est l'accessoire de l'établissement industriel ou commercial dont elle sert à distinguer les produits; il s'ensuit que le droit à cette marque est indissolublement lié au fonds de commerce auquel elle est attachée, que la propriété de la marque suit le sort de l'établissement dans lequel le produit est fabriqué et passe, sauf stipulation contraire, avec cet établissement, dans les mains de celui qui s'en est rendu acquéreur: Tunis, 11 mai 1907 (Journal 1907, p. 506). Quand une marque de fabrique a été déposée en France et dans d'autres pays, cela ne constitue pas autant de droits de propriété sur ladite marque qu'il y a de pays où le dépôt a été effectué; il s'ensuit que celui qui, possédant en France un établissement industriel auquel une marque de fabrique est attachée, a déposé régulièrement en France cette marque, ne peut se voir interdire de s'en servir en Tunisie, c'est-à-dire dans l'un des pays qui ont adhéré à l'Union internationale pour la protection

de la propriété industrielle et commerciale: Tunis, 11 mai 1907 (Journal 1907, p. 506). La loi beylicale du 3 juin 1889, dans son art. 18, interdit d'apposer ou de faire usage sur un objet fabriqué, d'un nom de lieu autre que celui de la fabrication; en conséquence, est nul le dépôt d'une marque au Greffe du Tribunal français de Tunis et à l'Office international de Berne, alors que cette marque contient une fausse indication du lieu de fabrication: Tunis, 15 juin 1907 (Journal 1907, p. 595).

237. Aux termes de l'art. 2 de l'ordonnance du 16 avril 1842, lorsqu'il s'agit de droits et actions ayant pris naissance en Algérie (et la règle est applicable en Tunisie en vertu de l'art. 7 de la loi du 27 mars 1883) le demandeur peut, à son choix, assigner devant le tribunal du domicile en France ou devant le tribunal dans le ressort duquel le droit ou l'action a pris naissance; par suite, un Tribunal de Tunisie est compétent pour connaître de l'action née de la contrefaçon ou de l'imitation frauduleuse d'une marque déposée au Greffe de ce Tribunal ou à Berne, à l'Office international, ce qui équivaut au dépôt en Tunisie, conformément à l'art. 4 de la Convention de Madrid en date du 14 avril 1891: Tunis, 24 juin 1905 (J. 1906 p. 117).

238. Le conflit entre les droits appartenant au propriétaire d'une marque régulièrement déposée en Tunisie et ceux appartenant au propriétaire d'une marque régulièrement déposée en France, est de la compétence des tribunaux français de Tunisie, quant à la matière: Alger, 20 novembre 1906 (Journal 1907, p. 473).

B. Propriété artistique et littéraire.

239. En cette matière comme pour la précédente, la Tunisie a pris part au concert entre les Puissances. Elle a été partie contractante à la Convention internationale conclue à Berne, le 9 septembre 1886 (Z. 1516) avec l'Allemagne, la Belgique, l'Espagne, la France, la Grande Bretagne et Irlande, Haïti, l'Italie, la République de Libéria et la Suisse, lesquels se sont constitués à l'état d'Union pour la protection des droits des auteurs sur leurs œuvres littéraires et artistiques (art. 1).

240. «Les auteurs ressortissant à l'un des pays de l'Union ou leurs ayants cause jouissent, dans les autres pays, pour leurs œuvres, soit non publiées, soit publiées pour la première fois dans un de ces pays, des droits que les lois respectives accordent actuellement ou accorderont par la suite aux nationaux[1]. La jouissance de ces droits est subordonnée à l'accomplissement des conditions et formalités prescrites par la législation du pays d'origine de l'œuvre; elle ne peut excéder, dans les autres pays, la durée de la protection accordée dans ledit pays d'origine. Est considéré comme pays d'origine de l'œuvre celui de la première publication, ou, si la publication a eu lieu dans plusieurs pays de l'Union, celui d'entre eux dont la législation accorde la durée de protection la plus courte. Pour les œuvres non publiées, le pays auquel appartient l'auteur est considéré comme pays d'origine. Les œuvres posthumes sont comprises parmi les œuvres protégées» (art. 2). Les auteurs ne ressortissant pas à un des pays de l'Union, mais qui publient ou font publier, pour la première fois, leurs œuvres littéraires ou artistiques, jouissent de la protection résultant de la Convention (art. 3).

241. «L'expression «œuvres littéraires et artistiques» comprend les livres, brochures ou tous autres écrits; les œuvres dramatiques ou dramatico-musicales, les compositions musicales avec ou sans paroles; les œuvres de dessin, de peinture, de sculpture, de gravure; les lithographies, les illustrations, les cartes géographiques; les plans, croquis, ouvrages plastiques relatifs à la géographie, à la topographie, à l'architecture ou aux sciences en général; enfin toute production quelconque du domaine littéraire, scientifique ou artistique, qui pourrait être publiée par n'importe quel mode d'impression ou de reproduction» (art. 4).

242. Le droit de traduction exclusif existe pendant toute la durée du droit sur l'œuvre originale, mais cesse d'exister lorsque l'auteur n'en a pas fait usage dans les 10 ans de la première publication. Pour les ouvrages publiés par livraisons, les dix ans partent de la dernière livraison de l'œuvre; pour les œuvres composées en volumes, ainsi que pour les bulletins et cahiers des sociétés savantes et des particuliers, chaque volume, bulletin ou cahier est, en ce qui concerne le délai de 10 ans, considéré comme ouvrage séparé. Le 31 décembre de l'année de la publication est le point de départ du délai de protection (art. 5).

243. Les romans-feuilletons, y compris les nouvelles, publiés dans les journaux ou recueils périodiques d'un des pays de l'Union peuvent être reproduits en original

[1]) Ce texte est celui qui résulte de l'acte additionnel du 4 mai 1896.

ou en traduction dans les autres pays, sans l'autorisation de leurs auteurs ou de leurs ayants cause[1]. Il en est de même pour les autres articles de journaux, à moins que les éditeurs ou auteurs n'en aient interdit expressément la reproduction. Pour les recueils, il suffit d'une interdiction générale en tête de chaque numéro. A défaut d'interdiction, la reproduction est permise, à condition d'indiquer la source. En aucun cas l'interdiction ne peut s'appliquer aux articles de discussion politique, aux nouvelles du jour et aux faits divers (art. 7). Les auteurs d'œuvres dramatiques ou musicales sont protégés contre la représentation publique non autorisée de leurs œuvres ou de la traduction de leurs œuvres (art. 9). Les appropriations et adaptations sont considérées comme des reproductions illicites (art. 10).

244. Pour que les auteurs aient droit à la protection, il suffit que leur nom soit indiqué sur l'ouvrage de la manière usitée. L'éditeur est fondé à sauvegarder les droits de l'auteur pour les œuvres anonymes ou pseudonymes; toutefois les tribunaux pourront exiger la production d'un certificat constatant que les formalités prescrites par l'art. 2 ont été remplies dans le pays d'origine (art. 11).

245. Toute œuvre contrefaite peut être saisie par les autorités compétentes dans les pays de l'Union où l'œuvre originale a droit à la protection légale; la saisie est faite conformément à la législation intérieure de chaque pays (art. 12). Chaque pays conserve d'ailleurs ses pouvoirs de police particuliers (art. 13).

246. Un Office international est institué à Berne, sous le patronage de la Confédération suisse, sous le nom de Bureau de l'Union internationale pour la protection des œuvres littéraires et artistiques (art. 16).

247. Le protocole de clôture mentionne que la Convention s'applique, non seulement aux dessins d'architecture, mais encore aux œuvres d'architecture, qu'elle protège les œuvres photographiques dans la mesure de la garantie assurée par le pays d'origine, les œuvres chorégraphiques, mais ne prohibe pas la vente des instruments destinés à reproduire mécaniquement la musique.

248. La Tunisie s'est donné une loi sur le même sujet, le 15 juin 1889 (Z. 1517); en voici les lignes principales: La protection littéraire et artistique est limitée: 1° aux œuvres publiées pour la première fois en Tunisie, quelle que soit la nationalité de l'auteur; — 2° aux œuvres publiées à l'étranger et pour la protection desquelles pourrait être invoquée une convention diplomatique (art. 1). Ce droit se prolonge pendant 50 ans après le décès de l'auteur, au profit de ses héritiers ou ayants droit (art. 2). La définition des œuvres littéraires et artistiques est empruntée textuellement, par l'art. 3 de ce décret, à l'art. 4 de la Convention de Berne du 9 septembre 1886. Il y a été ajouté que le droit de l'auteur n'exclut pas le droit de faire des citations, lorsqu'elles ont lieu dans un but de critique, de polémique ou d'enseignement et que tout journal peut reproduire un article publié dans un autre journal, à la condition d'en indiquer la source, à moins que cet article ne porte la mention spéciale que la reproduction en est interdite (art. 3). Le droit de l'auteur comprend celui de faire ou d'autoriser la traduction de l'œuvre et, lorsqu'il s'agit de compositions musicales, le droit exclusif de faire des arrangements sur les motifs de l'œuvre originale (art. 4). «Aucune œuvre littéraire ou artistique non tombée dans le domaine public ne pourra être publiquement exécutée dans la Régence sans le consentement formel et par écrit de l'auteur ou de ses ayants droit, sous peine d'une amende de 50 piastres[2] au moins et de la confiscation des recettes au profit des auteurs ou de leurs ayants droit» (art. 5). La contrefaçon, sur le territoire de la Tunisie, constitue un délit; il en est de même du débit, de l'exportation et de l'expédition des ouvrages contrefaits ainsi que de leur introduction sur le territoire tunisien (art. 6). Sont coupables du même délit ceux qui, en connaissance de cause, vendent, exposent en vente, tiennent dans leurs magasins pour être vendus ou introduisent dans la Régence de Tunis, dans un but commercial, les objets contrefaits (art. 7). Ces délits sont punis d'une amende de 50 à 2000 piastres (30 à 1200 fr.). La confiscation au profit des auteurs ou de leurs ayants droit des ouvrages ou objets contrefaits, de même que celle des planches, moules ou matrices et autres ustensiles ayant directement servi à commettre ces délits, est prononcée contre les condamnés. Mais la fabrication et la vente des instruments servant à reproduire mécaniquement des airs de musique qui sont du domaine privé ne constitue pas le fait de contrefaçon musicale (art. 8). «L'application frau-

[1]) Il est tenu compte, dans toute cette analyse, de l'acte additionnel du 4 mai 1896. — [2]) 30 francs. Voir la partie de cette étude qui traite du système monétaire.

duleuse, sur un objet d'art, une œuvre de littérature ou de musique, du nom d'un auteur ou de tout signe distinctif adopté par lui pour désigner son œuvre, sera punie d'un emprisonnement de 3 mois à 2 ans et d'une amende de 100 à 2000 piastres (60 à 1200 fr.) ou de l'une de ces deux peines seulement. La confiscation des objets contrefaits sera prononcée dans tous les cas» (art. 9). Mêmes peines contre les introducteurs, les vendeurs, et les exportateurs (art. 9). L'art. 463 C. pén. fr. sur les circonstances atténuantes est applicable aux faits prévus et réprimés par la présente loi (art. 10). Les tribunaux français sont seuls compétents pour connaître des demandes ou contestations relatives à son application (art. 11).

249. Un décret du 21 décembre 1899 (Z. 1518) a promulgué en Tunisie l'acte additionnel et la déclaration du 4 mai 1896 modifiant la Convention du 9 septembre 1886; il en a été tenu compte dans l'analyse qui précède.

250. Enfin le 11 février 1901, le Secrétaire général du Gouvernement tunisien dans une circulaire adressée aux présidents des Municipalités (Z. 1731) a édicté des mesures pour le recouvrement des droits accordés aux auteurs par les conventions et la loi sur la propriété artistique et littéraire.

251. Cet ensemble législatif était complet lorsqu'un décret du 30 septembre 1910 (Z. 4147) a promulgué en Tunisie la Convention internationale signée à Berlin le 13 novembre 1908 entre l'Allemagne, la Belgique, le Danemark, l'Espagne, la France, la Grande Bretagne et l'Irlande, l'Italie, le Japon, la République de Libéria, le Luxembourg, la principauté de Monaco, la Norvège, la Suède, la Suisse et la Tunisie, pour la protection des œuvres littéraires et artistiques.

252. La définition des „œuvres littéraires et artistiques" donnée par ce document est un peu plus compréhensive dans ses termes que celle de la Convention de Berne; la voici: «toute production du domaine littéraire, scientifique ou artistique, quel qu'en soit le mode ou la forme de reproduction, telle que: livres, brochures et autres écrits; les œuvres dramatiques ou dramatico-musicales, les œuvres chorégraphiques et les pantomimes dont la mise en scène est fixée par écrit ou autrement; les compositions musicales avec ou sans paroles; les œuvres de dessin, de peinture, d'architecture, de sculpture, de gravure et de lithographie; les illustrations, les cartes géographiques, les plans, croquis et ouvrages plastiques relatifs à la géographie, à la topographie, à l'architecture et aux sciences». Sont protégés comme ouvrages originaux, sans préjudice des droits de l'auteur original, les traductions, adaptations, arrangements de musique et autres reproductions transformées d'une œuvre littéraire ou artistique, ainsi que les recueils de différentes œuvres. Les œuvres d'art appliqué à l'industrie sont protégées autant que permet de le faire la législation intérieure de chaque pays (art. 2). La convention s'applique aux œuvres photographiques et analogues (art. 3).

253. La jouissance de la protection et l'exercice des droits d'auteur ne sont subordonnés à aucune formalité et sont indépendants de l'existence de la protection dans le pays d'origine de l'œuvre. Sont considérées comme publiées les œuvres éditées (art. 4). La durée de la protection comprend la vie de l'auteur et 50 ans après sa mort, sans toutefois pouvoir excéder la durée fixée dans le pays d'origine de l'œuvre (art. 7).

254. Les romans-feuilletons, nouvelles et toutes autres œuvres soit littéraires, soit scientifiques, soit artistiques, quel qu'en soit l'objet, publiés dans les journaux ou recueils périodiques d'un des pays de l'Union, ne peuvent être reproduits dans les autres pays sans le consentement des auteurs. Tout autre article de journal peut être reproduit, si la reproduction n'en est pas expressément interdite et à condition d'en indiquer la source; mais la protection ne s'applique pas aux nouvelles du jour, aux faits divers et aux simples informations (art. 9). Les auteurs d'œuvres musicales ont le droit exclusif d'autoriser: 1° l'adaptation de ces œuvres à des instruments servant à les reproduire mécaniquement; — 2° l'exécution publique des mêmes œuvres au moyen de ces instruments (art. 13). Les auteurs d'œuvres littéraires, scientifiques ou artistiques ont le droit exclusif d'autoriser la reproduction et la représentation publique de leurs œuvres par la cinématographie (art. 14).

255. Telles sont les principales modifications au droit ancien apportées par la nouvelle Convention; il n'a pas paru qu'il fut nécessaire d'en donner ici l'analyse complète en raison de ce que ce document est assez universellement connu et ne fait pas exclusivement partie de la législation de la Tunisie[1].

---

[1]) On trouvera la jurisprudence sur la matière dans: S. Berge. Répertoire V° Propriété artistique et littéraire. Elle se rapporte toute à la photographie.

C. Brevets d'invention.

256. La législation tunisienne sur les brevets d'invention s'est créée par une loi du 26 décembre 1888 (Z. 149) dont il convient de donner ici une analyse étendue. Toute nouvelle découverte ou invention confère à son auteur, sous certaines conditions, le droit exclusif de l'exploiter à son profit et ce droit est constaté par un titre, appelé «brevet d'invention» délivré par le Gouvernement tunisien (art. 1). «Sont considérés comme inventions ou découvertes nouvelles: l'invention de nouveaux produits industriels, l'invention de nouveaux moyens ou l'application nouvelle de moyens connus pour l'obtention d'un résultat ou d'un produit industriel» (art. 2). — «Ne sont pas susceptibles d'être brevetés: les plans et combinaisons de crédit ou de finance, ainsi que les inventions dont la vulgarisation serait contraire aux lois ou aux bonnes mœurs.» Si l'invention se rapporte à un médicament, le brevet ne peut être délivré pour le produit même, mais pour les procédés d'obtention seulement (art. 3). — La durée des brevets est de 5, 10 ou 15 ans. Leur délivrance donne lieu à une taxe de 500 piastres[1] pour un brevet de 5 ans, 1000 piastres (600 fr.) pour un brevet de 10 ans, 1500 piastres (900 fr.) pour un brevet de 15 ans. La taxe est payée par annuité de 100 piastres (60 fr.) à peine de déchéance (art. 4).

257. Pour prendre un brevet, il faut adresser, en personne, ou par mandataire, ou par la poste sous pli recommandé, une demande au Premier ministre, avec une élection de domicile dans la Régence, une description de la découverte ou invention, les dessins ou échantillons nécessaires à l'intelligence de la description et un bordereau des pièces. Il peut être demandé un récépissé de l'acte de dépôt qui est dressé dans l'ordre d'arrivée (art. 5). La demande doit être limitée à un seul objet et indiquer la durée que le demandeur entend assigner à son brevet; la description doit être en français, sans ratures ou surcharges non approuvées, avec les mesures et les poids du système métrique[2]; toutes les pièces doivent être signées et un duplicata de la description et des dessins joints à la demande (art. 6). Aucun dépôt n'est reçu sans le versement d'une somme de 100 piastres (60 fr.) à valoir dans la caisse du Receveur général du Gouvernement tunisien. Cette somme reste acquise à l'Etat tunisien, même si la demande de brevet est rejetée (art. 7). La demande est publiée au Journal officiel; la publication fait courir un délai de 2 mois pour les oppositions. A l'issue de ce délai, si aucune opposition ne s'est produite et que la demande soit jugée régulière, un arrêté du Premier ministre qui le constate constitue le brevet d'invention; il est inscrit au registre dit des brevets et mentionné au Journal officiel. Si des oppositions se sont produites, le brevet n'est délivré qu'après que le demandeur en a obtenu mainlevée du tribunal compétent (art. 8). — Les brevets sont délivrés aux risques et périls des demandeurs et sans garantie, soit de la réalité, de la nouveauté ou du mérite de l'invention, soit de la fidélité ou de l'exactitude de la description» (art. 9).

258. Des changements et additions peuvent être obtenus à un brevet au moyen de la procédure instituée pour son obtention. Chacune de ces demandes donne ouverture à une taxe de 20 piastres (12 fr.). Les certificats d'addition pris par un des ayants droit profitent à tous les autres (art. 10). Pendant un an, nul autre que le breveté ne peut se faire délivrer un brevet pour changement, perfectionnement ou addition. Au bout d'un an tout tiers le peut (art. 12). Cela ne lui donne pas le droit d'exploiter l'invention déjà brevetée, mais le premier breveté ne pourra exploiter le perfectionnement (art. 13).

259. Un brevet peut être cédé en tout ou en partie, soit à titre gratuit, soit à titre onéreux, mais seulement par acte notarié et après acquittement des taxes. Nulle cession n'est opposable aux tiers, si elle n'est inscrite sur le registre des brevets (art. 14). Les cessionnaires profitent de plein droit des certificats d'addition délivrés ultérieurement au cédant et peuvent exploiter le tout; on leur délivre une expédition de ces certificats moyennant un droit de 20 piastres (12 fr.) (art. 15).

260. Les descriptions, dessins, échantillons et modèles sont communiqués sans frais à toute personne, qui peut en obtenir aussi copie à ses frais (art. 16). Au commencement de chaque année il est publié une liste des brevets publiés durant l'année précédente (art. 17).

261. Les étrangers peuvent obtenir en Tunisie des brevets d'invention (art. 21); les formalités pour cette obtention sont les mêmes que celles décrites par les art. 5

[1]) 300 fr. Voir la partie de cette étude qui a trait au système monétaire. — [2]) Voir la partie de cet ouvrage qui a trait aux poids et mesures.

à 16 (art. 22). L'auteur d'une invention ou découverte déjà brevetée à l'étranger pourra obtenir un brevet en Tunisie, mais la durée de ce brevet ne pourra excéder celle des brevets antérieurement pris à l'étranger (art. 23).

262. «Sont nuls et de nul effet les brevets délivrés dans les cas suivants: 1° si la découverte, invention ou application n'est pas nouvelle; — 2° si la découverte, invention ou application n'est pas susceptible d'être brevetée; — 3° si les brevets portent sur des principes, méthodes, systèmes, découvertes ou conceptions théoriques ou purement scientifiques dont on n'a pas indiqué les applications industrielles; — 4° si la découverte, invention ou application est reconnue contraire à l'ordre, à la sûreté publique, aux lois du pays, sans préjudice, dans ce cas, des peines qui pourraient être encourues pour la fabrication ou le débit d'objets prohibés; — 5° si le titre sous lequel le brevet a été demandé indique frauduleusement un objet autre que le véritable objet de l'invention; — 6° si la description jointe au brevet n'est pas suffisante pour l'exécution de l'invention ou si elle n'indique pas d'une manière complète et loyale les véritables moyens de l'inventeur; — 7° si le brevet a été obtenu contrairement aux dispositions de l'art. 12; seront également nuls et de nul effet les certificats comprenant des changements, perfectionnements ou additions qui ne se rattacheraient pas au brevet principal» (art. 24). N'est pas réputée nouvelle une invention ou application qui, antérieurement au dépôt de la demande, a reçu dans un pays quelconque une publicité suffisante pour pouvoir être exécutée (art. 25).

263. Est déchu de ses droits: 1° le breveté qui n'a pas acquitté son annuité au commencement de chaque année; — 2° celui qui n'a pas mis son invention en exploitation dans le délai de 2 ans à partir de la signature de son brevet ou a cessé de l'exploiter pendant deux années consécutives, ce, sans justification; — 3° s'il a introduit dans la Régence des objets semblables à ceux qui sont garantis par son brevet et fabriqués à l'étranger (art. 26).

264. Quiconque prend la qualité de breveté sans y avoir droit ou sans mentionner la non garantie du Gouvernement tunisien est punissable d'une amende de 50 à 1000 piastres (30 à 600 fr.); en cas de récidive, cette amende est portée au double (art. 27).

265. L'action en nullité ou en déchéance peut être exercée par toute personne y ayant intérêt; les tribunaux français de 1re instance sont exclusivement compétents pour en connaître, ainsi que de toutes les questions relatives à la propriété des brevets (art. 28). Avis de la déchéance prononcée par sentence ayant acquis force de chose jugée est donné au Premier ministre pour publication (art. 29). En cas de pluralité de défendeurs, c'est le Tribunal du domicile du titulaire du brevet qui doit connaître de l'affaire (art. 30). Elle est jugée conformément aux art. 405 et s. C. proc. civ. fr. et doit être communiquée au Ministère public (art. 31) qui peut prendre des réquisitions et même agir par voie d'action principale (art. 32); tous les ayants droit au brevet doivent être mis en cause (art. 33).

266. L'atteinte aux droits d'un breveté constitue la contrefaçon; elle est punissable d'une amende de 100 à 2000 piastres (60 à 1200 fr.) (art. 34). Les personnes qui ont introduit sciemment dans la Régence des objets contrefaits sont punissables de la même peine (art. 35).

Ces peines ne peuvent être cumulées; la plus forte est seule prononcée (art. 36). En cas de récidive, outre l'amende susdite, il est ordonné un emprisonnement de 1 à 6 mois. Il y a récidive lorsqu'il a été prononcé dans les 5 ans, une première condamnation pour les délits prévus par la présente loi. Un emprisonnement de un à 6 mois est prévu aussi pour le contrefacteur qui a travaillé dans l'établissement du breveté ou qui s'est associé à un des employés ou ouvriers de celui-ci (art. 37). L'art. 463 C. pén. fr. sur les circonstances atténuantes est applicable à la matière (art. 38).

267. L'action correctionnelle pour contrefaçon ne peut être exercée par le Ministère public que sur la plainte de la partie lésée (art. 39). Le tribunal correctionnel statue sur les questions préjudicielles de propriété, de nullité ou de déchéance du brevet (art. 40).

268. Les propriétaires du brevet peuvent obtenir le droit de faire décrire, avec ou sans saisie, les objets qui leur paraissent contrefaits, en vertu d'une ordonnance du Président du Tribunal qui, au besoin, nomme un expert pour aider l'huissier dans la description. Ladite ordonnance peut aussi imposer une consignation au poursuivant (art. 41). A défaut de poursuites contre le prétendu contrefacteur, dans le délai de huitaine, plus un jour par 3 myriamètres de distance entre le lieu où se trouvent les objets et le domicile du défendeur, toute la procédure est nulle, sans préjudice de dommages intérêts (art. 42)[1]. Les objets contrefaits peuvent être confisqués (art. 43).

269. Le 8 juillet 1889, un décret beylical (Z. 150) a fourni les règles d'application de la loi sur les brevets d'invention; ces règles donnent le détail des formalités à remplir et des pièces à fournir pour l'introduction de la demande (art. 1), pour les demandes d'admission ou de modification (art. 2); elles établissent le tarif des copies (art. 3), l'attribution des sommes perçues aux expéditionnaires et dessinateurs (art. 4), les inscriptions à faire sur le registre (art. 5), les opérations financières relatives aux perceptions effectuées (art. 7 et 8). Un autre décret, en date du 22 septembre 1889 (Z. 151) a fixé le point de départ des annuités à payer par le breveté à la date de l'année grégorienne qui correspond à celle de la délivrance du brevet.

270. Cet ensemble législatif a été modifié par un décret du 31 août 1902 (Z. 2029) qui a accordé un délai de trois mois au breveté qui doit une annuité, avant d'encourir la déchéance, mais il lui impose par contre le paiement d'une taxe supplémentaire de 5 fr. par mois de retard.

271. Il se complète par des dispositions qui se trouvent dans les conventions internationales. La première est l'art. 5 de la Convention du 20 mars 1883 pour la protection de la propriété industrielle ainsi conçu: «L'introduction par le breveté, dans le pays où le brevet a été délivré, d'objets fabriqués dans l'un ou l'autre des Etats de l'Union n'entraînera pas la déchéance. Toutefois le breveté restera soumis à l'obligation d'exploiter son brevet conformément aux lois du pays où il introduit les objets brevetés.» La seconde se rencontre dans le protocole de clôture de la même convention; on y trouve la précision du sens à attribuer aux mots «brevets d'invention» employés dans le traité: «Sous le nom de brevets d'invention sont comprises les diverses espèces de brevets industriels admises par les législations des Etats contractants, tels que brevets d'importation, brevets de perfectionnement etc.» La troisième et la quatrième sont les art. 4 et 4 bis de la Convention internationale du 14 décembre 1900 (Z. 2039); ils sont ainsi conçus: «Art. 4. Celui qui aura régulièrement fait le dépôt d'une demande de brevet d'invention, d'un dessin ou modèle industriel, d'une marque de fabrique ou de commerce, dans l'un des Etats contractants, jouira, pour effectuer le dépôt dans les autres Etats et sous réserve des droits des tiers, d'un droit de priorité pendant les délais déterminés ci-après. En conséquence, le dépôt ultérieurement opéré dans l'un des autres Etats de l'Union, avant l'expiration de ces délais, ne pourra être invalidé par des faits accomplis dans l'intervalle, soit, notamment, par un autre dépôt, par la publication de l'invention ou son exploitation, par la mise en vente d'exemplaires du dessin ou du modèle, par l'emploi de la marque. Les délais de priorité mentionnés ci-dessus seront de 12 mois pour les brevets d'invention et de 4 mois pour les dessins ou modèles industriels, ainsi que pour les marques de fabrique ou de commerce. — Art. 4 bis. Les brevets demandés dans les différents Etats contractants par des personnes admises au bénéfice de la convention, aux termes des art. 2 et 3, seront indépendants des brevets obtenus pour la même invention dans les autres Etats adhérents ou non à l'Union. Cette disposition s'appliquera aux brevets existants au moment de sa mise en vigueur. Il en sera de même, en cas d'accession de nouveaux Etats, pour les brevets existant de part et d'autre au moment de l'accession.»

272. La jurisprudence des tribunaux français de Tunisie sur les brevets d'invention n'est pas très abondante, mais elle ne manque pas d'intérêt. (S. Berge, Répertoire V° Brevets d'invention, nos 1 à 5). Sur l'art. 14 du décret beylical du 26 décembre 1888, qui veut que la cession totale ou partielle d'un brevet d'invention ne soit faite que par acte notarié, il a été jugé que cette disposition ne vise que le cas de transmission de la propriété du brevet et ne s'applique pas à la licence de l'exploiter dans un lieu déterminé: Tunis, 1er mai 1901 (Journal 1903, p. 111). La même disposition n'entraîne aucune déchéance; elle veut seulement que les cessions de brevet qui n'auraient pas été accompagnées des formalités qu'elle prescrit ne soient pas opposables aux tiers; en conséquence, les cessions, même faites sous seing privé, sont, conformément au droit commun, valables et transmissives de la propriété entre les parties contractantes (même jugement). Jugé encore que

---

[1]) Rapprocher ces dispositions de celles qui ont été exposées au début de ce chapitre (ch. 104 et 105) en matière de marques de fabrique.

l'art. 28 du même décret de 1888, qui dit que toutes les contestations relatives à la propriété des brevets d'invention et les actions qui les concernent seront portées devant les tribunaux de 1re instance, doit être interprété en ce sens que c'est devant ces tribunaux jugeant civilement que ce renvoi est ordonné et non devant ces mêmes juridictions jugeant commercialement: Tunis, 4 avril 1895 (Journal 1895, p. 261). Enfin, il a été décidé que la nullité d'une demande de brevet d'invention est suffisante pour motiver le rejet de l'opposition formée par le demandeur de ce brevet à l'encontre d'une demande subséquente d'un brevet relatif à une invention qu'il prétendrait être la même que la sienne: Tunis, 11 mars 1903 (Journal 1903, p. 312). Jugé encore que si celui qui a pratiqué une saisie d'objets prétendus contrefaits ne fait pas suivre cette opération d'une assignation dans les délais impartis par le décret du 26 décembre 1888, art. 42, la saisie devient nulle de plein droit et que mainlevée doit en être donnée, sans préjudice des dommages-intérêts encourus: Tunis, 22 décembre 1909 (Journal 1911, p. 59).

D. Nom commercial.

273. Les développements qui précèdent nous dispensent de donner ici de longues explications. Législativement, il faut se reporter à la Convention internationale du 20 mars 1883 (Z. 1515) qui, dans ses art. 2, 8 et 9, parle du nom commercial. L'art. 2 indique qu'il est protégé comme les marques de fabrique ou de commerce. L'art. 8 dit: «Le nom commercial sera protégé dans tous les pays de l'Union, sans obligation de dépôt, qu'il fasse ou non partie d'une marque de fabrique ou de commerce.» L'art. 9 stipule que tout produit portant illicitement un nom commercial pourra être saisi à l'importation dans ceux des Etats de l'Union dans lesquels ce nom commercial a droit à la protection légale.

274. La jurisprudence n'a eu à faire que les applications des principes généraux de la matière (S. Berge Répertoire, V° Nom commercial, nos 1 à 7). Un commerçant ne peut se servir, a-t'il été décidé, pour son établissement, de son nom patronymique que dans des conditions telles qu'il ne fasse pas naître, volontairement ou non, une confusion entre cette maison et une autre préexistante sur la place; spécialement il peut être interdit à des frères qui font le commerce sous leur nom patronymique, de le faire précéder du mot *fratelli* déjà usité par des commerçants homonymes, alors surtout que, israélites tunisiens habitant la Tunisie, ils l'ont pris dans une langue qui n'est pas la leur, ni celle de la nation protectrice et qui ne peut, par conséquent, être considérée comme d'un usage commun dans le pays: Tunis, 28 décembre 1894 (Journal 1897, p. 301). Si, en principe, chacun a le droit de se servir de son nom dans la raison sociale d'une société de commerce, soit pour son compte personnel, soit en le prêtant, il est certain aussi que la probité commerciale s'oppose à ce que cet usage ait lieu en vue d'une concurrence déloyale: Tunis, 27 avril 1893 (Journal 1895, p. 291); Alger, 23 juin 1894 (Journal 1895, p. 291). L'appellation fantaisiste contenue dans une enseigne appartient au premier qui en fait usage, contrairement à l'appellation nécessaire qui n'est pas susceptible d'appropriation privée; il en est ainsi du mot «Louvre» ou des mots «Petit Louvre»; il y a lieu d'ordonner la suppression de la seconde enseigne, alors surtout qu'il est évident qu'elle n'a été établie que pour créer une confusion et qu'elle a été substituée à une autre enseigne, également fantaisiste, qui était le nom connu de la maison, sans qu'aucune raison acceptable vienne expliquer ce changement: Sousse, 1er décembre 1899 (Journal 1900, p. 600).

Section VIII. Législation ouvrière.

275. La législation ouvrière s'est extrêmement développée dans ces dernières années en Tunisie et elle tend à se rapprocher, dans la mesure du possible, de l'état de progrès qui se manifeste dans le monde entier. Introduite avec prudence et ménagements, en raison des difficultés que les circonstances locales opposaient à son application, elle s'est manifestée jusqu'ici par: 1° la création d'un office du travail; — 2° la réglementation du travail dans les établissements industriels et commerciaux et le paiement des salaires; — 3° l'institution du repos hebdomadaire; — 4° une législation sur les accidents du travail.

A. Office du travail.

276. L'office du travail, qui a été créé par un décret du 30 décembre 1907 (Z. 3437) a pour mission: de recueillir, de coordonner toutes les informations relatives au travail, notamment en ce qui concerne l'état et le développement de la production, l'organisation et la rémunération du travail, ses rapports avec le capital, la condition des ouvriers, la situation comparée du travail en Tunisie, dans la Métropole et à l'étranger; d'effectuer tous travaux se rattachant à cet ordre d'idées; de s'assurer des conditions d'hygiène et de sécurité des travailleurs, et particulièrement des femmes et des enfants; de procéder à la visite des établissements industriels privés tels que: usines, manufactures, ateliers, magasins et chantiers. Ses agents peuvent, sur présentation de leur commission, pénétrer dans les établissements ci-dessus dits et procéder à toute enquête ou constatation. Il suit l'instruction des réclamations relatives aux conditions du travail et, d'une façon générale, s'emploie pour chercher à aplanir les difficultés qui pourraient surgir entre patrons et ouvriers (art. 1). Ne relèvent pas de lui les établissements de l'Etat et les mines et carrières.

B. Règlementation du travail dans les établissements industriels et commerciaux.

277. Cette réglementation résulte de trois décrets du 15 juin 1910 (Z. 4079, 4080 et 4081) et de l'adhésion de la Tunisie à la Convention internationale du 13 septembre 1910 sur l'interdiction du travail de nuit pour les femmes employées dans l'industrie.

Le premier des trois décrets auxquels il vient d'être fait allusion est fort étendu; il se divise en sept sections et comprend 35 articles.

278. La première section traite des dispositions relatives à l'organisation du travail dans les établissements industriels. Elle s'applique aux manufactures, fabriques, usines, ateliers et chantiers, dans les mines et carrières, ainsi que dans les dépendances de ces établissements, de quelque nature qu'ils soient, publics ou privés, laïques ou religieux, même lorsqu'ils ont un caractère d'enseignement professionnel ou de bienfaisance; on n'en excepte que les établissements où ne sont employés que les membres de la famille, sous l'autorité, soit du père, soit de la mère, soit du tuteur, sauf les mesures de sécurité et de salubrité à prendre si cette famille se sert d'une chaudière à vapeur ou d'un moteur mécanique, ou si l'établissement est classé au nombre des établissements dangereux ou insalubres (art 1).

279. La durée du travail effectif, dans les établissements assujettis, est de dix heures par jour; la journée de travail doit être coupée par un ou plusieurs repos dont la durée totale ne peut être inférieure à une heure et disposés de telle sorte que le personnel ne puisse être employé à un travail de plus de six heures consécutives sans une interruption d'une durée d'au moins une demi-heure; il n'est fait exception à cette dernière règle qu'au cas où le travail effectif de la journée ne dépasserait pas sept heures; il pourrait alors être exécuté sans interruption (art. 2 et 3).

280. Telle est la règle générale; mais elle comporte des dérogations: 1° dans les établissements assujettis, le travail effectif du personnel adulte, c'est-à-dire des ouvriers de l'un ou de l'autre sexe ayant dépassé l'âge de 16 ans, peut être prolongé jusqu'à 12 heures par jour pendant 60 jours par an et même pendant 90 jours pour les industries en plein air (art. 4); — 2° la durée du travail des ouvriers adultes mécaniciens ou chauffeurs employés au service de machines motrices et celle des ouvriers employés, après arrêt de la production, à l'entretien et au nettoyage des métiers et autres machines productrices que la connexité des travaux ne permet pas de mettre isolément au repos pendant la marche générale de l'établissement, peut, de façon permanente, être augmentée d'une heure au delà de la limite assignée dans l'établissement (art. 5); — 3° dans les usines à feu continu ou à marche nécessairement continue où le travail s'exécute par postes ou équipes successives et dans les établissements où s'effectuent des travaux qui ne peuvent être interrompus à heures fixes, un régime spécial de dérogation peut être établi pour les hommes adultes et les enfants du sexe masculin, ce, à la demande des chefs d'entreprise intéressés (art. 6); — 4° en cas de travaux urgents dont l'exécution immédiate est nécessaire pour prévenir des accidents imminents ou pour obvier à des cas de force majeure, le travail peut être prolongé pour tout le personnel de l'exploitation et le personnel venu du dehors qui s'y emploie; — 5° lorsque, pour un cas de force majeure, l'établissement a été dans l'obligation de chômer, le travail du personnel peut être porté temporairement à 12 heures, dans la limite de 20 jours par an, sans que le nombre des heures supplémentaires ainsi effectuées puisse dépasser la moitié des heures perdues par suite de ce chômage (art. 7).

281. Quant au travail des femmes et des enfants, il a donné lieu à l'élaboration des règles suivantes: les enfants ne peuvent être employés par les patrons ni admis dans les établissements assujettis, s'ils n'ont pas l'aptitude physique nécessaire pour l'exécution des travaux qui leur sont confiés; les inspecteurs du travail ont le droit

d'exiger leur renvoi, s'ils ont moins de 12 ans, et, s'ils ont de 12 à 16 ans, ces inspecteurs peuvent les faire renvoyer sur l'avis conforme d'un médecin chargé d'un service public et après examen contradictoire, sur réclamation des parents (art. 8). Les enfants de moins de 16 ans et les femmes ne peuvent être employés à aucun travail de nuit, c'est-à-dire de 9 heures du soir à 5 heures du matin. En ce qui concerne les femmes de tout âge le repos de nuit doit avoir une durée de 11 heures consécutives (art. 9). Aucun enfant de moins de 12 ans, sauf autorisation exceptionnelle, ne doit être employé comme acteur ou figurant dans les représentations publiques données dans les théâtres, cafés-concerts, cirques et exhibitions foraines; cette interdiction atteint jusqu'aux enfants n'ayant pas 16 ans révolus, s'il s'agit d'exercices d'acrobatie ou de force (art. 11). Enfin les femmes et les filles ne peuvent être admises dans les travaux souterrains des mines et des carrières (art. 12).

282. La deuxième section de notre décret contient les dispositions relatives aux établissements de commerce et aux entreprises de transport; elles consistent essentiellement dans cette règle: dans les magasins, boutiques, bureaux du commerce et de l'industrie et leurs dépendances, le travail journalier de toute personne employée doit être suivi d'un repos ininterrompu dont la durée ne peut être inférieure à 10 heures. (art. 13). Des tableaux de service doivent être soumis à l'administration, par les entreprises de transport en commun autres que les chemins de fer et la navigation maritime, pour qu'elle s'assure que la durée effective du travail de chaque ouvrier ne dépasse pas, sauf les cas de force majeure, 10 heures par jour (art. 14).

283. La troisième section du même décret traite des mesures d'hygiène et de sécurité; on y relève les détails suivants: les ateliers doivent être propres, convenablement éclairés et ventilés, les machines qu'ils contiennent doivent être séparées des ouvriers de telle manière que l'approche n'en soit possible que pour les besoins du service; les puits, trappes et ouvertures de descente doivent être clôturés (art. 16). La suspension du travail par la femme pendant huit semaines consécutives, dans la période qui précède et qui suit l'accouchement, ne peut être une cause de rupture par l'employeur du contrat de louage de services, et ce, à peine de dommages intérêts au profit de la femme, à condition que celle-ci avertisse l'employeur du motif de son absence; toute convention contraire serait nulle de plein droit. L'assistance judiciaire est de droit pour la femme devant la juridiction du premier degré (art. 17). Une chambre spéciale annexée aux locaux de travail doit être mise à la disposition des femmes nourrices pour l'allaitement dans tout établissement employant au moins 50 ouvrières (art. 18). Les femmes doivent pouvoir s'asseoir dans les locaux ou boutiques où elles servent le public (art. 19). Les patrons doivent veiller au maintien des bonnes mœurs et de la décence (art. 20).

284. La section IV du décret concerne le contrôle du travail. Elle implique pour les patrons le devoir d'exiger des enfants européens la production de livrets dont ils doivent être munis pour la constatation de leur âge (art. 21); l'affichage dans tout atelier d'un tableau indiquant les conditions de travail des enfants et l'établissement d'un état nominatif des enfants employés (art. 22); l'affichage d'un horaire général et spécial dont le double doit être envoyé à l'Inspecteur du travail (art. 23); l'obligation d'aviser de toutes dérogations faites en vertu de l'art. 4 du décret à la règle générale qu'il édicte (art. 25); la tenue d'un registre où l'Inspecteur consigne ses constatations et observations (art. 26).

285. La section V traite de l'inspection. Elle indique les fonctionnaires qui en sont chargés (art. 27); l'obligation pour eux de prêter serment de ne point divulguer les secrets de fabrication (art. 28); leur droit d'entrer dans les établissements assujettis, d'y constater les contraventions par procès verbaux, d'y exercer une surveillance et d'y faire des enquêtes (art. 29).

286. La section VI du décret établit les pénalités; on y trouve les dispositions suivantes: «Art. 30. Les manufacturiers, directeurs ou gérants d'établissements visés dans le présent décret qui auront contrevenu aux prescriptions dudit décret et aux règlements relatifs à son exécution seront poursuivis devant la juridiction compétente et punis d'une amende de 5 à 15 francs. L'amende sera appliquée autant de fois qu'il y aura de personnes employées dans des conditions contraires au présent décret. Toutefois, la peine ne sera pas applicable, si l'infraction au décret a été le résultat d'une erreur provenant de la production d'actes de naissance, livrets ou certificats contenant de fausses énonciations ou délivrés pour une autre personne. Les chefs d'entreprise sont civilement responsables des condamnations prononcées contre leurs directeurs ou gérants.

31. En cas de récidive, le contrevenant sera poursuivi devant le Tribunal correctionnel ou, dans le cas où la juridiction tunisienne est compétente, devant le Tribunal régional et puni d'une amende de 16 à 100 fr. Il y a récidive lorsque, dans les 12 mois antérieurs au fait poursuivi, le contrevenant a déjà subi une condamnation pour une contravention identique. En cas de pluralité de contraventions entraînant ces peines de la récidive, l'amende sera appliquée autant de fois qu'il aura été relevé de nouvelles contraventions. La juridiction saisie pourra appliquer les dispositions de l'art. 463 C. pén. fr. sur les circonstances atténuantes, sans qu'en aucun cas l'amende pour chaque contravention puisse être inférieure à 5 francs.

32. L'affichage du jugement peut être ordonné suivant les circonstances et en cas de récidive seulement. La juridiction saisie peut également ordonner, dans le même cas, l'insertion du jugement, aux frais du contrevenant, dans un ou plusieurs journaux de Tunisie.

33. Est puni d'une amende de 50 à 200 fr. quiconque aura mis obstacle à l'accomplissement des devoirs du Chef de l'Office du travail ou d'un agent chargé du contrôle. En cas de récidive, l'amende est portée de 200 à 500 fr. L'art. 463 C. pén. fr. est applicable aux condamnations prononcées en vertu du présent article. Les dispositions du Code pénal français qui prévoient et répriment les actes de résistance, les outrages et violences contre les officiers de police judiciaire, sont en outre applicables à ceux qui se sont rendus coupables de faits de même nature à l'égard du Chef de l'Office du travail, des Inspecteurs et Inspectrices.»

287. Le deuxième des décrets qui concourent à la réglementation du travail concerne le travail des enfants dans les mines et carrières. Il veut que le travail des enfants au-dessous de 16 ans employés dans ces établissements n'excède pas 8 heures par poste et par 24 heures, sans compter le temps nécessaire à la descente, à la remonte, ni celui du repos qui ne doit pas être moindre d'une heure (art. 1). Les enfants peuvent être employés au triage et au chargement du minerai, à la manœuvre et au roulage des wagonnets, à la garde et à la manœuvre des portes d'aérage, à la manœuvre des ventilateurs à bras et autres travaux accessoires n'excédant pas leur force. Ils ne doivent pas être occupés à la manœuvre des ventilateurs à bras pendant plus d'une demi-journée de travail coupée par un repos d'une demi-heure au moins. Tout autre travail dans les galeries souterraines est interdit aux enfants (art. 2). En vertu de l'art. 12 du décret précédent et de l'art. 3 du présent décret, il peut être établi un travail à double poste, après avertissement au Chef du service des mines. Enfin les dispositions pénales des art. 30 à 33 du décret précédent sont applicables aux infractions au présent décret (art. 4).

288. Le troisième des décrets relatifs à la matière qui est traitée ici s'occupe du paiement des ouvriers et employés. Il a été inspiré par de nombreuses réclamations qui se sont produites contre des abus dont les ouvriers étaient victimes: on ne les payait pas régulièrement, ce qui les mettait dans l'impossibilité, ignorants comme ils sont pour la plupart, de s'assurer de l'exactitude des comptes qu'on leur faisait; bien plus, on les payait, non en monnaie courante, mais en jetons ou bons utilisables seulement dans des cantines ou magasins établis par les entrepreneurs à proximité des chantiers, et dans lesquels les denrées nécessaires aux ouvriers leur étaient vendues à un prix excessif. Si ces pratiques abominables n'ont été usitées qu'exceptionnellement, il suffit qu'elles se soient produites pour qu'il ait paru nécessaire de protéger contre elles les ouvriers. C'est par les dispositions suivantes qu'on a cherché à le faire.

289. Premièrement on a établi que le salaire des ouvriers et employés doit être payé en monnaie métallique ou fiduciaire ayant cours légal, nonobstant toute stipulation contraire, à peine de nullité (art. 1). Secondement, on a ordonné de payer les salaires des ouvriers du commerce et de l'industrie au moins 2 fois par mois, à 16 jours au plus d'intervalle, et ceux des employés au moins une fois par mois. Pour tout travail aux pièces dont l'exécution doit durer plus d'une quinzaine, les dates de paiement peuvent être fixées de gré à gré, mais l'ouvrier doit recevoir des acomptes chaque quinzaine et être intégralement payé dans la quinzaine qui suit la livraison de l'ouvrage (art. 2). Troisièmement, il est prescrit que le paiement ne peut avoir lieu dans les débits de boissons ou magasins de vente, sauf pour les personnes qui y sont occupées (art. 3).

290. Les contraventions à ces dispositions sont constatées comme toutes celles relatives à la réglementation du travail; elles sont passibles d'une amende de 5 à 15 fr. sans préjudice de la responsabilité civile (art. 4).

291. En outre de cette législation, la Tunisie a assuré la protection de la femme employée dans l'industrie par son adhésion à la Convention internationale conclue à Berne le 26 septembre 1906, approuvée par les Chambres françaises et promulguée en France par un décret présidentiel du 13 septembre 1910 (Z. 4135).

292. En principe, cette convention interdit le travail de nuit à toutes les femmes, sans distinction d'âge, dans les entreprises industrielles définies par chacun des Etats contractants, et, nécessairement, dans les mines et carrières ainsi que dans les industries de fabrication et de transformation des matières (art. 1). Le repos de nuit comprend au moins 11 heures, dans lesquelles doit être nécessairement inscrit l'intervalle de 10 heures du soir à 5 heures du matin (art. 2). L'interdiction du travail de nuit peut être levée en cas de force majeure ou quand il s'agit de travail s'appliquant à des matières premières desquelles toute suspension des opérations entraînerait la perte (art. 3). Dans les industries soumises à l'influence des saisons, le repos nocturne peut être ramené à 10 heures 60 jours par an (art. 4). On voit que les dispositions de cette convention concordent complètement avec la législation particulière de la Tunisie.

C. Repos hebdomadaire.

293. Le repos hebdomadaire est réglementé par un décret du 17 juillet 1908 (Z. 3570). Tout chef d'établissement commercial ou industriel est tenu de donner à ses ouvriers ou employés 52 jours de repos par an. Ces jours sont répartis par le chef d'entreprise, mais sous cette réserve que les ouvriers ou employés payés à l'année ou au mois doivent jouir d'une journée ou de deux demi-journées au moins par quinzaine. Les autres jours de repos dus sur les 52 jours prévus peuvent être accordés en une seule fois. En ce qui concerne les ouvriers ou employés payés à la journée, le repos doit être organisé sur la base de deux journées ou d'une journée et de deux demi-journées par quinzaine. Pour l'une et l'autre catégorie d'ouvriers et d'employés, 26 au moins des journées de repos à accorder dans l'année doivent être des journées complètes. L'ouvrier ou l'employé est considéré comme ayant joui d'une journée complète de repos quand il n'a été occupé à aucun service pour le compte du patron, notamment à l'atelier, au magasin, au chantier ou dépendances, pendant une journée entière. Les chefs d'établissement travaillant seuls ou n'ayant à leur service que des membres de leurs familles ne sont pas tenus à l'observation du décret sur le repos hebdomadaire (art. 1).

294. Les chefs d'entreprise doivent tenir un registre nominatif sur lequel ils mentionnent les jours de repos qu'ils ont accordé à leur personnel. A l'occasion de chaque repos ils doivent, ainsi que l'ouvrier ou l'employé, si ce dernier sait signer, certifier par l'apposition de leur signature sur le registre que le repos a bien été accordé. Si l'ouvrier ne sait pas signer, le chef d'entreprise, le directeur ou le gérant le certifie. Lorsqu'un établissement occupe au moins 10 ouvriers ou employés, le chef d'entreprise est tenu de faire parvenir au Chef de l'Office du travail un état mensuel indiquant les repos qu'il a accordés à son personnel (art. 2).

295. Toute infraction aux dispositions de l'art. 2 est punie d'une amende de 1 à 15 fr. qui est portée de 16 à 50 fr. en cas de récidive dans l'année (art. 3). Tout chef d'entreprise, directeur ou gérant qui n'a pas accordé à son personnel les repos prévus à l'art. 1er est poursuivi devant la juridiction compétente et passible d'une amende de 1 à 15 fr. appliquée autant de fois qu'il y a eu de personnes privées de repos, sans toutefois que le maximum puisse dépasser 200 fr. En cas de récidive dans l'année, l'amende est de 16 à 100 fr. pour chaque contravention constatée, sans que le maximun puisse dépasser 500 fr. (art. 4). Toute fausse déclaration relevée, soit sur le registre, soit sur l'état mensuel, entraîne pour ceux qui s'en sont rendus coupables une amende de 50 à 200 fr. En cas de récidive dans l'année, l'amende est portée de 300 à 500 fr. (art. 5). Les chefs d'entreprise sont civilement responsables des condamnations prononcées en vertu du décret contre leurs directeurs, gérants ou toute autre personne placée sous leurs ordres (art. 6).

296. Les dispositions du décret sur le repos hebdomadaire ne sont pas applicables aux employés et ouvriers des entreprises de transport par eau, non plus qu'à ceux des chemins de fer (art. 8).

D. Accidents du travail.

297. L'existence en Tunisie d'ouvriers appartenant à des races différentes, dont les habitudes et l'état de famille sont très différents les uns des autres, qui ne sont pas attachés au sol, mais, venus de pays très éloignés les uns des autres, ne pensent le plus souvent qu'à y retourner, a tellement compliqué les problèmes si difficiles par eux-mêmes qui sont soulevés habituellement par les législations européennes sur les accidents du travail, que le législateur tunisien n'a pas osé faire une œuvre complète du premier coup; il a préféré préparer l'avenir en se bornant à assurer aux sinistrés les soins médicaux, les médicaments, en imposant les frais funéraires aux patrons et en laissant, comme par le passé, le règlement des indemnités sous l'empire du droit commun. C'est un premier pas; il faut espérer qu'il sera suivi d'une marche en avant et que bientôt la Tunisie, sur ce point comme sur beaucoup d'autres, aura réalisé des progrès lui permettant de se dire arrivée au niveau de la civilisation moderne.

298. Pour le moment, un décret du 17 juillet 1908 (Z. 3571) a simplement réglé les points sus-indiqués par des dispositions très nettes, mais sommaires. Il commence par déclarer que les accidents survenus par le fait du travail ou à l'occasion du travail, aux ouvriers et employés occupés dans l'industrie du bâtiment, les usines, manufactures, chantiers, les entreprises de transport par terre et par eau, de chargement et de déchargement, les magasins publics, mines, minières et carrières, les établissments commerciaux et, en outre, dans toute exploitation ou partie d'exploitation dans laquelle sont fabriquées et mises en œuvre des matières explosives, ou dans laquelle il est fait usage d'une machine mue par une force autre que celle de l'homme ou des animaux, donnent droit, en dehors des indemnités ou dommages-intérêts que la victime peut, selon les termes du droit commun, réclamer devant les tribunaux, aux soins médicaux et aux fournitures pharmaceutiques qui doivent être assurés à la victime, dès le premier jour et qui sont à la charge du chef d'entreprise. Puis il spécifie que ces mêmes soins et fournitures sont dus en cas d'accidents occasionnés par l'emploi de machines agricoles mues par des moteurs inanimés et dont sont victimes, par le fait ou à l'occasion du travail, les personnes, quelles qu'elles soient, occupées à la conduite ou au service de ces moteurs ou machines, les frais médicaux et pharmaceutiques étant à la charge de l'exploitant dudit moteur (art. 1). Le chef d'entreprise supporte en outre les frais funéraires dans le cas d'accident, que la mort soit survenue dans l'entreprise même ou qu'elle se soit produite au cours du traitement. Leur maximum est fixé à 100 fr. (art. 2).

299. La victime peut toujours faire choix elle-même de son médecin et de son pharmacien. Dans ce cas, le chef d'entreprise ne peut être tenu des frais médicaux et pharmaceutiques que jusqu'à concurrence de la somme représentant les visites, consultations, opérations chirurgicales telles qu'elles sont tarifées, ainsi qu'il va être expliqué. Si le médecin conclut à la nécessité d'une hospitalisation, les frais sont à la charge du chef d'entreprise et sont calculés, pour le transport de la victime à l'hôpital ou à l'infirmerie, sur la base des frais à payer pour le transport à l'établissement le plus voisin. Les médecins, pharmaciens ou les établissements hospitaliers peuvent actionner directement le chef d'entreprise pour les frais qui incombent à celui-ci (art. 3).

300. Au cours du traitement, le chef d'entreprise peut désigner au juge de paix ou au caïd, dans le cas où la juridiction tunisienne est compétente, un médecin chargé de le renseigner sur l'état de la victime. Cette désignation, dûment visée par le magistrat, donne au médecin qui en est l'objet accès hebdomadaire auprès de la victime, en présence du médecin traitant, ou lui dûment appelé deux jours à l'avance par lettre recommandée. Faute par la victime de se prêter à cette visite, le paiement des frais médicaux et pharmaceutiques est suspendu à la requête du chef d'entreprise par décision du juge de paix ou du caïd, la victime préalablement entendue. En cas de contestation de la victime sur l'avis, donné par le médecin désigné par le chef d'entreprise, que la victime est en état de reprendre son travail, une expertise peut être ordonnée (art. 4).

301. Tout accident ayant occasionné une incapacité de travail doit être déclaré dans les 48 heures à l'autorité de police par le chef d'entreprise ou son représentant et cette déclaration doit contenir les indications nécessaires pour qu'il puisse être procédé à une enquête. Une déclaration circonstanciée doit aussi être faite si la victime n'a pas repris son travail dans les quatre jours de l'accident (art. 5).

302. Sont punis d'une amende de 1 à 15 fr. les chefs d'entreprise ou leurs préposés qui ont contrevenu aux dispositions de l'art. 5 et, en cas de récidive dans l'année, l'amende est de 16 à 200 fr. Est passible d'une amende de 16 à 300 fr., et, en cas de récidive dans l'année de la condamnation, d'une amende de 500 à 1000 fr.:

1° tout chef d'entreprise ayant opéré sur les salaires de ses ouvriers ou employés des retenues pour l'assurance des risques mis à sa charge par le présent décret; — 2° toute personne qui porte atteinte au droit de l'accidenté de choisir son médecin; — 3° tout médecin qui a, par des certificats, sciemment dénaturé les conséquences des accidents. L'art. 463 C. pén. fr. sur les circonstances atténuantes est applicable aux infractions susvisées (art. 6).

303. Les soins médicaux et les fournitures pharmaceutiques ne sont pas dus à la victime qui a intentionnellement provoqué l'accident (art. 7) et toute convention contraire au décret est nulle de plein droit (art. 8).

304. Afin de soustraire les chefs d'entreprise aux exigences des médecins, pharmaciens ou établissements hospitaliers, et de fixer d'avance, dans la mesure du possible, l'étendue des charges imposées aux chefs d'entreprise par le décret dont l'analyse précède, le législateur tunisien a promulgué trois autres documents qu'il convient de mentionner. Le premier est un décret du 22 juillet 1909 (Z. 3855) avec tarif annexe (Z. 3856) qui fixe les frais médicaux à payer par les chefs d'entreprise aux médecins appelés à donner leurs soins aux ouvriers victimes d'accidents. Il établit un forfait pour le traitement (10 fr. pour 20 jours au plus, 15 fr. jusqu'à 30 jours plus 5 fr. par quinzaine au delà), une indemnité kilométrique de déplacement, tarife les opérations, réglemente la délivrance des certificats et autorise l'administration à permettre à certains chefs d'entreprise éloignés des centres urbains à assurer sur place, à leurs frais, un service médical, pharmaceutique et d'hospitalisation. Le deuxième porte la date du 24 juillet 1909 (Z. 3860) et fixe le tarif des frais d'hospitalisation à supporter par les chefs d'entreprise pour les victimes d'accidents du travail; le prix est, à Tunis, 2 fr. 75 par jour pour les européens et 2 fr. pour les indigènes; partout ailleurs, 2 fr. 25 pour les européens et 1 fr. 50 pour les indigènes. Le troisième porte la date du 1er septembre 1909 et fixe le tarif (tableau annexe Z. 3890) des frais pharmaceutiques, manipulations, préparations, fournitures de substances, de médicaments et analyses.

305. On voit que la législation spéciale de la Tunisie s'est cantonnée dans un petit coin de la vaste matière des accidents du travail; le reste est maintenu sous l'empire du droit commun. On sait la différence qui existe entre la législation spéciale et le droit commun; la première se base sur cette idée qu'un secours est dû par la société (qui en impose la charge à l'employeur) à l'employé victime d'un accident du travail, sans qu'il y ait lieu de rechercher si cet accident est dû plus ou moins directement à une faute du patron; dans le droit commun, au contraire, le sinistré ne peut rien obtenir s'il ne parvient pas à démontrer que le mal dont il souffre est en relation directe d'effet à cause avec une faute de l'employeur. En Tunisie, sauf pour l'assistance médicale, la plus complète d'ailleurs, l'ouvrier et l'employé restent sous l'empire du second système.

306. Il faut remarquer au surplus que dans la jurisprudence française, qui a été très largement appliquée par les tribunaux français de Tunisie, la notion de faute ou, pour être plus exact, de responsabilité du patron, a été extrêmement élargie: est en faute le patron qui ne prend pas les précautions les plus minutieuses, même contre l'imprudence de l'ouvrier, pour rendre son outillage sans danger; est en faute le patron qui n'a pas mis, pour ainsi dire, l'ouvrier dans l'impossibilité de se nuire à lui-même. C'est ainsi que la jurisprudence évolue dans le même sens que la législation. Voir: Sousse, 8 décembre 1904 (S. Berge, Répertoire V° Acc. du trav. n° 13); Sousse, 17 mai 1906 (S. Berge, *eod. loc.* n° 15); Tunis 26 mai 1910 (Journal, 1911, 397).

Section IX. Police du roulage.

307. Un décret du 5 août 1897 (Z. 1625) a réglementé la police du roulage. Il classe les véhicules en plusieurs catégories: ceux à moteurs mécaniques, les vélocipèdes qui ne sont pas actionnés par un moteur mécanique, et les véhicules ne rentrant dans aucune de ces catégories (art. 1). Il donne la liberté de circulation pour tous véhicules sur toutes les voies publiques, sauf pour les charrettes indigènes (arabas) dont les roues n'auraient pas une largeur de jante égale au moins à 7 centimètres, et pour les véhicules à moteur mécanique dont le poids dépasserait 6 tonnes par essieu (art. 2). Toute la réglementation, pour la conduite et la circulation et pour les messageries publiques, est remise au Directeur général des Travaux publics (art. 3). Tout véhicule circulant dans la Régence doit être revêtu d'une plaque, sauf les voitures particulières étrangères à un service spécial de messageries, les voitures appartenant à un service public et celles employées exclusivement dans les fermes (art. 4).

308. Toute contravention au décret et aux arrêtés réglementaires pris pour son exécution est punie d'amende variant de 5 à 200 fr. et d'emprisonnement variant de 5 jours à 6 mois (art. 5 à 11). Lorsqu'une même contravention a été constatée à plusieurs reprises, il n'est prononcé qu'une seule condamnation, pourvu qu'il ne se soit pas écoulé plus de 24 heures entre la première et la dernière constatation (art. 12). Le propriétaire du véhicule est responsable des amendes et suites pécuniaires de la contravention commise par son préposé (art. 13). Les dispositions de l'art. 463 C. pén. fr. sont applicables aux infractions prévues par le présent décret (art. 13).

309. Une longue énumération de fonctionnaires et employés chargés de constater les contraventions est produite par l'art. 15 de notre décret; ce même texte énonce que les procès-verbaux qu'ils dressent font foi jusqu'à preuve contraire et ne sont pas soumis à l'affirmation. Toutes les fois que le contrevenant n'est pas domicilié en Tunisie, le véhicule est provisoirement retenu, jusqu'à consignation d'une somme arbitrée par le Commissaire de police ou le caïd ou la présentation d'une caution solvable (art. 18). Il est opéré de même pour les véhicules sans plaques et dont le propriétaire n'est pas connu.

310. Des arrêtés extrêmement détaillés du Directeur général des travaux publics, tous en date du 6 août 1897 (Z. 1626 à 1628) ont été publiés; le premier se rapporte aux vélocipèdes, le second aux automobiles, le troisième aux voitures particulières et publiques. Ils n'admettent à la circulation que certains types et sous certaines conditions; ils devront être consultés par toute personne mettant en circulation un véhicule, notamment par ceux qui voudraient entreprendre un service de transports publics; non seulement le type de la voiture et les dimensions de ses différentes parties sont obligatoires, mais encore les entrepreneurs doivent tenir certains registres (art. 27 et 31 du 3me arrêté) et faire certaines déclarations (art. 15 du même arrêté). Nous n'en donnons pas le détail ici, parcequ'il sera indispensable que les intéressés s'adressent à l'administration avant de rien entreprendre. Un décret du 18 décembre 1901 (Z. 1873) a modifié quelque peu dans ses détails le décret du 5 août 1897. Un décret du 7 décembre 1912 (Journ. Off. off. tun. 14 décembre 1912) a réglementé à nouveau la circulation des automobiles et des permis de conduire.

Section X. Office postal.

311. Le but spécial du présent ouvrage ne permet d'y parler de l'Office postal tunisien (postes, télégraphes et téléphones) qu'au point de vue des commodités spéciales qui y ont été assurées au commerce et à l'industrie; aussi, après avoir consacré quelques lignes au service général, insisterons-nous plus particulièrement sur le transport des colis et sur celui des valeurs ainsi que sur le recouvrement des effets de commerce et factures.

A. Service général.

312. L'Office postal tunisien a été créé le 11 juin 1888 (Z. 1437). Il a été chargé de la gestion d'une caisse d'épargne succursale de la Caisse nationale d'épargne de France[1]; les tarifs de France, les lois et règlements français, en ce qui concerne les correspondances, l'émission, la péremption et le paiement des mandats, la responsabilité[2] sont applicables à la nouvelle administration qui, monopolisant le transport des dépêches, a amené la suppression des bureaux de postes consulaires français et italiens dans la Régence (art. 1).

313. Cet acte a été suivi de plusieurs autres qu'il suffira d'énumérer: décret du 1er avril 1889 (Z. 1440) qui punit la contrefaçon des timbres-poste; décret du 17 juin 1889 (Z. 1441) promulguant en Tunisie la Convention internationale du 14 mars 1884 pour la protection des câbles sous-marins; décret du 17 juin 1889 (Z. 1443) relatif à la répression des infractions à ladite convention; décret du 6 juillet 1889 (Z. 1444) organisant le service télégraphique; décret du 3 décembre 1892 (Z. 1450) abaissant les taxes du service intérieur; décret du 4 mai 1893 (Z. 1451) facilitant la circulation des journaux et des recueils périodiques; décret du Président de la République du 29 mars 1897 (Z. 1456) réduisant la taxe des télégrammes

[1]) Un décret du 5 juillet 1906 (Z. 3073) défend à quiconque de créer en Tunisie un établissement portant le nom de Caisse d'épargne. — [2]) Voir S. Berge, Répertoire V° Office postal n° 9 et s. 16 et s.

originaires de la France et de la Corse; décret du 30 août 1897 (Z. 1457) autorisant à circuler en dehors de la poste des lettres sous enveloppes affranchies, à certaines conditions; décret du 19 septembre 1897 (Z. 1458) rendant exécutoire en Tunisie une convention télégraphique internationale; décret du 11 mai 1898 (Z. 1462) promulguant en Tunisie l'arrangement postal conclu entre la France et l'Italie; décret du 22 août 1899 (Z. 1464) rendant exécutoires dans la Régence la Convention postale universelle de Washington (15 juin 1897); décret du 27 décembre 1899 (Z. 1465 et 1466) réglementant les communications téléphoniques; décret du 28 septembre 1904 (Z. 2562) sur la télégraphie sans fil; décret du 17 juillet 1905 [Z. 2789) créant les lettres-exprès; décret du 12 février 1907 (Z. 3231) modifiant les tarifs du service interne; décret du 24 septembre 1907 (Z. 3384) relatif aux livrets d'identité; décret de la même date (Z. 3376) concernant l'exécution de la Convention postale universelle du 26 mai 1906; décret français du 4 janvier 1910 (Z. 3964) établissant le tarif des taxes radio-télégraphiques; décret du 28 avril 1910 (Z. 4045) fixant les tarifs des lettres et papiers de commerce; arrêté du 15 juin 1910 (Z. 4083) concernant les imprimés sous bande; décret du 24 décembre 1911 (Journal 1912, p. 49) réorganisant le service téléphonique; décret du 13 avril 1912 (Journ. off. tun. 17 avril 1912) autorisant l'envoi sous bandes ou sous enveloppe, moyennant des taxes réduites, des impressions en relief en caractères Braille ou dans tout autre système à l'usage des aveugles; décret du 26 juin 1912 (Journ. off. tun. 29 juin 1912) rendant exécutoires dans la Régence le règlement et les tarifs télégraphiques internationaux.

B. *Colis postaux.*

314. Pour le transport des colis postaux comme pour tout ce qui concerne l'exploitation de l'Office postal tunisien, le point de départ législatif se trouve dans le décret précité du 11 juin 1888 qui rend applicables en Tunisie les règlements et les tarifs de France. Ensuite on rencontre, dans l'ordre chronologique, un décret du 25 juin 1892 (Z. 1448) qui crée une seconde classe de colis postaux de 3 à 5 kilos au tarif de 0 fr. 70 c. pour l'intérieur de la Régence et de 1 fr. 20 pour les envois à destination de la France et de l'Algérie; puis un décret du 27 avril 1898 (Z. 1460) qui crée une troisième classe de colis postaux, de 5 à 10 kilos, au tarif de 1 fr. 25 pour le service intérieur et de 2 fr. 20 pour les envois en France et en Algérie. Ces colis ne doivent pas dépasser la dimension de 1 m. 50 en aucun sens, ni le volume de 55 décimètres cubes (art. 1). Ces colis et ceux au-dessous de 5 kilos pourront, dans le service intérieur aussi bien que pour les échanges avec la France et l'Algérie, être grevés de remboursement jusqu'à 500 fr. inclusivement. Il sera perçu en ce cas une taxe supplémentaire calculée sur le pied de o f. 20 cent. par 20 fr. ou fraction de 20 fr. du montant du remboursement (art. 2). Ces colis peuvent être assurés jusqu'à 500 fr. inclusivement; le droit d'assurance est fixé à 20 cent. par 300 fr. ou fraction de 300 fr. (art. 3). La limite du remboursement, en cas de perte, est fixée: pour les colis de 3 kilos à 15 fr., pour ceux de 3 à 5 kilos à 25 fr., pour ceux de 5 à 10 kilos à 40 fr. (art. 4).

315. Un autre décret du même jour (Z. 1461) décide que des colis postaux contre remboursement et avec déclaration de valeur pourront être échangés avec les pays étrangers qui admettent les envois de l'espèce. Le montant du remboursement ne peut pas être supérieur à 500 fr. Il est perçu pour ces colis une taxe supplémentaire calculée à raison de 0 fr. 20 cent. par 20 fr. ou fraction de 20 fr. du montant du remboursement (art. 1). La déclaration de valeur ne peut pas être supérieure à 500 fr.; il est perçu sur les colis qui la portent une taxe supplémentaire calculée sur 300 fr. ou fraction de 300 fr., à 10 centimes pour les pays étrangers limitrophes de la Tunisie par un service maritime direct et à 25 centimes pour les autres pays, avec addition, s'il y a lieu, dans l'un et l'autre cas, à un droit d'assurance maritime de 0 fr. 10 c. (art. 2). Les règles applicables à ces colis sont celles de la Convention de l'Union postale universelle (art. 3). Un décret du 13 janvier 1913 (Journ. off. tun. 18 janvier 1913) a soumis les infractions résultant de l'expédition abusive de colis postaux, dans les conditions d'un tarif réduit, aux sanctions prévues par la législation métropolitaine.

316. Un arrêté du Directeur de l'Office postal, en date du 10 décembre 1910 (Z. 1867) a autorisé l'expédition en France de colis postaux d'huile d'olive, de la catégorie unique de 10 kilos. Le départ doit avoir lieu par les bureaux de Tunis, Sousse, Sfax et Mahdia en récipients nus sans emballage (art. 1). Les estagnons employés pour ces envois doivent être des parallélipipèdes à faces plates, parfaitement étanches, pourvus à la partie supérieure de 2 anneaux oblongs se rattachant et avoir o m. 225 $\times$ 0 m. 15 $\times$ 0 m. 31 tout compris. Le poids du récipient vide ne peut être inférieur à 850 gr. L'orifice doit être fermé de manière à ce qu'il ne puisse être porté atteinte au contenu sans laisser une trace apparente de violation (art. 2).

317. Un décret du Président de la République française, en date du 30 janvier 1903 (Z. 2144), a étendu le service des colis postaux de 5 à 10 kilos aux échanges avec les bureaux français de l'étranger et les Colonies françaises; il s'y trouve joint (Z. 2145) un tableau des taxes qui est à consulter. Ce décret est corroboré par un décret beylical du 31 janvier 1903 (Z. 2146) qui augmente le tarif d'une quote-part de 0 fr. 95 cent. perçue au profit de l'Office tunisien[1].

318. La suite chronologique met ensuite en face d'un décret du 24 février 1904 (Z. 2414) relatif au droit de magasinage des colis postaux. Il est fixé à 5 centimes par colis et par jour et est dû à partir du troisième jour qui suit le dépôt de la lettre d'avis à la poste ou la présentation infructueuse de ladite à domicile. Un délai supplémentaire de 3 jours est accordé aux destinataires qui résident en dehors de la ville ou de l'agglomération siège du bureau de poste (art. 1). Ne sont pas comptés dans les délais ci-dessus les dimanches et les jours fériés (art. 2).

319. Un arrêté du Directeur de l'Office postal en date du 18 juillet 1906 (Z. 3091) a créé des timbres spéciaux pour l'affranchissement des colis postaux; ces figurines sont apposées sur les feuilles d'expédition et servent à l'acquittement, non seulement des droits de transport, mais encore des frais de réexpédition et de magasinage (art. 2 et 3).

320. Ce régime formait un tout bien complet quand il a été modifié par un décret beylical en date du 24 septembre 1907 (Z. 3382) qui a réglementé l'application en Tunisie des dispositions de la Convention de l'Union postale universelle conclue à Rome le 26 mai 1906. Les colis sont acceptés jusqu'à 10 kilos avec ou sans déclaration de valeur dans les relations avec la France, l'Algérie, la Corse et les Colonies françaises; dans les relations avec les autres pays, le maximum est fixé à 5 kilos (art. 1.). Les colis encombrants ne sont pas admis; les colis de 3 à 5 kilos ne doivent pas dépasser 60 cent. sur une des faces quelconques et 25 décimètres cubes, ceux de 10 kilos 1 m. 50 sur une des faces quelconques et 55 décimètres cubes (art. 2). Un tableau (Z. 3383) indique les taxes d'affranchissement et celles d'assurance (maximum de la valeur déclarée 1000 fr.); il est perçu 25 centimes en plus pour les colis de provenance ou à destination de la Tunisie (art. 3). Les colis postaux peuvent être grevés de remboursement dans les relations avec les pays qui assurent ce service; le maximum du remboursement est fixé à 1000 fr.; il donne ouverture à une taxe de 20 centimes par fraction indivisible de 20 fr. (art. 4). Le remboursement a lieu au moyen de mandats. Le montant des mandats non réclamés dans le délai d'un an est mis à la disposition de l'Administration du pays d'émission (art. 5). Les colis postaux non grevés de remboursement et destinés aux prisonniers de guerre sont affranchis de toute taxe (art. 6).

321. Un décret du 24 juillet 1908 (Z. 3576) autorise l'échange des colis postaux de 5 à 10 kilos avec la Belgique, le Luxembourg et la Suisse. Ces colis peuvent être expédiés avec déclaration de valeur et contre remboursement aux mêmes conditions que les colis de 5 kilos (art. 3). Le maximum de l'indemnité, en cas de perte, est de 40 fr. et, pour les valeurs déclarées, du montant de la déclaration (art. 4).

322. Enfin un décret du 7 avril 1908 (Z. 3506) concerne les colis postaux renfermant de l'alcool ou des produits alcooliques. Mention du contenu doit être faite dans le bulletin d'expédition auquel doit être joint un titre de mouvement (art. 1). En ce qui concerne les petits échantillons ne dépassant pas 20 centilitres, le titre de mouvement n'est pas utile (art. 2). Les destinataires doivent acquitter les taxes sur l'alcool résultant du titre de mouvement (art. 3). La vérification est faite par le service des douanes (art. 4). L'art. 5 concerne les exportations, l'art. 6 la constatation des contraventions.

323. En jurisprudence on ne trouve, sur la matière, qu'un arrêt de la Cour d'Alger en date du 25 juin 1901 (Journal 1902, p. 94) qui décide que la Compagnie Bône-Guelma doit faire gratuitement, aux termes de son cahier des charges le service des colis postaux pour la Tunisie, comme elle fait celui des lettres et dépêches[2].

[1]) Rapprocher de ces documents le décret français du 3 juillet 1904 (Z. 2517) et le décret beylical du 31 juillet 1904 (Z. 2532) relatifs au transport des colis postaux de 5 à 10 kilos par voie de terre entre l'Algérie et la Tunisie. — [2]) Voir: S. Berge, Répertoire, V° Office postal n° 19.

C. Transport des valeurs. Recouvrements.

324. Le décret du 11 juin 1888 (Z. 1437) qui a créé l'Office postal, soumet expressément aux tarifs et règlements français l'émission, le paiement, les délais de péremption et de déchéance des mandats postaux et télégraphiques (art. 1). C'est la base législative de la matière qui est spécialement traitée ici; il faut y ajouter un certain nombre de décrets postérieurs; ils vont être énumérés par ordre chronologique.

325. Le premier qui se présente porte la date du 13 août 1902 (Z. 2019); il constate l'adhésion du Brésil à la Convention de Washington et en déduit que des mandats de poste pourront désormais être échangés entre la Régence de Tunis et le Brésil. Puis on rencontre un décret français du 29 décembre 1902 (Z. 2121) concernant l'échange des lettres et des boîtes de valeurs déclarées avec le Japon. Le montant du maximum de la déclaration est fixé à 10 000 fr. (art. 2). Pour les lettres, la taxe à percevoir est celle du port des lettres simples, plus du droit fixe d'une lettre recommandée et d'un droit d'assurance par 300 fr. ou fractions de 300 fr. variant de 20 à 35 centimes; pour les boîtes, d'un droit fixe de 2 fr. ou de 2 fr. 50 et du droit d'assurance indiqué ci-dessus (art. 3).

326. Un important décret du 18 février 1903 (Z. 2158) autorise l'Office postal à présenter les effets de commerce à l'acceptation des tirés (art. 1). «Le mandat que l'Office postal recevra dans ce but des porteurs de traites se limitera à la transmission, à la présentation et au retour des effets, à l'exclusion de toute autre obligation et notamment de celle de pourvoir au protêt faute d'acceptation, laquelle résulte pour le porteur des dispositions des art. 119 et 124 C. com. fr.» (art. 2). — «Au cas prévu par l'art. 125 du même Code, le mandat de l'Office postal prendra fin et sa responsabilité sera dégagée par l'avis donné au porteur de la non-restitution de la traite» (art. 3). — L'envoi à l'acceptation est effectué sous forme de lettre recommandée adressée directement par le déposant au bureau destinataire. Retour des effets dans la même forme (art. 4). — Les taxes sont, outre la taxe habituelle des lettres, 0 fr. 20 cent. par effet présenté, accepté ou non (art. 5). — La présentation a lieu autant que possible à domicile; sinon le bureau de poste conserve les effets pendant 5 jours à la disposition des tirés dûment avisés (art. 6). — Le maximum de l'indemnité à payer par l'Office postal en cas de perte est de 25 fr. par envoi (art. 7). — L'Office n'encourt aucune responsabilité en cas de retard (art. 8).

327. Le 19 mai 1903 (Z. 2185), le Directeur de l'Office postal a réglementé par un arrêté l'application du décret qui précède. Des enveloppes et des bordereaux spéciaux ont été institués (art. 1). La remise en est faite au bureau expéditeur après clôture et affranchissement (art. 2). Le nombre des valeurs faisant partie d'un même envoi est fixé au maximum de 5 et elles doivent toutes concerner des débiteurs domiciliés dans la circonscription du bureau chargé de faire la présentation (art. 3). La présentation a lieu le jour même ou le lendemain, hormis les dimanches et jours fériés (art. 5). Le tiré doit, à présentation, accepter ou refuser; toutefois la valeur peut lui être laissée pendant 24 heures (art. 6); en cas d'absence il y a nouvelle présentation le lendemain (art. 7). Si le domicile du tiré n'est pas desservi par un facteur, le débiteur est avisé et la valeur conservée pendant 5 jours (art. 8). En cas de changement de domicile du débiteur, il y a réexpédition sans frais (art. 9). Les valeurs, acceptées ou non, sont retournées sous pli recommandé après l'achèvement de ces opérations (art. 10).

328. Des conventions internationales étendent ensuite l'échange des valeurs déclarées avec l'Ile Maurice, les Seychelles, Sierra-Leone, la Côte d'Or, Grenade, Ste. Lucie, St. Vincent, la Nigeria (Z. 2292) avec le Somaliland (Z. 2293).

329. Un décret du 20 juin 1907 (Z. 3315) réduit le délai de prescription des mandats-poste et des valeurs de toute nature confiées à la Poste; il est abaissé de 3 ans à 1 an, qui court, pour les sommes versées aux guichets, à partir du jour de leur versement, pour les autres, à partir du jour où elles ont été déposées ou trouvées dans le service (art. 1). «Les mandats d'articles d'argent perdus ou détruits dont le paiement ou le remboursement est réclamé dans le délai d'un an à partir du jour de l'émission des titres sont remplacés par des autorisations de paiement valables pendant le délai de 6 mois qui suit l'expiration du délai de la prescription» (art. 2). — Les mandats internationaux, dont le délai de validité est d'un an, sont remboursés d'office aux expéditeurs dans les 6 mois qui suivent; passé ce délai, ils sont définitivement atteints par la prescription (art. 3).

330. Le Congrès de l'Union postale universelle, tenu à Rome en 1906, a produit dans la législation de la Tunisie sur les colis postaux des changements qui ont déjà été notés; il y a lieu maintenant d'enregistrer ici les modifications apportées par les mêmes arrangements internationaux pour l'échange des lettres et des boîtes de valeurs déclarées. Elles ont été réalisées par un décret du 24 septembre 1907 (Z. 3379) qui a porté le maximum des déclarations à 1000 fr. (art. 2) et a grevé l'expéditeur, en outre du tarif applicable à l'objet transporté, d'un droit d'assurance (art. 3). Il a créé l'avis de réception facultatif au moyen du paiement d'un droit spécial de 0 fr. 10 cent. et le droit de prendre des renseignements sur la remise d'un objet moyennant le paiement de la même taxe (art. 4). La déclaration d'une valeur supérieure à la valeur réelle est interdite et punie des peines prévues à l'art. 5 de la loi française du 4 juin 1859, rendue applicable en Tunisie par le décret du 11 juin 1908. — A ce décret est annexé un tableau des ports et droits d'assurances à percevoir pour chaque pays (Z. 3380)[1].

331. Une modification de même nature a été introduite par décret du même jour (Z. 3378) relativement à l'échange des mandats internationaux. Ce texte précise que des envois de fonds pourront être faits entre la Tunisie et les pays ayant adhéré ou qui adhéreront à la Convention internationale du 26 mai 1906 (art. 1). L'expéditeur du mandat pourra, moyennant une taxe de 10 centimes, obtenir un avis de réception ou un renseignement sur le sort d'un mandat préalablement envoyé (art. 2).

332. Enfin un autre décret, encore du même jour (Z. 3381) a réglé en Tunisie l'exécution de la susdite convention relativement au service des recouvrements. Il prévoit un prélèvement de 10 centimes sur le montant de chaque valeur encaissée, à partager entre le receveur et le facteur (art. 3)[2].

333. La jurisprudence sur la responsabilité de l'Office postal est peu abondante[3]. Elle applique les dispositions légales qui exemptent (loi du 5 avril 1879, art. 8) de toute responsabilité, en cas de retard dans le paiement d'un mandat, l'administration des Postes: Tunis, 10 décembre 1894 (Journal 1895, p. 61). Elle affirme la responsabilité de l'Office postal tunisien, au cas où une avarie a été subie par le contenu d'un colis postal, ce, dans la mesure indiquée au décret du 26 avril 1898; il n'y aurait lieu, en ce cas, de rechercher si l'emballage était conforme à ce qui est prescrit par les règlements sur la matière, alors qu'il n'est pas constant, d'une part, que l'avarie soit due à un défaut d'emballage, que, d'autre part, l'Office postal n'a fait aucune réserve, à cet égard, lors de la prise en charge du colis: Sousse, 14 décembre 1899 (Journal 1901, p. 125). Pour les mandats, il a été jugé que, s'ils sont de provenance et à destination de l'intérieur, ils peuvent être payés par la poste, soit en monnaie française, soit en monnaie tunisienne, au taux de 0,60 cent. la piastre: Tunis, 30 janvier 1889 (Journal 1889, p. 243); mais cela n'a qu'un intérêt historique. Il est plus utile de signaler la décision qui dit que celui qui certifie à la légère l'identité d'une personne pour encaisser un mandat à la poste, commet une faute qui engage sa responsabilité: Civ. Marseille, 7 mai 1902 (Journal 1903, p. 398).

Deuxième partie. Organisation judiciaire de la Tunisie.

Chapitre premier. Justice française.

Section première. Organisation.

334. L'œuvre de réorganisation entreprise par la France en Tunisie aurait été frappée de stérilité, si les consuls avaient pu conserver le pouvoir judiciaire qui résultait pour eux des capitulations; en outre des inconvénients qui ont été exposés précédemment, il résultait de cet état de choses tout un amas d'obstacles

[1]) Un décret du 13 avril 1912 (Journ. off. tun. 17 avril 1912) a autorisé l'insertion, dans les envois postaux recommandés, des matières d'or ou d'argent autres que les pièces de monnaie ayant cours, pourvu que la valeur de ces matières ne soit pas supérieure au montant de l'indemnité accordée en cas de perte des envois. — [2]) Un décret beylical du 13 décembre 1911 (Journ. off. tun. du 16 décembre 1971) a fixé à 2000 fr. le maximum des remboursements pouvant grever les envois, dans le service intérieur de la Tunisie. — [3]) S. Berge, Répertoire. V° Office postal, n° 9 et s., 16 et s.

d'ordre administratif et politique qu'il était indispensable de faire disparaître; voici comment on s'y prit: la France commença par substituer à sa propre juridiction consulaire un Tribunal de première instance et six justices de paix, puis le Bey décréta, le 5 mai 1883 (Z. 749) «que les nationaux des puissances amies dont les Tribunaux consulaires seraient supprimés deviendraient justiciables des Tribunaux français dans les mêmes cas et les mêmes conditions que les français eux-mêmes».

335. Les puissances étaient ainsi garanties contre la possibilité du retour de leurs nationaux sous l'empire de la juridiction beylicale, au cas de retrait pur et simple de leurs juridictions, et elles n'hésitèrent pas longtemps à les supprimer; le Portugal le fit en juin 1883, la Suède et la Norvège le 25 juillet 1883, le Danemark le 26 septembre 1883, la Grande Bretagne le 1er janvier 1884, l'Espagne le 17 janvier 1884, la Belgique et l'Allemagne le 1er février 1884, la Grèce le 24 mars 1884, l'Autriche-Hongrie le 1er juillet 1884, l'Italie le 1er août 1884 et la Russie le 5 août suivant. Toutes ces renonciations furent pures et simples, sauf celle de l'Italie (protocole du 24 janvier 1884 aujourd'hui sans intérêt).

336. La France réunissant donc ainsi entre les mains de ses juges tous les pouvoirs des juridictions consulaires, obtint du Bey des concessions; par un décret du 31 juillet 1884 (Z. 752) le Bey décida que les Tribunaux français connaîtraient à l'avenir de toutes les affaires civiles et commerciales dans lesquelles des européens seraient en cause, dans les matières où ils étaient compétents lorsque des européens étaient défendeurs (art. 1); un autre décret du 2 septembre 1885 (Z. 176) attribua aux Tribunaux français, dans les limites de leur compétence respective, et en conformité de la loi française, la connaissance de tous crimes commis en Tunisie par des sujets tunisiens contre des français, ou européens, ou protégés européens, en visant les cas de complicité, et en y joignant la connaissance de toute infraction commise aux audiences des Tribunaux français ou dans les lieux où des magistrats français font acte de juridiction. Un décret du 17 juillet 1888 (Z. 769) a réglé certaines questions de compétence immobilière et un décret du 27 novembre 1888 celle en matière administrative (Z. 770); nous y reviendrons un peu plus loin; ici il nous suffit de préciser que les Tribunaux français tiennent leurs pouvoirs de trois sources: la première leur a apporté les attributions de la juridiction consulaire française, la seconde celles des juridictions consulaires étrangères, la troisième des parcelles du pouvoir judiciaire beylical.

A. Organes de la juridiction française.

337. Il existe actuellement dans la Régence deux Tribunaux français de 1re instance et 29 justices de paix dont 14 foraines.

338. Le Tribunal de 1re instance de Tunis a juridiction sur les contrôles civils de Tunis, Bizerte, Béja, Souk el Arba et Le Kef, qui constituent la partie Nord de la Tunisie; il est composé de 3 chambres comprenant: 1 président, 2 vice-présidents, 6 juges titulaires dont 1 d'instruction, 5 juges suppléants dont 1 d'instruction, un procureur de la République et 3 substituts; il a un greffier, 3 commis greffiers titulaires, 3 commis greffiers assermentés, un interprète pour la langue arabe et des traducteurs assermentés pour les langues italienne et maltaise; tout ce personnel appartient aux cadres métropolitains (1re classe) et est soumis aux lois et règlements qui régissent les juridictions algériennes: loi du 27 mars 1883 (Z. 747).

339. Le Tribunal de 1re instance de Sousse (2me classe), soumis à la même réglementation, a juridiction sur tout le sud de la Régence; il comprend: un président, 2 juges titulaires, dont 1 d'instruction, 2 juges suppléants, 1 procureur et 1 substitut; il a un greffier, un commis greffier titulaire, un commis greffier assermenté, un interprète pour la langue arabe et des traducteurs assermentés pour les langues italienne et maltaise.

340. Les justices se paix de composent d'un juge titulaire, d'un ou de plusieurs juges suppléants, d'un greffier, d'un ou de plusieurs commis greffiers; il y en a à Tunis (deux), à Bizerte, à Béja, à Souk el Arba, à Grombalia, à Maktar; à Sousse, à Sfax, à Kairouan, à Gabès, à Gafsa, à Thala et à Djerba; il y a des audiences foraines à La Goulette, à Tébourba, à Zaghouan, à Ferryville, à Mateur, à Téboursouk, à Medjez el Bab, à Aïn Draham, à Tabarka, à Nabeul, à Monastir, à Mahdia, à Houmt-Souk, à Zarzis, à Djerissa, à Bou-Arada.

341. Les appels des jugements des justices de paix vont devant les Tribunaux de 1re instance dans la circonscription desquels ils sont placés; ceux des jugements de 1re instance devant la Cour d'Alger; les pourvois pour vice de forme ou violation de la loi sont portés devant la Cour de cassation de France.

342. Un mot sur la justice répressive; le Tribunal placé au bas de l'échelle est celui de simple police tenu par le juge de paix; le Tribunal de 1re instance a la police correctionnelle avec appels à Alger et pourvois à Paris; la justice criminelle est confiée à des Tribunaux spéciaux dont l'organisation est spéciale à la Tunisie. Ils se composent essentiellement de trois magistrats tirés du Tribunal de 1re instance et de 6 assesseurs choisis par des tirages au sort sur une liste annuelle pour chaque session et sur la liste de session pour chaque affaire; la nationalité de ces assesseurs varie suivant celle des accusés, à moins qu'il ne se trouve parmi eux un français, ce qui entraîne la présence au siège d'assesseurs français. Ces neuf magistrats statuent ensemble sur le fait et sur le droit; la procédure est celle des Cours d'assises de France avant l'ouverture des débats et après leur fermeture; leur compétence est celle des Cours d'assises de France; la mise en accusation est opérée par la Cour d'appel d'Alger[1].

B. Organes accessoires.

343. Les greffiers, commis greffiers et interprètes des juridictions dont nous venons de décrire l'organisme sont soumis aux lois et règlements qui régissent les juridictions algériennes; les conditions d'âge et de capacité sont celles exigées en Algérie pour les mêmes fonctions (loi franç. du 27 mars 1883, art. 15 — Z. 747).

344. Les défenseurs sont soumis aux dispositions de l'arrêté ministériel du 26 novembre 1841 (loi franç. du 27 mars 1883, art. 10); ils sont donc assimilés en tout à ceux d'Algérie, sauf une exception toute temporaire faite en faveur des avocats près des juridictions consulaires au moment de leur suppression. Ils exercent la postulation comme les avoués de France; ils ont aussi le droit de plaider[2].

345. Il s'est formé, à Tunis et à Sousse, des barreaux d'avocats qui, en principe, sont soumis à l'ordonnance française de 1822; le barreau de Sousse, assez peu nombreux, ne donne pas lieu à des remarques particulières; mais il n'en est pas de même pour le barreau de Tunis, qui compte actuellement une centaine de membres et qui est soumis à une organisation toute spéciale; elle résulte de différents décrets qui portent la date du 16 mai 1901 (Z. 1778), du 16 novembre 1906 (Z. 3146) et du 25 mars 1908 (Z. 3498) auxquels il faut joindre un règlement du 18 juillet 1901 (Z. 1802). Il ne rentre pas dans le cadre du présent travail que nous donnions l'analyse de ces documents; il suffira de dire que les avocats, qui ne sont pas tous de nationalité française, élisent un conseil de discipline français, qui doit s'adjoindre, lorsqu'il statue en matière disciplinaire, des assesseurs de la même nationalité que celui contre lequel une poursuite a été introduite; que les décisions du Conseil de l'Ordre vont en appel devant le Tribunal de Tunis qui statue toutes chambres réunies en chambre du conseil, le ministère public entendu; enfin que les avocats ont le droit de représenter les parties sans mandat devant les justices de paix[3].

346. Les huissiers ne donnent lieu à aucune remarque particulière; ils ont les mêmes attributions qu'en France et sont soumis à la même réglementation que leurs collègues d'Algérie (loi du 27 mars 1883)[4].

347. Il n'y a pas partout de commissaires priseurs. Ils ont été créés au nombre de deux à Tunis par un décret du 20 février 1889 (Z. 771); deux autres charges ont été établies à Sousse et à Sfax par un décret du 31 janvier 1890 (Z. 777); enfin on en a constitué un autre à Bizerte le 23 mars 1902 (Z. 1926). Tous ces officiers ministériels sont soumis aux mêmes règlements que leurs collègues d'Algérie. Il faut noter qu'en vertu d'un décret du 3 septembre 1885, les greffiers de paix des localités dépourvues de commissaires-priseurs ont le privilège exclusif de faire des ventes mobilières, à la condition d'avoir passé un examen spécial; les greffiers de paix de Tunisie ont réclamé le bénéfice de ce décret et l'ont obtenu[5].

348. L'assistance judiciaire a été organisée en Tunisie par un décret du 18 juin 1884 (Z. 751) modifié par un décret du 2 mai 1904 (Z. 2462). Le bureau chargé de statuer sur les demandes est composé, sous la présidence du Procureur de la

[1]) Sur le recrutement du personnel, voir un arrêté du 10 mars 1909 (Z. 3747). — [2]) Voir: S. Berge, Répertoire V° Avocat défenseur. — [3]) Sur l'exercice de la profession d'avocat, notamment sur le droit de rétention de pièces, voir: S. Berge, Répertoire V° Avocat nos 1 et s., 43 et s. — [4]) Voir Tunis 29 juin 1891 (Journal 1896 p. 313). — [5]) Voir sur les attributions des commissaires priseurs: S. Berge, Répertoire V° Commissaire priseur.

République ou de son substitut, d'un membre délégué par le Résident général sur la proposition du Directeur général des finances de la Régence, d'un défenseur ou d'un avocat désigné par le Procureur de la République sur une liste arrêtée au mois d'octobre de chaque année par le Tribunal de 1re instance. Tous les justiciables, quelle que soit leur nationalité, y ont droit; ils affirment leur état d'indigence, avec l'indication de leurs ressources, devant un fonctionnaire de leur résidence. L'Etat tunisien fait l'avance des frais par l'intermédiaire de son directeur des finances, auquel il est délivré un exécutoire, s'il y a lieu, pour leur recouvrement.

349. Les successions vacantes des français décédés en Tunisie sont gérées conformément aux règles posées dans l'ordonnance algérienne du 26 décembre 1842; quant à celles des étrangers, elles rentrent dans les attributions des consuls, conformément aux traités dont nous avons donné précédemment l'analyse[1].

350. L'art. 16 de la loi du 27 mars 1883 promettait l'organisation du notariat français en Tunisie par un règlement d'administration publique et maintenait, en attendant, les attributions notariales des agents consulaires français; la situation est toujours la même, sauf une légère modification relative à la tenue des registres des agences consulaires, réalisée par un décret français du 16 juin 1908 (Z. 3537). Les consuls étrangers exercent toujours, d'autre part, les fonctions notariales pour leurs nationaux et nous aurons occasion de parler des *adouls*, témoins officiels tunisiens qui rédigent les déclarations qui leur sont faites par les parties et qui, pourvus de formulaires fort bien libellés, sont assimilables, à certains points de vue, à de véritables notaires.

351. Les tarifs des frais de justice sont ceux de France, à l'exception de ce qui résulte de la règle qui veut que toutes les procédures soient sommaires; ils seraient fort peu élevés, s'ils n'étaient par trop souvent grevés de dépenses de traduction d'actes, de transports d'huissiers à de longues distances et d'écritures inutiles. Par deux fois, en 1892 et en 1905, des commissions réunies à Tunis ont mis sur pied des tarifs nouveaux qui, au moyen d'échelles graduées de droits proportionnels, allégeaient considérablement les petites affaires tout en ménageant suffisamment les intérêts légitimes des officiers ministériels (lesquels n'ont rien eu à débourser pour l'acquisition de leurs charges); mais ces projets n'ont pas trouvé un accueil favorable à Paris et rien ne les soustrait à la poussière chaque année plus épaisse qui doit recouvrir les dossiers où ils sont contenus.

352. Au début, ces frais de procédure étaient relativement peu lourds, en raison de ce qu'ils n'étaient grevés ni de timbre ni d'enregistrement; mais cette situation favorable n'a pas duré bien longtemps; la charge financière imposée par le développement de la justice française a ensuite amené le Gouvernement du Protectorat à établir des taxes qui étaient à peu près de moitié de celles qui existent en Algérie; voici la nomenclature des textes qui régissaient la matière: enregistrement, décrets du 2 novembre 1893 (Z. 539); 20 juillet 1896 (Z. 543), 21 juillet 1896 (Z. 545), 25 juillet 1896 (Z. 546); 18 août 1896 (Z. 547); timbre, décrets du 20 juillet 1896 (Z. 1570); 1er août 1898 (Z. 1574), arrêté du 25 juillet 1896 (Z. 1571). A noter que dans ce système les bilans et dépôts de bilan étaient exemptés de l'enregistrement[2]. Et puis il a fallu compléter l'outillage industriel et économique de la Tunisie, compléter le réseau des chemins de fer et achever la transformation du système des impôts indigènes, qui n'était plus en rapport avec le développement des affaires; ainsi on a du demander des ressources nouvelles et considérables au timbre et à l'enregistrement; comme il en résulte des charges qui grèvent, non seulement les litiges judiciaires, mais encore l'ensemble des opérations industrielles et commerciales, au lieu d'exposer ici partiellement la matière, nous la traiterons en entier dans les nos 1436 et s. du présent ouvrage, auxquels nous prions les lecteurs de se reporter.

353. On remarquera que dans les explications qui viennent d'être fournies, il n'a pas été question de Tribunaux de commerce; il n'en existe pas en effet et ce sont les Tribunaux de 1re instance qui en font fonction. A plusieurs reprises, on a tenté d'y introduire des commerçants, mais jamais les projets qui ont été présentés à cette occasion ne se sont approchés dans une mesure quelconque de la réalisation, bien que l'administration judiciaire s'y soit montrée favorable, et peut-être parce qu'ils n'étaient inspirés que par des intérêts personnels peu sympathiques. Ce qu'il y a de certain, c'est que le Tribunal de Tunis a cherché par tous

---

1) Voir: S. Berge, Répertoire V° Succession n° 173 et s. — 2) S. Berge, Répertoire V° Enregistrement n° 8 et 9.

les moyens à amener les commerçants à l'exercice régulier des fonctions de contrôleurs dans les faillites ou d'arbitres experts dans les contestations; c'était dans le but de mettre à néant les critiques dont étaient l'objet les syndics et experts professionnels, d'ailleurs souvent médiocres, que la justice était dans l'obligation d'employer. Rien n'a pu vaincre la force d'inertie qui a fait obstacle à ces efforts et il faut se résigner à attendre, de l'avenir et d'un renouvellement plus riche en capacités de la place de Tunis, une amélioration à une situation locale qui, il faut le reconnaître, n'est pas des meilleures.

Section II. Compétence.

354. Les juges de paix exercent, en matière civile, la juridiction de compétence étendue déterminée pour l'Algérie par le décret du 19 août 1854, c'est-à-dire qu'ils connaissent au civil et au commerce de toutes les contestations dont l'importance ne dépasse pas 500 fr. en dernier ressort et 1000 fr. à charge d'appel; ils exercent de plus les attributions qui appartiennent en France aux présidents des Tribunaux de 1re instance, en matière de référé; les appels de leurs décisions en premier ressort et de leurs ordonnances de référé vont devant le Tribunal de 1re instance dans l'arrondissement duquel ils se trouvent.

355. Le juge de paix est aussi juge de simple police; il connaît donc des contraventions et de plus, en vertu de l'art. 12 de la loi du 27 mars 1883 et du décret du 19 août 1854, des contraventions attribuées en France aux Tribunaux correctionnels, des délits de chasse et de tous les délits ne comportant pas une peine supérieure à 6 mois de prison ou à 500 fr. d'amende. Les décisions sur les contraventions sont rendues, à très peu d'exceptions près, en dernier ressort; celles rendues sur des délits sont susceptibles d'appel.

356. Les Tribunaux de première instance connaissent de toutes actions personnelles et mobilières en dernier ressort jusqu'à 3000 fr. et pour le surplus, à charge d'appel; pour les actions immobilières, le taux du dernier ressort est fixé à 120 fr. de revenu. Les appels de leurs décisions en premier ressort et des ordonnances de référé rendues par leurs présidents vont à la Cour d'appel d'Alger; il faut noter, pour les ordonnances de référé, que les juges de paix des villes où siège un Tribunal de première instance ne possèdent pas le pouvoir d'en rendre, par exception à ce que nous avons dit précédemment et que c'est pour ce motif que les présidents des Tribunaux se trouvent avoir une certaine compétence en la matière.

357. Au point de vue correctionnel, les Tribunaux français de Tunisie sont en tout identiques à ceux de la Métropole et nous n'avons rien à en dire ici; au point de vue criminel, nous nous en référons aux notions que nous avons données dans les pages précédentes.

358. Dans les limites susdites et dans celles de leur compétence territoriale, dont nous venons de parler, l'étendue de la juridiction civile, commerciale et pénale se détermine encore en considération des personnes qui sont présentes au litige et en considération de la matière.

359. Pour les personnes, nous avons presque dit ce qui était nécessaire ici, lorsque nous avons raconté comment s'était formée la juridiction française; pourtant, pour plus de clarté, nous y reviendrons en quelques mots; le grand principe, c'est que la justice tunisienne ne connaît que des affaires qui s'agitent entre tunisiens et que la justice française est compétente dès qu'un de ses justiciables est en cause; ajoutons que les turcs et les marocains ne sont pas, à l'heure actuelle, parmi ces justiciables; qu'au contraire les algériens sujets français y sont compris. Disons aussi qu'il est resté, de l'état antérieur, des protégés diplomatiques assimilés aux ressortissants des puissances quant à la juridiction; mais des listes expurgées ont été dressées de ceux qui existaient en 1897; on n'en fait plus; les enfants des protégés n'ont pas droit à la protection par dévolution héréditaire; ce vestige des temps passés disparaîtra donc à courte échéance.

360. Les déterminations de la compétence en raison de la matière sont un peu plus compliquées; mais l'indication des différents aspects de la question peut tenir en peu de lignes. En matière immobilière, tout le monde a été d'accord pour admettre que le litige immobilier s'agitant entre européens et assimilés exclusivement est de la compétence de la juridiction française, de même qu'on a reconnu sans hésitation que le même litige appartient à la juridiction tunisienne, s'il s'agite exclusivement entre sujets tunisiens; on s'est mis également d'accord pour ranger dans le domaine de cette dernière juridiction le litige qui s'agite entre européens et tunisiens en matière immobilière; mais on a discuté lorsqu'il a fallu caractériser l'incompétence à cet égard de la juridiction française; le Tribunal de Tunis l'a déclarée relative et a fait découler de ce point de départ toutes les conséquences dont il était susceptible; la Cour d'Alger l'a proclamée absolue et a réformé toutes les décisions en sens contraire qui lui ont été déférées[1]. Cette controverse n'a jamais été définitivement tranchée; mais elle a perdu de son importance pratique, d'une part, parce que le nouveau droit foncier de la Tunisie n'y laisse pas place, un immeuble immatriculé ressortissant sans conteste à la juridiction française, et l'immatriculation se développant tous les jours; d'autre part, parce que la Cour suprême a rendu un certain nombre de décisions qui ne laissent pas un bien large champ d'application à la théorie de la Cour d'Alger. Disons, pour finir, que les immeubles en voie d'immatriculation sont considérés comme non immatriculés, au point de vue de la compétence; que les contestations sur les servitudes sont traitées comme les autres actions immobilières, sans considération de la qualité des personnes; enfin que les actions possessoires, bien que mixtes, sont classées, pour la compétence, comme les actions personnelles et mobilières ordinaires[2].

361. Les affaires administratives ont été aussi l'objet de quelques difficultés; il n'y a pas en Tunisie d'organe judiciaire spécial pour les litiges de l'espèce; les règles générales sur la compétence les dominent donc comme les autres; mais un décret du 27 novembre 1888 (Z. 770) a introduit quelques règles qui ont spécialisé la matière et lui ont donné une tournure particulière qui mérite quelques instants d'attention. On y comprend (art. 1) toutes les instances tendant à faire déclarer l'administration débitrice, soit à raison de l'inexécution des marchés conclus par elle, soit à raison des travaux qu'elle a ordonnés, soit à raison de tout acte de sa part ayant, sans droit, porté préjudice à autrui, ainsi que les actions intentées par les autorités administratives contre les particuliers. Ces affaires sont instruites conformément aux règles spéciales à la procédure sommaire; le ministère des défenseurs n'y est pas obligatoire; on procède au moyen de la signification de mémoires (art. 2). «Il est interdit aux juridictions civiles d'ordonner, soit accessoirement, soit principalement, toutes mesures dont l'effet serait d'entraver l'action de l'administration, soit en portant obstacle à l'exécution des règlements légalement pris par elle, soit en enjoignant l'exécution ou la discontinuation de travaux publics, soit en en modifiant l'étendue ou le mode d'application» (art. 3). Il leur est interdit aussi de connaître des demandes tendant à faire annuler un acte de l'administration (art. 4). Les décisions rendues en matière administrative sont toujours susceptibles d'appel; l'appel est suspensif; aucun recours en cassation ne peut avoir lieu, si ce n'est pour excès de pouvoir, soit d'office par le Ministère public, soit par le Ministre de la justice de France, soit par le Résident général, et ce recours est suspensif (art. 5). Tout cela d'ailleurs ne concerne pas le contentieux de l'Etat français, qui est jugé en France, au premier degré par le Ministre, sur recours par le Conseil d'Etat; il faut donc en restreindre l'application au contentieux de l'Etat tunisien[3]. Notons en passant une procédure particulière dite de contrainte, pour le recouvrement des deniers et des créances de l'Etat[4].

362. Des matières spéciales font aussi exception aux règles générales sur la compétence; sans parler des antiquités qui ont fait l'objet d'un décret inapplicable et inappliqué (Décret du 7 mars 1886, Z. 64), il faut mentionner qu'on a placé dans la compétence exclusive de la juridiction française, quelle que soit la nationalité des parties en cause: les litiges relatifs à l'exploitation de l'Office postal tunisien par un décret du 11 juin 1888 (Z. 1437); les infractions relatives à la protection des câbles sous-marins par un décret du 17 juin 1888 (Z. 1443); les litiges relatifs à l'exploitation des lignes télégraphiques par un décret du 6 juillet 1889 (Z. 1444); les affaires concernant les marques de fabrique, par un décret du 3 juin 1889 (Z. 889); celles concernant les brevets d'invention par un décret du 26 décembre 1888 (Z. 149).

363. En matière commerciale, il n'y a rien de bien particulier à relever; des difficultés se sont élevées en justice de paix sur le caractère commercial des litiges[5]; on a tranché les controverses conformément à la jurisprudence française; le caractère obligatoire des clauses compromissoires contenues dans les connaissements

1) Voir l'exposé de cette controverse dans: S. Berge, De la jurid. franç. en Tunisie, p. 62. — 2) Voir: S. Berge, Répertoire, V° Compétence immobilière nos 1 et s., 8 et s., 163 et s., 171 et s., 177 et s. — 3) Voir: S. Berge, Répertoire V° Compétence administrative nos 55 et s., 70 et s. — 4) Voir *eod. op.* nos 88 et s. — 5) S. Berge, Répertoire V° Compét civ. des juges de paix nos 94 et s.

de toutes les compagnies de navigation a été contesté sans succès[1]; le domicile des sociétés et la possibilité de les actionner à leurs succursales a fait aussi l'objet de quelques procès qui ont été, eux aussi, tranchés conformément aux errements admis par la jurisprudence française[2]; enfin la même difficulté s'est élevée au sujet de la loi française du 2 janvier 1902, relative aux contrats d'assurance et on l'a déclarée applicable en Tunisie[3].

364. Bien des fraudes et bien des moyens ont été employés pour se soustraire aux règles de compétence qui viennent d'être résumées; citons: les modifications de nationalité en cours d'instance, les appels en garantie et mises en cause, les cessions de créance, les interpositions de personnes en matière de baux ou d'actions possessoires.

365. Les musulmans ou israélites tunisiens étant sujets ou citoyens français, sont les uns et les autres justiciables des Tribunaux français; aussi le tunisien qui veut déserter sa justice naturelle prétend-il qu'il est algérien et cela lui est d'autant plus facile que l'état civil n'existe pas pour les indigènes ou est encore très peu pratiqué par eux. Avant la réorganisation de la justice indigène, ces tentatives étaient nombreuses; il y en a beaucoup encore qui sont provoquées moins par les parties que par les hommes d'affaires qui ont intérêt à attirer les litiges devant la justice française, parce que les procédures y sont plus compliquées et plus copieuses et qu'elles leur rapportent davantage. On a aussi tenté, quand un procès allait mal devant une des deux justices, de le faire passer devant l'autre par des modifications de nationalité en cours d'instance; mais la jurisprudence s'est montrée très hostile à cette combinaison et l'a repoussée invariablement[4].

366. Celui qui, ayant présenté inutilement une créance à l'une des deux justices, où elle rencontre des obstacles spéciaux à la *lex fori*, veut tenter une meilleure fortune devant l'autre, cède sa créance à un homme de paille de nationalité différente; une abondante jurisprudence a refusé d'admettre l'efficacité de cessions de créance qui n'étaient pas d'une sincérité évidente[5].

367. Un appel en garantie ou la mise en cause d'une partie dont la nationalité modifierait la compétence n'est pas nécessairement une fraude; quel que soit le sentiment, quelle que soit la cause qui a fait naître la procédure, elle pose un problème délicat, qui s'est présenté ailleurs, en Egypte par exemple, dans des conditions analogues. A travers quelques hésitations, la jurisprudence s'est déterminée nettement pour le système de la disjonction, qui laisse chaque justice maîtresse dans son domaine particulier[6].

368. Les baux fictifs et les actions possessoires intentées par des personnes choisies frauduleusement pour les produire, en justice, en raison de leur nationalité, ont été des moyens très employés pour faire dévier un litige d'une des justices sur l'autre; il n'y a pas à insister pour faire comprendre la défaveur avec laquelle ces procédés ont été accueillis de part et d'autre; nous n'en aurions pas parlé s'il n'était utile d'éveiller la défiance des négociants et des industriels qui pourraient se voir entraînés dans des procédures de mauvais aloi, sans démêler tout de suite les moyens dolosifs employés pour les duper; qu'ils n'hésitent pas à les signaler aux juges et à demander la juste réparation du dommage à eux causé par l'abus de procédure dont ils auront été victimes[7].

369. Il y a encore un procédé efficace pour amener devant la justice française des litiges entre tunisiens; il consiste à faire intervenir un créancier européen pour demander la mise en faillite du débiteur tunisien; nous ne connaissons pas de moyen d'éviter cette transposition, à moins qu'on arrive à démontrer que le demandeur en déclaration de faillite n'est pas créancier; mais il sera toujours trop tard, quand on aura fait cette preuve, pour retirer les fruits de cette tactique judiciaire. Et cela nous conduit à une explication nécessaire.

370. Les opérations d'une faillite, en droit français et en droit tunisien, se conduisent à peu près de la même manière, mais devant la juridiction française, elles ont le tort d'être très lentes et de coûter très cher, tandis que devant la juri-

1) *Eod. op.* V° Transports maritimes n°s 24 et s. — 2) *Eod. op.* V° Compétence civile n°s 319 et s., Compétence commerciale n°s 73 et s. — 3) *Eod. op.* V° Compétence civile n°s 31 et s. — 4) Voir: S. Berge. De la nationalité des musulmans et des israélites (Journal 1893 p. 375 et s.). — S. Berge, Répertoire V° Compétence civile n°s 58 et s. — 5) Voir: Ch. Martineau, De l'influence des cessions de créance sur la compétence (Journal 1893 p. 305 et s.) — S. Berge. Répertoire V° Compétence civile n°s 210 et s. — 6) Voir: S. Berge, Répertoire V° Compétence civile n°s 186 et s. — 7) Voir: S. Berge, De la jurid. franç. en Tunisie p. 53.

diction tunisienne, elles sont menées par des procédés de distribution et de liquidation embryonnaires, offrant assez peu de garanties. Il y a donc pour un créancier intérêt à aller devant la justice tunisienne, si l'affaire est tout à fait simple; dès qu'elle est compliquée, il vaut mieux recourir aux Tribunaux français. Ajoutons, pour compléter ce tableau, que c'est la justice française qui est légalement compétente, dès qu'il y a dans la masse un de ses justiciables[1].

371. Faisons maintenant une courte incursion dans le droit pénal. En principe, il ne reste plus dans la compétence de la juridiction indigène que les affaires intéressant exclusivement des tunisiens, soit comme auteurs principaux d'une infraction, soit comme complices, soit comme victimes du fait et parties civiles; toutes les autres affaires rentrent dans le domaine de la justice française. Mais il y a quelques exceptions; nous en avons signalé plus haut quelques-unes relatives à des matières spéciales réservées exclusivement à la justice française, quelle que soit la nationalité des parties, telles que les contrefaçons, les contraventions postales, etc. Nous y ajouterons les fraudes relatives aux denrées alimentaires: décret du 11 décembre 1889 (Z. 773).

372. En matière de police rurale au contraire, on a enlevé à la justice française des affaires qui, d'après les principes généraux, auraient dû lui revenir: décret du 15 décembre 1896 (Z. 1393)[2].

Section III. Procédure.

373. La procédure imposée aux Tribunaux français de Tunisie est celle de la France, légèrement modifiée par les lois, décrets et ordonnances en vigueur en Algérie; c'est ce qui résulte de l'art. 7 de la loi du 27 mars 1883 (Z. 747) qui est ainsi conçu: «Sauf les dérogations apportées par les articles précédents, les règles de procédure et d'instruction criminelle déterminées par les lois, décrets et ordonnances en vigueur en Algérie sont applicables aux juridictions instituées en Tunisie. Il faut passer rapidement en revue les diverses applications de ce principe.

374. Toutes les procédures civiles sont effectuées en la forme sommaire, ce qui leur assure une très grande rapidité et diminue les frais dans une très forte proportion. Il en résulte que les conclusions doivent être posées seulement 24 heures avant les plaidoiries. Cependant, toutes les enquêtes n'ont pas lieu à l'audience, ce qui serait matériellement impossible et constituerait un obstacle insurmontable à l'expédition des affaires; elles sont faites en la forme ordinaire par une dérogation à la loi qui est d'un usage constant et dont la validité a été reconnue par la Cour suprême: Cass. 16 octobre 1896 (Journal 1896, p. 520)[3].

375. La forme des procédures est légèrement modifiée par la nécessité de traduire les notifications destinées aux sujets tunisiens jusqu'à la constitution du défenseur, dans les affaires où la postulation est imposée: décret du 31 juillet 1884 (Z. 752).

376. Le délai dans lequel doivent être faits les appels à Alger a donné lieu à de vives controverses, même entre les Chambres de la Cour d'Alger[4]; il serait oiseux d'en faire l'exposé; il suffit de savoir qu'il peut exister sur ce point un péril à éviter et d'attirer l'attention des huissiers sur la nécessité de se conformer, pour ne rien compromettre, aux exigences de la Cour. Le délai des ajournements est réglé, en principe, conformément à l'ordonnance du 16 avril 1843; mais il y a lieu de tenir compte aussi du décret français du 24 juin 1900, qui en a abrogé les art. 5 à 7 et 9. Il faut aussi observer le décret français du 19 mai 1905 (Z. 2748) qui a réglé le délai des assignations et des significations d'actes judiciaires en matière criminelle.

377. L'art. 69 de l'ordonnance du 26 septembre 1842 a déclaré que les nullités d'exploits de procédure sont facultatives pour le juge; lorsque cette règle a été édictée, le recrutement du personnel auxiliaire des Tribunaux était difficile et imparfait; on aurait imposé aux plaideurs de sérieux déboires si on leur avait fait supporter rigoureusement les suites de l'inexpérience d'officiers ministériels improvisés; mais ces temps sont loin et la Cour d'Alger restreint de plus en plus l'usage qui a été laissé aux magistrats d'accueillir ou de repousser les nullités proposées; voici l'usage qu'on a fait en Tunisie de l'art. 69 précité: ont été reconnues comme

[1]) Voir: S. Berge, Répertoire V° Faillite nos 1 à 6. — [2]) Sur la compétence criminelle à l'égard des capitaines et marins étrangers voir: S. Berge, *eod. op.* V° Compétence criminelle nos 70 et s. — [3]) S. Berge, Répertoire V° Procédure civile nos 11 et s. — [4]) S. Berge, Répertoire, V° Appel civil nos 65 et s.

facultatives les nullités résultant de: la désignation inexacte du demandeur dans un exploit d'ajournement; le défaut d'indication précise de l'ajournement dans une affaire commerciale, lorsqu'en fait le défendeur comparaît; la signification de l'ajournement à un mandataire; l'irrégularité du visa d'un exploit au Consulat de France; l'assignation directe à un mineur, si le tuteur intervient; le défaut de visa de l'exploit par le préposé d'une administration publique; le défaut de précision d'une demande en justice; le défaut de traduction analytique sur la copie de l'exploit remise à un indigène; la signification à domicile élu dans un commandement à fin de saisie exécution; l'opposition à jugement de défaut non motivée; la révocation de défenseur sous une forme implicite; les sommations extra-judiciaires dans une procédure d'inscription de faux; les sommations de l'art. 64 C. proc. civ. incomplètes; l'inobservation des formes de l'enquête sommaire en matière commerciale; l'acte d'appel désignant mal le jugement entrepris, si l'erreur se rectifie d'elle-même; le défaut d'exposé sommaire des moyens d'appel; l'omission de la date de la saisie immobilière dans les insertions et placards; l'omission des preuves de la propriété d'objets saisis revendiqués; le défaut de mention, en matière commerciale, de l'élection de domicile du défendeur sur le plumitif.

378. Mais ne rentrent pas dans les nullités que le magistrat a la faculté de ne pas prononcer: celles qui concernent les déchéances de délais; la remise de l'exploit d'assignation sous pli ouvert à une autre personne que la partie; la constitution, comme avoué, d'une personne qui n'a pas cette qualité; l'inobservation du délai pour sommer d'assister à l'enquête et pour signifier la liste des témoins; le défaut d'essai préalable de conciliation en matière de divorce; le défaut de sommation de retirer la chose déposée en cas de dépôt hors la présence du créancier; le défaut dans la désignation d'un ajournement, quand la date est impossible à déterminer; l'ajournement à un mandataire non porteur d'un pouvoir spécial[1].

379. Les commissions rogatoires à des Tribunaux étrangers sont assez fréquentes en Tunisie; ou a jugé qu'elles donnent lieu à des échanges d'actes de courtoisie qui ne peuvent être le prétexte d'aucun contrôle du magistrat commettant sur les actes du magistrat commis; leur exécution subit l'influence de la loi locale, c'est-à-dire de la loi de procédure qui régit la juridiction commise; elles se font par voie diplomatique et conformément aux traités[2].

380. Au commerce, le défendeur assigné à comparaître à un jour franc, outre délais de distance, n'est pas fondé à se plaindre de ce que, l'affaire n'ayant pas été appelée à la première audience tenue après l'expiration des délais, il a été condamné à une audience ultérieure, s'il ne justifie d'aucun préjudice à lui causé par le retard dans l'appel de la cause: Sousse, 27 décembre 1901 (Journal 1902, p. 479); du reste, l'opposition remettant tout en question, il n'y a pas à prononcer la nullité du jugement par défaut rendu dans ces conditions. Voilà pour les défauts faute de comparaître.

381. Il est admis qu'il peut y avoir aussi défaut faute de conclure en matière commerciale: c'est quand le défendeur a comparu à une première audience, soit par défaut, soit par mandataire et qu'il ne se représente pas pour conclure à une audience ultérieure où la cause a été renvoyée; alors l'opposition ne peut être reçue que dans la huitaine de la signification: Alger, 16 mai 1902 (Journal 1903, p. 398); 25 octobre 1905 (Journal 1906, p. 634).

382. Les qualités des jugements rendus en matière commerciale sont l'œuvre du greffier et non celle des parties; il en résulte qu'elles ne font pas foi absolument des énonciations qu'elles renferment; toutefois il y a lieu de leur reconnaître tout au moins l'autorité d'une preuve ou d'une présomption en tenant lieu, lorsque les énonciations qu'elles contiennent ne sont pas combattues par des preuves ou par des présomptions contraires. Si elles sont en désaccord avec le dispositif et les motifs du jugement, c'est à ce dispositif et à ces motifs qu'il faut s'attacher et foi leur est due quelles que soient les énonciations des qualités. On ne saurait admettre non plus que celles-ci démontrent l'existence d'une prétendue demande reconventionnelle, si le jugement n'en parle pas et si aucun acte de procédure n'établit qu'elle a été réellement proposée. Ces règles, qui sont celles de la jurisprudence française, sont couramment appliquées en Tunisie.

---

1) S. Berge, Répertoire V° Nullités facultatives. — 2) S. Berge, Répertoire V° Commission rogatoire.

383. Y a-t'il lieu à référé en matière commerciale? c'est une difficulté qui s'est élevée dans la pratique tunisienne comme dans celle de la Métropole. Il y a été répondu d'une manière catégorique dans le sens de la négative; on a même considéré comme sans existence légale la nomination d'un expert ou d'un séquestre ou d'un liquidateur intervenue en référé: Alger, 27 avril 1904 (Journal 1905, p. 420). Cependant la pratique est moins absolue qu'on ne pourrait le croire en présence d'une jurisprudence aussi formelle et cela se comprend un peu de la part de Tribunaux civils jugeant commercialement. Sans doute, les présidents qui ont successivement exercé la juridiction des référés dans ces Tribunaux n'ont jamais été jusqu'à se déclarer compétents malgré la protestation d'un défendeur ou même en son absence; au contraire, ils ont toujours accueilli les déclinatoires qui leur ont été proposés et ils ont même refusé de statuer comme il leur était demandé, si le défendeur, ne comparaissant pas, ne venait pas accepter expressément leur compétence. Mais quand ils se sont trouvés en présence de parties tombées d'accord pour solliciter une mesure provisoire et urgente, de nature à sauvegarder les intérêts de tous, compromis par l'encombrement des rôles et l'impossibilité d'obtenir un jugement de la juridiction du fond, quand le juge des référés a été sollicité de prendre acte de l'accord des parties et de le parfaire par une ordonnance, il n'a pas cru que la rigueur des principes s'opposât à ce qu'il se fit ainsi l'officier public authentiquant un contrat judiciaire et homologuant une transaction. Jamais cette pratique bienfaisante n'a été sérieusement attaquée, maintenue comme elle l'a été par les magistrats dans de prudentes limites et elle a permis de gagner un temps précieux pour arriver à la solution d'un grand nombre de conflits.

384. Les dépôts de rapports de mer ont donné lieu à des difficultés qui avaient leur origine dans le passé et qui tendent à disparaître. Les consuls étrangers, dépouillés de leurs attributions juridictionnelles par les traités dont nous avons donné la nomenclature et qui ont suivi l'établissement du Protectorat français, se sont attachés à conserver intégralement leurs attributions consulaires, ce qui était fort légitime; mais quelques-uns d'entre eux ont profité de ce que la ligne de démarcation des unes et des autres était peu précise, pour tenter de regagner en fait un pouvoir qu'ils avaient perdu en droit; c'est ainsi qu'ils ont été jusqu'à régler des avaries, à la suite de la réception de rapports de mer, d'affirmations, d'enquêtes et d'expertises ordonnées par eux. Il en est résulté des conflits quelque peu vifs avec la justice française; ce temps est loin; les traités de 1897 et la situation politique générale ont mis fin à toute tension. Aujourd'hui la question ne peut donner lieu à aucune controverse: nul doute que les consuls peuvent recevoir des rapports de mer des capitaines qui sont sous leur juridiction et qu'ils peuvent remplir toutes les formalités voulues pour le règlement des avaries, si toutes les parties sont de leur nationalité; mais il en est tout autrement dès que le règlement intéressera des personnes d'une autre nationalité; le dépôt du rapport de mer entre les mains du consul n'aura pas la valeur d'un acte de juridiction et toutes les mesures d'affirmation, d'enquête, d'expertise, d'ouverture des panneaux ne pourront produire aucun effet, s'ils y procèdent. Ces diverses opérations ne peuvent s'effectuer valablement que par l'autorité judiciaire. Comme on n'est pas souvent sûr, quand un bateau arrive, que le règlement des avaries n'intéressera que des parties de la même nationalité que le bateau lui-même, il sera prudent de ne pas procéder en pareille matière par voie consulaire et c'est là le conseil que donnent aux intéressés la plupart des consuls eux-mêmes[1].

Chapitre II. Organisation judiciaire indigène.

385. La justice indigène est encore, comme au moment de l'établissement du protectorat français, divisée en deux branches: il y a des Tribunaux religieux et des Tribunaux séculiers. Nous en parlerons successivement.

Section première. Justice religieuse.

386. Les Tribunaux tunisiens religieux sont de deux sortes; il y a ceux qui sont destinés aux musulmans, qui forment la très grande majorité de la population et il y en a qui sont réservés aux israélites. Il faut traiter à part de chacune de ces institutions[2].

[1]) On trouvera l'analyse de toute la jurisprudence intervenue sur le dépôt des rapports de mer dans: S. Berge, Répertoire, V° Rapport de mer. — Voir aussi: Sousse 4 février 1912 (Journal, 1911, p. 180). — [2]) S. Berge, Répertoire V° Organisation judiciaire nos 35 et s.

§ 1. *Justice musulmane.*

387. On comprend bien que les Tribunaux religieux musulmans aient été très peu modifiés par le Gouvernement du Protectorat; dans son œuvre de réorganisation, il s'est efforcé de conserver tout ce qui touchait à la religion des habitants, qu'il s'était engagé à respecter; on ne s'étonnera donc pas que le Chara de Tunis existe encore et qu'il soit encore régi par des règlements anciens, parmi lesquels nous trouvons, en premier lieu, un décret du 14 novembre 1856 (Z. 809).

388. Il recommande aux magistrats de ne rendre aucune sentence en dehors du palais de justice qui leur est réservé, le *Dar ech Chara* «afin d'éviter la confusion, les contradictions et les indiscrétions». Il leur prescrit de se réunir en conseil tous les lundis, lors de l'ouverture et de la fermeture du jeûne annuel (*ramadhan*) et en cas d'événement grave; les autres jours sont réservés aux audiences des cadis; les audiences doivent durer quatre heures au moins. Près du Chara sont des notaires (*adouls*) chargés de consigner les sentences, des huissiers (*aouns*) qui exécutent les ordres des magistrats, pour les mesures de police intérieure du Palais, pour les significations et sommations aux parties et certaines exécutions, des *oukils* (mandataires judiciaires) qui sont de véritables avoués, bien que leur ministère ne soit pas obligatoire.

389. Un décret du 8 février 1875 (Z. 813) a spécifié que les affaires renvoyées par le Bey au Chara sont soumises aux règles déjà exposées sur le choix du rite, à moins que le rite à suivre ne soit indiqué dans l'ordonnance de renvoi.

390. Un décret du 25 mai 1876 (Z. 814) complète et précise celui de 1856 sur le fonctionnement du Chara. Il renouvelle l'interdiction de rendre des sentences hors du Dar ech Chara, fixe les réunions du conseil (medjless) au jeudi (art. 2), décide que la présidence appartient au magistrat du grade le plus élevé (art. 3) et fixe à 3 heures le temps minimum des audiences (art. 4). Les jugements rendus à l'unanimité énoncent cette circonstance; ceux rendus à la majorité énoncent le nom des magistrats qui ont prononcé le jugement (art. 5). S'il y a partage irréductible, chaque juge soutient son opinion par écrit signé, le Bach-Mufti fait un rapport dans lequel il résume la discussion et le tout est envoyé au Gouvernement (art. 6).

391. En dehors du jeudi, il ne siège au Chara que le Cadi de chaque rite ou le Mufti qui le remplace; la partie condamnée par ce magistrat isolé peut demander le renvoi de l'affaire devant le Conseil ou *Medjless*, à moins que le moyen n'apparaisse comme purement dilatoire, et sauf l'intervention du Bach-Mufti du rite (art. 7).

392. C'est le défendeur qui choisit le rite suivant lequel sera jugé le litige (art. 9); chacun des deux cadis peut d'ailleurs ajourner sa décision pour soumettre l'affaire au Medjless, quand bien même aucune des parties ne le demanderait (art. 10).

393. Les cadis ont le droit de recevoir les parties à leur domicile, pourvu que l'affaire ne soit pas susceptible de plaidoirie et qu'il ne s'agisse de mesures conservatoires (art. 13); aucun jugement écrit ne peut être exécuté, s'il n'est revêtu du Sceau du Chara, lequel ne doit pas sortir du Dar ech Chara (art. 14).

394. Un notaire est désigné chaque jour à l'effet d'inscrire le nom des plaideurs, afin d'établir le rôle des affaires et les motifs de renvoi (art. 16). Les jugements sont copiés sur des feuilles portant des numéros successifs, reliées à la fin de chaque mois et conservées au greffe; les notaires rédacteurs inscrivent aussi les mêmes jugements sur leurs répertoires respectifs (ils sont toujours deux) (art. 19).

395. Des Charas sont institués dans certaines villes d'après les mêmes principes que celui de Tunis (art. 26 et s.); mais les parties assignées devant ces juridictions peuvent toujours demander le renvoi de l'affaire à Tunis, à moins que le moyen n'apparaisse comme purement dilatoire (art. 33 et 34).

396. Les cadis locaux peuvent d'ailleurs recevoir d'un magistrat du Chara de Tunis l'ordre de décider une affaire déterminée conformément à un principe donné, dont ils ne peuvent s'écarter, à moins qu'ils ne reçoivent à ce sujet des ordres contradictoires de plusieurs magistrats (art. 35). Ces ordres (*mraslas*) sortes de commissions rogatoires, qui donnent lieu en pratique à de nombreuses difficultés, correspondent à une formule dont le schéma peut s'établir ainsi: «Au Cadi de.... — Un tel s'est présenté et nous a exposé que.... Veuillez vérifier ses allégations (enquêtes, transports sur les lieux, constatations matérielles, recherches de titres, à exécuter). Si elles sont reconnues par vous exactes, vous devrez... (mise en possession, remise de fonds, de titres, de personnes, à exécuter). Si vous rencontrez des difficultés imprévues, vous nous en référerez.» Comme ces *mraslas* constituent un procédé judiciaire dangereux et qu'il en a été abusé, le décret prescrit des mesures d'enregistrement sur des registres, lors de leur délivrance, de nature à engager la responsabilité des magistrats et à les empêcher de donner aux intéressés des cédules de l'espèce à tort et à travers (art. 38).

397. Les Gouverneurs sont tenus de donner aux magistrats des Charas l'appui de la force publique pour contraindre les personnes récalcitrantes à comparaître devant lui et pour l'exécution des jugements, s'ils en sont requis par écrit (art. 59).

398. Un décret du 15 décembre 1896 (Z. 839) complète et précise cette réglementation. Le cadi de chaque rite tient un rôle des affaires à transmettre au *Medjless* de son rite; il est statué sur ces affaires le mercredi de chaque semaine à Dar ech Chara; si tous les membres du Medjless tombent d'accord sur la solution, elle est acquise; en cas de partage, rapport sur les divergences est adressé à l'Ouzara, sans que le Chara soit dessaisi des dossiers (art. 1). La plus grande diligence est prescrite pour les procédures (art. 2); le service des notaires rédacteurs est réglementé (art. 3); l'enregistrement des mraslas est rendu plus précis, de manière à ce qu'on ne puisse en délivrer d'inconciliables dans une même affaire, sans que le Medjless ne soit mis en mesure d'intervenir (art. 4).

399. Il est nécessaire de compléter les notions fournies par cette courte analyse des textes par quelques observations. La première, c'est qu'il n'existe pas devant les divers organes qui composent la justice religieuse musulmane de procédures par défaut; on ne peut pas procéder utilement contre un défendeur qui ne peut être drouvé, sauf pour les mesures conservatoires utiles; d'autre part un défendeur qui est trouvé ne peut se refuser à comparaître et peut être amené de force.

400. La seconde a trait aux pouvoirs judiciaires du Bey; on a vu qu'en cas de partage d'opinions dans le Medjless, il lui est adressé un rapport qui contient l'énumération et l'exposé des argumentations produites à l'appui de chaque opinion, qui contient même l'exposé de l'opinion de chaque magistrat, rédigée et motivée par lui-même. Ce dossier est examiné par le Ministère (Ouzara) qui étudie l'affaire à son tour et le Premier ministre propose au Bey l'adoption de l'opinion qui lui semble la meilleure.

401. La troisième a pour objet de rappeler la compétence judiciaire réservée aux Charas; elle est limitée aux affaires de statut personnel et aux affaires immobilières; pour les affaires de statut personnel, régime de la famille, protection des mineurs et incapables, successions, elles ne peuvent concerner que les sujets tunisiens musulmans exclusivement; quant aux litiges immobiliers, ils comprennent tous ceux qui s'agitent à propos d'immeubles situés en Tunisie et non immatriculés, quelle que soit la nationalité des parties en cause. C'est parce que cette dernière disposition peut y amener les européens que nous avons cru nécessaire de faire une toute petite place, dans cet ouvrage, aux Tribunaux religieux musulmans[1].

§ 2. *Justice israélite.*

402. Les juifs tunisiens sont fort nombreux et forment une population extrêmement intéressante; leur grande masse est très pauvre, très laborieuse, vouée patiemment et avec ténacité à l'exercice des petits commerces et des petits métiers, attachée à ses traditions et à son culte, douée d'un esprit de famille intense; si des siècles d'ignorance et d'humilité au milieu des mauvais traitements et du mépris du reste de la population lui ont imposé une épaisse carapace de servilité et de bassesse, il faut rendre justice à son abnégation, à ses vertus privées et à son courage intime. Au dessus de cette tourbe sont un petit nombre d'individus sortis de l'abjection commune et s'efforçant d'acquérir la fortune par leurs rares aptitudes commerciales et leur souple intelligence, en même temps qu'ils cherchent tous les moyens d'acquérir une nationalité européenne; ceux-ci sont remuants, actifs, intrigants et occupent dans la vie publique tunisienne une place plus considérable que leur nombre et leur éducation ne le comporteraient. Ils y ont apporté, ainsi que dans le commerce, des mœurs et des habitudes levantines qui ont créé et qui engendreront encore de sérieuses difficultés aux gouvernants.

[1]) Voir: S. Berge, Répertoire V° Organisation judiciaire, nos 27 et s., Chose jugée nos 27 et s., Compétence civile nos 273 et s. Voir aussi: Ouzara 14 mars 1912 (Journal 1912, p. 286); 27 mars 1912 (Journal 1912, p. 470); 26 novembre 1912 (Journal 1912, p. 631).

403. Quoiqu'il en soit, de tous temps les Beys, dont on ne saurait trop admirer l'esprit de tolérance religieuse, en dépit de toutes les légendes, avaient laissé les juifs maîtres d'exercer leur religion et de régler leurs affaires familiales à leur guise; si leurs rabbins, généralement peu instruits et dénués d'autorité, n'ont pas toujours donné à leurs corréligionnaires toute satisfaction, cela n'a pas été à cause d'une hostilité des pouvoirs publics, mais seulement parce qu'ils s'en désintéressaient complètement. Le Gouvernement du Protectorat a voulu donner aux rabbins l'autorité qui leur manquait et a, par trois décrets du 28 novembre 1898 (Z. 846 à 848) réorganisé leur juridiction.

404. Le Tribunal rabbinique se compose d'un grand rabbin président honoraire, d'un rabbin vice-président (président effectif), de deux rabbins juges, de deux rabbins juges suppléants et d'un greffier, nommés par le Bey (art. 1). Ils ont tous un traitement et tout commerce ou emploi leur est interdit (art. 2).

405. Les parties se présentent en personne ou par mandataire (oukil) autorisé (art. 3). Les audiences sont publiques, à peine de nullité; elles sont tenues par 3 magistrats dans le local à ce désigné; elles sont présidées par le vice-président ou, à défaut, par le doyen d'âge des juges (art. 4).

406. Les parties peuvent se présenter volontairement (art. 7); le Tribunal rabbinique ne reçoit aucune instance préalablement portée devant une autre juridiction régulière, à moins que cette autre juridiction ne s'en soit dessaisie sans la trancher et seulement après qu'avis de ce dessaisissement lui a été notifié par le Premier ministre (art. 8).

407. Tout juge peut être récusé, s'il a intérêt dans la contestation ou y a donné un avis écrit ou verbal, ou un témoignage, s'il en a connu autrement, ou s'il a bu ou mangé chez une des parties ou en a reçu des présents, ou s'il est parent, créancier ou débiteur d'une des parties etc. (art. 9).

408. Si, au jour fixé par la citation, une des parties ou son oukil ne comparaît pas, la cause est jugée par défaut (art. 10). La partie condamnée par défaut peut faire opposition dans les 7 jours de la signification et même après jusqu'à l'exécution du jugement; la partie opposante qui fait défaut n'est plus admise à former une nouvelle opposition (art. 11). Toute instance est éteinte par la discontinuation de poursuites pendant six mois; la péremption n'éteint pas l'action, mais seulement la procédure (art. 12).

409. Les jugements du Tribunal rabbinique sont rendus en langue hébraïque; ils sont dans les 24 heures de leur prononcé transcrits sur un registre et signés par les 3 magistrats qui les ont rendus (art. 13). Ils doivent être motivés et contenir les mentions nécessaires pour déterminer leur portée exacte (art. 14). Toute personne qui y a été partie peut en obtenir une copie certifiée conforme par le greffier (art. 15); toute partie au profit de laquelle le jugement a été rendu peut en obtenir une copie en forme exécutoire; elle ne peut en obtenir qu'une seule, à moins de perte et à charge de fournir caution; traduction en est faite par le greffier sous sa responsabilité (art. 18). En marge de la minute, il est fait mention de la délivrance des expéditions et des grosses (art. 19). Extrait de tout jugement est envoyé, dans les 3 jours de son prononcé, au Premier ministre (art. 20).

410. Le jugement est signifié sans frais, à la partie condamnée, par le Gouverneur de son territoire (art. 21). Chaque Gouverneur (ou Caïd) tient un registre pour ses significations de jugement (art. 22); il doit faire ces significations dans les 3 jours de la remise qui lui est faite de la grosse, outre un délai de distance, et exécuter dans les 10 jours de la signification (art. 23).

411. Les jugements du Tribunal rabbinique sont définitifs et sans recours; toutefois ils peuvent être cassés par le Bey et renvoyés à la juridiction compétente, soit d'office, soit à la requête de la partie succombante, pour cause d'incompétence ou de fausseté du titre ou erreur matérielle (art. 24). Les membres du Tribunal rabbinique sont civilement responsables dans les cas où il y a lieu à prise à partie contre eux (art. 25).

412. Le deuxième décret du 28 novembre 1898 réglemente les appositions de scellés, les inventaires, les nominations d'administrateurs des successions israélites tunisiennes. Il prescrit des appositions de scellés, soit d'office (art. 1 et 2) soit sur réquisition (art. 3); la forme des ordonnances en la matière et de référé sur procès-verbal d'apposition de scellés est réglementée (art. 5 à 7); les scellés doivent être levés au plus tard dans la huitaine de la clôture du procès-verbal d'apposition (art. 8); elle est effectuée par le greffier en présence du magistrat et des notaires (art. 9).

413. L'inventaire est aussitôt dressé par les notaires; il est pourvu à la garde des effets inventoriés (art. 10); les administrateurs sont désignés en cas d'absence d'héritiers connus ou inconnus; ils sont responsables de leur gestion, s'il y a eu faute lourde ou défaut de surveillance (art. 14). L'administrateur est obligé de se soumettre à des règlements qui assurent la surveillance et le contrôle de sa gestion (art. 15 à 19). Les comptes sont soumis à l'homologation du Tribunal, qui peut lui demander tous éclaircissements nécessaires et taxe leurs frais et honoraires (art. 20).

414. Le troisième décret du 28 novembre 1898 est relatif à la transcription des contrats de mariage entre israélites au greffe du Tribunal rabbinique. Nous en signalons l'importance à nos lecteurs: on ne saurait trop se renseigner sur la solvabilité et la situation financière des commerçants tunisiens et ce n'est que trop souvent que des créanciers se sont vu opposer, lors de liquidations ou faillites, des contrats de mariage plus ou moins suspects[1]. Cela a donc été une mesure utile de salubrité que d'assurer la publicité des contrats de mariage israélites.

415. Les notaires rédacteurs d'une *ketouba* (contrat de mariage israélite) doivent, sous peine d'une amende de 25 à 50 fr. faire transcrire ledit contrat, dans les 3 jours de sa rédaction, au greffe du Tribunal rabbinique, sur un registre à ce destiné et, «à défaut de transcription, ces contrats n'ont aucun effet à l'égard des tiers» (art. 1). Les contrats antérieurs au décret peuvent être transcrits à la requête d'une des parties (art. 2). Des droits de greffe sont fixés et perçus au profit de l'Etat (art. 3). Lorsque l'un des conjoints est dans le commerce, un extrait du contrat de mariage doit être transmis au greffier des Tribunaux français et tunisien de la résidence des époux et affiché; le conjoint qui entreprend le commerce est également obligé de faire faire une transmission d'extrait et un affichage identiques, sous peine d'être déclaré banqueroutier en cas de faillite (art. 4).

416. La justice rabbinique n'a compétence que pour les litiges de statut personnel des israélites tunisiens et pour leurs successions; il lui est interdit de juger d'autres affaires civiles ou commerciales (décret du 3 septembre 1872 — Z. 810).

417. Un décret du 25 janvier 1905 (Z. 2665) a pris des mesures pour la gestion des successions israélites tunisiennes ouvertes en dehors du ressort du Tribunal rabbinique de Tunis.

Section II. Justice séculière.

418. Nous allons exposer dans des paragraphes distincts ce qui a trait à l'organisation et à la procédure, au recrutement du personnel, aux frais et tarifs, à la procédure de contrainte, à la juridiction de l'Orf.

§ 1. *Organisation et procédure.*

419. Il faut que le lecteur se reporte au tableau que nous avons esquissé de l'état de l'organisation judiciaire à l'époque où le Protectorat français a été établi en Tunisie, et à ce que nous avons dit des attributions judiciaires de l'Ouzara. C'est de ce point de départ qu'il faut observer le travail de transformation considérable qui a amené la justice séculière à l'état actuel; il a été commencé par un décret du 18 mars 1896 (Z. 830) qui mérite de nous arrêter un peu.

420. Ce qui existait, c'est ce que nous appellerons la *justice retenue* par le souverain; ce qu'on a été amené à créer, c'est de la *justice déléguée*. On a institué dans tout le territoire des Tribunaux (Sfax, Gabès, Gafsa, décret du 18 mars 1896; Sousse, Kairouan, décret du 25 février 1897 — Z. 840; Le Kef, décret du 17 mai 1898 — Z. 844; Tunis, décret du 23 mai 1900 — Z. 850) au nombre de 7, appelés Tribunaux régionaux ou de province, composés d'un nombre variable de magistrats, devant siéger à 3 juges en audience publique, pour connaître: en matière civile de toutes actions personnelles et mobilières en dernier ressort jusqu'à 200 fr. et, sauf appel, jusqu'à 1200 fr. (art. 11) en matière pénale, en dernier ressort, de certaines infractions énumerées en l'art. 15, de toutes autres infractions n'entraînant pas l'application d'une amende de plus de 100 fr. et d'un emprisonnement de plus de 3 mois ou de l'une de ces deux peines seulement (art. 17) en dernier ressort de certains délits nommément désignés (art. 16) et de tout délit n'entraînant pas une punition plus grave que l'amende, à quelque chiffre qu'elle puisse monter et la prison jusqu'à

[1]) Voir: la considérable jurisprudence intervenue sur la matière: S. Berge, Répertoire V° Régime matrimonial nos 85 et s. — Adde: Sousse, 11 juillet 1907 (Journal 1909 p. 244); Alger, 5 avril 1909 (Journal 1910 p. 89).

2 ans ou l'une de ces deux peines seulement (art. 17). L'appel des décisions de ces Tribunaux rendues en premier ressort va devant l'Ouzara, qui connaît en outre des affaires dépassant la compétence des Tribunaux de province, notamment du grand criminel.

421. L'Ouzara ne constitue pas de la justice déléguée: les bureaux qui composaient la section civile et la section pénale ont été réorganisés et placés sous la direction d'un directeur des Services judiciaires (arrêté du 4 juillet 1896 — Z. 835); ils ont été fractionnés en deux parties; l'une a constitué des bureaux administratifs, l'autre des assemblées de magistrats qui ont procédé à des débats publics et contradictoires après des informations régulières (arrêté du 14 décembre 1896 — Z. 838) mais qui, au lieu de juger, ont été simplement appelés à rédiger des projets de sentence soumis à l'homologation du Bey, suivant l'ancienne mode.

422. La notion de l'action publique a été dégagée, son exercice a été délégué au Directeur des Services judiciaires (arrêté précité du 14 décembre 1896 et arrêté du 20 janvier 1904 — Z. 2386); le même fonctionnaire a eu à assurer l'exécution des peines, soit par des ordres d'écrou adressés au Service pénitentiaire, soit par des extraits délivrés à l'Administration des finances.

423. Le décret du 18 mars 1896, charte constitutive du système, complété par un décret du 23 mai 1900 (Z. 850) qui a organisé une procédure de référé et délégué les Caïds (gouverneurs) dans le jugement de certaines petites affaires, pour décentraliser davantage, avait disposé les grandes lignes d'une procédure très simple, mais précise, qui aurait valu la peine d'être exposée ici; mais, à la date du 24 décembre 1910, a été promulgué un Code tunisien de procédure civile, qui a développé ces prémisses et leur a donné toute l'ampleur nécessitée par une institution qui, aujourd'hui, forme une des bases les plus solides et les mieux construites de l'organisation interne de l'Etat tunisien; ce document, peu connu, mérite que nous en fassions ici une analyse étendue avec reproductions partielles.

CODE TUNISIEN DE PROCÉDURE CIVILE.

TITRE I. DE LA COMPÉTENCE EN GÉNÉRAL DES DIVERSES JURIDICTIONS TUNISIENNES. DE L'EXERCICE DE L'ACTION EN JUSTICE.

Chapitre premier. De la compétence en général des diverses juridictions tunisiennes.

424. Les juridictions dont il est parlé ci-après connaissent dans les limites de leur compétence respective, des litiges s'agitant exclusivement entre indigènes non sujets ni protégés des puissances non musulmanes (art. 1).

Section I. Compétence d'attribution.

425. «Le Président du Tribunal régional, dans le caïdat où siège ce Tribunal et, en dehors du siège, le caïd (ou le khalifa, spécialement désigné par arrêté) juge, en dernier ressort, les actions personnelles ou mobilières dont l'importance pécuniaire ne dépasse pas 30 francs. Les Tribunaux régionaux jugent, en dernier ressort, les actions personnelles ou mobilières au-dessus de 30 et jusqu'à 200 francs. En premier ressort, ils connaissent: 1° des mêmes actions, lorsque l'intérêt est supérieur à 200 francs; — 2° des actions possessoires» (art. 2). — L'art. 3 définit les actions personnelles, et les actions mobilières.

«Le Tribunal de l'Ouzara connaît: 1° *Sur appel:* a) Des jugements rendus en premier ressort; — b) des jugements mal qualifiés en dernier ressort ou non qualifiés; — c) des jugements rendus en matière de compétence. — Il ne peut être interjeté appel des jugements préparatoires. — 2° *Sur évocation:* De toutes les décisions des juridictions auxquelles s'applique le présent Code; — 3° des incidents qui s'élèvent à l'occasion de l'exécution des jugements, dans les cas spécifiés par le présent Code» (art. 4).

Il a été jugé, pour l'application des textes qui précèdent, que la détermination du taux du ressort résulte du montant même de la demande: Ouzara, 11 juillet 1911 (Journal, 1912, p. 205).

426. Les art. 5 à 10 précisent les moyens d'apprécier le montant d'une demande pour la détermination du taux du ressort; suivant l'art. 11, la demande collectivement portée par plusieurs personnes ayant des intérêts distincts s'apprécie, aux mêmes fins, en raison de l'intérêt de chacune envisagé séparément. La demande reconventionnelle ne s'ajoute pas à la demande principale pour le calcul du taux du ressort et lorsque l'une d'elles dépasse le taux du dernier ressort, le Tribunal ne statue sur le tout qu'à charge d'appel (art. 12); lorsque la demande reconventionnelle excède le taux de la compétence du Caïd ou du président du Tribunal, il renvoie pour le tout les parties à se pourvoir devant le Tribunal, à moins que la demande reconventionnelle soit exclusivement basée sur le préjudice occasionné par la demande principale (art. 13).

Section II. Compétence territoriale.

427. «Le défendeur doit être actionné devant le Tribunal de sa résidence actuelle. En cas de pluralité de défendeurs, le demandeur peut saisir à son choix le juge de la résidence de l'un d'eux» (art. 14). — «Si le défendeur réside hors de Tunisie, l'assignation est donnée devant le Tribunal du demandeur. Dans ce cas, un exemplaire de la citation est affiché dans le cadre spécial aux affiches officielles: un autre exemplaire de la dite citation est envoyé au défendeur, par lettre recommandée avec accusé de réception» (art. 15).

«Sont portées devant le Tribunal régional de Tunis les actions contre l'Etat et les Administrations publiques. Sont portées devant le Tribunal du lieu de leur siège social ou de leurs succursales, eu égard à la résidence du demandeur: 1° les actions contre les Sociétés; — 2° les contestations entre associés ou entre administrateurs et associés; — 3° les contestations relatives au partage» (art. 16).

«Le défendeur sera assigné: 1° en cas d'élection de domicile pour l'exécution d'un acte, devant le Tribunal du domicile élu ou du lieu de sa résidence; — 2° en matière de garantie, de reconvention ou d'intervention, de litispendance ou de connexité, devant le Tribunal saisi de la demande originaire» (art. 17). — «En matière mobilière, l'action peut être portée devant le juge du lieu dans lequel l'obligation est née ou doit être ou a été exécutée» (art. 18). — «Sont portées devant le Tribunal du lieu de la situation de l'immeuble: 1° Les actions personnelles dirigées contre les propriétaires, ou les possesseurs de l'immeuble, à l'occasion des dommages causés au fonds; — 2° les actions possessoires» (art. 19).

Section III. Exceptions d'incompétence.

428. «Les parties peuvent, en tout état de cause, soulever l'incompétence du Tribunal qui résulterait de la nationalité de l'une des parties ou de l'inobservation des règles relatives à l'ordre des juridictions. Le Tribunal doit même, dans ces deux cas, se déclarer, d'office incompétent» (art. 20). — «La partie qui aura été appelée devant un Tribunal de même ordre autre que celui qui doit connaître de la contestation, peut demander son renvoi devant la juridiction compétente, mais elle est tenue de former cette demande avant l'examen du fond; faute de ce faire, sa requête devient irrecevable» (art. 21).

Chapitre II. De l'exercice de l'action en justice.

429. Elle appartient à toute personne ayant qualité et capacité pour faire valoir en justice le droit muni de l'action qu'elle a intérêt à exercer. Le Tribunal relève d'office le défaut de capacité, de qualité ou d'autorisation (art. 22).

TITRE II. DES DIVERSES JURIDICTIONS.

Chapitre premier. Juridiction des Caïds (ou Présidents des Tribunaux régionaux).

430. La demande est introduite devant le Caïd, soit par la comparution volontaire et simultanée des parties, soit par la comparution du demandeur seul; dans ce dernier cas, le défendeur est cité verbalement et sans frais; s'il ne se présente pas ou si l'avis verbal est estimé impossible ou inutile, la convocation a lieu par écrit et sans frais (art. 23). La convocation se compose d'un volant et d'un talon portant toutes indications utiles; le volant est remis à l'intéressé; le talon qui indique la date de la remise de la convocation et porte la signature de l'intéressé ou du fonctionnaire qui a assuré la remise, est remis au Caïd qui l'annexe aux pièces (art. 24). Les affaires sont inscrites par ordre de réception sur un registre à ce destiné, qui, dans une colonne réservée, reçoit mention de la décision, sommairement motivée (art. 25). Il doit y avoir 1 jour franc entre la convocation et le jour indiqué pour la comparution, plus un jour par 2 myriamètres de distance entre le lieu où se trouve le défendeur et celui de la comparution, ce, à peine de nullité (art. 26), sauf le droit d'assigner d'heure à heure dans les cas qui requièrent célérité (art. 27).

«Les parties comparaissent, en personne, devant le Caïd, au jour fixé par la convocation ou convenu entre elles. Si elles sont empêchées de comparaître, elles ont la faculté de se faire représenter par un des mandataires autorisés à plaider devant les juridictions tunisiennes ou d'exposer par lettre les moyens qu'elles invoquent à l'appui ou à l'encontre de la demande. Faute par le demandeur de comparaître ou d'user de la faculté prévue par le paragraphe précédent, l'affaire est rayée. Si le défendeur, touché personnellement, ne comparaît pas ou n'use pas de la faculté prévue au deuxième paragraphe du présent article, il est statué, comme s'il était présent, par jugement définitif» (art. 28).

431. «Les parties entendues dans leurs moyens, le Caïd statue immédiatement, sauf si une enquête ou une production de pièces lui paraît nécessaire. Sa décision, basée sur les moyens de preuve du Code tunisien des Obligations et Contrats, est mentionnée séance tenante, avec ses motifs sommaires, sur le registre prévu par l'art. 25» (art. 29). «Le Caïd peut faire procéder, soit à la demande des parties, soit d'office, à une enquête ou à un transport sur les lieux, ou à une expertise, à condition que les frais à exposer ne soient pas hors de proportion avec l'importance du litige» (art. 30).

432. «Les dispositions des art. 23 à 30 inclus sont applicables par les Présidents des Tribunaux statuant en vertu de l'art. 2 du présent Code» (art. 31).

Chapitre II. Des tribunaux régionaux.

Section première. Instruction antérieure à l'audience.

433. Le Tribunal régional est saisi par requête verbale ou écrite, inscrite dès sa réception sur un registre tenu au greffe et donnant lieu à l'ouverture d'un dossier immédiatement remis au président qui commet un juge (art. 32). Le juge commis met la procédure en état, cite les parties à comparaître devant lui, provoque, entend et consigne leurs dires, entend ou fait entendre les témoins, ordonne enquêtes, expertises et visites de lieux (art. 33). Les citations portent toutes indications nécessaires; elles ménagent un délai de 3 jours francs plus un délai de distance conforme aux indications d'un tableau; les parties qui ont constitué mandataire sont citées, à leurs frais avancés, à la résidence de ce dernier par lettre recommandée avec accusé de réception (art. 34).

434. Au jour fixé, le juge commis entend contradictoirement les parties et provoque toutes explications utiles; il peut exiger la comparution personnelle; il procède tant en l'absence qu'en la présence des parties valablement citées (art. 35). En cas de conciliation ou de transaction, il dresse un procès-verbal, autant que possible signé par les parties et qu'il soumet à l'homologation du Tribunal (art. 36).

435. «Si, incidemment à l'action principale, une des parties s'inscrit en faux, dénie l'écriture ou prétend ne pas la reconnaître, le juge consigne dans son procès-verbal les moyens produits à l'appui de ses prétentions et les réponses de la partie adverse. Il parafe, le cas échéant, la pièce incriminée et communique son dossier au Tribunal, aux fins d'être autorisé à surseoir, à informer ou à passer outre. Cette décision du Tribunal n'est pas susceptible d'appel avant jugement sur le fond» (art. 37).

436. «Les exceptions de litispendance ou de connexité doivent être proposées par les intéressés devant le juge commis; elles sont immédiatement soumises au Tribunal par procès-verbal relatant les moyens produits à l'appui. Le Tribunal statue, dans le moindre délai, par jugement séparé dont appel ne pourra être interjeté qu'après jugement au fond, si ce dernier est susceptible d'appel. L'appel en garantie ne peut être formé que devant le juge commis: si le garant se présente, les deux instances sont liées; si au contraire la citation demeure sans effet, le recours du garanti contre le garant est réservé» (art. 38).

437. «Les parties peuvent respectivement obtenir communication, sans déplacement, des pièces de la procédure» (art. 39). — «Le juge commis n'émet aucun avis sur la solution que comporte l'affaire. Lorsqu'il estime que l'affaire est en état, il en transmet le dossier au Président qui la renvoie à l'audience, si la procédure préparatoire lui paraît complète; dans le cas contraire, il ordonne un supplément d'information, en en spécifiant l'objet» (art. 40).

438. Le juge commis peut ordonner, soit d'office, soit sur la demande d'une partie, une enquête (art. 41); mais s'il y a difficulté sur la recevabilité de la preuve testimoniale, il renvoie les parties à l'audience où il est statué sur l'incident (art. 42). La partie qui est autorisée à faire la preuve par témoins articule les faits qu'elle entend prouver et désigne ses témoins; la partie adverse a le droit d'administrer la preuve contraire (art. 43) et un supplément d'enquête est autorisé en cas de besoin (art. 44). Il appartient exclusivement au juge commis ou au tribunal d'ordonner les enquêtes qu'ils croient nécessaires et les parties ne sont pas recevables à mettre aux débats des déclarations de témoins qui auraient été reçues par les *adouls* ou notaires indigènes sur leur réquisition et dans les formes usitées dans les usages et règlements locaux: Trib. ind. Kairouan, 7 février 1912 (Journal, 1912, p. 283). C'est là un progrès considérable réalisé par la nouvelle législation sur l'état antérieur; en effet, auparavant, chaque partie apportait à l'appui de ses prétentions, une *hodja*, c'est-à-dire un acte de témoignages dressé par les notaires indigènes en dehors de toute garantie et de tout contrôle; de telles pièces mettaient la justice en risque d'erreur et le cas le plus favorable était celui où les adversaires produisaient des *hodja* contradictoires et inconciliables, ce qui permettait de les écarter toutes et de juger par d'autres éléments moins suspects. Les art. 41 et suivants de notre Code mettent définitivement fin à ces embarras.

439. Les témoins sont entendus par le juge commis ou sur sa commission rogatoire (art. 45); ils sont entendus séparément, tant en l'absence qu'en présence des parties dûment avisées; ils déposent sans le secours d'aucun écrit; on leur demande toutes indications relatives à leur identité et on les laisse faire leur déposition sans les interrompre, pour les interpeller ensuite si c'est nécessaire; procès-verbal sommaire est dressé de cette audition avec indication des reproches formulés, s'il y en a (art. 46).

440. «La partie qui veut récuser un témoin doit formuler sa récusation et produire ses motifs avant la déposition sur le fond. Si le motif de récusation est fondé en droit et n'est pas contesté, le témoin n'est pas entendu: si, au contraire le motif de récusation donne lieu à contestation, le témoin est entendu, sauf au Tribunal à statuer ultérieurement sur le maintien ou le rejet de sa déposition» (art. 47). — «Les témoins peuvent être récusés, pour raison d'âge, d'inimitié, de parenté ou d'alliance. De 7 à 13 ans, les enfants sont entendus à titre de renseignements. En dehors de ces cas, peuvent être récusés les témoins ayant un procès en instance avec une des parties, ayant reçu des cadeaux de la partie qui les a cités, ayant donné des conseils sur les faits relatifs au procès, ayant un intérêt direct et personnel dans l'affaire ou ayant, alors qu'ils étaient insolvables, déposé au profit de leur créancier» (art. 48). — «Peuvent aussi être récusés le créancier ou le débiteur de l'une des parties» (art. 49). — «Peuvent enfin être récusés les parents ou alliés, à l'infini, en ligne directe; en ligne collatérale, les parents jusqu'au 6e degré ou alliés jusqu'au 4e degré, les serviteurs et domestiques à gages; les témoins en état d'accusation; les condamnés pour vol, abus de confiance, faux et escroquerie» (art. 50). — «Les fonctionnaires publics, alors même qu'ils ne sont plus en activité de service, ne peuvent, sans l'assentiment de l'autorité de laquelle ils dépendent ou dépendaient, être entendus comme témoins sur des faits qu'ils ont connus en raison de leurs fonctions» (art. 51).

441. Le juge commis qui reconnaît l'utilité d'une expertise peut l'ordonner d'office ou sur la demande des parties; il trace la mission de l'expert et le désigne, si les parties ne s'accordent pas sur son choix (art. 52); s'il y a difficulté sur la nécessité de l'expertise, il est renvoyé au Tribunal qui statue sur l'incident et, en même temps sur le fond, s'il y échet (art. 53). Les motifs de récusation des témoins sont applicables aux experts et il y est statué de même manière (art. 54).

442. L'expert qui ne remplit pas sa mission, après l'avoir acceptée, s'expose à des dommages-intérêts; il est remplacé par simple ordonnance du juge commis (art. 55). L'expert procède tant en l'absence qu'en présence des parties dûment appelées; il dresse de ses opérations un rapport qu'il dépose au greffe où les parties peuvent en prendre communication; le juge peut l'appeler pour lui demander des éclaircissements (art. 56).

Section II. Instruction à l'audience et jugement.

443. Le Tribunal fixe le jour de l'audience de manière à observer un délai de 15 jours; la convocation contient toutes indications utiles et injonction de déposer toutes pièces, pour le demandeur 10 jours au moins avant l'audience, pour le défendeur 5 jours au moins avant l'audience (art. 57). Les délais de comparution établis par l'art. 57 peuvent être réduits lorsque les parties conviennent d'un délai moins étendu lors de leur audition par le juge commis: Ouzara, 7 février 1912 (Journal, 1912, p. 431).

444. Les parties comparaissent en personne ou par mandataire, le Tribunal peut exiger leur comparution personnelle (art. 58). Le président ouvre et dirige le débat oral; il le clôt quand le Tribunal se trouve suffisamment éclairé (art. 59). Il s'ouvre par l'exposé des conclusions des parties; des moyens nouveaux peuvent être repoussés, si le Tribunal estime que leur production n'a d'autre but que d'entraver la procédure (art. 60).

445. Les débats sont publics à moins que la publicité ne paraisse dangereuse pour l'ordre public ou les mœurs, ce qui autorise le huis-clos par décision motivée (art. 61). Le président a la police de l'audience (art. 62).

446. Les jugements sont prononcés immédiatement après les débats; exceptionnellement ils peuvent être renvoyés à une prochaine audience; pendant le délibéré, il n'est reçu ni notes, ni mémoires, ni pièces (art. 63). Ils doivent être rédigés en minute dans le moindre délai, au plus tard dans les 10 jours et signés des trois magistrats qui les ont rendus (art. 64).

447. «Les jugements sont rendus par trois magistrats à la pluralité des voix. Le président recueille les avis, en commençant par le juge le moins ancien; il donne son avis le dernier. S'il se forme plus de deux opinions, le juge le moins ancien est tenu de se rallier à l'une des deux opinions émises par ses collègues» (art. 65). — «La délibération doit être tenue secrète: il n'en est pas dressé procès-verbal. Lorsque la majorité s'est formée, le jugement est dressé en conformité de la délibération et signé par les trois magistrats qui ont siégé dans l'affaire» (art. 66). — «Les juges appelés à délibérer doivent, à peine de nullité, avoir assisté à tous les débats. Tout jugement doit être prononcé, en audience publique, en présence des magistrats qui y ont pris part ou tout au moins de la majorité d'entre eux. En cas de démission, de nomination à un autre poste ou de tout autre empêchement absolu postérieurement au délibéré et dont il sera fait mention au jugement, le magistrat empêché doit tout au moins en signer la minute» (art. 67). — «Lorsqu'un des magistrats, ayant participé au jugement, décède ou est mis dans l'impossibilité de signer après le prononcé dudit jugement, celui-ci est signé par les deux autres magistrats; mention est faite de la circonstance au jugement» (art. 68).

448. «Tout jugement contient: 1° les nom, qualités et demeure des parties; — 2° le point de fait; — 3° le résumé des dires des parties; — 4° les motifs en fait et en droit; — 5° le dispositif; — 6° la date à laquelle il a été rendu et qui sera exprimée à la fois d'après le calendrier musulman et le calendrier grégorien; — 7° les noms des magistrats par lesquels il a été rendu; — 8° l'indication du ressort; — 9° la liquidation des dépens, si elle est possible» (art. 69).

449. «Le Tribunal qui a statué est seul compétent pour interpréter, en cas de besoin, son jugement» (art. 70). La rectification des erreurs matérielles contenues aux jugements ne doit donc pas être demandée au Tribunal de l'Ouzara par voie d'appel, mais au tribunal même qui a rendu la décision (art. 140): Ouzara, 10 avril 1912 (Journal, 1912, p. 498)[1].

«Les Tribunaux régionaux peuvent ordonner l'exécution provisoire de leurs jugements, sans caution et nonobstant appel, s'il y a titre, aveu, promesse reconnue ou condamnation précédente par jugement passé en force de chose jugée» (Art. 71). — «L'exécution provisoire peut aussi être ordonnée avec ou sans caution: 1° s'il s'agit de réparations urgentes, d'expulsion de lieux loués suivant bail écrit; — 2° s'il s'agit de contestations entre maîtres et domestiques, agriculteurs et khammès, patrons et ouvriers, relativement à leur service ou à leur travail, lorsque les contestations prennent naissance pendant la durée du service, du travail ou de l'apprentissage; — 3° s'il s'agit de contestations entre voyageurs et hôteliers ou voituriers» (Art. 72).

[1]) Voir plus loin au n° 470 du présent ouvrage.

450. «Toute partie qui succombe est condamnée aux dépens. Les dépens peuvent être répartis entre les parties, si celles-ci succombent respectivement sur quelques chefs» (Art. 73). — «Si la liquidation des dépens au jugement n'est pas possible, le greffier est autorisé à délivrer un exécutoire de dépens sur le vu de la taxe du Président, et ce, sans qu'il soit besoin d'une nouvelle procédure» (Art. 74).

Section III. Des demandes incidentes, subsidiaires et reconventionnelles.

451. Le demandeur peut étendre ou modifier sa demande jusqu'à la clôture de l'instruction de l'affaire par le juge commis (Art. 75). Les demandes incidentes ou subsidiaires sont présentées par simple déclaration au juge commis avec offre de communication de pièces, mais doivent être proposées simultanément, sous peine des frais encourus par une fausse manœuvre (Art. 76). Le défendeur a le même droit, pourvu que ses demandes servent de défense à la demande principale, ou tendent à la compensation, ou à la réparation du préjudice occasionné par le procès, ou si elles sont connexes à la demande principale (Art. 77); il peut le faire tant que la demande principale n'est pas en état, sauf si sa reconvention exige une instruction particulière (Art. 78).

452. «Est qualifiée action possessoire l'action que la loi accorde au possesseur d'un immeuble ou d'un droit réel, tel qu'une servitude, pour se faire maintenir dans sa possession ou s'y faire rétablir lorsqu'il en a été dépossédé» (Art. 79). — «L'action possessoire peut être intentée: 1° par celui qui, par lui-même ou par autrui, a la possession annale, paisible, publique, à titre de propriétaire, continue, non interrompue et non équivoque, d'un immeuble ou d'un droit réel immobilier, et entend être maintenu dans sa possession ou la faire reconnaître; — 2° par celui qui a intérêt à faire ordonner la suspension des travaux qui produiraient un trouble s'ils venaient à être achevés; — 3° par celui qui, dépouillé par voie de fait d'un immeuble ou de la jouissance d'un droit réel immobilier susceptible d'action possessoire, demande à être réintégré dans sa possession ou dans sa jouissance.» (Art. 80.) — «On entend par trouble, tout fait qui, soit directement et par lui-même, soit par voie de conséquence, implique une prétention contraire à la possession d'autrui. Il y a trouble, même au cas de simple atteinte portée à la possession.» (Art. 81.) — «Si le trouble ne résulte pas de la violence, l'action possessoire n'est recevable que: 1° si le demandeur en possession depuis un an au moins, au moment du trouble, n'a pas laissé s'écouler un an depuis le trouble ou la dépossession; — 2° si la dépossession est continue, non équivoque, paisible, publique, à titre de propriétaire ou de détenteur du domaine utile, tel que le dévolutaire de habous.» (Art. 82.) — «Au cas de dépossession violente, celui qui en est victime, peut soit poursuivre, par la voie pénale, la réparation du préjudice qui lui a été causé et sa remise en possession, soit se faire réintégrer dans cette possesion par voie civile.» (Art. 83.) — «Dans le cas prévu par le § Ier de l'article 80, si le défendeur émet des prétentions à la possession réclamée par le demandeur et si tous deux rapportent la preuve de faits possessoires, le juge peut, soit les maintenir dans leur possession promiscüe, soit établir un séquestre, soit donner la garde de l'objet litigieux à l'une ou l'autre des parties, à charge de rendre compte des fruits le cas échéant.» (Art. 84). — «Le Tribunal régional saisi du possessoire ne peut statuer au pétitoire. Néanmoins, en vue de la solution du litige, le juge peut examiner les titres et en tirer toutes conséquences utiles au point de vue de la possession.» (Art. 85) [1].

Chapitre III. Tribunal de l'Ouzara.

453. «L'appel est interjeté au moyen d'une déclaration verbale ou écrite. Il est reçu, soit au greffe de l'Ouzara ou du Tribunal qui a statué, soit dans les bureaux du Contrôleur civil ou du Caïd. La demande est consignée par ordre de date, sur un registre spécial d'appel; récépissé en est délivré.» (Art. 86.)

1) Cette difficile matière des actions possessoires, si importante en raison des avantages que peut donner une possession prolongée au point de vue de la prescription acquisitive, c'est-à-dire, en droit musulman, de la paralysation des actions du propriétaire (voir n° 91 du présent ouvrage) a donné lieu à une importante jurisprudence des tribunaux indigènes; voici l'indication de la plus récente: Ouzara, 14 février 1912 (Journal, 1912, p. 472); 20 février 1912 (Journal, 1912, p. 398); 27 mars 1912 (Journal, 1912, p. 455); 10 avril 1912 (Journal, 1912, p. 497); 15 mai 1912 ((Journal 1912, p. 536); 28 mai 1912 (Journal, 1912, p. 568); 27 novembre 1912 (Journal, 1912, p. 632); 10 décembre 1912 (Journal, 1912, p. 654); 18 décembre 1912 (Journal, 1913, p. 32).

454. «Le délai pour interjeter appel est de 20 jours francs, à partir de la notification du jugement à personne ou au mokaddem pour l'incapable. Il emporte déchéance.» (Art. 87.) — «Si le condamné est absent de Tunisie, la signification est faite à mandataire ou au Caïd de la résidence et le délai d'appel est augmenté d'un mois.» (Art. 88). — «Le délai d'appel est suspendu par la mort de la partie condamnée, survenue au cours dudit délai; il reprend après signification du jugement aux héritiers.» (Art. 89.) — «L'appel des jugements en premier ressort est suspensif. L'exécution des jugements mal à propos qualifiés en dernier ressort ne peut être suspendue que par ordonnance du président du Tribunal de l'Ouzara.» (Art. 90.)

455. «Les règles édictées ci-dessus pour les procédures devant les tribunaux régionaux sont applicables aux instances d'appel, sauf les modifications suivantes (Art. 92 à 96 inclus.).» (Art. 91.) — «Le juge commis peut se dispenser d'entendre à nouveau les parties, témoins ou experts, et de reprendre l'enquête faite par le tribunal régional. Dans ce cas, il transmet le dossier au Président, avec note explicative.» (Art. 92.) — «Les parties qui désirent ne pas se présenter en personne ou par mandataire peuvent exposer, avant l'audience, leurs moyens par simple mémoire. Le tribunal peut, lorsqu'il le juge utile, exiger leur comparution personnelle.» (Art. 93.)

456. La demande présentée devant les premiers juges ne peut être augmentée ni modifiée en appel, à moins qu'il ne s'agisse de loyers, d'arrérages ou d'accessoires de créance échus depuis le jugement ou de dommages-intérêts aggravés (Art. 94)[1]. Les parties ont la faculté de faire valoir des moyens nouveaux (Art. 95). Le président met l'affaire en délibéré quand les débats sont clos et le projet de sentence est soumis à l'homologation du Bey (Art. 96). L'appelant qui succombe est passible d'une amende de 10 à 100 fr. sans préjudice des dommages-intérêts de la partie, s'il y a lieu (Art. 97).

Chapitre IV. Voies extraordinaires de recours.

457. C'est d'abord la tierce-opposition, qui appartient à toute personne non appelée dans une instance lorsque le jugement rendu préjudicie à ses droits (Art. 99). Elle est recevable tant que le droit sur lequel elle se fonde n'est pas éteint; elle n'arrête pas en principe l'exécution du jugement contre lequel elle est dirigée (Art. 101) celui qui l'a introduite à tort est passible d'une amende de 10 à 100 fr., sans préjudice des dommages-intérêts de la partie, s'il y a lieu (Art. 102).

458. C'est ensuite l'évocation: «Peut être déférée à l'Ouzara, soit par les parties, soit même d'office, toute décision judiciaire même passée en force de chose jugée ou déjà exécutée, pour cause d'incompétence, d'excès de pouvoir, de fausse application de la loi, ou encore: 1° s'il existe erreur manifeste; — 2° si les formes prescrites à peine de nullité ont été violées; — 3° s'il a été statué sur des choses non demandées; — 4° si, dans le cours de l'instruction de l'affaire, il y a eu dol de la partie; — 5° si les pièces qui ont servi à la décision ont été, depuis, reconnues ou jugées fausses; — 6° si, depuis le jugement, la partie requérante a recouvré des pièces décisives retenues par le fait de la partie adverse, pourvu qu'il y ait preuve écrite du jour de la découverte; — 7° si, dans un même jugement, il y a des dispositions contraires; — 8° s'il y a contrariété de jugements en dernier ressort entre les mêmes parties et sur les mêmes moyens; — 9° si des incapables n'ont pas été valablement défendus.» (Art. 103.)

«Aucune demande d'évocation n'est examinée si elle n'est accompagnée d'une quittance délivrée par le Receveur de l'Enregistrement de Tunis constatant la consignation d'une somme de 200 francs, représentant le montant de l'amende à laquelle est condamné le demandeur succombant. Il est fait exception pour les indigents. Les administrations publiques sont dispensées de la consignation.» (Art. 104.) — «La requête introduite par les parties, à fin d'évocation, est déposée au greffe de l'Ouzara dans le délai franc de trente jours, à partir de la découverte du dol, de l'erreur, etc. Elle est soumise à l'examen d'une commission des requêtes, composée du Ministre de la Plume et de deux Présidents de Chambre de l'Ouzara. Cette Commission

[1]) Jugé qu'il est possible d'augmenter en appel une demande de dommages-intérêts dont le principe a fait l'objet de la demande en première instance, et alors qu'il s'agit d'une aggravation du préjudice allégué, qui serait survenue depuis le jugement: Ouzara, 27 février 1912 (Journal, 1912, p. 240). Jugé aussi qu'ane demande est recevable en appel, si elle a été formée en première instance, alors cependant que le tribunal a omis de statuer sur elle et que le jugement n'en parle pas: Ouzara, 31 janvier 1912 (Journal, 1912, p. 119).

apprécie, par tels moyens d'instruction qu'elle juge utile, notamment par l'audition de la partie ou de son représentant, si le pourvoi repose sur l'un des cas prévus par l'article 103 et elle statue définitivement sur sa recevabilité. Le Tribunal de l'Ouzara, si la Commission lui renvoie l'affaire, procède comme en matière d'appel. Aucun des magistrats ayant rendu la décision entreprise ne fera partie de la Commission des requêtes, ni de la Chambre devant laquelle l'affaire sera renvoyée.» (Art. 105.) — «La demande d'évocation n'est pas suspensive de l'exécution du jugement, sauf ordonnance spéciale du Président de la Commission.» (Art. 106.) — Il a été jugé que s'il est vrai que les jugements préparatoires ne sont pas susceptibles d'appel, cependant, lorsqu'un jugement de cette nature a été soumis sur appel à l'Ouzara, ce tribunal peut évoquer et annuler la mesure prise, s'il la considère comme contraire à la loi: Ouzara, 10 décembre 1912 (Journal, 1912, p. 654).

Chapitre V. Procédures spéciales communes aux juridictions des Caïds, des Tribunaux régionaux et de l'Ouzara.

459. On peut, lorsqu'il est à craindre que la réalisation du droit d'une partie ne devienne impossible ou sensiblement plus difficile, demander, soit une mise sous séquestre, soit une saisie conservatoire, soit l'injonction ou l'interdiction d'accomplir un acte déterminé (Art. 107). Ces mesures sont autorisées par le Président de la juridiction saisie du litige, sur simple requête et après avoir entendu la partie adverse, s'il le juge utile; sa décision est soumise en même temps que le fond au Tribunal, qui peut la rapporter ou la maintenir (Art. 108). L'ordonnance rendue en vertu de l'article précédent n'est soumise à aucune condition de forme; elle doit être cependant signée, revêtue du sceau du Tribunal et inscrite séance tenante sur le registre *ad hoc* (Art. 109). L'ordonnance de saisie conservatoire doit aussi indiquer le montant de la créance ou l'évaluer (art. 110). Il peut être statué dans les mêmes conditions, par le Président, sur les demandes en expulsion pour cause d'expiration d'un bail écrit ou pour défaut de paiement de loyers (art. 111). On peut aussi, suivant cette forme, nommer un expert, vu l'urgence (Art. 112).

460. Tout tiers justiciable des tribunaux indigènes peut intervenir en tout état de cause; on peut aussi assigner un tiers en intervention forcée ou en déclaration de jugement commun; le juge commis et le Tribunal peuvent encore d'office appeler un tiers en cause (Art. 113). La demande d'intervention est faite par requête; elle ne peut retarder le jugement de l'affaire principale (Art. 114).

461. «En cas de vérification demandée, devant le juge commis, à l'occasion de la production d'une pièce, il est sursis à l'examen du fond et renvoyé à l'audience. Si le Tribunal estime que cette demande ne constitue qu'un moyen dilatoire: il la rejette. Si, au contraire, elle lui paraît vraisemblable et s'il ne peut statuer sans enquête, il surseoit à l'examen du fond et renvoie devant le juge commis pour l'enquête. Il en est de même lorsque la demande de vérification d'écriture est produite pour la première fois, soit en première instance, soit en appel.» (Art. 115.) — «Le Tribunal statue au vu de l'enquête et ordonne soit l'admission, soit le rejet de la pièce. Il peut, au cas où le défendeur n'aurait comparu ni devant le juge commis ni à l'audience, tenir l'écrit pour reconnu. En cas de pluralité de signataires de l'acte, si quelques-uns seulement comparaissent, le jugement qui intervient s'applique à tous.» (Art. 116.)

462. «Sont entendus à l'enquête les témoins qui auraient vu écrire ou signer l'acte ou qui auraient connaissance de faits pouvant servir à découvrir la vérité.» (Art. 117.) — «Les pièces pouvant être admises à titre de pièces de comparaison sont notamment: 1° les signatures apposées à des actes authentiques; — 2° les écritures et signatures reconnues précédemment; — 3° la partie de l'acte à vérifier qui n'est pas déniée. Les pièces de comparaison sont paraphées par le Juge commis et les parties sachant écrire.» (Art. 118.) — «S'il est prouvé, par la vérification d'écritures, que la pièce est écrite ou signée par celui qui l'a déniée, il est passible d'une amende de 50 à 300 francs sans préjudice des dommages-intérêts.» (Art. 119.)

463. «Celui qui veut prouver la fausseté ou la falsification d'une pièce peut, indépendamment de son droit de saisir la juridiction répressive par voie principale, se pourvoir incidemment à une demande en instance devant un Tribunal régional ou d'appel et demander l'autorisation de faire la preuve du faux.» (Art. 120.) — «Le juge commis ordonne le dépôt au greffe de la pièce arguée de faux après l'avoir visée «ne varietur» et dresse, la cas échéant, procès-verbal du refus du défendeur d'effectuer le dépôt. Il entend le demandeur en ses moyens de faux, le défendeur en ses explications.» (Art. 121.) — «Le Tribunal décide si la demande d'inscription de faux paraît dénuée de fondement ou inutile aux débats et doit être rejetée, ou si la dite pièce peut, d'ores et déjà, être déclarée fausse ou si la preuve du faux doit être autorisée. Le Tribunal, en autorisant la procédure de faux, suspend l'exécution de l'acte.» (Art. 122.)

464. «La preuve du faux est administrée, suivant les circonstances, par titres, par témoins ou par experts, et en conformité des articles relatifs à la vérification d'écritures. Le Tribunal se prononce après débats à l'audience, les parties dûment appelées. Son jugement ordonne les suppressions, lacérations, additions, rectifications nécessaires et statue sur la restitution des pièces produites. En cas de pluralité de défendeurs, le jugement qui intervient est applicable à tous. Le demandeur qui a succombé est passible d'une amende de 50 à 300 francs sans préjudice des dommages-intérêts envers la partie et de poursuites pénales.» (Art. 123.)

465. «En cas de poursuite criminelle en faux principal, il est sursis au jugement de la cause en conformité des dispositions de l'article 446 du Code des Obligations et Contrats, à moins que les juges n'estiment que le procès puisse être jugé indépendamment de la pièce arguée de faux.» (Art. 124.) — «La décision qui ordonne ou refuse la suspension de l'instance en vertu des dispositions qui précèdent est susceptible d'appel.» (Art. 125.) Jugé que l'inscription de faux injustifiée peut donner lieu à l'allocation de dommages intérêts au profit de celui contre lequel ladite inscription de faux a été dirigée: Ouzara, 16 février 1912 (Journal, 1912, p. 208).

Chapitre VI. Dispositions communes aux différentes juridictions.

466. Le décès de l'une des parties interrompt l'instance, laquelle est reprise par la notification de la procédure aux héritiers; si les héritiers du demandeur ne se présentent pas, l'affaire est rayée; si ce sont ceux du défendeur, l'affaire suit son cours (Art. 126). La mise en faillite d'une des parties interrompt l'instance qui ne peut être reprise que par la mise en cause ou l'intervention du représentant de la masse (Art. 127). Solution analogue lorsqu'une partie perd la capacité d'ester en justice (Art. 128).

467. Il y a lieu à règlement de juges lorsque plusieurs tribunaux se sont déclarés compétents, ou incompétents pour juger un même litige, en cas de litispendance ou de connexité ou quand le tribunal compétent est dans l'impossibilité de siéger (Art. 129). Il est statué sur les requêtes en règlement de juges comme sur les requêtes tendant à évocation (Art. 130).

468. Les juges doivent se récuser dans les affaires où ils sont parties, où dans celles qui intéressent leurs femmes, leurs parents ou alliés à l'infini en ligne directe et, en ligne collatérale, jusqu'au 4° degré, dans celles où ils ont dû agir comme représentant légal, comme témoin ou comme juge, dans celles de leurs créanciers ou débiteurs, de leurs employés ou de personnes avec lesquelles ils ont été en procès (Art. 131). Tout magistrat qui connait une cause de récusation entre lui et l'une des parties doit le déclarer et le Tribunal décide provisoirement s'il doit s'abstenir; la partie ne peut plus récuser le juge si elle a procédé devant lui (Art. 132). La demande de récusation d'un juge est présentée au président du Tribunal par requête signée; le magistrat visé est appelé à s'expliquer; si c'est le président, cette procédure est faite par le juge le plus ancien. La décision est prise par la Commission des requêtes instituée par l'art. 105 (Art. 133).

469. Le juge peut être pris à partie en cas de dol, de fraude ou de concussion ou s'il est déclaré civilement responsable par la loi (Art. 134). La requête à fin de prise à partie est présentée à la susdite Commission des requêtes qui procède à toute investigation utile, entend le magistrat visé, le met en demeure de déposer un mémoire dans le délai de 15 jours et statue sans autre procédure; le demandeur débouté est condamné à une amende de 300 fr. sans préjudice des dommages-intérêts (Art. 135).

470. Tout bénéficiaire d'un jugement a droit d'en obtenir une copie en forme exécutoire, certifiée par le greffier et revêtue du sceau du tribunal; toute partie en cause peut se faire délivrer une simple copie (Art. 136). La formule exécutoire enjoint l'ordre d'exécuter au nom de S. A. le Bey (Art. 137). — «Il ne peut être délivré qu'une seule grosse. Toutefois, la partie qui, avant d'avoir pu faire exécuter le jugement rendu à son profit, a perdu la copie en forme exécutoire qui lui a été délivrée, peut en obtenir une seconde, par ordonnance du Président du Tribunal, tous intéressés dûment appelés, et à charge de fournir une caution solvable, à moins que le condamné ne reconnaisse que le jugement n'a pas été exécuté. La caution n'est déchargée que lorsque le jugement est périmé ou lorsqu'il a été exécuté en tout ou partie sans opposition de la partie condamnée.» (Art. 138.) — «En marge de la minute et sur les expéditions de jugement, mention est faite par le greffier de la délivrance de toute expédition simple ou de toute grosse, avec la date de la délivrance et le nom de la personne à laquelle elle a été faite, le tout à charge, par le greffier, d'une amende de 50 francs par chaque contravention constatée, sans préjudice des dommages-intérêts qui pourraient être dus aux tiers qui auraient subi un préjudice.» (Art. 139.) — «Les fautes d'orthographe, les erreurs matérielles de nom, de calcul et autres irrégularités évidentes de même nature qui peuvent se trouver dans un jugement doivent toujours être rectifiés, même d'office, par le Tribunal. Il est statué sur la rectification sans débat oral préalable. La décision qui ordonne une rectification est mentionnée sur la minute et les expéditions de jugements.» (Art. 140.)

471. Un jugement se périme par 20 années grégoriennes à partir du jour où il a été rendu (Art. 141).

TITRE III. DES VOIES D'EXÉCUTION.

Chapitre premier. Dispositions générales.

472. Les décisions rendues par les Caïds ou les Présidents des Tribunaux régionaux, en vertu des art. 2 et 23 à 31 du présent Code, sont exécutées par la vente forcée des facultés mobilières du condamné, s'il ne s'est pas libéré volontairement dans le délai qui lui a été imparti; mais l'agent d'exécution doit limiter strictement cette exécution à ce qui est nécessaire pour l'extinction de la créance et de ses accessoires (Art. 142). En cas d'insuffisance, on peut procéder par voie immobilière, mais seulement après homologation de la décision par le Tribunal régional (Art. 143).

473. En ce qui concerne les autres jugements, «l'exécution est due: 1° aux jugements définitifs revêtus de la formule exécutoire; — 2° aux jugements, même non définitifs, dont l'exécution provisoire est spécialement autorisée. Elle est assurée par les caïds (ou le Cheikh Medina à Tunis) à la réquisition de la partie bénéficiaire du jugement.» (Art. 144.) — «L'agent d'exécution notifie à la partie condamnée la décision qu'il est requis d'exécuter. Il la met en demeure de se libérer dans le délai de vingt jours francs; mais il saisit conservatoirement les biens du débiteur, si cette mesure lui paraît nécessaire pour sauvegarder les droits du bénéficiaire du jugement.» (Art. 145.)

474. Les art. 146 à 148 indiquent la manière de résoudre les difficultés d'exécution produites par le décès d'une des parties. Si l'exécution est subordonnée à la prestation d'un serment ou à la dation d'une sûreté par le créancier, elle ne peut commencer que s'il en est justifié (Art. 149).

475. «Sauf le cas de dette hypothécaire ou privilégiée, l'exécution est assurée sur les biens mobiliers; en cas d'insuffisance ou d'inexistence de ces biens, elle est poursuivie sur les biens immobiliers.» (Art. 150.) — «A l'expiration du délai de vingt jours francs, il est procédé à la saisie exécution. Cette dernière ne peut être étendue au delà de ce qui est nécessaire pour désintéresser le créancier et couvrir les frais de l'exécution forcée.» (Art. 151.) — «Il n'est pas procédé à la saisie exécution, si l'on ne peut attendre de la vente des objets saisis un produit supérieur au montant des frais de l'exécution forcée.» (Art. 152.)

476. L'art. 153 règle le cas où le poursuivi est tenu à la délivrance d'une chose mobilière ou fongible; l'art. 154, celui où il s'agit de la remise d'un immeuble; l'art. 155, celui où il y a lieu à l'accomplissement d'une obligation de faire. D'après l'art. 156, le tiers en possession de la chose sur laquelle l'exécution est poursuivie ne peut s'opposer à la saisie, sauf à faire valoir ses droits au moment de la distribution du prix (Art. 156).

477. «L'agent d'exécution est autorisé à faire ouvrir les portes des maisons et des chambres, ainsi que les meubles, pour la facilité des perquisitions, dans la mesure où l'exige l'intérêt de l'exécution.» (Art. 157.) — «Sauf en cas de nécessité dûment reconnue, une saisie ne peut être faite la nuit ni les jours de fête religieuse ou légale. La nuit embrasse, du 1er avril au 30 septembre, les heures comprises entre huit heures du soir et cinq heures du matin, et du 1er octobre au 31 mars, les heures comprises entre six heures du soir et sept heures du matin.» (Art. 158.) — «Sont considérés comme jours fériés: a) au regard des musulmans: 1° le vendredi; —

2° les trois derniers jours du Ramadan, les fêtes de Aïd el Seghir, de l'Aïd el Kebir. Chacune de ces fêtes comporte trois jours fériés, à partir du jour de la fête. Le 9 et le 10 moharrem (Achoura). Le 12 et le 13 du mois de rabia-el-aoual (Mouled). b) Au regard des israélites: 1° Le samedi; — 2° les deux jours de Roch-Achana (jour de l'an), le jour de Kippour (Grand Pardon), les deux premiers et les deux derniers jours de Souccoth (fêtes des Tabernacles), le jour de Pourim (fête d'Esther), les deux premiers et les deux derniers jours de Pisah (Pâques), les deux jours de Chabouoth (Pentecôte). Aucun acte d'exécution ne pourra, en outre avoir lieu le 1er janvier, le jour et le lundi de Pâques, le 14 juillet.» (Art. 159.) — «L'agent d'exécution se fera assister, dans ses opérations, de notaires et, le cas échéant, d'une femme de confiance.» (Art. 160.) — «Ceux qui, sans motif légal, entravent l'accomplissement de l'exécution peuvent être arrêtés et déférés au Tribunal régional (art. 15, décret 18 mars 1896).» (Art. 161.)

478. Les frais d'exécution sont à la charge du poursuivi; le recouvrement en est opéré en même temps que celui du principal de la créance (Art. 162). Les réclamations dont les causes sont postérieures au jugement sont exclusivement recevables contre son exécution; elles doivent être proposées simultanément à l'agent d'exécution qui en dresse procès-verbal et qui apprécie s'il peut être passé outre ou sursis à l'exécution; en cas de sursis, le Président de l'Ouzara décide si les poursuites doivent être reprises avec ou sans caution (Art. 163). Il a été jugé que les jugements rendus par les tribunaux tunisiens doivent être exécutés par les agents désignés par le Code de procédure civile et qu'il n'échet d'accueillir la demande tendant à ce que l'exécution soit assurée par un des magistrats qui ont rendu le jugement: Ouzara, 31 décembre 1912 (Journal, 1913, p. 127).

Chapitre II. Des saisies.

Section I. Des saisies conservatoires.

479. Elles ne sont assujetties à aucune condition de forme, mais énoncent, au moins approximativement, la somme pour laquelle la saisie est faite (Art. 164). «La saisie conservatoire a pour effet exclusif de mettre sous main de justice les biens meubles ou immeubles sur lesquels elle porte et d'empêcher que le débiteur n'en dispose au préjudice de son créancier; en conséquence, toute aliénation consentie à titre gratuit ou à titre onéreux, alors qu'il existe saisie conservatoire, est nulle et non avenue.» (Art. 165.) — «Le saisi conservatoirement reste en possession de ses biens jusqu'à la conversion de la saisie conservatoire en autre saisie, à moins qu'il n'en soit autrement ordonné et qu'il ne soit nommé un séquestre judiciaire. Il peut, en conséquence, en jouir en bon père de famille et faire les fruits siens; il lui est interdit de consentir un bail sans l'autorisation de l'agent d'exécution. (Art. 166.)

480. «Si la saisie conservatoire porte sur des biens mobiliers qui se trouvent entre les mains du poursuivi, l'agent d'exécution fait procéder par procès-verbal à leur récolement. Les notaires en dressent une liste. S'il s'agit de bijoux, ou d'objets précieux d'or ou d'argent, le procès-verbal contient, autant que possible, description et estimation de leur valeur par un amine.» (Art. 167.) — «Si la saisie conservatoire porte sur des immeubles, le procès-verbal les détermine par l'indication du lieu où ils sont situés, de leurs limites et, si possible, de leur contenance.» (Art. 168.) — «Le procès-verbal dressé en vertu des articles 167 et 168, est, suivant les cas, conservé par l'agent d'exécution ou transmis au Président du Tribunal qui a ordonné la saisie conservatoire.» (Art. 169.)

481. «Si les sommes, créances, effets ou immeubles déterminés appartenant au poursuivi contre lequel l'ordonnance de saisie conservatoire a été rendue, se trouvent entre les mains d'un tiers, l'agent d'exécution signifie à ce dernier ladite ordonnance et lui en fait remettre copie.» (Art. 170.) — «Par l'effet de cette ordonnance, le tiers est constitué gardien de l'objet ou de l'immeuble saisi, à moins qu'il ne préfère le remettre à l'agent d'exécution. Il est tenu, sous sa responsabilité personnelle, de ne s'en dessaisir que s'il y est autorisé par justice.» (Art. 171.) — «Lors de la signification, le tiers saisi indique, s'il s'agit d'une somme d'argent, les causes et le montant de sa dette; il invoque sa libération, le cas échéant, ou justifie des acomptes qu'il aurait versés; s'il s'agit d'effets mobiliers, il fournit un état détaillé de ces objets et rappelle les autres saisies qui auraient été antérieurement pratiquées entre ses mains et auraient conservé effet; s'il s'agit d'immeubles, il remet les titres de propriété qu'il détient à moins qu'il ne préfère, après inventaire, en être constitué détenteur. Il est dressé procès-verbal de ses déclarations: les pièces justificatives de cette déclaration y sont annexées. Le tout est déposé, dans les huit jours francs, au bureau de l'agent d'exécution.» (Art. 172.)

482. «Lorsque des tiers se prétendent propriétaires des meubles saisis il est, après saisie, sursis par l'agent d'exécution à la vente, si toutefois la demande de distraction est accompagnée de preuves suffisamment consistantes. La demande en distraction doit être introduite par le revendiquant au Tribunal du lieu d'exécution, dans la quinzaine du jour où elle a été présentée à l'agent d'exécution, faute de quoi il est passé outre. Les poursuites ne sont continuées qu'après jugement sur cette demande.» (Art. 174.)

483. «Sont insaisissables les biens mobiliers ci-dessous spécifiés: 1° le coucher, les vêtements et les ustensiles de cuisine nécessaires au saisi et à sa famille; — 2° les livres et outils relatifs à la profession du saisi, jusqu'à concurrence d'une somme de 300 francs; — 3° la nourriture du saisi et de sa famille pour quinze jours; — 4° une vache, ou trois brebis, ou deux chèvres, au choix du saisi, avec les fourrages et grains nécessaires à l'entretien desdits animaux pendant quinze jours; — 5° les équipements militaires appartenant au saisi; — 6° les sommes visées par l'article 3 de Notre décret du 1er août 1898; — 7° la part du khammès, si ce n'est au regard du patron.» (Art. 175.)

Section II. Des saisies-exécution.

484. «Si, à l'expiration du délai de vingt jours imparti par l'agent d'exécution lors de la signification du jugement, le poursuivi ne s'est pas libéré et qu'il y ait eu saisie conservatoire, cette saisie est convertie en saisie exécution. Cette décision est, avec l'indication de sa date, mentionnée au bas de l'inventaire des biens, dressé lors de la saisie conservatoire. S'il n'y a pas eu de saisie conservatoire, il est pratiqué, à l'expiration du délai ci-dessus spécifié, une saisie des biens du poursuivi. Il est fait application des règles édictées par les articles 167 à 175 inclus.» (Art. 176.) — «A l'exception du numéraire, qui doit être remis à l'agent d'exécution, les animaux ou objets saisis peuvent être laissés à la garde du poursuivi, si le créancier y consent, ou si une autre manière de procéder est de nature à entraîner des frais élevés. Ils peuvent aussi être confiés à un gardien, après récolement, s'il y a lieu. Il est interdit au gardien, à peine de remplacement et de dommages-intérêts, de se servir des animaux ou des objets saisis ou d'en tirer bénéfice, à moins qu'il n'y soit autorisé soit par les parties, soit par l'agent d'exécution.» (Art. 177.)

485. «Les biens mobiliers saisis sont vendus aux enchères publiques, après récolement en bloc ou en détail, suivant l'intérêt du débiteur. La vente aux enchères a lieu à l'expiration d'un délai franc de huit jours, à compter du jour de la saisie, à moins que le créancier et le débiteur ne s'entendent pour fixer un autre délai ou que la modification du délai ne soit nécessaire pour écarter le danger d'une dépréciation notable ou pour éviter des frais de garde hors de proportion avec la valeur de la chose.» (Art. 178.) — «Les enchères ont lieu au marché public le plus voisin ou partout où elles sont jugées devoir produire le meilleur résultat. L'époque et le lieu desdites enchères sont notifiées au public par tous moyens en rapport avec l'importance de la saisie.» (Art. 179.) — «L'objet de la vente est adjugé au plus offrant, et n'est délivré que contre paiement comptant.» (Art. 180.)

486. «Si l'acquéreur n'en prend pas livraison dans le délai fixé par les conditions de la vente ou, à défaut d'une semblable fixation, avant la clôture des opérations, cet objet est remis aux enchères à ses frais et risques. Le fol enchéri est tenu de la différence entre son prix et celui de la revente sur folle enchère, sans pouvoir réclamer l'excédent s'il y en a.» (Art. 181.)

487. «Les objets d'or ou d'argent ne peuvent être adjugés pour un prix inférieur à leur valeur appréciée par un amine. S'il n'est pas fait de mise suffisante, l'agent d'exécution les remet en vente sur un marché de bijoux.» (Art. 182.)

488. «Les récoltes et les fruits proches de la maturité peuvent être saisis avant d'être séparés du fond. Le procès-verbal de saisie contient l'indication de l'immeuble, sa situation, la nature et l'importance, au moins approximative, des récoltes ou fruits saisis. Ils sont, s'il est nécessaire, placés sous la surveillance d'un gardien. La vente a lieu après la récolte, à moins que le débiteur ne trouve la vente sur pied plus avantageuse.» (Art. 183.)

489. Lorsqu'il existe précédente saisie sur les mêmes objets mobiliers, les créanciers ayant droit d'exécution ne peuvent intervenir qu'aux fins d'opposition; ils peuvent intervenir à la procédure (Art. 184). Si la deuxième demande de saisie est plus ample, il y a lieu à jonction (Art. 185).

Section III. Des saisies immobilières.

490. Sauf en ce qui concerne les créanciers hypothécaires ou enzélistes, l'expropriation des immeubles ne peut être poursuivie qu'en cas d'insuffisance du mobilier. S'il y a eu saisie conservatoire de l'immeuble, la conversion de cette procédure en saisie immobilière est notifiée au saisi (Art. 186); s'il n'y a pas eu saisie conservatoire, il est dressé un acte notarié circonstancié de saisie immobilière; l'agent d'exécution se fait remettre les titres de propriété par leur détenteur et en autorise la communication aux enchérisseurs (Art. 187). Au cas où il existe un créancier nanti du titre (rahnia) le poursuivant se pourvoit devant le Tribunal pour obtenir le dépôt du titre avec indication des charges qui le grèvent (Art. 188). En cas d'indivision, les co-propriétaires du saisi sont avisés (Art. 190).

491. «Dès que la saisie immobilière est pratiquée, l'agent d'exécution procède, aux frais avancés du créancier, à la publicité légale. L'avis de la mise aux enchères indique la date initiale et la durée des enchères, le dépôt dans les bureaux du caïdat du procès-verbal de saisie des titres de propriété et les conditions de la vente. Il est porté à la connaissance du public dans les marchés voisins de l'immeuble saisi. Avis des enchères et de la vente est placardé: 1° à la porte de l'habitation du saisi et sur chacun des immeubles saisis, s'il y a lieu; — 2° dans un cadre spécial réservé aux affiches, placé dans les bureaux de l'agent d'exécution. Les offres sont reçues par ledit agent jusqu'à la clôture du procès-verbal d'adjudication et consignées par ordre de date, au bas du procès-verbal de saisie.» (Art. 191.)

492. «Si, lors de la saisie, les immeubles ne sont pas loués ou affermés, le poursuivi continue à les détenir en qualité de séquestre jusqu'à la vente et ce, à moins qu'il n'en soit autrement ordonné. Les baux passés postérieurement à la citation en justice peuvent être annulés par le Tribunal si les créanciers ou l'adjudicataire démontrent qu'ils ont été passés en fraude de leurs droits.» (Art. 192.) — «A partir de la signification de la saisie au poursuivi, toute aliénation de l'immeuble est interdite à peine de nullité. Les fruits et revenus dudit immeuble sont immobilisés pour la partie qui correspond à la période qui suit la signification et sont distribués au même rang que le prix de cet immeuble. Un simple avis écrit donné aux fermiers ou locataires par l'agent d'exécution vaut saisie-arrêt entre leurs mains des sommes échues ou à échoir. Le saisi est tenu de restituer les sommes que ceux-ci auraient payées de bonne foi, avant la signification, pour la période postérieure à celle-ci.» (Art. 193.)

493. «L'adjudication a lieu soixante-dix jours après la signification prévue à l'article précédent; dans les dix premiers jours de ce délai, l'agent d'exécution signifie par écrit au poursuivant ou à qui pour lui (Art. 186) l'accomplissement des formalités de publicité et le cite à comparaître au jour fixé pour l'adjudication. Dans les dix derniers jours de cette même période, il convoque par pli recommandé et pour la même date le poursuivi et les amateurs qui se sont manifestés.» (Art. 194.) — «Si, au jour et à l'heure fixés pour l'adjudication, le poursuivi ne s'est pas libéré, l'agent d'exécution après avoir rappelé quel est l'immeuble à adjuger et les charges qui le grèvent, les offres existantes et le dernier délai pour recevoir les offres nouvelles adjuge, à l'expiration de ce délai, au plus fort et dernier enchérisseur et fait dresser procès-verbal de l'adjudication. Le prix d'adjudication est payable dans un délai franc de vingt jours après l'adjudication.» (Art. 195.) — «La date fixée pour une adjudication ne peut être modifiée que pour causes graves et dûment justifiées.» (Art. 196.)

494. «Toute personne peut, dans un délai franc de dix jours, à partir de l'adjudication, faire une surenchère, pourvu qu'elle soit supérieure au sixième au moins du prix de la vente. Le surenchérisseur prend l'engagement notarié de demeurer adjudicataire moyennant le montant du prix de la première adjudication, augmenté de sa surenchère. Il est procédé, à l'expiration d'un délai de trente jours francs, à une adjudication définitive. Elle est annoncée, publiée et suivie comme il a été prescrit pour la première adjudication.» (Art. 197.)

495. «Ne peuvent enchérir: 1° les personnes désignées par les arti[illegible]s 567, 568 du Code tunisien des Obligations et Contrats; — 2° les agents faisan[illegible] partie du

personnel du caïdat.» (Art. 198.) — «Ne peuvent être saisis par les agents d'exécution: 1° les immeubles immatriculés; — 2° les biens habous.» (Art. 199.)

496. «Les frais de la procédure d'exécution sont annoncés avant la vente et ajoutés au prix d'adjudication. En cas de difficultés sur le chiffre des frais, l'état est taxé à l'Ouzara.» (Art. 200.)

497. «Le procès-verbal d'adjudication constitue: en faveur du saisi et de ses ayants droit, un titre pour le paiement du prix: en faveur de l'adjudicataire, un titre de propriété. Le procès-verbal rappelle les causes de la saisie immobilière, la procédure suivie et l'adjudication intervenue. Il n'est remis, avec les titres du saisi ou l'acte de notoriété en tenant lieu, que sur la justification de l'accomplissement des conditions de l'adjudication.» (Art. 201.) — «L'adjudication ne transmet à l'adjudicataire d'autres droits à la propriété que ceux appartenant au saisi.» (Art. 202.)

498. «Lorsqu'un tiers prétend que la saisie a été pratiquée sur des meubles ou des immeubles lui appartenant, il a, pour faire annuler ladite saisie, une action en revendication. Cette action peut être intentée dans le cours de la procédure d'expropriation jusqu'à l'adjudication; elle a pour conséquence la suspension de la procédure d'exécution, en ce qui concerne les biens revendiqués, si elle est accompagnée de documents lui donnant une apparence de bien fondé.» (Art. 203.) — «L'agent d'exécution impartit au revendiquant un délai de quinze jours francs pour faire apprécier par le Président du Tribunal de l'Ouzara s'il y a lieu de surseoir à la procédure d'exécution. Si ce magistrat estime qu'il y a lieu à sursis, il le signifie au revendiquant qui doit saisir dans les quinze jours francs de cette signification le tribunal compétent, faute de quoi les poursuites sont immédiatement reprises. Le revendiquant justifie près de l'agent d'exécution de ses diligences à l'Ouzara ou au Tribunal, par la production d'un certificat émanant du greffier de l'une ou de l'autre de ces juridictions.» (Art. 204.)

499. «Les moyens de nullité doivent être présentés par requête écrite avant l'adjudication. Ils sont soumis au Tribunal de l'Ouzara qui apprécie s'il y a lieu d'annuler tout ou partie des opérations. Le demandeur qui succombe est condamné, sans préjudice des dommages-intérêts, aux frais causés par la reprise des opérations.» (Art. 205.)

500. «Faute par l'adjudicataire d'exécuter les clauses de l'adjudication, l'immeuble est revendu à sa folle enchère, après sommation, non suivie d'effet, de tenir ses engagements dans un délai franc de dix jours.» (Art. 206.) — «La procédure de l'adjudication sur folle enchère consiste exclusivement en une nouvelle publicité. Les indications à publier sont, outre les énonciations ordinaires relatives à l'immeuble, le montant de l'adjudication prononcée au profit du fol enchéri poursuivi et la date de la nouvelle adjudication. Le délai entre l'annonce de la vente et la nouvelle adjudication est de trente jours francs.» (Art. 207.) — «Jusqu'à la nouvelle adjudication exclusivement, le fol enchéri peut arrêter la procédure de folle enchère, en justifiant de l'acquit des conditions de l'adjudication précédente et du paiement des frais exposés par sa faute.» (Art. 208.) — «L'adjudication sur folle enchère a pour effet de résoudre rétroactivement la première adjudication. Le fol enchéri est tenu de la différence en moins entre son prix et celui de la nouvelle vente, sans pouvoir réclamer la différence en plus qui se produirait.» (Art. 209.)

Section IV. Distribution des deniers.

501. Si le montant des deniers arrêtés ou le prix des ventes ne suffit pas pour payer intégralement les créanciers, ceux-ci sont tenus de convenir dans le mois, avec le saisi, de la distribution par contribution (Art. 210). Faute d'accord dans ce délai, la somme est consignée à la charge des oppositions, déduction faite des frais (Art. 211).

502. Il est tenu à l'Ouzara un registre des contributions; toutes les distributions ouvertes sont affichées dans un cadre spécial; les créanciers doivent produire dans les 30 jours francs après cette publication (Art. 212). Après l'expiration du délai de production, il est dressé un projet de règlement que les parties sont invitées, par lettre recommandée, à examiner et à contredire, s'il y a lieu, dans le délai d'un mois, au bout duquel elles sont forcloses. Les contestations sont renvoyées au Tribunal de l'Ouzara, parties appelées (art. 213).

Section V. Exécution sur la personne.

503. La contrainte par corps en vue de l'exécution d'un jugement ne peut être exercée ou accordée que si le condamné paraît de mauvaise foi et cherche à dissimuler ses biens. Elle ne peut excéder 6 mois pour l'exécution d'un même jugement (Art. 214). L'incarcération doit être précédée d'un nouveau commandement de payer (Art. 215). La contrainte cesse ou n'est pas possible, si le créancier y consent, ou si le débiteur paye ou consigne, ou si le créancier ne consigne pas d'avance les aliments, ou si le délai de 6 mois est expiré (Art. 216).

TITRE IV. DISPOSITIONS GÉNÉRALES.

504. Les notifications des obligations et contrats ainsi que les offres réelles sont faites en présence de deux adouls qui en dressent acte (Art. 217). Elles sont faites à la personne, partout où elle est rencontrée ou à sa résidence, à un homme adulte, résidant avec lui, autant que possible, à un parent ou à un domestique, à défaut au cheikh ou chef du douar (*kebir*) ou au *moharrek* (cheikh de quartier dans les villes); mention en est faite par les adouls (Art. 219). Les notifications destinées aux incapables sont faites à leurs représentants légaux; celles aux services publics, aux communes, aux associations, à leur directeur ou à leur président (Art. 220). Les significations et citations en matière de procédure sont faites par l'intermédiaire du Caïd ou des autorités locales; elles peuvent également être faites par lettre recommandée avec accusé de réception. Si les parties ont constitué mandataire, les significations sont faites à celui-ci (art. 221).

505. Les nullités et déchéances sont facultatives pour le Tribunal qui doit se baser sur les circonstances et sur l'intérêt des parties pour les accueillir ou les rejeter (art. 222).

---

506. Le décret du 24 décembre 1910, qui a promulgué le Code de procédure civile, dont l'analyse précède, n'a pas abrogé la procédure des actions, tant en demande qu'en défense, et des voies d'exécution afférentes aux impôts et créances de toute nature de l'Etat, des communes et des Etablissements publics (décret du 10 juin 1911). Nous indiquerons plus loin en quoi consiste cette procédure spéciale.

507. Notons aussi qu'un décret du 23 mai 1911 a indiqué le montant des sommes à consigner préalablement à l'enrôlement des procédures d'appel, de tierce-opposition, d'évocation, de vérification d'écriture et de prise à partie (10 fr. pour les appels, 50 fr. pour les vérifications d'écriture, 100 fr. pour les tierce-oppositions, 200 fr. pour les évocations, 300 fr. pour les prises à partie).

508. Enfin disons qu'au cours de l'année 1911, une circulaire aux Caïds sur l'application du Code de procédure civile (Voies d'exécution) est venue faciliter et améliorer la mise en pratique de cette excellente législation qui donne toute satisfaction aux pouvoirs publics.

509. Nous aurons complété les notions que nous devions sur ce point à nos lecteurs en leur signalant un décret du 7 mars 1912 qui étend la compétence pénale en premier ressort des tribunaux dont nous avons exposé l'organisation, à toute infraction punissable de l'amende, quel qu'en soit le chiffre et de la prison, jusqu'à 5 ans au plus, ou de l'une de ces deux peines seulement; leur compétence en dernier ressort n'est pas changée. C'est là la réalisation d'une modification nécessaire pour l'application du Code pénal en préparation, dont l'étude s'achève et qui bientôt, nous l'espérons, verra le jour.

§ 2. *Recrutement du personnel.*

510. Le plus grand obstacle qui ait été rencontré par le Gouvernement du Protectorat, dans l'organisation des nouveaux tribunaux séculiers, n'a pas été la nouveauté de ce régime, auquel la population a fait le plus favorable accueil et qu'elle s'est assimilée parfaitement; il a consisté dans la difficulté de recruter un personnel présentant toutes les garanties désirables.

511. Un décret du 1er janvier 1909 (Z. 3671) a décidé, dans son art. 3, que peuvent être appelés directement à un emploi de la magistrature indigène les musulmans pourvus d'un diplôme délivré par un Faculté française de droit, ainsi que les cheikhs et professeurs de la Grande Mosquée (la grande université indigène); les nominations ne peuvent être faites qu'à la dernière classe de l'emploi vacant et après un examen professionnel permettant de constater si les candidats sont aptes à remplir les fonctions qu'ils postulent. Le décret ajoute que nul ne peut être nommé juge à l'Ouzara ou président d'un Tribunal régional, s'il n'est âgé de 27 ans au moins. Les agents de la Direction des services judiciaires peuvent passer dans les cadres de la magistrature, s'ils satisfont à l'examen, dans une situation en rapport avec leur situation administrative (Art. 4). Quant aux juges suppléants, ils sont recrutés au concours parmi les jeunes gens de 22 ans au moins, 30 ans au plus, pourvus du diplôme supérieur de la Grande mosquée (tatouïa) et ayant effectué un stage non rétribué d'au moins un an à la Direction des services judiciaires. Nul n'est admis à se présenter au concours plus de deux fois (Art. 5).

512. Le programme de l'examen professionnel a été fixé par un arrêté du Premier ministre en date du 22 juillet 1909 (Z. 3857); il porte sur certaines matières de droit administratif et sur la législation tunisienne civile et pénale[1].

513. Un décret du 10 juillet 1906 (Z. 3082) a aussi institué près des tribunaux indigènes des Commissaires du Gouvernement. Ils sont choisis à la suite d'un concours (Art. 2) auquel ils ne peuvent participer que s'ils sont français et âgés de 25 ans au moins (Art. 3). Les épreuves portent sur une connaissance approfondie de la langue arabe, de droit, d'administration et de législation (Art. 5 à 11); l'art. 12 du décret indique les matières sur lesquelles doit porter l'examen. Dans la pensée du Gouvernement, les Commissaires du Gouvernement, dont le recrutement a été jusqu'ici fort difficile, devront, comme auxiliaires du Directeur des Services judiciaires, l'aider à exercer une surveillance étroite des tribunaux séculiers indigènes, à assurer la rigoureuse exécution des lois et règlements et l'exacte observation de leurs devoirs par les magistrats de tout grade.

§ 3. *Frais et tarifs.*

514. On a fait tout ce qui était possible pour maintenir les frais et dépens des instances qui se déroulent devant les tribunaux dont il vient d'être parlé, dans les limites les plus étroites possibles; mais l'établissement des tribunaux séculiers, la nécessité de rémunérer convenablement les nouveaux magistrats, l'extension de la police judiciaire indigène, ont produit des dépenses dont l'Etat a voulu la compensation dans une augmentation progressive des taxes de greffe, de timbre et d'enregistrement; on voit que la Tunisie n'a pas échappé à l'habitude prise par tous les Gouvernements de frapper les plaideurs de lourds impôts, comme si leur devoir d'assurer une prompte et facile solution de tous les conflits de droit ne devait pas s'inscrire en tête de leurs obligations les plus étroites.

515. Quoiqu'il en soit, la législation fiscale qui grève les juridictions tunisiennes est déjà considérable; le régime largement bienveillant du décret du 18 avril 1896 a disparu en 1906 par des décrets du 22 décembre (Z. 3177 et 3178) appuyés d'une instruction de la Direction des finances du 26 décembre (Z. 3183) et de Circulaire d'application du Directeur des Services judiciaires (Z. 3184 et 3185). Il serait sans intérêt de donner le détail des taxes établies; il nous suffit de dire qu'elles frappent principalement les jugements rendus et sont dans une certaine mesure proportionnelles. Nous citerons encore, comme devant être consultés sur la matière, une instruction du 6 février 1908 (Z. 3468) une circulaire du 18 février 1905 (Z. 2685) sur les expertises médico-légales et un arrêté du 29 mars 1907 (Z. 3258) sur les annonces légales.

§ 4. *Recouvrement des créances de l'Etat.*

516. Nous avons déjà vu qu'il existait une procédure particulière pour le recouvrement des créances de l'Etat; il est temps d'en exposer l'économie, qui résulte, pour la justice indigène, d'un décret du 20 mai 1899 (Z. 552).

517. La contrainte en paiement dressée par l'Administration est visée et rendue exécutoire, en ce qui touche les justiciables des juridictions tunisiennes, par le Président du Tribunal régional de la circonscription où les droits sont exigibles (Art. 1). La signification en est faite par le Caïd dans les trois jours de la réception de la contrainte, plus 1 jour par myriamètre de distance entre sa résidence et celle de la personne à laquelle est faite la signification et l'exécution est assurée dans les 10 jours qui suivent (Art. 2).

518. Le redevable peut faire opposition à la contrainte; il en fait la déclaration au Caïd qui en avise le receveur et le Président du Tribunal. L'opposition est alors inscrite au rôle, un délai est imparti à l'opposant pour la production d'un mémoire; l'Administration dresse un mémoire en réponse et l'affaire est jugée sur ces pièces, sans plaidoiries, et en dernier ressort (Art. 3)[2].

---

1) Voir aussi un arrêté du Premier ministre en date du 6 juillet 1911 (J. off. tun. 12 juillet 1911). — 2) Le même système existe pour la justice française; voir: S. Berge, Répertoire V° Compétence administrative, nos 95 et s.

§ 5. *L'Orf.*

519. Quand nous avons exposé l'état de la justice tunisienne au moment de l'établissement du Protectorat, nous avons expliqué ce que c'était que l'Orf, justice d'échevins ou prud'hommale, et en quoi il intéressait au plus haut point le commerce tunisien; on ne l'a pas changé; on l'a seulement réglementé afin de préciser et de régulariser son fonctionnement; nous allons énumérer les textes législatifs particuliers à cette matière.

520. Le premier qu'on rencontre porte la date du 12 mars 1884 (Z. 241). Il déclare que *l'amine* (syndic) du commerce et dix assesseurs qui lui sont adjoints sont tenus de statuer sur toutes les questions commerciales qui leur sont soumises (art. 1). En cas de vacances parmi eux, ils élisent un successeur au disparu, sauf homologation du Bey (Art. 2). «Toute affaire litigieuse entre commerçants sera portée devant l'amine qui la jugera avec ses assesseurs. La présence de 8 assesseurs au moins est nécessaire pour la validité du jugement, qui sera rendu à la majorité des voix. En cas de partage, la voix de l'amine est prépondérante. L'amine en référera pour l'exécution du jugement, en cas de difficultés, au Ministère, en lui soumettant une expédition authentique du jugement» (art. 2).

521. Du même jour, un autre décret (Z. 242) a réglementé la corporation des *chaouachis* (fabricants de *chechias*, calottes rouges qui sont la coiffure nationale des tunisiens), en accordant à l'amine et à ses 10 assesseurs des droits de juridiction semblables à ceux indiqués plus haut.

522. Un décret du 2 novembre 1884 (Z. 243) fixe le tarif des droits à percevoir par l'amine qui dresse des protêts; et un arrêté du Premier ministre en date du 26 septembre 1885 (Z. 244) en mettant les amines sous l'autorité et sous la surveillance du Gouverneur de la ville indigène de Tunis (*cheikh el medina*), a chargé celui-ci de la saisie et de la vente des biens des faillis et de la répartition entre les créanciers, quelle que soit leur nationalité. Un décret du 29 septembre 1886 (Z. 245) lui adjoint des notaires pour cet office.

523. Nous devons le dire, toute cette organisation est tombée en désuétude et n'existe plus (elle ne concerne que Tunis) que dans la mesure limitée que nous avons déjà décrite, à titre de juridiction arbitrale; elle a rétrocédé devant la forte organisation des Tribunaux de province. L'amine ne dresse plus de protêts; le Cheikh el Medina ne fait aucune distribution où soient intéressés des européens et n'est qu'un agent d'exécution des jugements des Tribunaux régionaux et de l'Ouzara. Personne ne va devant les amines et n'exécute leurs sentences, si ce n'est volontairement.

Sections III. Oukils.

524. Près des Charas, de tout temps, près des Tribunaux séculiers, dès leur création ou réorganisation, il s'est trouvé des mandataires *ad litem* qui portent le nom *d'oukils*. Il a fallu les réglementer, parce qu'il s'était glissé parmi eux des gens sans valeur morale et qu'ils avaient pris l'habitude de faire solliciter la clientèle par des courtiers qui étaient aussi dénués de scrupules que pourvus d'audace. Il était devenu indispensable de protéger contre ces bandes, au profit d'ailleurs des oukils instruits et honnêtes (il y en a), les justiciables crédules et ignorants qui n'osaient se présenter seuls en justice. Cette œuvre d'épuration a été accomplie par un décret du 9 mai 1897 (Z. 841).

525. Nul n'est admis à représenter une partie devant les juridictions tunisiennes de tout ordre, s'il n'est muni d'un décret d'autorisation (Art. 1). Tout candidat aux fonctions d'oukil doit subir un examen d'aptitude (Art. 2); nul n'est admis à s'y présenter, s'il n'est d'une moralité reconnue et âgé de 25 ans au moins (Art. 3). Les avocats inscrits aux barreaux des Tribunaux français de Tunisie et les défenseurs en exercice près lesdits Tribunaux pourront être nommés oukils sans être tenus de passer l'examen (Art. 6).

526. L'oukil autorisé par décret peut représenter les parties et faire pour elles toutes procédures, productions et plaidoiries utiles devant toutes juridictions tunisiennes, quelles qu'elles soient (Art. 7). «Tout oukil porteur des pièces d'un plaideur sera présumé avoir reçu mandat de le représenter en justice pour l'affaire à laquelle lesdites pièces se rapportent, même s'il ne produit pas de procuration régulière. Toutefois l'oukil ne pourra transiger, passer un aveu, accepter que le serment soit déféré ou le déférer lui-même à un tiers, faire appel d'une décision rendue en premier ressort, arguer de faux les pièces produites en justice ou accuser

un tiers de faits pouvant entraîner contre lui l'application d'une peine, s'il ne justifie avoir reçu pour ce faire mandat exprès de celui qu'il représente» (Art. 8)[1]. A partir du moment où un oukil s'est constitué pour un plaideur, toutes les pièces de la procédure, citations, significations, sommations, lui sont remises aux lieu et place de son client et cette remise opère le même effet que si elle était faite au plaideur lui-même (Art. 9).

527. Tout oukil est tenu de déférer aux instructions qui lui sont données par les magistrats pour la marche des affaires et les mesures d'ordre qu'ils prennent pour l'administration de leurs juridictions. Il doit se considérer comme un auxiliaire de la justice et refuser absolument son concours à toute action dolosive et à tout acte frauduleux (Art. 10). Sa profession est incompatible avec tout emploi administratif ou judiciaire et avec la profession de notaire (Art. 15).

528. Les honoraires d'un oukil se règlent suivant l'accord intervenu entre lui et son client; mais il lui est interdit de stipuler qu'en cas de succès d'un procès, il lui reviendra une quotité de la chose litigieuse (Art. 11). En cas de contestation, si les parties sont d'accord à cet effet, elles peuvent faire arbitrer les honoraires par le Ministre de la Plume (Art. 12).

529. L'oukil ne peut acheter des droits litigieux pour en poursuivre ensuite en justice le recouvrement, soit sous son nom, soit sous le nom d'un tiers (Art. 13); il doit tenir deux répertoires; sur l'un il inscrit les affaires dont il est chargé; sur l'autre, qui est à souche, les sommes qu'il reçoit de ses clients ou pour leur compte et dont il doit obligatoirement donner reçu (Art. 14).

530. Les infractions professionnelles peuvent donner lieu à l'avertissement, à la réprimande, à la suspension, à la révocation, sans préjudice de la répression des faits délictueux et des réparations pécuniaires qui seraient dues (Art. 16). L'avocat ou le défenseur suspendu de ses fonctions par la juridiction française est privé du droit de représenter les parties devant les juridictions indigènes pour le temps de la suspension ainsi prononcée contre lui. S'il est révoqué ou démissionne, son décret d'autorisation de représenter les parties devant les juridictions tunisiennes est purement et simplement rapporté (Art. 17).

531. Tous les ans, la liste des oukils est dressée et affichée, de manière à éviter les usurpations de fonctions (Art. 18).

532. Ce décret fondamental a été quelque peu modifié le 8 janvier 1907 (Z.3197). On a admis que la dispense d'examen pouvait être accordée aux anciens magistrats tunisiens et à ceux qui avaient accompli un stage d'au moins 2 ans à la Direction des Services judiciaires. On a attaché la peine de la révocation au fait de s'associer à une partie pour le gain d'un procès, et à celui de l'acquisition de droits litigieux en vue d'en faire la base d'une action en justice.

533. En résumé, ce barreau indigène, ainsi soumis à une étroite réglementation et à une certaine discipline, épuré par des exécutions nécessaires, s'est assaini et rend aujourd'hui des services qui pourront devenir précieux[2].

Section IV. Notariat indigène.

534. Il est rare que les européens aient besoin du concours des *adouls* ou notaires indigènes, quand ils font seulement le commerce d'importation; c'est moins rare quand ils y joignent des spéculations sur les immeubles non immatriculés (certaines banques ne font-elles pas des prêts fonciers sur *rahnia*?); cela peut même devenir fort commun si les européens viennent dans la Régence pour en exporter les denrées du pays, par exemple les céréales, les huiles, les dattes, etc. On ne trouvera donc pas que nous fassions entrer dans cette monographie des éléments qui devraient y rester étrangers quand nous donnerons quelques notions sur le notariat indigène.

535. A vrai dire, il serait sans réelle utilité d'analyser les documents législatifs sur la matière, en les suivant de tout près dans leurs détails, pour en donner la physionomie exacte et la substance, comme nous l'avons fait et le ferons encore, au cours de la présente étude, pour d'autres sujets intéressant plus complètement les commerçants; il nous suffira de faire une nomenclature des textes, pour que chacun puisse s'y reporter en cas de besoin; nous citerons donc: le décret organique du 8 janvier 1875 (Z. 1283) complété par celui du 1er décembre 1875 (Z. 1286);

[1]) Jugé que l'oukil ne peut non plus, sans pouvoir spécial, accepter le serment déféré à son client par la partie adverse: Trib. indig. Kairouan, 7 février 1912 (Journal, 1912, p. 284). — [2]) Voir: S. Berge, Répertoire V° Oukil.

celui du 18 novembre 1884 (Z. 1296), qui prescrit aux notaires de dater leurs actes; celui du 30 janvier 1886 (Z. 1300) qui leur recommande d'y indiquer le coût, afin qu'on puisse vérifier les perceptions et réprimer les abus de tarifs; nous appellerons l'attention sur le décret du 25 mars 1896 (Z. 1312) qui a prescrit la tenue de registres individuels afin de rendre plus difficile la création d'actes faux, industrie malheureusement si pratiquée en Tunisie comme dans tous les pays musulmans. Nous enregistrerons le décret du 12 septembre 1887 (Z. 1304) et celui du 27 août 1901 (Z. 1823) qui ont réglementé le notariat israélite et enfin nous renverrons le lecteur à notre Répertoire de la jurisprudence tunisienne où il trouvera, au mot «Notariat indigène», l'indication de toute la jurisprudence qui pourra les intéresser, spécialement sur la régularité et la force probante des actes (n° 15 et suiv.) sur les règles spéciales aux européens (n° 25 et suiv.) sur la responsabilité des adouls (n° 31 et suiv.) sur le notariat israélite (n° 48 et suiv.) et sur les notaires mozabites (n° 54 et suiv.). Ceci dit, nous allons résumer à grands traits la matière.

536. D'abord, il faut remarquer que c'est à tort qu'on a donné aux *adouls* le titre de notaires; ce ne sont pas complètement, absolument, des officiers publics établissant des actes authentiques valant jusqu'à inscription de faux; ce sont, à proprement parler, des témoins officiels, dignes de confiance (d'où le nom d'*adel* pluriel *adoul*) qui reçoivent les déclarations des parties suivant des formes déterminées, très rigoureusement et habilement établies[1] et qui prennent certaines précautions qui leur sont imposées par la jurisprudence et les règlements, pour s'assurer de l'identité des déclarants.

537. On a pris contre la fraude et la mauvaise foi de grandes précautions: les notaires doivent toujours travailler ensemble au nombre de deux; chacun d'eux transcrit sur son registre particulier l'acte commun en minute, au moment même où il est fait; les magistrats du Chara sont appelés à homologuer beaucoup de ces actes et à y mettre leur sceau; tout cela constitue un ensemble de garanties notables, qui deviendront tout à fait efficaces quand l'Administration aura ramené (et elle s'y emploie), à un chiffre modéré le nombre considérable des individus autorisés à exercer les fonctions de notaires. Un décret du 1er mai 1911 (J. off. tun. 24 mai 1911), a réservé le diplôme de notaire aux étudiants de la Grande Mosquée pourvus du diplôme de tatouïa (sorte de licence en droit) qui sont sujets tunisiens.

538. Les parties ne signent pas les actes (il faut dire d'ailleurs que beaucoup de tunisiens sont illettrés et que cette garantie de la sincérité des déclarations serait fort illusoire). Aussi a-t'on mal procédé quand, des européens ayant comparu devant les adouls pour y faire des déclarations, on leur a fait signer l'écriture, sans d'ailleurs vérifier et constater leur identité conformément aux règlements. Ce n'est pas ainsi qu'il faut agir: il faut se présenter avec un interprète officiel (ceux des Tribunaux et des justices de paix, par exemple), et faire faire les déclarations, les lectures, les traductions orales, les approbations d'écriture avec l'assistance de ces fonctionnaires; alors on pourra conclure avec quelque vraisemblance à la régularité et à la sincérité des actes.

539. Mais nous n'aimons pas beaucoup ces procédés et nous en recommandons un meilleur: il n'est pas indispensable de recourir aux adouls, si ce n'est peut-être pour mieux engager les indigènes conformément à leurs habitudes; il suffit de rédiger un acte sous seings privés en deux langues; la régularité de la traduction, c'est-à-dire de la correspondance absolue des deux textes est assurée et affirmée au besoin par l'interprète judiciaire, et les parties se présentent devant le juge de paix, qui, assisté lui-même de son interprète, reçoit l'affirmation des parties que ce qui leur est lu en sa présence est bien l'expression de leurs déclarations et de leurs consentements. Ainsi on fera des actes qui auront une valeur certaine et on voit que l'intervention des *adouls*, si elle ne nuit pas, n'est pas une nécessité, n'est même pas, à vrai dire, utile. Si l'européen est réellement conscient de ses intérêts, il n'aura affaire aux adouls que pour leur faire recevoir des engagements unilatéraux d'indigènes, et il n'aura qu'à faire vérifier par son interprète le contenu des actes, s'il n'est pas capable de le faire lui-même.

540. Mais cette conduite prudente n'a pas toujours été suivie: les hommes d'affaires européens d'avant le Protectorat avaient d'autres habitudes; beaucoup d'entre eux prêtaient sur *rahnia*, c'est-à-dire sur mise en gage de titres de pro-

[1]) Il existe un excellent formulaire écrit par le savant jurisconsulte El Bachir et Touati, qui a été traduit par M. Abribat, interprète judiciaire au Tribunal de Tunis.

priété, et ils enseignèrent ces fructueuses, mais dangereuses spéculations aux capitalistes qui survinrent pour exploiter le nouveau champ d'affaires ouvert à leurs appétits; et les courtiers de se mettre en marche, et les fils de famille d'apporter des titres pour obtenir quelques gouttes de ce Pactole qui venait dorer l'épanouissement du nouveau régime; et les adouls de s'empresser pour rédiger des actes. Mais beaucoup de ces prêts furent ruineux parce que le gage apporté fut démontré sans valeur. On mit alors en jeu beaucoup de responsabilités, entre autres celles des adouls; une jurisprudence constante s'affirma avec vigueur, et elle consista à rendre personnellement responsables les notaires qui avaient passé des actes sans vérifier sérieusement la régularité au moins apparente des actes remis en gage; il fut décidé que, si passif que soit en principe le rôle des adouls, il ne l'est pas tellement qu'ils doivent, mécaniquement et les yeux fermés, prêter sans mot dire leur ministère à l'accomplissement de combinaisons qui pouvaient apparaître comme bonnes à des yeux inexpérimentés des choses du pays, mais dont le caractère éminemment dolosif et frauduleux ne pouvait échapper à l'aptitude professionnelle d'un adel tunisien. Malheureusement les sévères condamnations prononcées n'atteignirent guère que des insolvables ou des gens qui avaient eu le talent de le devenir.

541. Deux remarques pour finir; les israélites avaient des notaires à eux qui, en réalité, n'en étaient pas; on les affublait de ce nom pour les besoins de la cause et ils rédigeaient des actes écrits en langue arabe, mais en caractères hébreux; les clients croyaient à la validité de pareils documents, de même qu'ils croyaient que leurs rabbins-notaires savaient l'hébreu, et cette croyance était la meilleure garantie d'exécution des conventions inscrites. En réalité, les israélites n'avaient pas besoin de notaires spéciaux pour les actes ordinaires, car ils eussent été radicalement incompétents; il leur en fallait seulement pour leurs actes de famille et de statut personnel, les contrats de mariage, les donations, les liquidations et partages de successions; ils les ont maintenant; c'est un bienfait qu'on leur devait, qu'ils méritent et qu'ils doivent au Protectorat.

542. Le caractère d'à peu près et d'indétermination de l'ancienne organisation apparaît dans notre seconde remarque: nous avons rencontré en Tunisie des actes et conventions qui nous étaient donnés comme notariés et qui avaient été passés à Tunis, entre Mozabites, par des adouls du Mzab qu'ils avaient amenés ou fait venir à cet effet. Comment admettre qu'ils pussent instrumenter en Tunisie sans l'aveu et l'autorisation des pouvoirs publics? On l'a toléré cependant en fait, par une large et généreuse interprétation du traité passé entre la France et les Mozabites et qui les a fait entrer dans la grande famille musulmane de nos sujets de l'Afrique du Nord.

Section V. Tribunal mixte.

543. Lorsque nous avons tracé une sommaire esquisse du droit foncier de la Tunisie, nous avons indiqué qu'on avait confié à une juridiction particulière, composée de français et de tunisiens, appelée pour clea *Tribunal mixte*, l'immatriculation des immeubles, c'est-à-dire l'opération de purge et la constitution d'un état juridique devant marquer le passage d'un immeuble de l'ancienne loi sous la nouvelle. Il est inutile de développer ici un sujet qui ne se rattache qu'accessoirement à la pratique du commerce et il n'est peut-être pas beaucoup utile que nous expliquions avec abondance la composition et la réglementation intérieure de la juridiction dont nous parlons; toute cette organisation résulte d'un décret du 30 avril 1903 (Z. 2219) remanié à plusieurs reprises pour des augmentations de personnel, mais non modifié dans ses éléments principaux[1]. Il en résulte que le siège principal du Tribunal mixte etst à Tunis; qu'il en a un accessoire à Sousse, où il va tenir des audiences aussi souvent que les besoins du service l'exigent, et où il laisse en permanence un juge apporteur et un greffe, pour la commodité du public, dont les déplacements sont ainsi moins considérables que s'il était obligé d'aller à Tunis pour les affaires de toute la Régence. Ainsi on a, d'une façon heureuse, assuré l'unité de jurisprudence et de direction, sans tomber dans les inconvénients qui naissent d'un excès de décentralisation. D'autre part, on a tenu à ne pas compliquer les difficultés de la formation du livre foncier en fractionnant la Conserva-

[1]) Un décret du 15 juin 1912 (Journ. off. tun. 22 juin 1912) a modifié la composition du Tribunal mixte et l'a rendue plus simple pour statuer dans certains cas ne pouvant en principe donner lieu à des débats contentieux; il s'agit là d'une mesure d'ordre destinée à faciliter et à hâter l'expédition des affaires.

tion de la propriété foncière qui en est chargée; il résulte de tout cela que c'est à Tunis, où est également installé le service technique des plans (*Service topographique*) que se trouve la direction suprême du système.

544. Mais il est un point sur lequel il est bon que nous insistions davantage: c'est la place exacte occupée par le Tribunal mixte dans l'organisation judiciaire de la Régence; nous savons quelle est sa compétence; comment se combine-t'elle avec la compétence immobilière du Chara et avec celle qui a été dévolue à la justice française; voilà ce qui reste à préciser.

545. On n'a forcé personne à plaider devant le Tribunal mixte, par une violation des engagements pris lors de la suppression des capitulations; tel est le principe qui domine cette matière; et voici comment on s'y est pris pour le réaliser: d'abord, on a fait l'immatriculation facultative; elle l'est, en ce sens qu'un propriétaire ou détenteur de droits réels peut, s'il le veut, se contenter de ce que lui assure le droit ancien; elle ne l'est pas, par exception, quand ce propriétaire n'est pas détenteur de tous les droits réels relatifs à l'immeuble et qu'il a des co-intéressés; dans ce cas, il est obligé de subir la volonté de ces derniers ou de l'un de ces derniers; retenons qu'en principe et sauf exception, elle est facultative.

546. En second lieu, tout opposant à une immatriculation qui est requise peut, s'il est justiciable des Tribunaux français, demander au Tribunal mixte de surseoir à statuer sur son opposition et renvoyer celle-ci à la justice française; c'est ce qui résulte des art. 35 et 36 de la loi foncière; alors voici comment marche l'instance: la réquisition et la procédure engagée à sa suite restent sans solution jusqu'après jugement de la contestation immobilière née de l'opposition; celle-ci suit tous les degrés de juridiction ordinaire pour être, un beau jour, terminée par un jugement passé en force de chose jugée; alors, la procédure d'immatriculation reprend son cours pour être tranchée conformément à la décision intervenue et aux autres éléments de l'affaire.

547. Ce circuit de juridictions fonctionnait normalement lorsqu'un plaideur imagina d'introduire devant la justice française sa demande en sursis de statuer par le Tribunal mixte et son opposition à immatriculation; et cette procédure fut trouvée bonne par la Cour de cassation. Comme elle pouvait et devait même nécessairement entraîner la ruine du système de l'immatriculation, un décret beylical, en date du 14 juin 1902 (Z. 1971) vint aussitôt affirmer énergiquement le droit exclusif pour le Tribunal mixte de prononcer le sursis à suivre ses propres procédures. Depuis, certain parti politique ne manque aucune occasion d'exiter l'opinion publique contre ce qu'on représente comme un manque d'égards du Gouvernement tunisien contre la France et contre la Cour suprême.

548. Il serait facile de démontrer qu'en droit une juridiction du pays protecteur ne saurait être reçue à diriger, dans l'exercice de son pouvoir, une juridiction du pays protégé; il serait facile de faire voir que le décret du 14 juin 1902 a été pris, comme tous les autres actes du Bey, avec l'assentiment du Gouvernement français; on pourrait même affirmer, sans crainte d'erreur que c'est sur la demande expresse du Gouvernement français que la mesure a été prise. C'est qu'en effet on avait trompé tout le monde, de même qu'on essaie encore de tromper l'opinion publique.

549. Pour qu'un système comme celui de l'immatriculation réussisse, il faut que les procédures qui lui sont nécessaires et qui sont très difficiles, s'achèvent dans le plus court délai possible; tout système, même excellent, même parfait, qui ne pourra aboutir qu'à l'expiration d'un nombre d'années plus ou moins grand sera impraticable et entraînera la ruine universelle, si on essaie de le pratiquer de force; il est impossible en effet d'imaginer que les affaires immobilières et le crédit foncier puissent s'accomoder d'opérations laissant les droits sur lesquels elles portent incertains pendant une longue période de temps. Prenons un exemple: un propriétaire a besoin d'emprunter pour élargir le cercle de ses affaires; on ne veut lui prêter sur sa propriété que si elle est immatriculée, parce que le prêteur veut la sécurité; croit-on que l'accord se fera, si la procédure d'immatriculation doit durer 8 ou 10 années? évidemment non. C'est déjà beaucoup trop qu'elle exige normalement un délai moyen d'une année.

550. Or, toutes les fois que la justice française est intervenue dans une affaire d'immatriculation, elle a duré de 8 à 10 années, et cela se comprend, car une discussion de la nature de celles qui s'élèvent sur l'étendue des droits réels relatifs à un immeuble tunisien, nécessite des mesures préparatoires, des enquêtes, des expertises; qu'on n'oublie pas que la Cour est à Alger, c'est-à-dire à environ 900 kilomètres de distance, et qu'on peut parcourir toute la série des juridictions sur un interlocutoire. Si donc il avait suffi d'une assignation devant le Tribunal français pour mettre l'embargo sur une procédure d'immatriculation, tout ce que la Tunisie compte d'agents d'affaires véreux n'aurait pas manqué d'user du procédé, pour obtenir de l'argent des malheureux dont le salut aurait été attaché au succès d'une réquisition. Pas une seule n'aurait pu aboutir sans qu'on ait acheté le désistement de l'intervenant. C'était la ruine de la colonie.

551. Et qu'on ne croit pas que ce soit là un exposé d'hypothèses, fait en vue de baser une théorie; nombreuses sont les procédures d'immatriculation, à l'heure qu'il est, où l'on trouve des opposants sans titres ni prétentions précises, qui se retirent dès qu'on leur a donné quelqu'argent et on pourrait nommer des individus qui vivent partiellement de cette industrie.

552. C'est un malheur; mais il a été réduit au minimum par le décret de 1902; pour faire une opposition à immatriculation qui puisse baser un renvoi à la justice française, il faut: être justiciable de la justice française, ou tout au moins le paraître, prétendre à un droit apparent, basé sur une pièce ou sur des faits antérieurs à la réquisition et n'avoir pas conclu au fond devant le Tribunal mixte. Si c'est ce dernier qui apprécie le sursis à statuer qui lui est demandé pour renvoi, la décision est rendue sans recours possible; si c'est le Tribunal français, quand bien même il n'y aurait même pas une apparence de bien fondé dans la demande, celui qui la verra repoussée profitera de tous les moyens d'opposition, d'appel, et de pourvoi en cassation, de tous les délais d'une procédure d'atermoiement pour empêcher la réquisition d'immatriculation de suivre son cours et le monde des affaires honnêtes sera livré pieds et poings liés au monde des affaires malpropres.

553. Si nous avons insisté pour montrer combien on s'est égaré sur le sujet dont nous parlons, c'est qu'il n'est pas inutile de mettre nos lecteurs en garde contre des polémiques plus ou moins intéressées qui sont d'une efflorescence trop facile dans l'Afrique du Nord et qui ont le tort de tromper, sur la véritable nature des choses, les personnes qui seraient disposées à s'intéresser au développement économique qui s'y accomplit si merveilleusement. Qu'on fasse la sourde oreille à tous les bruits qui tendent à faire croire que l'immatriculation fonctionne mal ou que les européens sont livrés à l'arbitraire de juridictions locales plus ou moins fantaisistes; rien n'est plus faux; l'immatriculation donne aux propriétaires et aux prêteurs une sécurité absolue, beaucoup plus grande que celle apportée par tout autre système foncier, même celui de la France; et jamais un européen, opposant à une immatriculation, qui a demandé le renvoi devant le Tribunal français, ne se l'est vu refuser quand il a pu justifier, non de la réalité des conditions pour ce exigées, mais simplement d'une apparence de réalisation de ces conditions[1].

Chapitre III. Des conflits entre les deux justices.

554. Avant l'établissement du Protectorat, il y avait un conflit permanent et aigri entre la justice beylicale et les juridictions consulaires; cela se comprend, car, en réalité, chacun de ces organes de juridiction était trop intimement lié au gouvernement qui le mettait en œuvre pour qu'ils fissent autre chose que d'obéir avant tout à des préoccupations politiques. Il s'agissait, pour les Consuls, de prendre dans le pays, d'acquérir au profit de leurs compatriotes, la situation politique la plus large possible, de même que le rôle du Gouvernement beylical consistait, avant tout, à accumuler des défenses contre les tentatives d'envahissement dont il était l'objet. Donc, conflit perpétuel, sans cesse renouvelé avec ardeur et ténacité.

555. La netteté avec laquelle la France prit possession de son Protectorat et la suppression des juridictions consulaires, firent tomber cette hostilité de la période politique précédente, et si les vieux souvenirs, entretenus par la déconvenue de certains peuples et par le maintien de l'ancien barreau, donnèrent naissance à quelques escarmouches, on put constater la disparition presque complète des anciennes querelles d'origine politique dans les compétitions de pouvoirs judiciaires; il s'en produisit d'autres différentes, les unes de politique locale, les autres de pratique judiciaire.

556. Celles suscitées par la politique locale furent toutes dues à un parti aussi remuant et bruyant qu'il est peu nombreux, qui voudrait l'annexion pure et simple

[1]) Voir: S. Berge, Répertoire V° Compétence immobilière nos 125 et s.

de la Tunisie à la France algérienne afin de satisfaire les ambitions personnelles de gens qui voudraient bien entrer au Parlement; c'est ce parti qui a jeté les hauts cris quand on a réorganisé la justice tunisienne, quand on a entrepris de lui donner des codes, quand on a pris des mesures pour solidifier le vieux bâtiment fissuré du beylick et pour exécuter loyalement les engagements que la France avait pris avec les Beys; ce sont ses journaux qui fulminent contre la justice beylicale et cherchent à la mettre en échec.

557. Ces efforts ne seraient ni efficaces, ni dangereux, s'ils n'étaient pas favorisés par un grand nombre de personnes qui font profession de conduire des procès; un homme d'affaires qui suit une contestation devant la justice tunisienne la voit résoudre rapidement et par des voies simples; il n'a pas le temps de tirer un grand profit de l'exercice de son mandat et la matière elle-même ne s'y prête pas; mais si son ingéniosité parvient à faire dévier la contestation vers les prétoires français, elle prend une allure plus lente, plus fertile en incidents et elle donne lieu à des perceptions de frais et honoraires beaucoup plus considérables. C'est cet intérêt personnel qui a recruté des adhérents et des partisans à la guerre qui a été entreprise contre la justice tunisienne; c'est grâce à son intervention que cette guerre dure encore à l'état latent, sinon à l'état de conflit ouvert.

558. Il est difficile d'ailleurs qu'il puisse réellement subsister un conflit ouvert; on a déjà vu comment les questions de compétence ont été réglées; elles ne laissent plus place à aucun débat sérieux; les derniers coups de feu ont été tirés ou ne sont plus le fait que d'entêtés retardataires; la bataille est finie; le seul terrain encore propre aux hostilités était celui des protections consulaires; en 1898 on l'a fait presque disparaître en obtenant des puissances qu'elles ne créeraient plus de protégés et en établissant des listes fermées des anciens protégés dont le droit était déclaré viager et non héréditaire; c'est la suppression complète des protégés diplomatiques à courte échéance; il n'y a plus de doute, d'incertitude et de confusion que pour les anciens protégés français, dont on n'a pu faire encore la liste; d'ailleurs on n'en fait plus de nouveaux. Une circulaire du 15 février 1909 (Z. 3733) a consacré ces excellents résultats.

559. Ceci éliminé, il faut proclamer ce principe, que les deux justices sont indépendantes l'une de l'autre; que par exemple, un Cadi tunisien ne peut avoir à rendre compte d'aucun de ses actes de juridiction à un Tribunal français, que l'exception de chose jugée par l'une des justices ne peut être invoquée devant l'autre, saisie d'un litige de sa compétence[1], qu'une mesure prise par une des deux justices ne peut être critiquée devant l'autre.

560. Il en résulte qu'il ne peut pas exister de litispendance entre les Tribunaux français et les Tribunaux tunisiens; en effet, la litispendance ne peut exister entre des Tribunaux de nationalité différente; elle ne peut non plus exister entre des Tribunaux qui ne seraient pas simultanément compétents[2].

561. Mais il est un point sur lequel deux justices coexistant sur un même territoire peuvent se rencontrer, bien qu'elles soient séparées par un fossé profond, comme nous venons d'en constater l'existence pour les deux justices qui fonctionnent en Tunisie; c'est celui où il existe des créanciers de plusieurs nationalités qui se trouvent en concours.

562. Cela se manifeste d'abord en matière de faillite; qu'on suppose un commerçant tunisien déposant ses clefs et ses livres à l'amine de sa corporation, comme nous avons vu qu'il devait le faire quand il ne pouvait plus faire face à ses obligations et qu'on imagine aussi que, parmi ses créanciers, il se trouve un justiciable des Tribunaux français; comment la distribution des deniers devra-t'elle se faire?

563. C'est très simple: d'abord, le jugement français que le créancier dont s'agit pourrait produire pour démontrer ses droits, serait admis, sans procédure d'exequatur quelconque, comme faisant preuve de la créance, car c'est un titre qui en vaut un autre, qui vaut même mieux qu'un autre; en tous cas, on ne saurait le discuter utilement, ni à l'Orf, ni à l'Ouzara. En second lieu, le créancier non tunisien aura le choix entre deux parties: ou bien on reconnaîtra son droit, et on lui fera dans la distribution des deniers une place qui lui paraîtra suffisante, et il se contentera de toucher son dividende, sans rien réclamer; ou bien il lui semblera que la liquidation suivie par l'Orf préjudicie à ses intérêts et ne lui offre pas les

[1]) Voir: S. Berge, De la juridiction française en Tunisie, p. 48. — S. Berge, Répertoire V° Organisation judiciaire nos 45 et s. — [2]) Voir: S. Berge, Répertoire V° Litispendance nos 9 et s.; Ouzara, 17 juillet 1912 (Journal, 1912, p. 599).

garanties suffisantes; il lui suffira, pour se mettre à l'abri des dangers qu'il redoute, d'introduire contre son débiteur une demande en déclaration de faillite; elle aura pour conséquence, si elle est admise, et elle le sera, si elle est reconnue fondée en fait, de dessaisir la justice tunisienne; donc, un conflit en fait possible, mais d'une solution facile parce qu'il ne se double pas d'un conflit de droit[1].

564. De même nature sera l'incident né de ce qu'un créancier malhonnête essaiera de se procurer de chacune des deux justices une condamnation pour une même créance. Evidemment, on peut toujours supposer que le débiteur sera assez avisé et assez vigilant pour se soustraire aux conséquences d'une ruse aussi grossière; mais cela, c'est de la théorie; la pratique et l'expérience décèlent autre chose: elles font voir un indigène apathique, nonchalant, ne comprenant pas l'importance et le caractère impérieux des sommations et assignations qu'il reçoit, faisant défaut et itératif défaut, faisant la sourde oreille à toute réclamation judiciaire et extra-judiciaire et laissant prendre contre lui des condamnations définitives, dans l'espoir qu'un avenir imprécis et lointain lui apportera la libération de sa dette; elles font entrevoir des actes de procédure signifiés pour la forme et par fraude sans que l'intéressé ait été touché, *soufflés*, pour employer un mot bien connu de l'argot judiciaire, et, finalement, la victime payant deux fois ou exécutée deux fois.

565. De la part de la justice française, il n'y a guère de précautions légales possibles pour éviter de si tristes résultats; tout au plus pourrait-elle se déclarer d'office incompétente, quand il y a pour elle apparence que le litige qui lui est soumis s'agite entre tunisiens et que le défendeur est défaillant; elle pourrait le faire, mais elle ne le fait pas toujours. De la part de la justice tunisienne, une précaution a été prise: tout titre de créance qui a servi de base à une condamnation devant les Tribunaux de province ou l'Ouzara est frappé d'un timbre sec et marqué d'un numéro qui permettent de retrouver facilement la procédure et le jugement rendus; les Tribunaux français eux-mêmes peuvent profiter de ces indications qui, devant la justice tunisienne, ont mis fin à des pratiques condamnables qui avaient fait souffrir infiniment les populations avant la réforme de la justice locale[2].

566. Plus difficile a été le règlement du cas provenant de ce que deux saisies étaient simultanément poursuivies par chacune des deux justices en vertu de jugements pris respectivement par des créanciers différents devant chacune d'elles; cela s'est présenté pour des meubles et pour des immeubles.

567. Le principe à suivre, dans chacun de ces deux cas, c'est que c'est celle des deux saisies qui a été effectuée la première qui doit être suivie et que la seconde ne vaut que comme récolement et opposition sur les deniers à provenir de la vente; si cet arrangement a été contrarié par l'âpreté au gain de certains huissiers, il faut cependant qu'il prévale et il prévaudra[3] parce qu'il est le seul raisonnable et conforme aux principes. Et les conséquences en sont comme pour la faillite: si la procédure la première en date est la procédure française, le créancier tunisien se conformera à toutes ses règles et exécutera toutes ses formalités pour prendre part aux distributions de deniers; si c'est la procédure tunisienne, le créancier français ou européen aura le choix entre deux partis: ou bien il acceptera un règlement amiable par la justice tunisienne, séduit qu'il sera par sa rapidité et par l'absence de frais; ou bien il ne pensera pas que ses intérêts soient garantis ou respectés et il exigera le dépôt de la somme à distribuer à la Caisse des dépôts et consignations, à la charge des oppositions de tous les créanciers qui se sont manifestés, quelle que soit leur nationalité, aux fins de l'ouverture par la justice française d'une procédure de distribution par contribution ou d'ordre[4].

Chapitre IV. Exécution des jugements.

568. Cette matière se présente sous deux faces: ou bien on examine les règles d'exécution des jugements rendus par la justice française ou par les justices étrangères, on bien ou se préoccupe de l'exécution des jugements, rendus par la justice tunisienne.

569. Rien à dire, ou presque rien, pour l'exécution des jugements tunisiens: s'ils émanent de la juridiction religieuse musulmane, et que les parties ne consen-

[1]) S. Berge, Répertoire V° Faillite nos 2 et s. — [2]) Voir Circulaire du 7 mars 1900 (Z. 1671). — [3]) Voir une circulaire du Parquet en date du 1er mai 1903 (Z. 2221); on n'a pas toujours tenu la main à son application. — [4]) Il n'y a lieu à ordre que pour la distribution du prix d'un immeuble immatriculé.

tent pas à s'y conformer de leur plein gré, les bénéficiaires de ces décisions n'ont qu'à s'adresser à l'Ouzara, qui donnera aux Caïds, agents d'exécution de toutes les volontés de la puissance publique, l'ordre de faire le nécessaire; c'est une sorte d'exequatur administrative sans débats judiciaires. S'ils émanent de l'Orf, ils sont revêtus de l'exequatur après révision au fond par les Tribunaux ordinaires et, nous l'avons dit, n'ont plus guère alors que la valeur d'un rapport d'arbitre-expert-liquidateur. S'ils émanent du Tribunal rabbinique ou des Tribunaux séculiers, les parties gagnantes ont droit à une grosse revêtue de la formule exécutoire et l'exécution se poursuit suivant les formes prévues par le Code de procédure civile, que nous avons résumé précédemment.

570. Mais tout cela n'est possible que si la partie contre laquelle la décision a été rendue est tunisienne; or il peut arriver que l'objet d'un jugement soit cédé à un justiciable de la justice française, qu'on a interposé dans le but de faire échec à la chose jugée; il va sans dire que dans ce cas le bénéficiaire du jugement se verra dans l'obligation de plaider contre le cessionnaire, soit pour faire déclarer la cession nulle, soit, ce qui est plus simple, pour faire reconnaître que ledit cessionnaire est obligé de respecter le jugement rendu, qui affecte la situation juridique de l'objet cédé de telle sorte qu'il n'a pu l'acquérir que telle qu'elle a été appréciée, définie ou transformée par ledit jugement. Observons que les Tribunaux se sont montrés justement sévères pour ces sortes de combinaisons et que très fréquemment ils ont accordé une large réparation pécuniaire à ceux qui en avaient souffert.

571. Avant de terminer ces explications, nous dirons un mot des jugements du Tribunal mixte; c'est à dessein que nous n'y avons fait aucune allusion dans les lignes qui précèdent; en effet, les jugements de rejet de réquisition d'immatriculation, laissant les parties et les droits dans la situation où le tout se trouvait avant l'ouverture de la procédure, il n'y a place pour aucune exécution. Quant aux jugements qui ordonnent une immatriculation, s'ils ont une valeur de chose jugée *erga omnes*, puisqu'ils produisent la disparition de tous les droits réels afférents à l'immeuble qu'ils n'ont pas consacrés, ils ne sont cependant susceptibles que d'une seule exécution, qui est la confection du titre de propriété, dans les conditions qu'ils ont prescrites, par le Conservateur de la propriété foncière. Leur seul effet possible est la confection et la délivrance d'un titre.

572. L'exécution des jugements étrangers sur le territoire tunisien ne mérite pas de nous arrêter plus longtemps; nous allons expliquer un peu plus loin que la formule exécutoire française vaut sur le susdit territoire; or il suffit de suivre, pour y exécuter les jugements étrangers, les règles imposées pour l'exequatur sur le territoire français et de la demander aux Tribunaux français, comme si la Tunisie était complètement soumise à la souveraineté française; et cela n'est ni une fiction, ni une interprétation par voie de jurisprudence; il est très vrai et très légalement établi que la souveraineté française s'exerce sur la Tunisie, en matière de justice, parallèlement à la souveraineté tunisienne; c'est une conséquence directe et indiscutable du traité du Bardo et de tout ce qui l'a suivi.

573. Il y a cependant une exception à faire pour les jugements consulaires rendus en Tunisie avant la suppression des capitulations; il est bien rare maintenant qu'on ait à en exécuter; mais le cas s'est présenté au début avec une certaine fréquence; il a été décidé que ces jugements seraient revêtus de la formule exécutoire sans révision au fond[1].

574. Mais revenons-en aux Tribunaux français et à l'exécution de leurs jugements: parce qu'ils ont recueilli les concessions de souveraineté faites, par les Beys à la France, par les capitulations françaises, et aux puissances par leurs capitulations respectives, ces dernières concessions ensuite rétrocédées à la France; parce qu'ils ont recueilli encore, depuis l'établissement du Protectorat, d'autres concessions de souveraineté en matière judiciaire, il se trouve que ces Tribunaux, émanation eux-mêmes de la souveraineté française et jugeant au nom du peuple français, font exécuter en Tunisie leurs jugements, par la force publique française, dans des conditions identiques à celles qui se réaliseraient sur le territoire français[2].

575. Cependant on a imaginé et institué un autre mode d'exécution, purement facultatif, qui est une institution originale remarquable et bienfaisante dans ses résultats, qu'il faut examiner de très près et dont il faut recommander la pratique

[1]) Voir: S. Berge, Répertoire V° Exequatur nos 106 et s. — [2]) Voir: S. Berge, De l'exécution en Tunisie des jugements français et de l'exécution en France des jugements rendus en Tunisie (Clunet, 1895, p. 782).

assidue. A une certaine époque, qui a suivi de peu le développement de la justice française, on a reconnu que les lois de la procédure française sur l'exécution donnaient fréquemment des résultats fâcheux, à cause de la difficulté de leur application dans les milieux indigènes: rarement l'exécution en dehors des villes était efficace; les indigènes, en partie nomades, presque tous campés ou installés en de véritables communautés, n'ayant guère comme fortune mobilière que des troupeaux confiés à des bergers communs, étaient pour ainsi dire insaisissables dans leurs facultés mobilières; les huissiers, dont les actes étaient grevés de frais de transport énormes et qui ne pouvaient se résigner à ne faire que des procès-verbaux de carence, saisissaient au hasard les troupeaux qu'ils trouvaient aux alentours des campements et il sortait de ces opérations aventureuses des actions en revendication, des disparitions d'objets saisis donnant lieu à des procédures aussi inefficaces que coûteuses et disproportionnées avec le résultat à atteindre. De là, ou des exécutions injustes, qui faisaient payer à toute une tribu ou à des voisins, à des tiers, enfin, les dettes d'un insaisissable, ou des frais énormes et irrecouvrables venant ajouter, pour le créancier, à la perte de sa créance, celle d'opérations judiciaires complètement inutiles. La constatation de ces faits frappa l'esprit de ceux qui avaient la tâche d'administrer la justice en Tunisie, car elle marquait un échec douloureux de système: à quoi bon avoir assuré le fonctionnement régulier de Tribunaux rendant des jugements aussi solides et sains que cela peut se faire, s'il était impossible de les ramener à exécution ailleurs que dans les villes habitées et vivant à l'européenne? On s'ingénia à trouver le remède propre à faire cesser un mal aussi pénible et on le trouva dans la faculté qui fut créée de faire exécuter par l'administration indigène les jugements français rendus contre les indigènes; ce fut la Direction de la justice tunisienne qui fut chargée de cette délicate attribution.

576. Voici, en peu de mots, comment le service fonctionne (décret du 17 juin 1901, — Z. 1787. Circul. du 6 juin 1902, — Z. 1966 bis): tout justiciable des Tribunaux français qui a besoin de faire exécuter un jugement émané d'eux contre un sujet tunisien le remet à la Direction des services judiciaires du Gouvernement tunisien, avec une ordonnance du Président du Tribunal français de l'arrondissement constatant que ledit jugement est passé en force de chose jugée et autorisant à recourir pour son exécution à la justice tunisienne. Le Directeur du service auquel ces pièces sont remises met en mouvement les agents d'exécution de la justice tunisienne, en leur prescrivant de se procurer tous les renseignements nécessaires sur la solvabilité du débiteur, de prendre toutes mesures conservatoires utiles pour empêcher la disparition des facultés mobilières de ce débiteur et de poursuivre le paiement de ce qui est dû avec plus ou moins de rigueur, suivant que sa situation leur paraît plus ou moins intéressante et ses disponibilités plus ou moins grandes; il leur est même recommandé d'accepter, si cela doit faciliter le règlement, le paiement par acomptes ou à terme, quand bien même le jugement n'aurait pas accordé de délais. Aucune avance de frais n'est demandée au créancier.

577. Suivant les cas, l'affaire se termine suivant l'un des modes que voici: 1° Il est constaté que le débiteur est absolument insolvable et sans ressources; les pièces sont rendues au créancier, en même temps qu'il est avisé du résultat négatif des démarches faites; il n'a pas de frais à supporter; — 2° il est constaté que le débiteur est actuellement dans l'impossibilité de payer, mais qu'il a des récoltes sur pied ou des créances à recouvrer; ou lui accorde des délais en prenant des sûretés et on suit l'affaire jusqu'au résultat complet ou possible; — 3° le débiteur est un artisan possédant peu de ressources et capable de se libérer par mensualités plus ou moins faibles; on règle le paiement par mensualités et on le pousse jusqu'à parfait paiement; — 4° le débiteur refuse de s'acquitter, mais on peut saisir un mobilier; celui-ci est vendu, et le créancier payé jusqu'à due concurrence du produit de la vente, frais déduits; — 5° le débiteur a fait disparaître ses facultés et, de mauvaise foi, s'est rendu apparemment insolvable; le créancier est avisé de la situation et, s'il consent à avancer les frais nécessaires, la contrainte par corps est appliquée.

578. Ce système fonctionne depuis 12 ans d'une façon merveilleuse; il est arrivé au recouvrement de plus des trois quarts des condamnations, sans frais pour le créancier, en cas d'échec, et même en aucun cas, sauf celui de la contrainte par corps; sans frais encore pour le débiteur qui s'acquitte volontairement, même s'il demande des délais qui ne lui sont refusés que s'il essaie de tromper sur sa situation; avec les frais d'exécution seulement pour le débiteur, au cas de vente forcée de meubles ou d'objets saisis. On a ainsi soulagé les débiteurs malheureux, soustrait les créanciers aux pertes qu'ils subissaient, assuré une meilleure administration de la justice et raffermi le crédit ébranlé par la lamentable pratique antérieure.

579. Croirait-on que de pareils résultats n'ont pas désarmé la critique et qu'on a essayé de faire rapporter la mesure par le Gouvernement? il ne faut pas s'étonner que cette paradoxale campagne ait été faite; il ne faut pas perdre de vue que si les justiciables pouvaient se dire satisfaits des résultats acquis, les officiers ministériels et les hommes d'affaires qui gravitent autour d'eux avaient sujet de ressentir un moindre enthousiasme; les coûteuses chevauchées dans le *bled* (la campagne indigène) à la poursuite des troupeaux et des campements, les revendications fantastiques greffées sur les tentatives désordonnées d'exécution rapportaient gros; on essaya de retrouver le profit perdu; on y intéressa des journaux, on provoqua l'intervention d'hommes politiques en quête de suffrages et on fit courir des légendes; on suscita même, pour accroître le bruit, des réclamations d'indigènes avides de popularité qui vînrent plaindre leurs compatriotes obligés d'exécuter leurs obligations, alors qu'auparavant ils parvenaient à s'en dispenser. Heureusement, le bon sens public fut le plus fort; il ne se laissa pas tromper, le Gouvernement ne se laissa pas émouvoir et nous croyons pouvoir espérer que maintenant on ne perdra pas de vue une si belle expérience. Suivant nous, il faut en tirer cette leçon que chaque pays a besoin d'une organisation judiciaire adaptée aussi exactement que possible à sa constitution économique et sociale et qu'il ne faudra jamais cesser de modifier la pratique de nos lois françaises en Tunisie, tant qu'elle ne sera pas devenue facile, rapide, et peu coûteuse. Nous le demandons pour les justiciables et aussi pour les officiers ministériels et les hommes d'affaires eux-mêmes, que nous savons en majorité si scrupuleux et si honnêtes et qui méritent si bien de ne pas être confondus avec quelques exceptions[1].

Troisième partie. La loi tunisienne des obligations et des contrats et son application.

Chapitre premier. Des lois applicables aux contrats passés et aux obligations nées en Tunisie.

Section première. Principes généraux.

580. Avant d'exposer la loi tunisienne applicable aux contrats et aux obligations, il est bon d'indiquer les limites de son champ d'application; nous entendons d'ailleurs nous borner sur ce point à des notions générales propres à montrer les difficultés de la matière et il ne nous paraît nullement opportun de proposer pour celles-ci des solutions qui pourraient ne pas s'imposer et qui ne serviraient en rien les intérêts de nos lecteurs.

581. Mais y a-t'il donc en Tunisie des difficultés spéciales pour la détermination de la loi qui régit les obligations et les contrats? assurément, il y en a, et c'est justement le point que nous avons à mettre en lumière. On sait l'importance de la règle si fortement tracée par ces trois mots latins: *locus regit actum*; on sait que la loi locale régit en principe les conventions qui se lient, les obligations qui se contractent en un endroit déterminé; mais en Tunisie, où agissent deux souverainetés, où coexistent deux justices indépendantes l'une de l'autre émanées respectivement d'une de ces souverainetés, où la vie sociale des indigènes se poursuit dans des conditions et sous des influences juridiques inconnues des européens, qui y sont complètement soustraits et obéissent à d'autres traditions et à d'autres règles, il est bien évident que l'adage si connu n'a plus la même force et n'est pas susceptible de la même application. La loi locale? mais il y en a deux, à moins qu'il n'y en ait davantage et que chaque groupe d'habitants n'ait la sienne; pour les

[1] Voir: S. Berge, Répertoire V° Compétence civile, nos 270 et s.

musulmans, la loi locale sera contenue dans le droit coranique, ou tout au moins dans deux de ses rites; pour les israélites, ils la verront, pour beaucoup de matières, dans le droit rabbinique, et les européens, qui ignorent l'une et l'autre de ces législations, nous diront qu'ils considèrent que la loi locale est leur loi nationale qu'ils ont transportée avec eux; si une telle prétention peut être contestée avec succès pour beaucoup d'entre eux, pourrait-on la considérer comme déraisonnable, si elle était formulée par un français, puisqu'il n'est pas tout à fait à l'étranger dans un pays où la souveraineté française s'exerce par la force militaire et la justice?

582. Il a donc fallu reconnaître que la règle *locus regit actum* n'apporte pas la solution des problèmes qui peuvent s'ouvrir en Tunisie sur les conflits des lois applicables aux obligations et aux contrats. Rien de précis n'a suivi cette constatation; la jurisprudence ne nous apporte que des solutions d'espèces qui ne sont pas toujours conciliables les unes avec les autres; il faut bien nous en contenter et nous allons les indiquer succinctement ici, nous gardant, comme nous l'avons dit, d'édifier des théories personnelles qui seraient ici sans valeur pratique.

583. Quand on veut se retrouver dans la jurisprudence qui s'est produite sur la matière, il faut nécessairement la classer suivant que les parties en cause ont été d'une nationalité ou d'une autre, ce qui conduit à envisager successivement: les contrats entre français, ceux entre français et tunisiens, ceux entre tunisiens et ceux entre parties d'autres nationalités.

584. Il a été admis que le contrat passé en Tunisie entre français est soumis à la loi française, particulièrement à l'art. 1583 C. civ., suivant lequel la vente est parfaite entre les parties et la propriété de la chose vendue acquise à l'acheteur, dès que l'on est convenu de la chose et du prix, bien que la chose n'ait pas encore été livrée, ni le prix payé: Tunis, 16 juillet 1894 (Journal 1894, p. 548); on l'a admis encore quand le contrat était passé devant un vice-consul de France, faisant fonction de notaire, c'est-à-dire suivant les formes du droit français.

585. La loi française a été encore considérée comme régissant une convention passée entre français et tunisiens: Tunis, 15 octobre 1894 (Journal 1894, p. 550); Alger, 14 avril 1906 (Journal 1907, p. 141).

586. C'est au contraire la loi tunisienne musulmane qui a été admise pour le contrat passé en Tunisie entre deux indigènes, en la forme indigène, pour la démolition et la reconstruction d'un immeuble non immatriculé: Tunis, 9 mai 1906 (Journal 1906, p. 493). Si on a voulu appliquer la loi française au bail à ferme contracté entre tunisiens et ensuite cédé à un européen, c'est par suite d'une erreur manifeste qui est restée isolée et dont on ne doit pas tenir compte.

587. Quant aux conventions entre personnes de nationalités différentes, elles ont paru soumises à la loi française lorsque, parmi elles, il s'en trouvait une justiciable des Tribunaux français: Tunis, 25 novembre 1903 (Journal 1904, p. 349); c'est ainsi qu'on l'a appliquée à la rémunération des soins donnés par un médecin italien à la famille d'un israélite tunisien. Le contrat passé en Tunisie entre un maltais et des tunisiens, pour l'acquisition d'un immeuble non immatriculé, et par devant les adouls tunisiens, est soumis à la loi tunisienne: Tunis, 6 juin 1906 (Journal 1906, p. 577). Enfin on a soumis à la loi française le billet à ordre souscrit par un tunisien au profit d'un européen.

588. Nous pourrions ajouter à cette nomenclature, assez pauvre, l'indication d'autres espèces qui ne nous apporteraient pas beaucoup plus de lumière; nous préférons y substituer une indication et un conseil: en somme, ce que les Tribunaux considéreront avec le plus d'intérêt, pour y chercher un *criterium*, c'est l'intention des parties pour les contrats et leur situation sociale pour les obligations non contractuelles; il faut donc, au moins pour les contrats, préparer la décision sur les difficultés judiciaires possibles, en indiquant très nettement une opinion, c'est-à-dire en stipulant qu'on entend que la convention sera régie par telle législation désignée; le fait qu'on contracte sous une forme spéciale à une loi particulière est une présomption d'ailleurs suffisante qu'on a entendu se placer sous l'empire de cette loi.

Section II. Combinaison de la loi spéciale aux contrats avec la loi de procédure.

589. Au surplus, ce n'est là qu'un côté de la question; il y en a d'autres; parlons d'abord, pour ce qui vient devant la justice française, de la combinaison de la loi applicable aux contrats avec la *lex fori*, la loi de procédure particulière à la juridiction saisie. Afin de limiter nos explications à des éléments pratiques, nous

nous bornerons à dire quelques mots sur: 1° l'admissibilité de la preuve testimoniale; — 2° la forme des serments; — 3° les intérêts moratoires; — 4° l'hypothèque judiciaire; — 5° les saisies-arrêts; — 6° les saisies immobilières.

§ 1. *Preuve testimoniale.*

590. L'admissibilité de la preuve testimoniale appartient'elle à la *lex fori* ou à la *lex contractus?* c'est là une controverse dans laquelle nous ne voulons pas entrer; nous nous bornerons à indiquer comment le problème s'est posé en Tunisie. L'art. 37 de l'ordonnance algérienne du 26 septembre 1842 dispose que «la loi française régit les conventions et contestations entre français et étrangers. Les indigènes sont présumés avoir contracté entre eux selon la loi du pays, à moins qu'il n'y ait convention contraire; dans les contestations entre français et indigènes, la loi française ou celle du pays est appliquée selon la nature de l'objet en litige, la teneur de la convention, selon les circonstances ou l'intention présumée des parties». Ce texte n'est peut-être pas applicable en Tunisie, parce qu'elle ne constitue pas une partie intégrante du territoire français comme l'Algérie; il faut noter aussi qu'il a été abrogé en Algérie par l'art. 74 du décret du 10 septembre 1886 et par l'art. 77 du décret du 17 avril 1889; cependant c'est sur lui qu'on s'est appuyé pour recevoir la preuve testimoniale en toutes matières conformément au droit local, dans les contestations entre indigènes et européens: Tunis, 11 février 1884 (Journal 1894, p. 528); 5 février 1885 (Journal 1895, p. 268); 31 décembre 1887 (Journal 1895, p. 594); Alger, 5 mai 1892 (Journal 1893, p. 234).

591. Toutefois cette jurisprudence n'a pas été adoptée sans résistance et nous ne l'aimons pas beaucoup; on l'a atténuée en reconnaissant que le fait, par les contractants européens et indigènes, de n'avoir pas recouru, pour la constatation de leurs conventions, aux notaires beylicaux, constitue une présomption qu'ils n'ont pas voulu la soumettre à la loi locale: Sousse, 28 mars 1889 (Journal 1890, p. 63); jugé que la preuve testimoniale est admissible, quel que soit le taux du litige, s'il s'agit d'obligations contractées ou de paiements faits suivant les formes usitées en Tunisie: Tunis, 4 avril 1892 (Journal 1893, p. 110).

592. Quant à la forme dans laquelle la preuve testimoniale peut être faite devant la justice française, il n'y a pas de doute qu'elle est dans la dépendance étroite de la loi de procédure; il en résulte qu'elle ne peut être reçue que par une enquête régulière, soit ordinaire, soit sommaire, nullement au moyen des actes de notoriété (outikas) dressés par les notaires indigènes, qui ne présentent aucune garantie et que le nouveau Code de procédure indigène a lui-même relégué au dernier plan.

§ 2. *Serment.*

593. Le serment n'engage la conscience des témoins et des parties qu'à condition qu'ils soient autorisés à le prêter dans la forme voulue par leur religion personnelle; c'est là une constatation dont l'exactitude ne peut être contestée et il est bien connu que la prestation du serment suivant les formes du Code de procédure français est sans efficacité. Cela n'a pas empêché les Tribunaux français de proclamer fort souvent l'impossibilité d'admettre en justice française le serment religieux[1]; il est vrai que d'autres décisions ont statué en sens contraire[2]; la controverse s'est maintenue très vive jusqu'à nos jours et elle n'est pas près de finir.

594. Nous demandons qu'on nous permette de préconiser une théorie qui peut mettre d'accord le droit et le fait, la loi et la raison: quand il y a lieu à serment dans des conditions qui n'ont pas fait l'objet d'un accord entre les parties et qui résultent du jeu régulier de la loi de procédure, il n'est pas possible de s'écarter de celle-ci quant à la forme; il appartiendra aux juges de ne recourir à cette opération que quand ils ne pourront pas l'éviter; mais si on peut arriver à faire conclure entre les parties un accord pour la prestation du serment religieux, suivant les formes cultuelles propres à engager la conscience de celui qui devra accomplir la cérémonie, on devra considérer que cela constitue une transaction propre à mettre fin à la contestation sous condition; on n'aura qu'à impartir un délai pour la prestation et à constater dans un jugement que la condition imposée à la transaction a ou n'a pas été accomplie. Le procédé a souvent été employé par nous avec un plein succès[3].

---

1) Voir S. Berge, Répertoire V° Serment n°s 1 et s. — 2) Voir S. Berge *eod. op.* nos 18 et s., 27 et s. — 3) Voir sur le serment une circulaire du Parquet de Tunis du 10 juin 1902 (Z. 1968).

§ 3. *Intérêts moratoires.*

595. Des intérêts moratoires doivent être alloués, en vertu de la loi de procédure, à partir de la demande en justice; on s'est demandé à quel taux. Celui de la loi française, ou celui qui résulte de la convention? Sans entrer dans la discussion de la controverse, nous dirons que la jurisprudence s'est arrêtée sur l'application de la *lex fori*[1].

§ 4. *Hypothèque judiciaire.*

596. En Tunisie les jugements des Tribunaux français ne sont pas susceptibles de donner naissance à l'hypothèque judiciaire sur des immeubles non immatriculés, faute de possibilité de procéder à l'inscription nécessaire. Quant aux immeubles immatriculés, ils ne sont pas susceptibles de charges occultes et il faut qu'une inscription ait été prise par l'intéressé pour qu'une hypothèque judiciaire puisse produire effet.

§ 5. *Saisies-arrêt.*

597. D'après le droit du pays, sont incessibles et insaisissables: les dotations des princes et princesses de la famille beylicale[2], la liste civile du Bey[3], les pensions payées par le Trésor public, pour partie; le décret beylical du 1er août 1898 (Z. 1540) règle les saisies-arrêt sur les salaires des ouvriers dus par le Trésor tunisien; un arrêté du 23 janvier 1903 (Z. 2134) évalue les frais de bureau des géomètres du service topographique qui sont insaisissables; enfin un décret du 22 décembre 1910 (Z. 4180) a soustrait aux saisies les indemnités allouées aux fonctionnaires tunisiens pour charges de famille. Tous ces actes législatifs viennent modifier la marche de la procédure française de saisie-arrêt.

§ 6. *Saisies immobilières.*

598. Les plus grandes difficultés se sont élevées, au début, pour l'exécution des jugements français par voie de saisie immobilière; elles provenaient de ce que le droit foncier du pays et son organisation administrative ne permettaient pas de remplir la plupart des formalités prescrites par le Code de procédure civile; on alla même jusqu'à décider, en présence de la constatation des impossibilités qui se révélaient, qu'on ne ferait pas de saisies immobilières. Heureusement, cette hésitation et ce découragement furent de courte durée et on admit qu'on ferait des saisies immobilières en accomplissant les formalités possibles, sans que l'inaccomplissement des autres, incompatibles avec le droit foncier du pays, put engendrer des nullités.

599. C'est ainsi qu'on arriva à reconnaître que l'huissier n'est pas tenu de se conformer aux paragraphes 3 et 4 de l'art. 675 Code proc. civ. sur la désignation des biens saisis et l'extrait de la matrice cadastrale qui s'y rapporte; qu'il en serait de même pour l'art. 676 relatif au visa des maires et pour les art. 678, 679 et 680 qui ordonnent la transcription de la saisie; il est résulté de cela qu'il a fallu fixer un point de départ nouveau pour l'immobilisation des fruits qu'on a attachée à la publication du cahier des charges. Les sommations prescrites par l'art. 692 ne peuvent pas se faire et la distribution des deniers ne peut se faire par voie d'ordre, ce qui a conduit à y procéder par voie de distribution par contribution.

600. Tant bien que mal, très péniblement à coup sûr, on a conduit, pendant des années, des procédures dans ces conditions précaires; et puis l'immatriculation des immeubles s'est développée; avec eux, l'application de la loi de procédure a pu devenir normale et aujourd'hui on peut considérer, pour le plus grand profit du crédit et des affaires, qu'on est sorti de ce mauvais pas et que les inquiétudes du passé ne reviendront plus.

Section III. Influence du statut personnel sur les procédures.

601. Nous ne nous proposons pas de traiter ici cette question dans son sens large et théorique; cela nous entraînerait hors de notre sujet; nous nous bornerons à signaler les principales applications des règles communément reçues du droit international privé qui se sont produites en Tunisie, en raison des combinaisons particulières de lois qui s'y sont manifestées. Elles touchent principalement à la capacité et au régime matrimonial.

---

[1]) Voir S. Berge, De la juridiction française en Tunisie, p. 81. — [2]) Décret du 12 mai 1906 (Z. 3024). — [3]) Décret du 12 mai 1906 (Z. 3022).

602. Exprimons d'abord les principes généraux: 1° tout ce qui concerne la capacité des contractants est régi par leur statut personnel; il en est ainsi pour la majorité: Tunis, 22 février 1892 (Journal 1896, p. 154); 11 juillet 1892 (Journal 1893, p. 60); 17 février 1893 (Journal 1893, p. 112)[1]; en matière d'interdiction: Tunis, 12 novembre 1885 (Journal 1895, p. 359); 22 juin 1891 (Journal 1891, p. 262); Alger, 27 juillet 1891 (Journal 1892, p. 142); Tunis, 21 mars 1892 (Journal 1896, p. 525); Alger, 2 mars 1893 (Journal 1893, p. 156); de mariage: Tunis, 14 novembre 1889 (Journal 1890, p. 28); Alger, 18 février 1891 (Journal 1891, p. 93); 25 mars 1891 (Journal 1891, p. 112); Tunis, 23 novembre 1891 (Journal 1892, p. 31); Trib. civ. Seine, 30 décembre 1892 (Journal 1894, p. 433); Tunis, 20 février 1893 (Journal 1893, p. 188); 12 juin 1893 (Journal 1894, p. 300); de conventions matrimoniales: Tunis, 17 mars 1885 (Journal 1891, p. 127); Alger, 14 décembre 1887 (Journal 1895, p. 430); Tunis, 28 novembre 1890 (Journal 1891, p. 57); 16 novembre 1891 (Journal 1896, p. 548); 28 décembre 1891 (Journal 1896, p. 524); 14 mars 1892 (Journal 1897, p. 28)[2]; de succession: Tunis, 8 juin 1884 (Journal 1891, p. 36); 21 février 1889 (Journal 1896, p. 100); 25 mars 1890 (Journal 1890, p. 160); Alger, 26 novembre 1891 (Journal, 1896, p. 329); Tunis, 28 mars 1892 (Journal 1896, p. 568); de testament: Tunis, 3 juin 1892 (Journal 1896, p. 336); — 2° si la nullité de toute convention contraire à l'ordre public général et absolu n'est pas douteuse, la convention qui viole seulement l'ordre public relatif français n'est pas nulle, si elle est conforme au statut personnel des contractants. Ainsi, on a validé le pacte de dédit contenu dans un acte de fiançailles entre israélites: Tunis, 17 juillet 1886 (Journal 1894, p. 236 note); 13 mars 1893 (Journal 1893, p. 191); Just. paix Tunis-Nord, 28 mai 1896 (Journal 1896, p. 301); 23 février 1898 (Journal 1898, p. 478); Tunis, 26 mars 1901 (Journal 1902, p. 204)[3]; on a consacré l'obligation qui incombe, dans certaines circonstances, à la femme israélite, d'épouser le frère de son mari mort sans enfants[4] et le droit qu'a la femme musulmane de ne pas résider, en certains cas, au domicile conjugal: Alger, 25 mars 1891 (Journal 1891, p. 112); c'est ainsi encore qu'on a admis la légitimité de la polygamie chez les musulmans. Il est difficile de comprendre, par contre, que le Tribunal de la Seine et la Cour de Paris aient refusé d'admettre la validité en France d'une société universelle comprenant des biens à venir, passée en Tunisie, alors qu'elle était conforme au statut personnel des contractants ainsi qu'à la loi locale.

603. Creusons maintenant certaines des idées ainsi présentées en raccourci, pour signaler aux commerçants qui viendraient opérer en Tunisie quelques dangers auxquels les applications forcées du statut personnel pourraient donner naissance, tant il est vrai qu'il est indispensable de se préoccuper toujours de la capacité de ceux avec lesquels on contracte.

604. Nous signalerons, par exemple, qu'en droit musulman la majorité est double, qu'elle est *somatique*, relative à l'individu, qui y puise le droit de disposer de lui-même, et *chrématique*, relative aux biens; un musulman peut atteindre la première sans jouir de la seconde, d'où il suit qu'un homme âgé peut être un mineur; cela se présentera souvent au cas de tutelle testamentaire, c'est-à-dire quand un père a disposé par testament que son fils lui paraît faible d'esprit et qu'il entend le mettre après sa mort sous la tutelle qu'il organise, tant que le magistrat ne l'en aura pas affranchi. Donc, ne pas contracter avec un musulman inconnu sans s'être assuré de sa capacité civile.

605. Cela est d'autant plus utile que l'interdiction est fort usitée pour les musulmans et que, malgré la publicité faite depuis quelques années au *Journal Officiel Tunisien* pour faire connaître les jugements rendus en cette matière par les cadis, il est fort difficile d'être sûrement renseigné[5]. Enfin il faut noter que les princes de la famille beylicale ne jouissent pas d'une capacité civile étendue et qu'il est particulièrement dangereux de contracter avec eux en dehors des *mokaddems* ou représentants légaux dont ils pourvus[6].

---

[1]) Voir pour la minorité en droit musulman, la tutelle testamentaire, spécialement pour les Abadites du Mzab: S. Berge, Répertoire V° Mineur nos 89 et s., 105 et s., 115 et s., 127 et s., 137 et s., 145 et s., 147 et s.; pour le droit rabbinique *eod. op.* nos 149. — [2]) Voir sur la loi applicable au régime matrimonial; S. Berge, Répertoire V° Régime matrimonial, nos 3 et s., 7 et s., 23 et s., 29 et s., 85 et s. — [3]) Voir: S. Berge, Répertoire V° Mariage nos 116 et s. — [4]) Voir: S. Berge, Répertoire V° Mariage nos 123 et s. — [5]) Voir: S. Berge, Répertoire V° Interdiction nos 25 et s. — [6]) Voir: eod op. nos 30. et s.

606. Pour le régime matrimonial des personnes avec lesquelles on contracte et la capacité des femmes mariées étrangères pour faire le commerce ou pour ester en justice, il ne faut pas se contenter d'apparences, il faut aller au fond des choses et surtout déterminer la nationalité, qui n'est pas toujours facile à constater[1]. D'ailleurs, le régime matrimonial ne dépend pas seulement de la nationalité; il a été reconnu qu'il convenait de rechercher l'intention des parties, et de tirer pour cela des présomptions prises de la forme du contrat et du lieu où il a été passé, ou bien encore de l'absence même de contrat. La pratique judiciaire tunisienne a eu à étudier le problème sous beaucoup d'aspects; pour le régime matrimonial créé en Algérie, il a fallu envisager le cas où le mariage avait lieu entre un français et une algérienne ou entre israélites tunisiens; pour celui créé en Tunisie, on a considéré le cas de mariage entre un français et une israélite tunisienne, entre un musulman et une française, entre un tunisien et une anglaise, entre sujets ottomans; enfin on a étudié le système musulman et celui du droit rabbinique, qui sont exclusifs de toute communauté[2].

607. C'est particulièrement en matière de faillite que les difficultés sont plus graves, car elles sont imprévues, impossibles à écarter par la prudence et fertiles en conséquences considérables. Nous avons enregistré un grand progrès accompli sur le droit antérieur, quand nous avons expliqué que le législateur tunisien avait prescrit la publication des contrats de mariage israélites; mais la mesure n'est pas encore, en l'état, d'une application universelle et elle n'a pas un effet rétroactif complet; on peut remarquer aussi qu'elle ne suffirait pas à elle seule pour faire disparaître tous les périls[3].

608. Il est bon de signaler encore un danger que les commerçants européens peuvent subir, quand ils ont affaire à un débiteur tunisien musulman; il puise dans son statut personnel le droit de se soustraire à tout paiement en excipant de son insolvabilité absolue; mais la jurisprudence n'a pas permis que cette règle puisse servir au débiteur de mauvaise foi et elle a décidé que le créancier auquel on oppose le moyen tiré de l'insolvabilité a droit d'obtenir un jugement de condamnation, quitte à ne l'exécuter que s'il vient à découvrir que son débiteur, contrairement à son dire, possède des biens saisissables[4]. Il ne faut pas manquer, on le voit, de prendre à toutes fins, un titre de condamnation.

609. Notons enfin, pour finir, deux jugements intéressants: 1° Aux termes de l'art. 244 de la loi foncière, s'il n'a pas été stipulé d'hypothèque dans le contrat de mariage ou en cas d'insuffisance des garanties déterminées par le contrat, la femme peut, durant le cours du mariage, et en vertu d'un jugement, à défaut de consentement du mari, requérir inscription d'hypothèque sur les biens immatriculés de ce dernier; pour l'application de cette disposition, la femme doit rapporter la preuve que ses créances ne sont pas suffisamment garanties: Tunis, 17 juin 1908 (Journal 1908, p. 623). C'est une application du principe qui veut qu'il n'y ait pas de charges occultes sur les immeubles immatriculés.

610. 2° Jugé que l'abrogation de l'art. 235 de la loi foncière par la loi du 15 mars 1892 n'a pas eu pour effet de rendre applicable en Tunisie, en ce qui concerne les immeubles immatriculés, l'art. 448 Code com. fr.; que d'autre part, dans le système de la loi foncière, les dispositions dudit Code de commerce français n'étaient pas applicables aux immeubles immatriculés; qu'il s'ensuit qu'il n'y a lieu d'annuler l'hypothèque prise sur un immeuble immatriculé, dans le délai pendant lequel les actes faits avant l'ouverture d'une faillite sont déclarés nuls: Alger, 29 octobre 1902 (Journal 1903, p. 81). Il est vrai que la Cour de Paris a jugé le contraire le 29 juin 1904 (Journal 1904, p. 601) par ce motif que le Code de commerce est applicable aux immeubles immatriculés dans toutes leurs dispositions qui ne sont pas formellement contraires aux lois du 1er juillet 1885 et du 15 mars 1892 qui ont organisé le nouveau droit foncier tunisien; mais il faut préférer comme plus juridique l'autre système, qui est d'ailleurs consacré par un jugement de Tunis en date du 14 mars 1908 (Journal 1908, p. 484). C'est aussi justement qu'il a été décidé que l'état de liquidation judiciaire ou de faillite ne peut donner lieu qu'à une mention sur le livre foncier destinée à porter cet état à la connaissance des tiers, qui ont droit

[1]) Voir: S. Berge, Répertoire V° Autorisation de femme mariée n° 8; spécialement pour la femme mariée italienne, nos 22 et s. pour la belge n° 32, pour la grecque n° 33, pour la musulmane nos 36 et s. — [2]) Voir: S. Berge, Répertoire V° Régime matrimonial nos 23 et s., 85 et s., 126 et s. — [3]) Voir: S. Berge, Répertoire V° Faillite nos 42 et s. — [4]) Voir: S. Berge, Répertoire V° Insolvabilité n° 2.

de savoir que le propriétaire n'est plus en possession de tous ses droits, mais qu'aucune inscription ne peut être prise an profit de la masse pour une hypothèque légale ou forcée: Tribunal mixte 1er avril 1908 (Journal 1908, p. 226).

Chapitre II. Loi tunisienne des obligations et des contrats.

611. Autrefois, cette loi était purement et simplement la loi musulmane, telle qu'elle résultait de ses sources classiques, telle qu'elle était enseignée à la Grande mosquée de Tunis (Djama ez Zitouna, la grande université musulmane de Tunis), telle qu'elle était appliquée par toutes les juridictions indigènes. Le besoin de la changer n'apparut pas au Gouvernement; mais ce qu'il vit clairement, c'était la nécessité de la rendre accessible à tous par une codification. Un projet fut préparé par une commission siégeant au Gouvernement tunisien[1] puis soumis à l'examen d'une commission composée de cinq membres du Chara de Tunis et de cinq professeurs à la Grande mosquée[2]; il en sortit le Code que nous analysons ci-après, qui a été un peu gâté en la forme par des traductions successives du français en arabe et d'arabe en français, mais qui vaut beaucoup dans le fond, parce qu'il condense sous une forme claire et accessible à tous un ensemble de règles qui a été considéré comme non contraire à la foi musulmane par les jurisconsultes éminents qui l'ont examiné et amendé.

612. Il a paru, au moment où ce Code a été entrepris, qu'il serait difficile de le faire accepter par les pontifes de la religion musulmane; mais les craintes qui s'étaient ainsi fait jour ne se sont pas réalisées; un terrain d'entente fertile a été trouvé dans le droit romain du Bas-Empire, que les premiers jurisconsultes arabes avaient rencontré lors des conquêtes de leurs Kalifes, et qu'ils avaient assimilé par un ingénieux travail de jurisprudence; l'entente a d'ailleurs été facilitée par la largeur de vues et l'esprit de tolérance des docteurs musulmans avec lesquels nous avons collaboré. Aussi croyons nous que l'important document que nous allons présenter à nos lecteurs mérite une bienveillante attention et servira de base à une très importante évolution du droit chez les populations musulmanes soumises à l'empire ou à la protection de la France.

CODE TUNISIEN DES OBLIGATIONS ET DES CONTRATS.

613. Le Code tunisien des obligations et des contrats est divisé en deux livres, le premier d'entre eux consacré aux obligations en général, le second aux différents contrats déterminés et aux quasi-contrats qui s'y rattachent. On va suivre scrupuleusement dans les explications qui vont suivre l'ordre de cette première division des matières et celui des subdivisions qui les classent, procédant, soit par des reproductions textuelles, soit par des résumés plus ou moins larges, de manière à donner de cet important monument législatif une notion tout à fait précise. Elle sera d'ailleurs éclairée, quand il le faudra, par la mention de la jurisprudence intervenue sur chaque question car, bien que d'application encore très récente, le Code des obligations et des contrats a, grâce à l'activité de la Direction des services judiciaires du Gouvernement tunisien et au dévoué concours du *Journal des Tribunaux de la Tunisie*, donné lieu à un certain nombre de décisions judiciaires de principe soigneusement recueillies, lesquelles prépareront une bonne pratique, et, s'il y a lieu, l'amélioration de la loi elle-même.

LIVRE PREMIER. DES OBLIGATIONS EN GÉNÉRAL.

TITRE I. DES CAUSES DES OBLIGATIONS.

614. Le texte commence par l'énoncé d'un principe général, qui est que les obligations dérivent de plusieurs sources, lesquelles sont: les conventions et autres déclarations de volonté, les quasi-contrats, les délits et les quasi-délits (art. 1).

1) Cette commission était composée de MM. Roy, ministre plénipotentiaire, secrétaire général du Gouvernement tunisien, S. Berge, directeur de la justice tunisienne, Padoux, secrétaire général adjoint du Gouvernement tunisien, Anterrieu, président du Tribunal mixte, Santillana, avocat, rapporteur. — 2) Nous fûmes chargé avec M. Santillana, érudit arabisant et très savant jurisconsulte, de présenter et de soutenir le projet au sein de cette commission.

Et cela nous amène de suite à un titre II lequel est divisé en trois chapitres, consacré chacun aux obligations qui dérivent: 1° des conventions et autres déclarations de volonté; — 2° des quasi-contrats; — 3° des délits et quasi-délits.

TITRE II. DES DIFFÉRENTES SORTES D'OBLIGATIONS.

Chapitre premier. Des obligations qui dérivent des Conventions et autres déclarations de volonté.

615. Les éléments nécessaires pour la validité des obligations qui dérivent d'une déclaration de volonté sont: 1° la capacité de s'obliger; — 2° une déclaration valable de volonté; — 3° un objet certain pouvant former un objet d'obligation; — 4° une cause licite de s'obliger (art. 2).

Section I. De la capacité.

616. «Toute personne est capable de s'obliger si elle n'en est pas déclarée incapable par la loi» (art. 3). — «La différence de culte ne crée aucune différence entre les musulmans et les non musulmans, en ce qui concerne la capacité de contracter et les effets des obligations valablement formées par ces derniers et envers eux» (art. 4).

617. Cette seconde disposition mérite une explication: il ne faut pas la prendre en ce sens que la capacité des musulmans et celle des non musulmans pour tous les actes de la vie civile sont régies par des règles identiques; ce serait là une absurdité, car cette capacité est soumise respectivement chez les uns et chez les autres en matière de mariage, notamment, aux règles du statut personnel, qui sont différentes; ainsi, parmi les sujets tunisiens, surtout à Tunis, il y a un grand nombre d'israélites; or le statut personnel des israélites a sa base dans le droit rabbinique, tandis que celui des musulmans a sa base dans le droit coranique; donc la capacité absolue est différente suivant que le sujet tunisien appartient à une religion ou à une autre. Mais l'art. 4 ne va pas à l'encontre de cette vérité incontestable; ce qu'il a voulu dire, et c'est là quelque chose qui est intéressant à retenir, c'est que la législation qui est exposée ici est une loi purement civile, qui s'applique à tous les contrats qu'elle régit, sans qu'elle mette personne, pour question de religion, en dehors d'elle; elle se refuse à déclarer qu'il faille être musulman pour être capable de s'obliger ou de contracter; elle n'admet même pas que cette capacité soit soumise à la loi religieuse; elle la fait dépendre uniquement de la loi civile, qui est le Code tunisien des Obligations et des Contrats lui-même. Il faut ne pas oublier cette remarque fondamentale pour bien comprendre ce qui va suivre.

618. Sont absolument incapables de contracter, si ce n'est par les personnes qui les représentent, continue notre Code: 1° les mineurs jusqu'à l'âge de 12 ans révolus; — 2° les majeurs atteints d'aliénation mentale qui les prive complètement de leurs facultés; — 3° les personnes morales que la loi assimile aux mineurs (art. 5). Ont une capacité limitée: les mineurs au-dessus de 12 ans jusqu'à 18 ans révolus, non assistés par leur père ou tuteur; les femmes mariées dans les cas exprimés par la loi; les interdits pour faiblesse d'esprit ou prodigalité non assistés par leur conseil judiciaire, dans les cas où la loi requiert cette assistance; les interdits pour insolvabilité déclarée[1] et généralement tous ceux auxquels la loi défend certains contrats (art. 6). Est majeur aux effets de la présente loi tout individu du sexe masculin au-dessus de 18 ans révolus; l'enfant du sexe féminin reste sous tutelle jusqu'à 2 ans après son mariage (art. 7).

619. Le mineur au-dessus de 12 ans et l'incapable qui ont contracté sans l'autorisation de leur père, tuteur ou curateur, ne sont pas obligés à raison des engagements pris par eux et peuvent en demander la rescision dans les conditions établies par le présent Code; mais ces obligations peuvent être validées par l'approbation ultérieure, donnée dans les termes de la loi, du père, tuteur ou curateur (art. 8). Cependant le mineur au-dessus de 12 ans et l'incapable peuvent améliorer leur situation, même sans l'assistance de leur père, tuteur ou curateur, en ce sens qu'il peuvent accepter une donation ou tout autre acte gratuit qui les enrichit ou les libère d'une obligation sans entraîner pour eux aucune charge (art. 9).

620. L'obligation peut être attaquée par le tuteur ou par le mineur dont la majorité s'est accomplie, même s'il a employé des manœuvres frauduleuses pour

[1]) Le droit musulman, auquel cette règle est empruntée, reconnaît que l'insolvabilité absolue met à l'abri de toute poursuite le débiteur qui est dans cet état; mais il ne lui permet pas non plus de contracter: Ibn Acem, trad. Houdas et Martel, verset 1454, note 1341.

faire croire à sa capacité; toutefois le mineur reste obligé dans la mesure du profit qu'il a retiré de l'obligation nulle (art. 10). Quant au mineur dûment autorisé à exercer le commerce ou l'industrie, il n'est pas restituable contre les engagements qu'il a pris à raison de son commerce dans les limites de l'autorisation qui lui a été donnée; celle-ci ne comprend d'ailleurs que les actes qui sont nécessaires à l'exercice du commerce qui fait l'objet de l'autorisation (art. 12). Celle-ci peut être retirée pour motifs graves par le Tribunal, le mineur entendu, sans que cette révocation ait d'effet sur les affaires engagées au moment de la révocation (art. 12).

621. Le mineur et l'incapable sont toujours obligés, à raison de l'accomplissement de l'obligation par l'autre partie, à concurrence du profit qu'ils en ont retiré, et il y a profit lorsque l'incapable a employé ce qu'il a reçu en dépenses nécessaires ou utiles, ou lorsque la chose existe encore dans son patrimoine (art. 13). Le contractant capable ne peut opposer l'incapacité de celui avec lequel il a contracté (art. 14). Le père, le tuteur ou curateur ne peuvent, sans l'autorisation du juge compétent, suivant la religion de l'incapable, (cadi ou Tribunal rabbinique) contracter avec ce dernier (art. 15). Les actes que ces personnes accomplissent dans l'intérêt de l'incapable sont valables comme ceux que ferait un majeur maître de ses droits, sans que cette règle s'applique aux actes de pure libéralité qui tombent sous la règle précédente, ou aux aveux faits en justice (art. 16). Le représentant légal du tuteur ou de l'interdit ne peut continuer à exercer le commerce pour le compte de ce dernier que s'il y est autorisé par le juge du statut personnel (art. 17).

Section II. De la déclaration de volonté.

622. La simple promesse ne crée point d'obligation (art. 18). La promesse, faite par affiches ou autre moyen de publicité, d'une récompense à celui qui rapportera un objet perdu ou accomplira tout autre fait (licite) est présumée acceptée, même par celui qui accomplit le fait sans connaître l'avis; ladite promesse oblige donc, contrairement à la règle précédente, à accomplir la prestation commise (art. 19). La promesse de récompense ne peut plus être révoquée lorsque l'exécution de l'acte récompensé est commencée et celui qui a fixé un délai pour l'accomplissement du fait ne peut révoquer la promesse avant l'écoulement du délai (art. 20). Si plusieurs personnes ont accompli en même temps le fait récompensé, elles partagent la récompense; si elles l'ont accompli successivement, la récompense appartient au premier en date; si la récompense ne peut se partager, on la vend et on partage le prix; si c'est un objet qui n'a pas de valeur vénale, il est tiré au sort (art. 21). Dans les autres obligations unilatérales, il n'y a lieu à accomplissement forcé que lorsqu'elles sont venues à la connaissance de la personne envers laquelle elles sont prises (art. 22).

623. La convention n'est parfaite que par l'accord des parties sur les éléments essentiels de l'obligation ainsi que sur toutes les clauses licites que les parties considèrent comme essentielles. Les modifications apportées à une première convention par l'accord de tous les contractants ne font pas un nouveau contrat, mais sont censées faire partie de la convention primitive (art. 23).

624. Le contrat n'est point parfait lorsque les parties ont expressément réservé certaines clauses, même lorsque les préliminaires de la convention ont été rédigés par écrit (art. 24); d'autre part, les réserves ou restrictions qui ne sont pas portées à la connaissance de l'autre partie[1] ne peuvent infirmer ni restreindre les effets de la déclaration de volonté, telle qu'elle résulte de son expression apparente (art. 25); enfin les contre-lettres et autres déclarations écrites n'ont d'effet qu'entre les parties contractantes et leurs héritiers (art. 26).

625. L'offre faite à une personne présente sans fixation de délai est non avenue, si elle n'est acceptée sur le champ par l'autre partie; cette règle s'applique aux offres faites au moyen du téléphone (art. 27). Le contrat par correspondance est parfait au moment et dans le lieu où celui qui a reçu l'offre répond en l'acceptant; le contrat par le moyen d'un messager ou intermédiaire est parfait au moment et dans le lieu où celui qui a reçu l'offre répond à l'intermédiaire qu'il accepte (art. 28). Lorsqu'une réponse d'acceptation n'est pas exigée par le proposant ou par l'usage

[1]) Cela semble tellement évident qu'on se demande pourquoi le législateur tunisien a pris la peine de le proclamer; mais il avait à formuler la nullité de certain contrat usité autrefois en Tunisie et considéré comme bon. La nécessité d'échapper à la tyrannie des puissants du jour en avait fait admettre la validité; c'était en somme une protestation tendant à affirmer que la volonté avait été violentée, d'où nullité de l'acte contre lequel la protestation était dirigée.

du commerce, le contrat est parfait dès que l'autre partie a entrepris l'exécution; l'absence de réponse vaut aussi consentement, lorsque la proposition se rapporte à des relations d'affaires déjà entamées entre les parties (art. 29). La proposition est révocable tant que le contrat n'est pas parfait par l'acceptation ou le commencement d'exécution (art. 30); une réponse conditionnelle ou restrictive équivaut au refus de la proposition accompagné d'une proposition nouvelle (art. 31); la réponse est réputée conforme aux offres, lorsque celui qui répond dit simplement qu'il accepte ou exécute le contrat sans réserves (art. 32).

626. Celui qui fait une offre en fixant un délai pour l'acceptation est engagé envers l'autre partie jusqu'à l'expiration du délai seulement (art. 33); celui qui fait une offre par correspondance sans fixer de délai est engagé jusqu'au moment où une réponse expédiée dans un délai moral raisonnable aurait dû lui parvenir, même si elle n'est pas effectivement parvenue (art. 34).

627. La mort ou l'incapacité de celui qui a fait une offre, lorsqu'elle survient après le départ de la proposition, n'empêche pas la perfection du contrat, lorsque celui qui l'a acceptée ne savait pas, au moment de l'acceptation, la mort ou l'incapacité du proposant (art. 35).

628. La mise aux enchères est une proposition de contrat, qui est réputée acceptée par celui qui offre le dernier prix; cet enchérisseur est obligé si le vendeur offre le prix offert (art. 36).

629. Nul ne peut engager autrui sans mandat (art. 37); néanmoins on peut stipuler au profit d'un tiers, même indéterminé; dans ce cas, la stipulation opère directement au profit du tiers, sauf condition contraire inscrite au contrat; elle est au surplus réputée non avenue lorsque le tiers en faveur de qui elle a été faite la refuse (art. 38); celui qui a stipulé en faveur d'un tiers peut poursuivre l'exécution concurremment avec celui-ci, sauf condition contraire (art. 39). On peut aussi stipuler pour un tiers sauf ratification, laquelle doit intervenir dans les 15 jours au plus tard après notification de la convention (art. 40).

630. La ratification équivaut au mandat; elle peut être tacite et résulter de l'exécution de la convention (art. 41); le consentement ou la ratification peuvent résulter du silence lorsque la partie est présente, ou dûment informée et ne contredit pas, sans qu'un motif légitime justifie son silence (art. 42).

631. «Est annulable le consentement donné par erreur, surpris par dol ou extorqué par violence» (art. 43). L'erreur de droit donne lieu à rescision lorsqu'elle est la cause unique ou principale de l'obligation et qu'elle est excusable (art. 44). L'erreur de fait peut donner lieu à rescision lorsqu'elle tombe sur l'identité ou sur l'espèce ou sur la qualité de l'objet qui a été la cause déterminante du consentement (art. 45). L'erreur sur la personne ne donne pas lieu à résolution, à moins que la personnalité ou la qualité de la personne n'ait été la cause déterminante du consentement (art. 46). Les simples erreurs de calcul ne sont pas une cause de résolution, mais elles doivent être rectifiées (art. 47). Dans l'appréciation de l'erreur, les juges doivent avoir égard à l'âge, au sexe, à la condition des personnes et aux circonstances de la cause (art. 48).

632. «La violence est la contrainte exercée sans l'autorité de la loi et moyennant laquelle on amène une personne à accomplir un acte qu'elle n'a pas consenti» (art. 50). Elle ne donne lieu à rescision de l'obligation que si elle en a été la cause déterminante et est constituée par des faits de nature à produire, soit une souffrance physique, soit un trouble moral capable de faire impression, en égard à l'âge, au sexe et à la condition des personnes (art. 51). La menace d'exercer des poursuites ne peut donner lieu à rescision que si on a essayé d'extorquer des avantages excessifs ou indus (art. 52). La violence donne ouverture à rescision, même si elle a été exercée par un tiers (art. 53) ou contre une personne étroitement liée au contractant par le sang (art. 54). La crainte révérentielle ne donne pas ouverture à rescision (art. 55).

633. «Le dol donne ouverture à la rescision lorsque les manœuvres ou les réticences de l'une des parties, de celui qui la représente ou qui est de complicité avec elle, sont de telle nature que, sans ces manœuvres ou ces réticences, l'autre partie n'aurait pas contracté. Le dol pratiqué par un tiers a le même effet, lorsque la partie qui en profite en avait connaissance» (art. 56). Le dol qui ne porte que sur les accessoires de l'obligation et ne l'a pas déterminée ne donne lieu qu'à des dommages-intérêts (art. 57).

634. Il y a lieu à rescision lorsque celui qui a contracté était ivre (art. 58); les motifs de rescision fondés sur la maladie sont abandonnés à l'appréciation des juges (art. 59).

635. La lésion ne donne pas lieu à rescision, à moins qu'elle ne résulte d'un dol (art. 60); elle donne lieu à rescision si la partie lésée est un mineur ou un incapable, alors même qu'il aurait été assisté par qui de droit. Il y a lésion quand la différence entre le prix et la valeur dépasse le tiers (art. 61).

Section III. De l'objet des obligations contractuelles.

636. Ce qui est dans le commerce peut seul former l'objet d'obligation; «sont dans le commerce toutes les choses au sujet desquelles la loi ne défend pas expressément de contracter» (art. 62). La chose qui forme l'objet de l'obligation doit être déterminée au moins quant à son espèce; il faut que la quotité soit au moins déterminable (art. 63).

637. Est nulle l'obligation dont l'objet est impossible légalement ou physiquement (art. 64). La partie qui devait connaître cette impossibilité est tenue à des dommages, à moins que l'autre partie ne fut dans le même cas, même si l'impossibilité n'est que partielle ou n'affecte que l'une de deux obligations alternatives (art. 65).

638. L'objet de l'obligation peut être futur ou incertain, sauf disposition légale; il ne peut consister dans la renonciation à une succession future, ou dans une stipulation relative à des objets dépendant d'une telle succession (art. 66).

Section IV. De la cause des obligations contractuelles.

639. «L'obligation sans cause ou fondée sur une cause illicite est non avenue. La cause est illicite quand elle est contraire aux bonnes mœurs, à l'ordre public ou à la loi» (art. 67). Toute obligation est présumée avoir une cause licite, quoiqu'elle ne soit pas exprimée (art. 68), et la cause exprimée est réputée vraie jusqu'à preuve contraire (art. 69). Si la cause exprimée est prouvée fausse ou illicite, c'est à celui qui soutient que l'obligation a une autre cause licite à le prouver (art. 70).

640. Le chapitre dont le résumé précède a donné lieu a un peu de jurisprudence[1]. Jugé que l'action d'une femme n'est pas recevable, si, ayant fait signer à une jeune fille une reconnaissance de dette, elle prétend la faire condamner à la payer ou à rester dans son domicile, alors qu'il est constant que ce domicile est une maison mal famée et que la prétendue dette n'est qu'un moyen imaginé pour opérer une contrainte sur la prétendue débitrice: Ouzara, 16 octobre 1902 (Journal 1903, p. 559); — qu'aucune action en justice n'est recevable de la part de celui qui tend à se faire restituer des objets mobiliers qu'il avait remis volontairement à une fille publique: Ouzara, 19 mars 1903 (Journal 1903, p. 293); — qu'il y a nullité du contrat par lequel une musulmane s'engage à chanter dans un café-concert, ce qui fait qu'elle ne peut pas réclamer son salaire de chanteuse en justice: Ouzara, 6 décembre 1902 (Journal 1903, p. 561); — que le consentement donné par erreur, surpris par dol ou extorqué par violence est, non pas nul de plein droit, mais annulable; que spécialement la violence n'empêche pas la formation du lien de droit et donne seulement lieu à sa rescision; qu'au surplus cette action en rescision n'est pas indéfiniment ouverte et se prescrit par 1 an à partir du jour où la violence a cessé: Tribunal mixte, 6 juillet 1903 (Journal 1903, p. 552); — que c'est à celui qui prétend que la cause, exprimée dans une obligation est fausse, à prouver le bien fondé de son allégation: Ouzara, 10 décembre 1912 (Journal 1913, p. 63).

Chapitre II. Des obligations résultant des quasi-contrats.

641. Celui qui possède sans cause justificative une chose appartenant à autrui est tenu de la restituer à celui aux dépens duquel il s'est enrichi (art. 71). Celui qui, de bonne foi, a retiré du travail ou de la chose d'autrui un profit, est tenu d'indemniser ce tiers dans la mesure dudit profit (art. 72). Celui qui, se croyant débiteur, a indûment payé, a le droit de répéter contre celui auquel il a payé (art. 73), à moins qu'il n'ait agi sciemment (art. 74); l'action en répétition existe pour ce qui a été payé pour une cause future qui ne s'est pas réalisée ou pour une cause déjà existante qui a cessé d'exister (art. 75); mais cette règle ne s'applique plus si celui qui a payé savait la cause future irréalisable ou s'il a empêché sa réalisation (art. 76).

642. Ce qui a été payé pour une cause illicite ne peut être répété (art. 77), non plus que ce qui l'a été pour une dette prescrite ou une obligation morale, lorsque

[1] S. Berge, Répertoire V° Contrat nos 13, 16 et s.

celui qui a payé avait la capacité d'aliéner à titre gratuit, encore qu'il ait cru par erreur qu'il était tenu de payer ou qu'il ignorât le fait de la prescription (art. 78).

643. Equivaut au paiement, dans les cas ci-dessus, la dation en paiement, la constitution d'une sûreté, la délivrance d'un titre (art. 79).

644. Celui qui s'est enrichi de bonne foi au préjudice d'autrui est tenu de restituer ce qu'il a reçu; il est responsable de la perte ou de la détérioration, si la perte a eu lieu par sa faute; le détenteur de mauvaise foi doit de plus les fruits et accroissements depuis l'indue perception; il est responsable de la perte survenue même par cas fortuit (art. 80). Si celui qui a reçu la chose de bonne foi l'a vendue, il n'est tenu de restituer que le prix de vente, ainsi que de céder ses actions contre l'acheteur (art. 81).

Chapitre III. Des obligations provenant de délits ou de quasi-délits.

645. «Tout fait quelconque de l'homme qui, sans l'autorité de la loi, cause sciemment et volontairement à autrui un dommage matériel ou moral, oblige son auteur à réparer le dommage résultant de son fait, lorsqu'il est établi que ce fait en est la cause directe. Toute stipulation contraire est sans effet» (art. 82). Il en est de même pour tout dommage résultant d'une faute: «la faute consiste, soit à omettre ce qu'on était tenu de faire, soit à faire ce dont on était tenu de s'abstenir sans intention de causer un dommage» (art. 83). Ces responsabilités s'appliquent à l'Etat, aux communes et aux administrations publiques (art. 84).

646. Le fonctionnaire et l'employé public sont responsables de leur faute lourde et de leur dol (art. 85); ceux de l'ordre judiciaire qui se rendent coupables de forfaiture, répondent civilement des suites de cette faute envers la partie lésée, lorsque la loi pénale autorise la prise à partie (art. 86).

647. Celui qui, contrairement à la vérité, affirme ou répand, par la voie de la presse ou autrement, des faits de nature à nuire, est tenu du dommage envers la partie lésée, lorsqu'il savait ou devait savoir la fausseté des faits allégués; cette règle s'applique aussi au délit d'injure par paroles et à ceux qui impriment les écrits calomnieux, diffamatoires ou injurieux. Ces actions se prescrivent par 5 mois à dater du jour où ils ont été commis ou du dernier acte de poursuite, s'il en a été fait; s'il n'y a pas eu de publicité, les 5 mois courent du jour où la partie lésée a eu connaissance du fait qui la lèse (art. 87).

648. Celui qui, de bonne foi et sans faute lourde ou imprudence grave, donne des renseignements dont il ignore la fausseté, n'est tenu à aucune responsabilité, lorsqu'il y avait intérêt légitime à rechercher ces renseignements et lorsqu'il était tenu par suite de ses rapports d'affaires, à communiquer ce qui était parvenu à sa connaissance (art. 88). Un simple conseil n'engage pas la responsabilité de son auteur, s'il n'a pas été donné en vue d'une tromperie, s'il n'est pas le résultat d'une faute lourde et si les résultats de l'affaire n'ont pas été garantis (art. 89).

649. Donnent lieu à des dommages-intérêts tous les abus en matière de marque de fabrique et de commerce (art. 90)[1]; il en est de même des mises en vente effectuées sciemment d'objet portant des marques ou noms supposés ou altérés (art. 91) ou d'imitation frauduleuse de marques, ou d'usage d'enseigne ou de nom commercial appartenant à une autre personne, ou le fait de faire supposer qu'on représente une marque ou une maison (art. 92).

650. Le père, la mère et les autres parents ou conjoints répondent des dommages causés par les insensés et autres infirmes d'esprit, même majeurs, demeurant avec eux, s'ils ne prouvent qu'ils ont exercé la surveillance nécessaire, ou qu'ils ignoraient le caractère dangereux de la maladie de l'insensé ou à moins que l'accident n'ait eu lieu par la faute de la victime; même règle pour ceux qui se sont chargés par contrat de l'entretien et de la surveillance de ces personnes (art. 93).

651. Chacun répond du dommage causé par l'animal qu'il a sous sa garde, s'il ne prouve qu'il a pris les précautions nécessaires ou que l'accident a eu lieu par cas fortuit, par force majeure ou par la faute de la victime (art. 94). Le propriétaire, fermier ou possesseur du fonds n'est pas responsable des dommages causés par les animaux sauvages ou non sauvages qui s'y trouvent, s'il n'a rien fait pour les y attirer ou pour les y maintenir. Il en est autrement s'il existe dans le fonds une garenne, un bois, un parc, des ruches, pour entretenir certains animaux, soit

[1]) Ceci n'est qu'un énoncé de principes; le code que nous résumons a tenu à être complet et à se suffire à lui-même; mais il y a une législation spéciale; voir dans le présent ouvrage les nos 206 et s.

pour le commerce, soit pour la chasse, soit pour l'usage domestique, ou si le fonds est spécialement destiné à la chasse (art. 95).

652. Chacun répond du dommage occasionné directement par les choses qu'il a sous sa garde, à moins qu'il n'ait fait le nécessaire pour empêcher le dommage ou que celui-ci provienne de force majeure, de cas fortuit ou de la faute d'un tiers (art. 96). Le propriétaire d'un édifice est responsable du dommage causé par son écroulement total ou partiel survenu par vétusté, défaut d'entretien ou vice de construction. S'il y a litige sur la propriété, la responsabilité incombe au possesseur actuel. Toutefois l'action en dommages n'est recevable qu'après mise en demeure en cas de danger apparent (art. 97). Le voisin peut exiger, en ce cas, que le propriétaire prenne les mesures nécessaires (art. 98).

653. Les voisins d'établissements insalubres ou incommodes peuvent en demander la suppression ou l'adoption de changements propres à faire disparaître les inconvénients; l'autorisation des pouvoirs publics ne fait pas obstacle à cette action (art. 99). Toutefois la règle ne s'applique pas aux inconvénients qui découlent des obligations ordinaires du voisinage (art. 100).

654. L'acquittement prononcé par un tribunal pénal ou le décès du prévenu ou l'amnistie ne préjugent pas la question des dommages civils résultant du fait qui a donné lieu aux poursuites (art. 101). L'ivresse volontaire n'empêche pas la responsabilité civile (art. 102). Il n'y en a pas au contraire pour celui qui a fait ce qu'il avait le droit de faire sans abus (art. 103) ou qui se trouvait en cas de légitime défense (art. 104).

655. Le mineur dépourvu de discernement ne répond pas civilement du dommage causé par son fait; il en est de même pour l'insensé dans ses accès de démence; mais le mineur, ainsi que les sourds muets et les infirmes pourvus de discernement, sont responsables (art. 105 et 106).

656. «Les dommages, dans le cas de délits ou de quasi-délits, sont la perte effective éprouvée par le demandeur, les dépenses nécessaires qu'il a dû ou devrait faire, afin de réparer les suites de l'acte commis à son préjudice, ainsi que les gains dont il est privé dans la mesure normale en conséquence de cet acte» (art. 107). Il y a lieu d'apprécier différemment le cas de faute et celui de dol; les auteurs qui ont agi de concert sont solidairement responsables (art. 108 et 109).

657. Le possesseur de mauvaise foi est tenu de restituer, avec la chose, tous les fruits naturels et civils qu'il a perçus ou aurait pu percevoir s'il avait bien administré; il n'a droit qu'aux dépenses nécessaires au remboursement de la chose et les frais de restitution sont à sa charge (art. 110). Il a les risques de la chose (art. 111).

658. Le possesseur de bonne foi fait les fruits siens et n'est tenu de restituer que ceux qui existent encore au moment où il est assigné en restitution; il doit, d'autre part, supporter les frais d'entretien et de perception des fruits; pour être de bonne foi, il faut posséder en vertu d'un titre dont on ignore les vices (art. 112).

659. Si le possesseur, même de mauvaise foi, d'une chose mobilière, a par son travail, donné une plus value considérable, il peut la retenir, à charge de rembourser la valeur de la matière première et une indemnité à arbitrer, sauf le droit du possesseur primitif de reprendre la chose en remboursant la plus value (art. 113).

660. En cas de délit ou de quasi-délit, l'héritier est tenu des mêmes obligations que son auteur (art. 114); l'action en indemnité qui en découle se prescrit par 3 ans à partir du jour où la partie lésée a eu connaissance du dommage et en tous cas par 15 ans à partir du dommage (art. 115).

TITRE III. DES MODIFICATIONS DE L'OBLIGATION.

Chapitre premier. De la condition.

661. «La condition est une déclaration de volonté qui fait dépendre d'un évènement futur et incertain, soit l'existence de l'obligation, soit son extinction. L'évènement passé ou présent, mais encore inconnu des parties, ne constitue pas condition (art. 116). Toute condition contraire aux bonnes mœurs ou à la loi ou impossible est nulle et rend nulle l'obligation qui en dépend (art. 117). Il n'est pas défendu de s'interdire d'exercer certaine industrie pendant un temps ou dans un rayon déterminé (art. 118).

662. La condition incompatible avec la nature de l'acte rend nulle l'obligation qui en dépend, à moins que celui en faveur de qui elle a été stipulée n'y renonce (art. 119). La condition sans utilité appréciable est nulle et non avenue (art. 120).

663. La condition potestative entraîne la nullité de l'obligation; cependant chacune des parties ou l'une d'elles peut stipuler la faculté de déclarer dans un délai déterminé si elle entend tenir le contrat ou le résilier, à moins qu'il ne s'agisse de reconnaissance ou de remise de dette, de donation ou de vente à livrer (art. 121); si la faculté de résilier a été stipulée sans délai déterminé, chaque contractant peut exiger que l'autre prenne parti dans un délai raisonnable (art. 122); l'expiration du délai sans déclaration rend le contrat définitif; au contraire la déclaration de résiliation fait que le contrat est réputé non avenu (art. 123). En cas de décès, la faculté de résiliation compète aux héritiers pendant le délai qui reste à courir et si les héritiers ne sont pas d'accord, ceux qui sont d'avis d'exécuter le contrat peuvent le prendre à leur compte (art. 124). En cas de démence ou de survenance d'incapacité, le Tribunal nomme un curateur *ad hoc* qui, avec l'autorisation de justice, décide s'il y a lieu d'exécuter le contrat ou de résilier; en cas de faillite, c'est le syndic qui, de plein droit, est curateur *ad hoc* (art. 125).

664. L'obligation étant contractée sous condition qu'un évènement arrivera dans un temps fixé, la condition est défaillie dès que le temps est expiré sans que l'évènement soit arrivé, sans que le Tribunal puisse accorder aucune prorogation de délai; si aucun terme n'est fixé, la condition n'est défaillie que lorsqu'il est devenu certain que l'évènement n'arrivera pas (art. 126). Solutions analogues pour la stipulation qu'un évènement ne se produira pas (art. 127).

665. La condition qui exige pour sa réalisation le concours d'un tiers ou le fait d'un créancier est défaillie lorsque le concours est refusé ou que le fait prévu n'est pas accompli par le créancier, en eût-il la volonté (art. 128).

665. La perte de la chose, objet d'une obligation subordonnée à une condition suspensive, donne lieu aux règles suivantes: si la perte est complète sans la faute ou le fait du débiteur, l'obligation est considérée comme non avenue; si la chose est simplement détériorée sans la faute ou le fait du débiteur, le créancier doit la recevoir dans l'état où elle se trouve sans diminution de prix; si elle a péri entièrement par la faute ou le fait du débiteur, le créancier a droit à des dommages-intérêts; si elle est détériorée ou dépréciée par la faute ou le fait du débiteur, le créancier a le choix de la recevoir dans l'état où elle se trouve ou de résoudre le contrat, sauf son droit à des dommages dans chaque alternative; le tout sauf stipulation des parties (art. 129).

666. La condition résolutoire ne suspend pas l'exécution de l'obligation; elle oblige à revenir sur son exécution (art. 130).

667. La condition est réputée accomplie lorsque le débiteur en a sans droit empêché l'évènement (art. 131); la condition accomplie ne produit aucun effet lorsque l'évènement en a eu lieu par le dol de celui qui avait intérêt à ce qu'elle s'accomplisse (art. 132). La condition accomplie a effet rétroactif au jour du contrat, si cela était dans la nature du contrat ou dans la volonté des parties (art. 133).

668. L'obligé sous condition suspensive ne peut rien faire pour en empêcher ou retarder l'accomplissement (art. 134) et le créancier peut faire tous actes conservatoires et même requérir saisie-arrêt, s'il y a péril en la demeure (art. 135).

Chapitre II. Du terme.

669. Lorsque l'obligation n'a pas d'échéance déterminée, elle doit être immédiatement exécutée, à moins que le terme ne résulte de sa nature ou de ses modalités; en ce cas, le terme est fixé par justice (art. 136). Le tribunal ne peut accorder terme ni délai de grâce, s'il ne résulte de la convention ou de la loi; il ne peut proroger un délai fixé par la convention ou par la loi (art. 139). L'obligation est nulle lorsque le terme a été remis à la volonté du débiteur ou dépend d'un fait dont l'accomplissement est remis à sa volonté (art. 138).

670. Le terme part de la date du contrat, si un autre point de départ n'a pas été convenu; il part du jugement qui liquide les dommages en cas de délit ou de quasi-délit (art. 139); le jour à partir duquel on compte n'est pas compris dans le terme; le terme calculé par nombre de jours expire avec la fin du dernier jour (art. 140); le terme d'une semaine est de 7 jours, celui compté par mois est d'un multiple de 30 jours, celui compté par années d'un multiple de 365 jours entiers (art. 141). Par commencement du mois, on entend le premier jour de ce mois, par milieu le 15e jour, par fin du mois, le dernier jour (art. 142). Lorsque l'échéance du terme tombe un jour férié, elle est reportée au jour suivant non férié (art. 143).

671. Le terme suspensif produit les effets de la condition suspensive, le terme résolutoire ceux de la condition résolutoire (art. 144). Le terme est censé stipulé en faveur du débiteur; il peut accomplir l'obligation avant terme s'il n'y a pas d'inconvénient pour le créancier, et, lorsqu'il ne s'agit pas de numéraire, s'il y consent (art. 145). Le débiteur, qu'il ignorât ou non le terme, ne peut répéter ce qu'il a payé d'avance (art. 146); si le paiement fait avant terme est annulé, l'obligation renaît avec son terme (art. 147).

672. Le créancier à terme peut prendre avant l'échéance des mesures conservatoires (art. 148); le débiteur perd le bénéfice du terme s'il est déclaré en faillite ou, par son fait, diminue les sûretés qu'il avait données, ou s'il ne donne pas les sûretés promises, ou s'il a dissimulé frauduleusement les charges qui grevaient les sûretés promises (art. 149). La mort du débiteur fait venir à échéance toutes ses obligations, même celles dont le terme n'est pas échu (art. 150).

Chapitre III. Des obligations alternatives.

673. Chacune des parties peut se réserver le choix entre deux obligations dans un délai déterminé; l'obligation est nulle lorsqu'elle ne désigne pas la partie à laquelle le choix est réservé (art. 151); le choix résulte de la déclaration à l'autre partie (art. 152). Il a pour effet de rendre l'obligation simple; cependant pour les obligations à prestations périodiques, le choix fait à une échéance n'implique pas la renonciation au droit de choisir l'autre alternative à une autre échéance (art. 153). Le créancier en demeure de choisir peut se voir impartir un délai, après lequel, s'il ne s'est pas prononcé, c'est le débiteur qui choisit (art. 154). Si celui qui a le choix meurt, le droit de choisir passe à ses héritiers; s'il devient insolvable, ce droit passe à la masse; en cas de désaccord entre les uns ou les autres, on leur impartit un délai, passé lequel c'est l'autre partie qui choisit (art. 155).

674. Le débiteur ne peut obliger le créancier à recevoir partie d'une des deux prestations et partie de l'autre; le créancier ne peut exiger autre chose que l'accomplissement intégral d'une des alternatives (art. 156). Si l'un des modes devient impossible ou illicite, le créancier peut demander la résolution du contrat (art. 157). Si les alternatives deviennent toutes impossibles ou illégales sans la faute du débiteur et avant qu'il ne soit en demeure, l'obligation est éteinte (art. 158). Si elles deviennent impossibles ou illégales par la faute du débiteur ou après sa mise en demeure, il doit payer la valeur de l'une ou de l'autre au choix du créancier (art. 159). Si l'une des obligations devient impossible par la faute du créancier, il ne peut plus demander l'exécution de l'autre (art. 161); si les deux obligations deviennent impossibles par sa faute, il est tenu d'indemniser le débiteur de celle qui est devenue impossible la dernière, ou, si elles sont devenues impossibles en même temps, la moitié de la valeur de chacune d'elles (art. 162).

Chapitre IV. Des obligations solidaires.

675. La solidarité entre les créanciers ne se présume pas; elle doit résulter de la convention, ou de la loi, ou de la nature de l'affaire, ou du fait que plusieurs personnes stipulent une même prestation conjointement et par le même acte (art. 163). Elle existe lorsque chacun des créanciers a le droit de toucher le total de la créance et que le débiteur n'est tenu de payer qu'une seule fois à l'un d'eux; il n'importe que la créance de l'un soit conditionnelle ou à terme tandis que la créance de l'autre est pure et simple (art. 164).

676. L'obligation solidaire s'éteint à l'égard de tous les créanciers par le paiement, la dation en paiement, la consignation de la chose due, la compensation, la novation, opérés à l'égard de l'un des créanciers; le débiteur qui paie au créancier solidaire la part de celui-ci est libéré jusqu'à concurrence de cette part vis-à-vis des autres (art. 165). La remise de la dette consentie par l'un des créanciers solidaires ne peut être opposée aux autres; elle ne libère le débiteur que pour la part de ce créancier (art. 166). N'ont aucun effet en faveur des autres créanciers ou contre eux, le serment déféré au débiteur, la chose jugée entre lui et un des créanciers solidaires, le tout, sauf convention contraire (art. 167). La prescription accomplie contre un créancier solidaire ne peut être opposée aux autres; la faute ou la demeure d'un créancier solidaire ne nuit pas aux autres (art. 168). Les actes qui interrompent la prescription au profit d'un des créanciers solidaires profitent aux autres (art. 169); il en est de même de la transaction, à moins qu'elle n'aggrave leur situation sans leur consentement (art. 170). Le délai accordé par un des créanciers solidaires ne peut être opposé aux autres (art. 171).

677. La solidarité entre les débiteurs ne se présume point; elle doit résulter de la convention, de la loi ou de la nature de l'affaire (art. 174). «Elle est de droit dans les obligations contractées entre commerçants, pour affaires de commerce, si le contraire n'est exprimé par le titre constitutif de l'obligation ou par la loi» (art. 175). Il y a solidarité entre les débiteurs lorsque chacun d'eux est personnellement tenu de la totalité de la dette et que le créancier n'a droit contre tous qu'à un seul accomplissement de l'obligation (art. 176). L'obligation peut être solidaire même si elle est conditionnelle ou à terme pour certains débiteurs et pure et simple pour d'autres (art. 177).

678. Chacun des débiteurs solidaires peut opposer les exceptions qui lui sont personnelles et celles qui sont communes à tous (art. 178); le paiement, la dation en paiement, la consignation de la chose due, la compensation, libèrent tous les autres co-obligés (art. 179); la demeure du créancier à l'égard d'un des co-obligés produit ses effets en faveur des autres (art. 180); la novation opérée avec un des co-obligés libère les autres (art. 181); il en est de même de la remise de la dette (art. 182).

679. Le créancier qui consent à la division au profit d'un co-obligé conserve son action solidaire contre les autres (art. 183); la transaction faite avec un co-obligé profite aux autres, à moins qu'elle n'aggrave leur situation (art. 184). La confusion qui s'opère dans la personne du créancier et de l'un des co-débiteurs n'éteint l'obligation pour la part de ce dernier (art. 185).

680. Les poursuites exercées contre un débiteur solidaire ne s'étendent pas aux autres; la suspension ou l'interruption de la prescription à l'égard d'un débiteur solidaire n'interrompt ni ne suspend la prescription à l'égard des autres; la prescription de la dette accomplie au profit de l'un d'eux ne profite pas aux autres (art. 186). La faute ou la demeure de l'un d'eux ne nuit pas aux autres (art. 187).

681. Les rapports entre co-débiteurs solidaires sont régis par les règles du mandat et du cautionnement (art. 188). L'obligation contractée solidairement envers le créancier se divise de plein droit entre les débiteurs; celui qui a payé la dette ne peut répéter contre chacun d'eux que pour sa part et portion; si l'un d'eux est insolvable ou absent de Tunisie, sa part se répartit par contribution entre les autres, le tout à moins de stipulation contraire (art. 189). Il peut d'ailleurs se faire que les co-obligés solidaires ne soient que les cautions de l'un d'entre eux (art. 190).

682. Une seule décision a été rendue par les tribunaux indigènes pour l'application de ces règles[1]: jugé qu'en matière de solidarité entre les débiteurs, chacun d'eux ne peut, pour se rembourser, que réclamer à chacun de ses co-obligés que sa part exacte; il doit donc diviser sa demande ou, s'il le préfère, mettre en cause dans une seule instance, tous les co-débiteurs, mais en spécifiant la part proportionnelle de chacun: Tribunal régional de Sousse, 22 avril 1908 (Journal 1908 p. 422).

Chapitre V. Des obligations divisibles et indivisibles.

683. L'obligation est indivisible par sa nature ou en vertu de son titre constitutif (art. 191). Lorsque plusieurs personnes doivent une obligation indivisible, chacune d'elles est tenue pour le total de la dette; il en est de même de la succession de celui qui a contracté une pareille obligation (art. 192). Lorsqu'il n'y a pas de solidarité entre les créanciers d'une dette indivisible, le débiteur ne peut payer qu'à tous conjointement et chacun des créanciers ne peut agir qu'au nom de tous et de leur consentement (art. 193); l'héritier ou débiteur conjoint qui est assigné pour la totalité de l'obligation peut demander un délai pour mettre en cause ses co-débiteurs (art. 194); l'interruption de la prescription au profit d'un des créanciers d'une dette indivisible profite aux autres (art. 195).

684. L'obligation susceptible de division doit être exécutée entre le créancier et le débiteur comme si elle était indivisible; on n'a égard à la divisibilité que par rapport à plusieurs co-obligés qui ne sont tenus de payer que pour leur part; la même règle s'applique aux héritiers[2] (art. 196).

685. La divisibilité n'a pas lieu lorsque la dette a pour objet la délivrance d'une chose déterminée par son individualité qui se trouve entre les mains de l'un

---

1) S. Berge, Répertoire V° Solidarité nos 6 et s. — 2) Jurisprudence abondante: S. Berge, Répertoire V° Succession nos 137 et s.

des débiteurs, ou lorsque l'un d'eux seul est chargé de l'exécution (art. 197); dans ces cas l'interruption de la prescription opérée contre le débiteur qui peut être poursuivi, produit son effet contre les autres (art. 198).

TITRE IV. TRANSPORT DES OBLIGATIONS.

Chapitre premier. Du transport en général.

686. Le transport des droits et créances a lieu, soit par l'effet de la loi, soit en vertu d'une convention (art. 199); il peut s'appliquer à des droits non échus ou à des droits éventuels (art. 200).

687. Est nulle la cession d'un droit incessible en vertu de son titre constitutif ou de la loi (art. 201); est nulle la cession d'un droit litigieux, lorsqu'il y a litige sur le fond du droit où de la créance au moment de la vente ou cession, ou lorsqu'il existe des circonstances de nature à faire prévoir des contestations judiciaires sur le fond même du droit (art. 202). Est nulle la cession qui n'a été faite que dans le but de soustraire le débiteur à ses juges naturels (art. 203)[1].

688. La cession contractuelle d'une créance ou d'une action ou d'un droit est parfaite par le consentement des parties et le cessionnaire est substitué de droit au cédant à partir de ce moment (art. 204). Le cessionnaire n'est saisi à l'égard du débiteur et des tiers que par la signification du transport (art. 205); la cession des baux ou loyers d'immeubles et autres objets susceptibles d'hypothèque n'a d'effet à l'égard des tiers que si elle est constatée par écrit ayant date certaine, lorsqu'elle est faite pour une période excédant une année (art. 206).

689. Entre deux cessionnaires d'une même créance, celui qui a notifié le premier la cession au débiteur doit être préféré (art. 207); si avant la signification le débiteur a payé, il est valablement libéré (art. 208).

690. Le cédant doit remettre tous ses titres au cessionnaire, et, si ce dernier le requiert, un titre authentique constatant la cession (art. 209). La cession comprend tous les accessoires de la créance et ses sûretés, à l'exception de ce qui est personnel au cédant (art. 210). Lorsqu'elle comprend un gage, le cessionnaire est substitué au cédant, pour la garde et la conservation de ce gage, dans toutes ses obligations à l'égard du débiteur, si la cession s'opère en vertu d'un jugement; autrement ils restent en cela solidaires (art. 211). La cession comprend aussi les charges et obligations dont la créance ou le droit est grevé (art. 212).

691. Celui qui cède à titre onéreux garantit sa qualité de créancier ou d'ayant droit, l'existence de la créance au temps de la cession, son droit d'en disposer, l'existence des accessoires et sûretés; celui qui cède à titre gratuit ne garantit même pas l'existence de la créance ou du droit cédé, mais il répond des suites de son dol (art. 213). Le cédant ne garantit la solvabilité du débiteur que lorsqu'il a cédé une créance contre un débiteur qui n'était déjà plus solvable au moment de la cession (art. 214). Celui qui s'est engagé à garantir la solvabilité du débiteur cesse d'être tenu de cette garantie, si le défaut de paiement provient du fait ou de la négligence du cessionnaire ou si celui-ci a accordé une prorogation de terme après l'échéance de la dette (art. 215).

692. En cas de cession partielle, le cédant et le cessionnaire concourent également au marc le franc de leurs parts dans l'exercice des actions résultant de la créance cédée, sauf si le cessionnaire a stipulé expressément un droit de priorité ou si le cédant a garanti la solvabilité du débiteur cédé (art. 216).

693. Le débiteur peut opposer au cessionnaire toutes les dispositions qu'il aurait pu opposer au cédant à l'exception des contre-lettres et traités secrets (art. 217).

694. «Le cessionnaire d'un fonds de commerce qui continue à l'exploiter sous le même nom ou la même raison commerciale, est tenu de plein droit de toutes les obligations de son cédant et dérivant de l'exploitation du fonds cédé; les créances faisant partie du fonds cédé profitent également de plein droit à l'acquéreur; la publicité usitée dans le commerce tient lieu, vis-à-vis des tiers, de la signification prescrite à l'art. 205. Toute convention contraire n'a d'effet vis-à-vis des tiers que si elle leur a été personnellement notifiée par le cessionnaire ou par le cédant» (art. 220). Lorsque le cessionnaire ne continue pas le commerce sous le même nom, il ne répond des obligations antérieures que s'il a notifié dans les formes

[1]) Règle de grande importance dans un pays où il y a deux justices dérivant de souverainetés différentes; voir le présent ouvrage au n° 366.

usitées dans le commerce qu'il les assumait, ou lorsque le fonds a été transmis avec un patrimoine ou une hérédité (art. 221).

695. Jugé que dans le rite malékite[1] la cession de créance est valablement faite sans le consentement ni la présence du débiteur, à moins qu'il ne soit reconnu que le cessionnaire est l'ennemi de ce dernier: Tunis 19 janvier 1901 (Journal 1902 p. 267); le droit musulman n'implique pas la garantie de la solvabilité du débiteur cédé si le cédant n'a pas connu l'insolvabilité de celui-ci avant la cession: Tunis 13 décembre 1890 (Journal 1895 p. 450). Ces deux décisions sont antérieures au Code qui fait l'objet du présent résumé.

Chapitre II. De la subrogation.

696. Elle peut avoir lieu en vertu d'une convention ou de la loi (art. 223). La subrogation conventionnelle consentie par le créancier doit être expresse et faite en même temps que le paiement par le subrogé au créancier primitif (art. 224). Si elle a lieu par emprunt contracté par le débiteur, il faut que l'emprunt et la quittance soient constatés par acte ayant date certaine, portant mention expresse que le paiement a été fait des deniers fournis par le nouveau créancier et que le débiteur ait subrogé expressément le nouveau créancier aux garanties affectées à l'ancienne créance (art. 225).

697. La subrogation de droit a lieu au profit du créancier qui en rembourse un autre qui lui est préférable en raison de ses privilèges, de ses hypothèques ou de son gage, ou au profit de l'acquéreur d'un immeuble, jusqu'à concurrence de son prix d'acquisition, lorsque ce prix a servi à désintéresser les créanciers auxquels cet immeuble était hypothéqué, ou au profit de celui qui a payé une dette dont il était tenu avec le débiteur comme débiteur solidaire, caution, fidéjusseur ou commissionnaire, ou au profit de celui qui avait intérêt à l'extinction de la dette (art. 226).

Chapitre III. De la délégation.

698. La délégation est l'acte par lequel un créancier transmet ses droits sur le débiteur en paiement de ce qu'il doit lui-même au délégataire (art. 229). Elle ne se présume pas, doit être expresse et ne peut être faite que par des personnes capables (art. 230). Elle est parfaite par le consentement du déléguant et du délégataire, même à l'insu du débiteur délégué, bien que celui-ci puisse refuser de s'y prêter en cas d'inimitié entre lui et le délégataire[2] (art. 231).

699. La délégation n'est valable que si la dette est elle-même juridiquement valable, ainsi que la dette à la charge du créancier déléguant; elle ne peut avoir pour objet des droits aléatoires (art. 232). L'égalité entre ces deux dettes, ni leur identité de cause, ne sont pas nécessaires (art. 233). Le délégué peut opposer au nouveau créancier tous les moyens sans exception qu'il pouvait faire valoir contre l'ancien (art. 234).

700. La délégation valable libère le déléguant (art. 235) sauf lorsque l'obligation déléguée est reconnue inexistante (art. 236). S'il y a deux délégations successives, la première en date est préférable (art. 238).

TITRE V. DES EFFETS DES OBLIGATIONS.

Chapitre premier. Généralités.

701. Les obligations n'engagent que ceux qui ont été parties à l'acte; elles ne nuisent en principe et ne profitent pas aux tiers (art. 240). Les héritiers des parties ne sont tenus des obligations de leurs auteurs que jusqu'à concurrence des forces héréditaires et proportionnellement à l'émolument de chacun d'eux; ils peuvent refuser la succession et, ensuite, ne sont plus tenus des dettes héréditaires, dont on ne peut poursuivre le recouvrement que contre la succession elle-même (art. 241).

702. Tout engagement doit être exécuté de bonne foi (art. 243); on ne peut stipuler d'avance qu'on ne sera pas tenu de sa faute lourde ou de son dol (art. 244). Le débiteur répond du fait de son représentant, sauf son recours (art. 245). Les obligations sont corrélatives et celui qui ne remplit pas les siennes ne peut forcer son co-contractant à s'exécuter (art. 246 et 247).

---

1) S. Berge, Répertoire V° Cession de créance, nos 5 et s. — 2) Voir: Tunis, 18 janvier 1901 (Journal 1902 p. 267).

Chapitre II. De l'exécution des obligations.

703. Le débiteur peut exécuter l'obligation lui-même ou par intermédiaire; il doit exécuter personnellement, lorsqu'il en a pris l'engagement ou lorsque cela résulte de la nature de l'affaire (art. 248). Dans tous les autres cas, l'obligation peut être accomplie par un tiers, même contre le gré du créancier, mais pas contre le gré du débiteur et du créancier à la fois (art. 249). L'exécution doit être faite entre les mains du créancier ou de son représentant régulier et autorisé à recevoir; sinon l'exécution ne libère pas le débiteur, à moins de ratification du créancier ou d'autorisation de justice (art. 250). Celui qui présente au débiteur quittance ou décharge du créancier est présumé autorisé à recevoir, à moins que le débiteur ne sût ou ne dût savoir que l'autorisation n'existait pas (art. 251). Est valable l'exécution faite de bonne foi entre les mains de celui qui est en possession de la créance, tel que l'héritier apparent, encore qu'il en soit évincé par la suite (art. 252).

704. Au cas d'exécution faite par un débiteur qui n'est pas capable d'aliéner à un créancier qui n'est pas capable de recevoir, si le paiement ne nuit pas à l'incapable qui l'a fait, il éteint l'obligation et si le créancier incapable en a profité, ledit paiement est valable (art. 253).

705. Le débiteur ne se libère qu'en délivrant la quantité et la qualité portés dans l'obligation; il ne peut obliger le créancier à recevoir quelque chose de différent de ce qui est stipulé (art. 254). S'il n'y a qu'un débiteur, le créancier n'est pas obligé de recevoir des prestations partielles, même si la dette est divisible et sauf s'il s'agit de lettres de change (art. 255). Si la chose n'est déterminée que par son espèce, le débiteur se libère en la fournissant d'espèce moyenne (art. 256). Si elle est déterminée par son individualité, il se libère en la donnant telle qu'elle se trouve, sauf si les détériorations survenues depuis la date du contrat proviennent du fait ou de la faute du débiteur ou s'il était en demeure lorsque les détériorations sont survenues (art. 257). Lorsque l'obligation consiste en choses fongibles, le débiteur se libère en délivrant les quantités, qualités et espèces stipulées au contrat, quelle qu'en soit la valeur actuelle; si elles sont introuvables à l'échéance, le créancier a le choix de résoudre le contrat ou d'attendre qu'il s'en trouve (art. 258).

706. Si une dette payable en Tunisie est exprimée en monnaie étrangère, le paiement peut être fait en monnaie ayant cours légal dans le pays, à moins de stipulation contraire[1]; le change est fait au cours du jour du paiement dans le lieu où il s'effectue (art. 259). Si les espèces indiquées dans l'obligation sont introuvables, le cours du change est celui du jour du contrat (art. 260). Si le nom de la monnaie s'applique à des unités de valeur différente, le débiteur se libère en donnant celles de la valeur inférieure, sauf pour les contrats commutatifs, où c'est la monnaie en cours qui doit être fournie. Si toutes les monnaies sont également en cours, il y a lieu à rescision (art. 261).

707. L'exécution est due au lieu du contrat ou dans celui déterminé par lui; dans les obligations résultant d'un délit, au lieu du tribunal qui a statué (art. 262). Les frais d'exécution sont à la charge du débiteur, ceux de la réception à la charge du créancier (art. 264).

708. Le débiteur qui a exécuté l'obligation peut exiger la remise du titre dûment acquitté (art. 265); celui qui acquitte partiellement a le droit de se faire délivrer un reçu et de faire apposer une mention de paiement partiel sur le titre (art. 266); lorsqu'il s'agit de rentes, de baux ou d'autres prestations périodiques, la quittance délivrée sans réserve fait présumer le paiement des termes antérieurement échus (art. 267).

Chapitre III. De l'inexécution de l'obligation et de ses effets.

709. Le débiteur est en demeure lorsqu'il est en retard sans cause valable (art. 268); il est constitué en demeure par la seule échéance du terme; si aucune échéance n'est établie, il faut une interpellation écrite, formelle et circonstanciée (art. 269); toutefois cette interpellation n'est pas requise quand le débiteur a formellement refusé de remplir l'obligation ou que l'exécution est devenue impossible (art. 270). Lorsque l'obligation échoit après la mort du débiteur, ses héritiers ne sont constitués en demeure que par une interpellation à eux adressée (art. 271). L'interpellation du créancier n'a aucun effet, si elle est faite à un moment ou dans un lieu où l'exécution n'est pas due (art. 272).

---

[1]) Voir: S. Berge, Répertoire V° Monnaies.

710. Lorsque le débiteur est en demeure, il peut être contraint à exécuter si l'exécution est possible; sinon on peut demander la résolution et des dommages-intérêts; si l'exécution n'est possible qu'en partie, le créancier a le choix entre la résolution et l'exécution partielle, avec dommages-intérêts dans les deux cas; la résolution du contrat n'a pas lieu de plein droit et doit être prononcée par justice (art. 273), sauf le cas où le contraire a été convenu (art. 274).

711. L'obligation de faire se résout en dommages-intérêts en cas d'inexécution; cependant, si cette exécution n'exige pas un acte personnel du débiteur, le créancier peut être autorisé à y faire procéder aux frais du débiteur, pourvu que ces frais ne dépassent pas la valeur de l'obligation et avec l'autorisation de justice, s'ils dépassent 100 fr. (art. 275). Lorsque l'obligation consiste à ne pas faire, le débiteur est tenu des dommages-intérêts par le seul fait de la contravention, sans préjudice de la suppression de ce qui a été fait (art. 276). Le retard donne aussi lieu à des dommages-intérêts, même s'il y a bonne foi du débiteur (art. 277).

712. Le débiteur en demeure répond du cas fortuit et de la force majeure (art. 280); si la chose a péri, il en doit la valeur au jour de l'échéance, sur estimation, s'il y a lieu et à charge de serment, s'il y échet (art. 281). Le débiteur ne répond pas dans les autres cas de la force majeure ou du cas fortuit (art. 282). La force majeure est tout fait que l'homme ne peut prévenir, tel que les phénomènes naturels; on y comprend l'invasion ennemie et le fait du prince; on n'y comprend pas la cause qu'il était possible d'éviter, si le débiteur ne prouve pas qu'il a fait toutes diligences utiles ou la cause occasionnée par une faute précédente du débiteur (art. 283).

713. Le créancier est en demeure lorsqu'il refuse sans juste cause de recevoir la prestation offerte par le débiteur ou qui pour lui (art. 284); mais il ne l'est pas si, au moment où le débiteur offre d'accomplir son obligation, il est hors d'état de le faire (art. 285) ou si l'échéance de l'obligation n'est pas déterminée, ou si le débiteur a le droit de s'acquitter avant le terme établi, à moins que ce dernier n'ait prévenu de son intention dans un délai raisonnable (art. 286).

714. A partir du moment où le créancier est constitué en demeure, la perte ou la détérioration de la chose sont à ses risques et le débiteur ne répond plus que de son dol et de sa faute lourde (art. 287); le débiteur ne doit restituer que les fruits qu'il a réellement perçus pendant la demeure du créancier et peut répéter les dépenses nécessaires qu'il a dû faire (art. 288).

715. La demeure du créancier ne suffit pas pour libérer le débiteur; il doit faire des offres réelles et consigner, en cas de refus (art. 289); si la prestation due est un fait, il faut que l'offre soit dûment constatée (art. 290). Aucune offre réelle n'est nécessaire lorsque le créancier a déjà refusé de recevoir l'obligation, ou lorsque le concours du créancier est nécessaire pour son accomplissement et qu'il s'abstient de le donner; dans ces cas, une simple invitation au créancier suffit (art. 291). Le débiteur se libère aussi en consignant sans offres réelles, lorsque le créancier est incertain ou inconnu ou lorsque l'exécution ne peut avoir lieu avec sécurité, par exemple en cas de saisie ou d'opposition à l'encontre du créancier (art. 292).

716. Pour que les offres réelles soient valables, il faut qu'elles soient faites au créancier ayant capacité de recevoir ou à celui capable de recevoir pour lui, qu'elles soient faites par une personne capable de payer, qu'elles soient de la totalité de la prestation exigible, que le terme soit échu et la condition, s'il y échet, réalisée, que les offres soient faites au lieu convenu ou à la personne du créancier ou au lieu du contrat (art. 293). Le débiteur d'une chose mobilière peut se faire autoriser à la vendre pour le compte du créancier et à consigner le prix, s'il y a péril en la demeure ou si les frais de conservation doivent dépasser la valeur de la chose, ou si elle n'est pas susceptible de consignation (art. 295).

717. La consignation doit être notifiée immédiatement au créancier, à peine de dommages-intérêts (art. 296); à partir du jour de la consignation, la chose consignée demeure aux risques du créancier (art. 297); tant qu'elle n'a pas été acceptée, le débiteur peut la retirer, ce qui fait renaître la dette avec ses accessoires et sûretés (art. 298). Toutefois la faculté de retrait disparaît si un jugement a validé les offres et la consignation ou s'il y a été renoncé (art. 299), ou si le débiteur est devenu insolvable (art. 300).

718. Les frais des offres réelles et de la consignation sont à la charge du créancier, si elles sont valables; ils sont à la charge du débiteur, s'il retire sa consignation (art. 301). Après 15 ans depuis la notification au créancier, celui-ci ne peut plus retirer la consignation, s'il ne l'a pas réclamée pendant ce délai et le débiteur peut la reprendre, encore qu'il ait renoncé à le faire (art. 302).

Chapitre IV. De quelques moyens d'assurer l'exécution des obligations.

719. Les arrhes sont ce que l'un des contractants donne à l'autre afin d'assurer l'exécution de son engagement (art. 303). En cas d'exécution du contrat, les arrhes sont déduites du montant de ce qui est dû, si elles ont été fournies par l'acheteur ou le preneur; elles sont restituées, si elles ont été fournies par le vendeur ou le bailleur. En cas de résolution du contrat d'un commun accord, il y a lieu à restitution (art. 304). Lorsque le contrat n'est pas exécuté par la faute de celui qui a donné des arrhes, l'autre partie a le droit de les retenir (art. 305).

720. Les art. 306 à 308 règlent l'exercice des actions révocatoires et subrogatoires; les art. 309 et suivants l'exercice du droit de rétention. Ce droit est reconnu au possesseur de bonne foi pour les dépenses nécessaires à la chose et pour celles qui l'ont améliorée antérieurement à la demande en revendication (art. 310). Il est refusé au possesseur de mauvaise foi et au créancier dont la créance a une cause illicite ou prohibée par la loi (art. 311). Le droit de rétention peut porter sur des choses tant mobilières qu'immobilières (art. 312); il ne peut être exercé sur des choses perdues ou volées revendiquées par leur possesseur légitime, ni sur les choses que le créancier sait ou doit savoir ne pas appartenir au débiteur, ou sur les choses soustraites à l'exécution mobilière, comme nécessaires à la vie (art. 313). Il ne peut être exercé que si le créancier est en possession da la chose, si la créance est échue et si elle est née de rapports d'affaires existant entre les parties ou de la chose même qui est l'objet du droit de rétention (art. 314).

721. «Le créancier est censé nanti de la chose lorsqu'elle est à sa disposition dans ses magasins ou navires, dans ceux de son commissionnaire, facteur ou agent, à la douane ou dans un entrepôt public ou lorsqu'il en est saisi, avant l'arrivée de la chose, moyennant un connaissement ou une lettre de voiture» (art. 315). Si elle est déplacée clandestinement il a le droit de la revendiquer (art. 316). Quand le droit de rétention est éteint par la dépossession, il renaît si le créancier est remis en possession de la chose (art. 319).

722. Le créancier qui retient une chose sujette à dépérissement ou qui court risque de se détériorer, peut se faire autoriser à la vendre dans les formes prescrites pour la vente du gage; le droit de rétention s'exerce sur le prix (art. 321). Le tribunal peut faire rendre la chose retenue au débiteur, s'il y a litige et consignation de la somme réclamée (art. 322); il peut aussi autoriser le créancier à vendre pour se rembourser de sa créance (art. 323).

TITRE VI. DE LA NULLITÉ ET DE LA RESCISION DES OBLIGATIONS.

Chapitre premier. De la nullité des obligations.

723. L'obligation nulle de plein droit ne peut produire aucun effet (art. 325); la nullité de l'obligation principale entraîne celle des obligations accessoires, mais la nullité de l'obligation accessoire n'entraîne pas celle de l'obligation principale (art. 326); la nullité d'une partie de l'obligation annule l'obligation pour le tout, à moins que celle-ci ne puisse par sa nature subsister malgré l'atteinte qu'elle a reçue (art. 327). La confirmation ou ratification d'une obligation nulle de plein droit n'a aucun effet (art. 329). L'obligation nulle comme telle, mais qui présente les conditions de validité d'une autre obligation est régie par les règles applicables à cette dernière (art. 328).

Chapitre II. De la rescision des obligations.

724. L'action en rescision se prescrit par un an dans tous les cas où la loi n'en a pas disposé autrement; cette prescription n'a lieu qu'entre ceux qui ont été parties à l'acte (art. 330); elle ne court, dans le cas de violence, que du jour où elle a cessé, dans le cas d'erreur ou de dol, du jour où ils ont été découverts, à l'égard des actes faits par les mineurs, du jour de leur majorité, à l'égard de ceux faits par les interdits et les incapables, du jour où l'interdiction est levée ou de leur décès (art. 331). L'action en rescision se transmet aux héritiers pour le temps qui restait à courir à leur auteur (art. 333); elle se prescrit dans tous les cas par le laps de 15 ans à partir de la date de l'acte (art. 334). L'exception de nullité peut être opposée par celui qui est assigné en exécution de la convention; elle n'est pas soumise à la prescription susdite (art. 335).

725. La rescision a pour effet de remettre les parties dans l'état où elles se trouvaient au moment où l'obligation a été constituée (art. 336); la confirmation ou la ratification peuvent y faire obstacle, si elles contiennent la substance d'une obligation valable (art. 337); à défaut de confirmation ou de ratification, l'obligation peut être exécutée volontairement par celui qui en connaît les vices (art. 338).

TITRE VII. DE L'EXTINCTION DES OBLIGATIONS.

726. Les obligations s'éteignent par le paiement, l'impossibilité de l'exécution, la remise volontaire, la novation, la compensation, la confusion, la prescription, la résiliation volontaire (art. 339).

Chapitre premier. Du paiement.

727. L'obligation s'éteint lorsque la prestation promise est faite (art. 340), ou lorsque le créancier consent à recevoir une prestation autre (art. 341). Celui qui donne à son créancier une chose, une créance ou un droit incorporel est tenu de la même garantie que le vendeur à raison des vices cachés ou de l'insuffisance du titre (art. 342). Les paiements s'imputent sur la dette que le débiteur désigne lorsqu'il paie; s'il ne dit rien, il conserve le droit d'option; en cas de doute l'imputation se fait sur la dette qu'il a le plus d'intérêt à acquitter (art. 343); l'imputation acceptée ne peut plus être changée (art. 344[1]).

Chapitre II. De l'impossibilité de l'exécution.

728. L'impossibilité absolue éteint la dette (art. 345); l'impossibilité partielle ne l'éteint que pour partie et ouvre au créancier le choix entre l'exécution partielle et la résiliation (art. 346). Lorsque l'impossibilité se produit sans la faute du débiteur, les droits et actions qu'il possède relativement à la faute passent au créancier (art. 347); lorsqu'elle est indépendante de la volonté des parties, le débiteur est libéré (art. 348); lorsque l'impossibilité d'exécution dépend du fait du créancier, le débiteur conserve le droit d'exiger ce qui est dans son intérêt (art. 349).

Chapitre III. De la remise de l'obligation.

729. La remise volontaire par le créancier capable de faire une libéralité éteint l'obligation (art. 350); elle peut être expresse ou tacite (art. 351); la remise de l'objet donné en nantissement ne fait pas présumer la remise de la dette (art. 352).

730. La remise de l'obligation n'a aucun effet lorsque le débiteur refuse de l'accepter (art. 353); la remise faite par un malade, pendant sa dernière maladie, à un de ses héritiers n'est valable que si les autres héritiers la ratifient (art. 354); celle accordée dans les mêmes circonstances à un tiers n'est valable que jusqu'à concurrence du tiers de ce qui reste dans la succession, après le paiement des dettes et des frais funéraires (art. 355). La remise de toute dette en général et sans réserve ne peut être révoquée (art. 356).

Chapitre IV. De la novation.

731. La novation est l'extinction d'une obligation moyennant la constitution d'une obligation nouvelle qui lui est substituée (art. 357). Elle ne se présume pas (art. 358); il faut, pour opérer la novation: 1° que l'ancienne obligation soit valable; — 2° que l'obligation nouvelle, qui lui est substituée, soit aussi valable (art. 359); elle ne peut s'opérer que si le créancier est capable d'aliéner et le nouveau débiteur capable de s'obliger (art. 360); elle s'opère de trois manières: 1° lorsque le créancier et le débiteur conviennent de substituer une nouvelle obligation à l'ancienne, ou d'en changer la cause; — 2° lorsqu'un nouveau débiteur est substitué à l'ancien qui est déchargé; — 3° lorsque, par l'effet d'un nouvel engagement, un nouveau créancier est substitué à l'ancien, vis-à-vis duquel le débiteur se trouve déchargé (art. 361). La substitution d'une prestation à celle portée dans l'ancienne obligation emporte novation, si elle est de nature à modifier essentiellement l'obligation

[1]) La jurisprudence sur la matière se trouve dans: S. Berge, Répertoire V° Effets de commerce nos 20 et 21, V° Délais, nos 1 et 2, V° Créance n° 3, V° Paiement nos 4 et s., 19 et 20. Nous signalons aussi les décrets beylicaux du 12 août 1905 (Z. 2817) et du 24 décembre 1906 (Z. 3179).

(art. 362); il y a aussi novation par la délégation qui donne au créancier un autre débiteur qui s'oblige, si l'ancien débiteur est déchargé (art. 363 à 365).

732. Les privilèges et hypothèques de l'ancienne créance ne passent point à celle qui lui est substituée, si le créancier ne les a expressément réservées. La convention qui transfère les garanties réelles de l'ancienne dette à la nouvelle n'a d'effet à l'égard des tiers que si elle est faite en même temps que la novation et que si elle résulte d'un acte ayant date certaine» (art. 366).

733. La novation éteint définitivement l'ancienne obligation, lorsque celle qui lui est substituée est valable et alors même que la nouvelle obligation ne serait pas exécutée (art. 367); cependant, lorsque la nouvelle obligation dépend d'une condition suspensive, l'effet de la novation dépend de l'événement de la condition (art. 368). Jugé que lorsqu'un débiteur allègue que les billets dont le créancier lui réclame le montant ont été souscrits pour assurer le paiement d'une créance faisant l'objet d'un contrat notarié, son assertion, même prouvée, n'établirait pas l'existence d'une novation, puisque rien ne serait changé dans les éléments essentiels du contrat primitif: Ouzara, 13 février 1912 (Journal, 1912, p. 206).

Chapitre V. De la compensation.

734. «La compensation s'opère lorsque les parties sont réciproquement et personnellement créancières et débitrices l'une de l'autre. Elle n'a pas lieu entre musulmans dans le cas où elle constituerait une violation de la loi religieuse» (art. 369). Le juge ne doit en tenir compte que si elle est expressément opposée par celui qui y a droit (art. 370); la cession acceptée par le débiteur y fait obstacle (art. 371); elle n'a pas lieu entre une dette personnelle et une dette sociale (art. 372); elle n'a lieu qu'entre dettes de même espèce (art. 373).

735. Pour opérer la compensation, il faut que les deux dettes soient liquides et exigibles; mais il n'est pas nécessaire qu'elles soient payables au même lieu (art. 374); si elles sont payables en des lieux différents, la compensation ne s'opère qu'en tenant compte du change ou de la différence de prix des denrées (art. 375); la compensation entre dettes inégales s'opère jusqu'à due concurrence (art. 377).

736. La compensation n'a pas lieu: lorsqu'une des dettes a pour cause des aliments ou autres créances non saisissables; lorsqu'il y a demande en restitution d'une chose dont le propriétaire aurait été dépouillé par fraude ou violence; contre la demande en restitution d'un dépôt, d'un prêt à usage ou contre une demande en dommages-intérêts; lorsque le débiteur y a renoncé ou que le contrat l'a prohibée; contre les créances de l'Etat ou des communes; au préjudice de droits régulièrement acquis à des tiers (art. 378 et 379).

Chapitre VI. De la confusion.

737. «Lorsque les qualités de créancier et de débiteur d'une même obligation se réunissent dans la même personne, il se produit une confusion de droits qui fait cesser le rapport de créancier à débiteur.» La confusion peut être totale ou partielle (art. 382). Lorsque la cause qui a produit la confusion vient à disparaître, la créance revit avec ses accessoires (art. 383).

Chapitre VII. De la prescription.

738. La prescription pendant le laps de temps fixé par la loi éteint l'action naissant de l'obligation (art. 386); cet effet ne se produit pas de plein droit; il doit être provoqué par celui qui y a intérêt et le juge ne peut le produire d'office (art. 385). On ne peut d'avance renoncer à la prescription, mais on peut renoncer à la prescription acquise, si on a la capacité voulue pour faire une libéralité (art. 386); la caution peut s'en prévaloir, encore que le débiteur principal y renoncerait (art. 387); les parties ne peuvent par des conventions particulières proroger le délai de la prescription au delà de 15 ans (art. 388). Jugé que la prescription doit être régie, quant à sa durée, par la loi sous l'empire de laquelle elle a commencé: Ouzara, 20 décembre 1912 (Journal, 1913, p. 64).

739. La prescription éteint les actions relatives aux obligations accessoires en même temps que celle relative à l'action principale (art. 389); elle n'a pas lieu si l'obligation est garantie par un gage ou une hypothèque (art. 390). Elle n'a pas lieu entre époux pendant la durée du mariage, entre père, mère et enfants, entre incapable, habous, ou toute autre personne morale et tuteur, curateur ou administrateur (art. 391). Elle ne court point contre les mineurs et autres incapables non pourvus de tuteur ou de curateur (art. 392).

740. Elle ne court contre les droits que du jour où ils sont acquis; donc elle n'a pas lieu: jusqu'à l'avènement de la condition pour les droits conditionnels; à l'égard d'une action en garantie jusqu'à l'éviction accomplie; contre les absents jusqu'à la déclaration d'absence et la nomination d'un curateur (celui qui se trouve éloigné du lieu où s'accomplit la prescription est assimilé à l'absent); lorsque le créancier est dans l'impossibilité d'agir (art. 393). Elle n'a pas lieu à l'égard des droits résultant d'un jugement passé en force de chose jugée (art. 394). «Néanmoins, en matière de lettre de change, la prescription court même contre les mineurs et les incapables, sauf leur recours contre leurs tuteurs et curateurs (art. 395).»

741. La prescription est interrompue par toute demande judiciaire ou extra-judiciaire ayant date certaine; par la demande d'admission de la créance à la faillite du débiteur; par un acte conservatoire ou d'exécution entrepris sur les biens du débiteur ou par toute requête afin d'être autorisé à procéder à un acte de ce genre (art. 396); par une reconnaissance de la dette faite par le débiteur, soit en arrêtant un compte, soit en payant un acompte, soit en demandant un délai pour payer, soit en fournissant caution ou garantie, soit en invoquant la compensation (art. 397). Il a été jugé que le cours de la prescription est interrompu par le rappel de la dette qui a été inséré dans des contrats postérieurs passés entre les mêmes parties: Ouzara, 13 février 1912 (Journal, 1912, p. 207).

742. Lorsque la prescription est interrompue, un nouveau délai commence à partir du moment où l'acte interruptif a cessé de produire effet (art. 398); l'interruption contre l'héritier apparent ou tout autre possesseur de la créance profite à celui qui succède à ses droits (art. 399); elle peut être opposée aux héritiers et aux ayants droit du créancier (art. 400).

743. La prescription se calcule par jours et non par heures; le jour qui sert de point de départ à la prescription n'est point compté dans le calcul du temps requis pour prescrire; la prescription s'accomplit par l'expiration du dernier jour du terme (art. 401).

744. En règle générale, la durée de la prescription est de 15 ans (art. 402); se prescrivent par une année de 365 jours: l'action des marchands, fournisseurs, fabricants, à raison des fournitures par eux faites; celle des agriculteurs et producteurs de matières premières pour les fournitures par eux faites, lorsqu'elles ont servi aux usages domestiques du débiteur; celle des instituteurs, professeurs, maîtres de pension, pour les honoraires et fournitures; celles des domestiques pour leurs gages, déboursés et autres prestations; celle des ouvriers, artisans et apprentis pour leurs salaires, fournitures et déboursés; celle de l'employeur ou patron pour ses avances; celle des hôteliers ou traiteurs à raison du logement, de la nourriture et des déboursés; celle des locateurs de meubles et choses mobilières pour le prix du louage de ces choses; celle des établissements publics ou privés pour le traitement, la garde des malades, les fournitures et déboursés (art. 403); celle des médecins, chirurgiens, accoucheurs, dentistes, vétérinaires, pour leurs visites, opérations, fournitures et déboursés; celle des pharmaciens pour les médicaments fournis; celle des notaires pour honoraires et déboursés; celle des mandataires *ad litem* (oukils) pour les mêmes créances; celle des curateurs de succession et autres administrateurs; celle des architectes, ingénieurs, experts, géomètres, pour leurs devis, opérations et déboursés; celle des médiateurs pour leurs courtages; celles des parties contre les personnes ci-dessus dénommées pour leurs avances (art. 404). Les actions contre le commissionnaire de transport et le voiturier, à raison de la perte ou du retard dans le transport, sont prescrites après un an à compter, pour les cas de perte ou de retard, du jour où le transport des marchandises aurait dû être effectué, pour les cas d'avarie, du jour où remise des marchandises aura été faite, le tout sauf le cas de fraude ou d'infidélité du voiturier ou commissionnaire. Les actions du commissionnaire de transport, pour les transports et déboursés par eux faits, se prescrivent également par un an (art. 405), ainsi que celles des entrepreneurs d'entrepôt à raison des obligations dérivant de leur contrat (art. 406). Se prescrivent par 5 ans, à partir de l'échéance de chaque terme, les redevances, pensions, fermages, loyers, arrérages d'enzel, intérêts et autres prestations analogues (art. 408), les impôts publics et ceux dus aux administrations communales (art. 409), les actions entre les associés, entre ceux-ci et les tiers, à partir de la publication de l'acte de dissolution de la société ou de renonciation de l'associé, ou de l'échéance, si elle est postérieure (sans dérogation à la loi spéciale aux sociétés) (art. 410), «les actions dérivant des lettres de change et des chèques, à partir de l'échéance de l'obligation ou du dernier jour du délai établi pour la présentation au tiré des lettres tirées à vue» (art. 411). L'action en paiement d'un titre au porteur se prescrit, quant au capital, par 15 ans à partir de l'échéance (art. 412). Les greffiers et syndics ne répondent plus des livres de commerce et papiers à eux remis 5 ans après la clôture ou la cessation de la procédure (art. 413).

745. A ces textes sur la prescription, contenus dans le Code des Obligations et des Contrats et dont nous venons de donner une analyse étendue, il faut joindre un décret du 3 août 1902 (Z. 2013) relatif à la prescription des créances au profit des communes; il déclare que sont prescrites et définitivement éteintes au profit des communes, sans préjudice des déchéances consenties par des marchés ou conventions, toutes les créances, quelles qu'elles soient, qui, n'ayant pas été acquittées avant la clôture de l'exercice auquel elles appartiennent, n'auraient pu, faute de justification suffisante, être liquidées, ordonnancées et payées dans un délai de 5 ans, à partir de l'ouverture de l'exercice pour les créanciers domiciliés en Tunisie et de 6 années pour les créanciers résidant hors du territoire tunisien (art. 1). Cette règle n'est pas applicable aux créances dont l'ordonnancement ou le paiement n'a pas été fait par la faute de l'administration communale (art. 2).

746. Avant de reprendre le cours de l'examen du Code des Obligations et des Contrats, il est bon d'indiquer la jurisprudence intervenue sur la matière. Tout d'abord on a décidé que la prescription entre tunisiens était régie par la loi du lieu du contrat: Tunis, 31 décembre 1887 (Journal 1895, p. 594); 6 février 1888 (Journal 1894, p. 437); 20 juillet 1893 (Journal 1896, p. 589); 30 novembre 1893 (Journal 1894, p. 267); Sousse, 17 octobre 1907 (Journal 1908, p. 83); cela a été étendu aux obligations contractées en Tunisie entre algériens sujets français: Tunis, 3 décembre 1894 (Journal 1895, p. 58); Just. de paix Tunis-Nord, 9 mars 1905 (Journal 1895, p. 375); on a appliqué le droit musulman à un israélite tunisien réclamant des fournitures à un tunisien musulman non commerçant: Tunis, 31 décembre 1887 (Journal 1895, p. 594). D'autre part on a admis que, suivant une ancienne coutume dans les Echelles du Levant, les européens qui contractent entre eux sont soumis aux lois de leur pays et non à la loi locale: Tunis, 20 janvier 1890 (Journal 1896, p. 152); que le contrat passé entre tunisiens israélites en Tunisie est soumis, quant à la prescription, au droit rabbinique et non au droit musulman: Just. de paix Tunis-Nord, 1er juin 1895 (Journal 1895, p. 519); que l'obligation contractée par un tunisien en Tunisie au profit d'un européen est, en ce qui concerne la durée de la prescription, soumise à la loi du pays: Sousse, 13 février 1896 (Journal 1896, p. 268); que le contrat sous seings privés passé entre tunisiens musulmans en Tunisie est soumis à la prescription du droit musulman: Sousse, 17 octobre 1907 (Journal 1908, p. 83).

747. Une autre série de décisions a soumis la matière à l'empire de la *lex fori*: Tunis, 15 juin 1891 (Journal 1891, p. 261); 29 février 1892 (Journal 1894, p. 413); 24 février 1896 (Journal 1896, p. 235); 25 juin 1901 (Journal 1901, p. 467); enfin il s'en trouve qui, en matière d'effets de commerce, ont admis que c'étaient les règles du Code de commerce français qui devaient être suivies: Tunis, 29 juin 1891 (Journal 1893, p. 109); Alger, 31 octobre 1893 (Journal 1896, p. 542); Just. de paix Tunis-Nord, 7 novembre 1895 (Journal 1896, p. 83); Tunis, 20 juillet 1893 (Journal 1896, p. 589).

748. Pour l'application en Tunisie de l'art. 2277 C. civ. fr. les dissentiments ont aussi été nombreux[1]; la controverse a été tranchée par la Cour suprême, les 12 décembre 1893 (Journal 1894, p. 10); 7 avril 1894 (Journal 1894, p. 206); 26 juillet 1894 (Journal 1894, p. 459); 18 mars 1895 (Journal 1895, p. 187) qui a rejeté l'opinion que la disposition contenue dans ce texte de loi put régir les contrats passés en Tunisie et soumis évidemment à la loi locale, en raison de leur nature, par ce seul motif qu'elle se serait rattachée à l'ordre public général.

749. Nous n'avons pas l'intention de développer ici ces controverses et d'indiquer quelle est la meilleure opinion à notre avis; il nous suffit d'avoir signalé leur existence et de remarquer que la tendance qui semble prévaloir est de soumettre les contrats à la loi locale toutes les fois qu'il n'est pas évident que les parties ont entendu en choisir une autre; l'application de cette règle est d'ailleurs tempérée

[1]) S. Berge, Répertoire V° Prescription civile nos 32 et s.

par le fait qu'on admet que le contrat passé par des européens entre eux, sur une matière non spéciale au droit local et dans une forme qui n'est pas celle de ce droit, lui est certainement soustrait. Quoiqu'il en soit, il échet d'avoir l'attention éveillée sur l'incertitude de la législation à appliquer en matière de prescription.

Chapitre VIII. De la résiliation volontaire.

750. Reprenant l'examen des causes d'extinction des obligations, telles qu'elles sont exposées par notre Code des Obligations et des Contrats, nous notons le droit qu'ont les parties de convenir d'un commun accord de s'en départir (art. 414); cette résiliation peut être tacite (art. 415); sa validité est soumise aux règles générales des obligations contractuelles (art. 416); elle n'a pas d'effet si le corps certain qui a fait l'objet du contrat a péri, a été détérioré ou dénaturé, si les parties ne peuvent se restituer ce qu'elles ont reçu, à moins qu'elles ne conviennent de compenser la différence (art. 417).

751. La résiliation remet les parties dans la situation où elles se trouvaient avant la conclusion de contrat; elles doivent se restituer réciproquement ce qu'elles ont reçu; toute modification apportée au contrat primitif vicie la résiliation et constitue un nouveau contrat (art. 418). La résiliation ne peut nuire aux tiers (art. 419).

TITRE VIII. DE LA PREUVE DES OBLIGATIONS ET DE CELLE DE LA LIBÉRATION.

Chapitre premier. Dispositions générales.

752. La preuve de l'obligation doit être faite par celui qui s'en prévaut (art. 420); lorsque le demandeur a prouvé l'obligation, c'est au défendeur à prouver qu'elle est éteinte ou ne lui est pas opposable (art. 421). Aucune forme n'est requise pour la preuve des obligations, sauf dans les cas spécialement déterminés par la loi (art. 422). La preuve ne peut être faite si elle tend à établir une obligation illicite ou des faits non concluants (art. 426). Les moyens de preuve reconnus par la loi sont: l'aveu de la partie, la preuve littérale ou écrite, la preuve testimoniale, la présomption, le serment ou le refus de le prêter.

A. Aveu.

753. Il est judiciaire ou extrajudiciaire (art. 428). L'aveu judiciaire fait devant un juge incompétent ou dans une autre instance est valable; il peut résulter du silence de la partie invitée par le juge à s'expliquer (art. 429). L'aveu extrajudiciaire, fait hors la présence du juge, peut résulter de tout fait incompatible avec le droit qu'on réclame; une demande de transaction ne constitue pas aveu sur le fond du droit, mais celui qui accepte une libération ou une remise sur le fond du droit est présumé avouer (art. 430).

754. L'aveu doit être fait par une personne capable de posséder et sur un objet déterminé ou susceptible de détermination (art. 431); il doit être libre et éclairé; les causes qui vicient le consentement vicient l'aveu (art. 432); il ne peut être fait que par des parties maîtresses de leurs droits (art. 433).

755. L'aveu fait pleine foi contre son auteur, ses héritiers et ses ayants cause (art. 434); l'aveu d'un héritier ne fait pas foi contre ses cohéritiers (art. 435); le mandat d'avouer fait pleine foi contre le mandant, même avant la déclaration du mandataire (art. 436). Il ne peut être prouvé par témoins que s'il s'agit d'une obligation qui peut être établie de cette manière (art. 437); il ne peut être divisé, à moins que: l'un des faits soit prouvé indépendament de l'aveu, si l'aveu porte sur des faits distincts et séparés, si une partie de l'aveu est reconnue fausse (art. 438). L'aveu ne fait pas foi s'il énonce un fait physiquement impossible, ou si celui en faveur duquel il est fait y contredit formellement, ou s'il tend à établir une obligation contraire à la loi ou aux bonnes mœurs, ou si une chose jugée établit le contraire de ce qui est avoué (art. 439).

B. Preuve littérale.

756. Elle résulte d'un acte authentique ou d'une écriture sous seing privé; elle peut résulter aussi de correspondances, télégrammes, livres des parties, bordereaux de courtiers, factures acceptées, notes et documents privés (art. 441).

757. L'acte authentique est celui qui est reçu, avec les solennités requises, par des officiers publics ayant le droit d'instrumenter dans le lieu où l'acte a été rédigé (art. 442); les actes des Cadis en leur Tribunal et les jugements des Tribunaux tunisiens et étrangers sont également authentiques (art. 443).

758. L'acte authentique fait pleine foi, même à l'égard des tiers et jusqu'à inscription de faux, des faits et des conventions attestés par l'officier public comme passés en sa présence: toutefois si l'acte est attaqué pour cause de violence, de fraude, de dol, de simulation, d'erreur matérielle, la preuve peut en être faite par témoins, et même à l'aide de présomptions graves, précises et concordantes (art. 444). En cas de plainte en faux principal, l'exécution de l'acte est suspendue par la mise en accusation; si la mise en accusation n'est pas prononcée et au cas d'inscription de faux incident, la suspension est facultative pour le Tribunal (art 446). L'acte indigène portant sur le «témoignage de surprise» ou contenant une «protestation secrète» sont nuls (art. 447). L'acte authentique nul comme tel, faute de compétence ou de capacité de l'officier public, peut valoir comme écriture privée, s'il est signé des parties (art. 448).

C. Acte sous seing privé.

759. Reconnu ou légalement tenu pour reconnu par celui auquel on l'oppose, il fait la même foi que l'acte authentique (art. 448). Il fait foi de sa date entre les parties, leurs héritiers et leurs ayants cause à titre particulier; ils n'ont de date pour les tiers que: 1° s'ils sont enregistrés[1] soit en Tunisie, soit à l'étranger; — 2° du jour où ils ont été déposés entre les mains d'un officier public; — 3° si l'acte est souscrit par une personne décédée ou dans l'impossibilité d'écrire, du jour du décès ou de l'impossibilité; — 4° s'il est visé ou légalisé par un fonctionnaire compétent; lorsque la date résulte d'autres preuves équivalentes et absolument certaines (art. 450). «La date des lettres de change et autres effets à ordre, ainsi que celle de leurs endossements est présumée véritable jusqu'à preuve du contraire» (art. 451). L'acte peut être d'une autre main que celle de la partie, pourvu qu'il soit signé par elle (art. 452) sans que cette signature puisse être suppléée par un timbre ou un cachet (art. 453); les écritures portant obligation de personnes illettrées ne peuvent être reçues que par les officiers publics à ce autorisés (art. 455)[2].

760. Le télégramme fait preuve comme écriture privée lorsque l'original porte la signature de la personne qui l'a expédié, ou s'il est prouvé qu'elle l'a remis elle-même au bureau expéditeur; il fait foi de sa date jusqu'à preuve contraire (art. 455). Il a date certaine si l'expéditeur s'en est fait délivrer une copie conforme par le bureau de départ (art. 456). En cas d'erreur, d'altération ou de retard, on applique les principes relatifs à la faute (art. 457).

761. Celui auquel on oppose un acte sous seing privé est obligé de désavouer ou de reconnaître son écriture ou sa signature; faute de désaveu, l'acte est tenu pour reconnu (art. 458); en cas de désaveu, la vérification est ordonnée (art. 459).

D. Autres écritures pouvant constituer une preuve littérale.

762. Ces écritures sont les livres des marchands, lorsqu'ils portent la reconnaissance écrite de l'autre partie ou correspondent à un double qui se trouve entre les mains de cette dernière (art. 461)[3]; les inscriptions faites sur les livres de commerce par le commis qui tient les écritures (art. 462); les livres et inventaires des commerçants et même les livres domestiques, dans certains cas, dont celui de faillite (art. 463). La communication est ordonnée par le tribunal, soit d'office, soit à la requête des parties (art. 465); si la production n'a pas lieu, l'autre partie peut être crue sur son serment (art. 466). Les livres des médiateurs et courtiers sur les affaires conclues par leur intermédiaire ont la valeur d'un témoignage non suspect, s'ils sont bien tenus (art. 467). Les registres et papiers domestiques font foi, non en faveur de celui qui les a écrits, mais contre lui, dans le cas où ils énoncent un paiement ou un autre mode de libération ou lorsqu'ils mentionnent qu'ils ont été rédigés pour suppléer au défaut de titre (art. 468); la mention de libération apposée par le créancier sur le titre de créance fait foi contre lui, bien qu'elle ne soit ni datée, ni signée (art. 469).

---

1) Sur la date certaine et l'enregistrement des actes sous seing privé voir: S. Berge, Répertoire V° Enregistrement nos 10 et 11. — 2) Des difficultés très grandes se sont élevées sur les conditions de validité des actes sous seings privés passés entre personnes parlant des langues différentes; il a été reconnu que la législation algérienne ne s'y appliquait pas intégralement; voir: S. Berge, Répertoire V° Actes sous seings privés ch. 1. — 3) Voir: S. Berge, Répertoire V° Dénégation de signature n° 3; V° Preuve nos 3 et s., 6 et 7.

E. Copies de titres.

763. Les copies de titres authentiques régulièrement faites par les officiers publics à ce autorisés ont la même valeur que les titres eux-mêmes (art. 470); il en est de même des copies faites par les archivistes pour les actes déposés dans les archives (art. 471); la collation avec l'original peut toujours être demandée (art. 480).

F. Preuve testimoniale.

764. Elle est admissible pour les valeurs inférieures à 3000 fr.; pour les conventions relatives à des valeurs supérieures, il doit être passé acte notarié ou sous seing privé (art. 473). Il n'est reçu entre les parties aucune preuve par témoins contre et outre le contenu aux actes, encore qu'il s'agisse d'une somme ou valeur inférieure à 3000 fr., sauf pour l'interprétation d'un acte, ou pour en constater l'exécution ou en déterminer la portée (art. 474). Celui qui a formé un demande supérieure à 3000 fr. ne peut être reçu à la prouver par témoins, en la réduisant au-dessous de ce chiffre, à moins qu'il ne prouve que sa demande a été majorée par erreur (art. 475); la preuve testimoniale ne peut non plus être admise si la somme demandée, moindre de 3000 fr., fait partie d'une créance plus forte qui n'est pas prouvée par écrit (art. 476).

765. Il y a exception aux règles ci-dessus lorsqu'il existe un commencement de preuve par écrit (art. 477), lorsqu'un cas fortuit, de force majeure ou une soustraction frauduleuse a privé le créancier de son titre (sauf les règles spéciales aux billets de banque et aux titres au porteur) et lorsqu'il ne lui a pas été possible de se procurer une preuve littérale de l'obligation (art. 478)[1].

G. Présomptions.

766. Ce sont des indices grâce auxquels la loi ou le juge établit l'existence de certains faits inconnus (art. 479).

767. La présomption légale est celle qui est attachée par la loi à certains actes ou à certains faits; tels sont: la nullité de certains actes présumés faits en fraude de la loi; la libération ou l'obligation résultant de certaines circonstances déterminées par la loi; l'autorité de la chose jugée (art. 480). Cette dernière ne s'attache qu'au dispositif du jugement et n'a lieu qu'à l'égard de ce qui en fait l'objet ou en est une conséquence nécessaire et directe (art. 481); elle ne s'attache pas aux jugements frappés d'appel quand ils en sont susceptibles, ni aux jugements des tribunaux étrangers non rendus exécutoires par les tribunaux tunisiens[2], ni aux ordonnances ou jugements interlocutoires ou préparatoires qui ne contiennent pas de dispositions sur le fond du droit (art. 482). Elle doit être opposée par la partie qui a intérêt à l'invoquer et ne peut être suppléée d'office par le juge (art. 483). Elle peut être infirmée par la preuve de la fausseté des titres et autres preuves sur lesquels se fonde le jugement, par la preuve de l'erreur matérielle qui est la base du jugement et par la preuve des faits pouvant donner lieu à prise à partie du juge (art. 484). Mais, en principe, nulle preuve n'est admise contre les présomptions légales (art. 485).

768. Les présomptions qui ne sont pas admises par la loi sont remises à la prudence du tribunal qui ne doit les accueillir que si elles sont graves et précises ou nombreuses et concordantes; la preuve contraire est de droit et peut être faite par tous les moyens (art. 486); les présomptions, même graves, précises et concordantes, doivent être corroborées par le serment de la partie qui les invoque (art. 487).

769. Celui qui possède de bonne foi une chose mobilière ou un ensemble de meubles est présumé avoir acquis régulièrement et valablement, sauf preuve contraire; mais n'est pas présumé de bonne foi celui qui savait ou qui devait savoir, au moment où il a reçu une chose, que la personne de laquelle il la tient n'avait pas le droit d'en disposer (art. 488). Entre deux parties également de bonne foi, celle qui est en possession doit être préférée, si elle était de bonne foi au moment où elle a acquis la possession, encore que son titre soit postérieur en date (art. 489). A défaut de possession et à égalité de titres, celui qui a le titre antérieur en date doit être préféré, et le titre qui a date certaine est préféré à celui qui n'a pas date

[1]) Voir: S. Berge, Répertoire V° Preuve nos 45 et s., 57 et s. — [2]) Noter que cette règle ne s'applique pas aux jugements émanés des tribunaux français de Tunisie, lesquels sont exécutoires sur le sol tunisien en vertu des lois du Protectorat.

certaine (art. 490); le possesseur est préféré à celui qui est nanti, s'ils sont tous les deux de bonne foi (art. 491).

H. Serment.

770. Il est de deux espèces: 1° celui qu'une partie défère à l'autre afin d'en faire dépendre la décision de la cause (décisoire); — 2° celui qui est déféré d'office par les juges à l'une ou à l'autre des parties (supplétoire) (art. 492). Il est toujours prêté personnellement et non par procureur (art. 493). Pour le prêter il faut avoir la capacité d'aliéner; le mineur autorisé à exercer le commerce peut prêter serment et le déférer dans la limite de son autorisation (art. 494). Il doit toujours être prêté à la mosquée, le vendredi, ou dans tout autre lieu religieux indiqué par la partie qui le défère et conformément au culte de la partie[1]; si le lieu où le serment doit être prêté est éloigné de plus de 3 milles du lieu où siège le tribunal, la partie à laquelle le serment est déféré peut refuser de s'y rendre (art. 495). La partie qui refuse de prêter serment dans le lieu indiqué est censée avoir refusé le serment (art. 496).

771. Le serment décisoire peut être prêté sur quelqu'espèce de contestation que ce soit et en tout état de l'instance, pourvu qu'il n'existe aucun commencement de preuve par écrit (art. 497); il ne peut être exigé que sur un fait personnel à la partie à laquelle il est déféré ou sur la connaissance d'un fait (art. 498); il ne peut être déféré par un fils à son père ou à sa mère, mais il peut être référé par lui, si le père ou la mère lui défère le serment (art. 499); il ne peut être déféré: sur un fait criminel, par l'accusé, à la partie civile; sur une convention pour laquelle la loi exige titre authentique ou transcription; contre un fait qu'un titre authentique déclare s'être passé en présence de l'officier public qui l'a reçu; sur un fait écarté par un jugement passé en force de chose jugée; si le serment a un caractère évidemment vexatoire et inutile (art. 500). Il peut toujours être référé par la partie à laquelle il a été déféré (art. 501) pourvu que celle-ci se déclare disposée à prêter serment (art. 502). Le refus de serment par le défendeur ne suffit pas à justifier le droit de son adversaire, s'il défère à son tour serment au demandeur (art. 503). Après que la partie a déféré ou référé le serment, elle ne peut plus se rétracter (art. 504). Cet article a été interprété par la jurisprudence en ce sens que la partie qui a déféré le serment ne peut plus se rétracter, lorsque l'adversaire déclaré qu'il était prêt à faire ledit serment: Ouzara, 14 février 1912 (Journal, 1912, p. 432).

772. La délation du serment par la partie suppose la renonciation à tout autre moyen et aucune preuve n'est admise contre le serment (art. 505); cependant il n'a pas d'effet si on justifie que c'est par la violence ou par le dol de l'autre partie qu'on a été amené à le prêter (art. 506). Jugé qu'il y a lieu de déférer le serment à celui qui demande au tribunal civil la réparation du préjudice qui lui a été causé par un délit, si la preuve du montant de ce dommage ne résulte pas de l'instance pénale qui a été suive: Ouzara, 28 mai 1912 (Journal, 1912, p. 600).

773. Le serment supplétoire ne peut être référé (art. 509); lorsque l'action est dirigée contre un absent, contre la succession du débiteur ou contre un mineur, un incapable, une fondation pieuse, le juge doit toujours déférer le serment au demandeur, à peine de nullité du jugement, sauf transaction possible (art. 510). Chacune des parties a le droit de démontrer la fausseté du serment déféré d'office, à moins qu'un jugement passé en force de chose jugée soit intervenu sur ce serment ou qu'il y ait eu acquiescement au jugement qui a ordonné le serment (art. 511). Le serment sur la valeur d'une chose ne peut être déféré d'office au demandeur que s'il est impossible de constater autrement ladite valeur et le juge reste maître de sa décision (art. 512)[2]. Jugé que le serment supplétoire ne peut être déféré que lorsque le demandeur produit un commencement de preuve, par exemple, la déclaration d'un seul témoin: Ouzara, 4 décembre 1912 (Journal, 1912, p. 653).

[1]) Cette dernière disposition a été introduite pour les israélites tunisiens, qui sont extrêmement nombreux dans la Régence. — [2]) Voir: S. Berge, Répertoire V° Serment. Sur la procédure en matière de serment décisoire, voir: Trib. indig. Kaironon, 7 février 1912 (Journal, 1912, p. 282); il faut noter que la décision qui défère un serment, étant préparatoire, n'est pas susceptible d'appel; Ouzara, 7 mars 1912 (Journal, 1912, p. 285).

LIVRE II. DES DIFFÉRENTS CONTRATS DÉTERMINÉS ET DES QUASI-CONTRATS QUI S'Y RATTACHENT.

TITRE PREMIER. DE LA VENTE.

Chapitre premier. De la vente en général.

Section première. De la nature et des éléments constitutifs de la vente.

774. «La vente est un contrat par lequel l'une des parties transmet la propriété d'une chose ou d'un droit à l'autre contractant, contre un prix que ce dernier s'oblige à lui payer» (art. 564). Les magistrats, greffiers, avocats, mandataires *ad litem* (oukils) ne peuvent, ni par eux-mêmes, ni par personne interposée se rendre acquéreurs de droits litigieux dans le ressort du Tribunal où ils exercent leurs fonctions et la vente est nulle de plein droit (art. 566); ils ne peuvent acquérir les biens dont ils sont appelés à poursuivre ou à autoriser la vente (art. 567) les administrateurs des communes et établissements publics, les tuteurs, les conseils judiciaires ou curateurs, les pères qui gèrent les biens de leurs enfants, les syndics de faillite, les liquidateurs de société, ne peuvent se rendre cessionnaires des biens des personnes qu'ils représentent, sauf le cas où ils seraient co-propriétaires des biens à aliéner (art. 568); les courtiers et experts ne peuvent se rendre acquéreurs, ni par eux-mêmes ni par personne interposée, des biens meubles ou immeubles dont la vente ou l'estimation leur a été confiée, à peine de nullité ainsi que de dommages (art. 569). Sont réputées personnes interposées, aux fins des articles ci-dessus, la femme et les enfants même majeurs des personnes qui y sont dénommées (art. 570).

775. Est nulle la vente des choses qui, par leur nature ou à raison des circonstances, ne sont pas susceptibles d'être livrées à l'acheteur, comme le poisson dans l'eau, l'oiseau dans l'air, l'animal qui s'est échappé (art. 571); cependant on peut vendre un droit incorporel, tel que le droit de chasser ou de pêcher dans un lieu déterminé, celui de faire usage de l'eau, lorsque le débit peut être déterminé, le droit d'appuyer une poutre sur un mur, un droit de passage (art. 572); on peut vendre aussi l'espace libre qui s'élève au-dessus d'un édifice déjà construit, à quelqu'un qui peut y construire, mais qui ne peut à son tour vendre l'espace au-dessus de sa propre construction sans le consentement du propriétaire du dessous (art. 573). Est nulle la vente d'une chose inexistante, telle que des fruits en germe ou le produit à naître d'un animal ou une récolte non encore sortie de terre; mais est valable la vente sur pied des fruits ou autres produits naturels déjà nés et même avant leur maturité (art. 574). Est nulle entre musulmans la vente des choses déclarées impures par la loi (art. 575).

776. La vente de la chose d'autrui est valable si le maître la ratifie ou si le vendeur acquiert par la suite la propriété de la chose (art. 576). La vente peut avoir lieu d'une chose déterminée seulement par son espèce, s'il s'agit de choses fongibles suffisamment déterminées quant au nombre ou à la quantité ou au poids, la mesure, la qualité, pour éclairer le consentement donné par les parties (art. 577). Le prix de la vente doit être déterminé (art. 579).

Section II. De la perfection de la vente.

777. «La vente est parfaite entre les parties dès qu'il y a consentement des contractants, l'un pour vendre, l'autre pour acheter et qu'ils sont d'accord sur la chose, sur le prix et sur les autres clauses du contrat» (art. 580). La vente relative à des immeubles doit avoir date certaine et n'a d'effets à l'égard des tiers que si elle est enregistrée dans la forme déterminée par la loi (art. 581). Pour la vente en bloc, le contrat est parfait dès que les parties sont convenues de l'objet et du prix et des autres clauses du contrat, quoique les choses qui en font l'objet n'aient pas encore été pesées, comptées, jaugées ou mesurées (art. 582).

Chapitre II. Des effets de la vente.

Section première. Des effets de la vente en général.

778. «L'acheteur acquiert de plein droit la propriété de la chose vendue, dès que le contrat est parfait par le consentement des parties» (art. 583). Dès que le contrat est parfait, l'acheteur peut aliéner la chose vendue, même avant la délivrance; le vendeur peut céder son droit au prix, même avant le paiement, sauf les conventions des parties (art. 584); l'acheteur supporte les impôts et autres charges qui grèvent la chose vendue, s'il n'y a stipulation contraire, ainsi que les frais de conservation de la chose et ceux de perception des frais; la chose vendue est aux risques de l'acheteur même avant la délivrance, sauf les conventions des parties (art. 585).

779. «Lorsque la vente est faite à la mesure, à la jauge, au compte, à l'essai sur dégustation ou sur simple description, tant que les choses n'ont pas été comptées, mesurées, jaugées, essayées, dégustées ou examinées et agréées par l'acheteur ou par son représentant, elles sont aux risques du vendeur, alors même qu'elles se trouveraient déjà au pouvoir de l'acheteur» (art. 586). «Lorsque la vente est alternative avec détermination d'un délai pour le choix, les risques ne sont à la charge de l'acquéreur qu'à partir de l'avènement de la condition, s'il n'y a stipulation contraire» (art. 587). «La chose vendue voyage aux risques du vendeur jusqu'à sa réception par l'acheteur» (art. 588). «Si on vend des marchandises qui se trouvent en voyage avec indication de leur quotité et qualité et du navire qui les transporte ou doit les transporter, les marchandises vendues sont aux risques du vendeur jusqu'à leur délivrance à l'acheteur» (art. 589). En cas de vente de fruits sur l'arbre ou de récolte pendante, les fruits ou légumes sont aux risques du vendeur jusqu'au moment de leur complète maturation (art. 590).

Section II. Des obligations du vendeur.

780. Le vendeur a deux obligations principales: délivrer la chose vendue et la garantir (art. 591).

781. La délivrance a lieu: pour les immeubles, par le délaissement qu'en fait le vendeur et par la remise des clefs lorsqu'il s'agit d'un héritage urbain; pour les choses mobilières, par la tradition réelle ou par la remise des clefs du bâtiment ou du coffre ou tout autre moyen reconnu par l'usage; par le consentement des parties, si le retirement ne peut avoir lieu au moment de la vente ou si les choses vendues sont déjà en la possession de l'acheteur à un autre titre; pour les choses qui se trouvent dans un dépôt public, par le transfert ou la remise du certificat de dépôt, du connaissement ou de la lettre de voiture (art. 593). La délivrance des droits incorporels se fait par la remise des titres ou par l'usage que l'acquéreur en fait du consentement du vendeur (art. 594). La délivrance doit se faire au lieu où la chose se trouvait au moment du contrat, à moins que le vendeur n'ait assumé l'obligation de la transporter (art. 595); en cas d'expédition de la chose d'un lieu à un autre, la délivrance n'a lieu qu'au moment où la chose parvient à l'acquéreur ou à son représentant (art. 596). La délivrance doit se faire aussitôt après la conclusion du contrat, sauf les délais imposés par la nature de la chose vendue ou par l'usage (art. 597); le vendeur qui n'a pas accordé de terme pour le paiement du prix est fondé à exiger celui-ci contre la remise de la chose (art. 598); en cas de vente en bloc, le vendeur peut retenir la totalité des choses vendues jusqu'au paiement de la totalité du prix ou des prix (art. 599). Mais il ne peut retenir la chose vendue, s'il a autorisé un tiers à toucher le prix ou le solde du prix, s'il a accepté une délégation sur un tiers pour tout ou partie de ce prix, s'il a accordé un terme (art. 600); toutefois, au cas où il a accordé un terme, il n'est pas tenu de délivrer quand l'acheteur est tombé en déconfiture depuis la vente, ou s'il était en faillite, à l'insu du vendeur, au moment de la vente, ou s'il a diminué les sûretés qu'il avait données pour le paiement (art. 601). Le vendeur qui use du droit de rétention répond de la chose dans les mêmes conditions que le créancier gagiste (art. 602).

782. Les frais de la délivrance sont à la charge du vendeur (art. 603) ainsi que ceux de courtage, lorsque le courtier a conclu lui-même la vente, sauf usages locaux contraires ou stipulations des parties (art. 604). Les frais d'enlèvement et d'achat, d'emballage, de chargement et de transport, ainsi que de tous droits d'octroi et autres sont à la charge de l'acheteur, sauf usage ou stipulation contraire (art. 605).

783. La chose doit être délivrée dans l'état où elle se trouvait au moment de la vente (art. 606). Si, avant la délivrance, la chose est détériorée ou détruite par le vendeur ou par sa faute, l'acheteur a le droit d'en demander la valeur ou une indemnité correspondante à sa moins-value, dans les mêmes conditions que s'il agissait contre un tiers (art. 607); si la détérioration ou la destruction avant la délivrance est le fait de l'acheteur ou la conséquence de sa faute, il est tenu de recevoir la chose dans l'état où elle se trouve et de payer le prix en entier (art. 608). Tous les fruits et accroissements de la chose, tant civils que naturels, appartiennent à l'acquéreur depuis le moment où la vente est parfaite (art. 609); l'obligation de délivrance porte aussi sur les accessoires (art. 610); s'il s'agit d'un héritage, elle porte sur les constructions, les plantations, les récoltes non levées, les fruits non noués (art. 611); s'il s'agit d'un édifice, elle porte sur le sol qui le soutient, les accessoires fixes et immobilisés (art. 612); la vente d'un héritage comporte celle des titres, plans, devis et documents (art. 613), non celle des ruches et colombiers (art. 614); la vente d'une maison ne comprend celle du jardin y attenant que s'il en est l'accessoire (art. 615); la vente d'une coupe ou récolte ne comprend pas celle du regain (art. 616); la vente d'un animal comprend celle du petit qu'il allaite, de la laine ou du poil prêt pour la tonte (art. 617); la vente des arbres comprend le sol qui les porte et les fruits non noués (art. 618); la vente d'un navire comprend celle de ses agrès et apparaux, ainsi que celle des chaloupes et canots y attachés (art. 619); la vente d'un fonds de commerce ou d'une industrie comprend celle des livres de commerce, des notes, pièces et dossiers qui s'y rattachent, de l'outillage et des objets nécessaires à l'exploitation, de l'enseigne, du matériel et marchandises, des marques de fabrique dûment spécifiées, de l'achalandage, du brevet d'invention et du secret industriel; il ne comprend pas ce qui est purement personnel au vendeur, tels que ses diplômes, patentes, médailles, titres honorifiques ou scientifiques, sa signature ou sa griffe (art. 620); la vente d'une marchandise comprend celle des emballages, enveloppes, marques et estampilles destinés à la protéger et à en garantir l'authenticité (art. 621); le tout sauf conventions contraires des parties.

784. Les valeurs ou objets précieux trouvés dans l'intérieur d'un objet mobilier ne sont pas réputés compris dans la vente, s'il n'y a stipulation contraire (art. 622).

785. «Les choses qui se vendent au poids et au nombre et ne présentent pas des variations sensibles dans leur prix, celles qu'on peut diviser sans préjudice, peuvent être vendues pour un prix unique ou à raison de tant par unité de mesure ou de poids. Si la quantité est trouvée complète au moment de la délivrance, la vente est obligatoire pour le tout. Dans le cas où il y aurait une différence en plus ou en moins, et soit qu'on ait vendu pour un prix unique ou à tant par unité, on appliquera les règles suivantes: s'il y a un excédent, il appartiendra au vendeur; si la différence est en moins, l'acheteur aura le droit de résilier le contrat pour le tout ou d'accepter la quantité livrée en la payant en proportion» (art. 623). «Lorsque la vente a pour objet des choses qui se vendent au nombre et dont le prix subit des variations sensibles, on appliquera les règles suivantes: si elles ont été vendues en bloc et pour un prix unique, toute différence en plus ou en moins annule la vente; si elles ont été vendues à tant par unité, la différence en plus annule la vente; si la différence est en moins, l'acheteur a le droit de résilier la vente ou d'accepter la quantité livrée en la payant à proportion» (art. 624). La vente de choses au poids et à la mesure, si elles ne peuvent se fractionner sans dommage, donne lieu aux règles suivantes: vente pour un prix unique, excédent à l'acheteur, sans que le vendeur ait le droit de résilier; différence en moins, droit de résiliation à l'acheteur ou paiement à proportion; — vente à tant l'unité, même solution que pour le second des cas précédents (art. 625). Si la chose est vendue en bloc ou comme un corps déterminé par son individualité, la différence de mesure, de poids ou de contenance ne produit effet que si elle est d'un vingtième en plus ou en moins (art. 626); l'acquéreur a d'ailleurs le choix, en cas de différence en plus, de se désister du contrat ou de payer le supplément de prix (art. 627). On doit d'ailleurs toujours tenir compte des tares et tolérances fixées par l'usage, à moins de convention contraire (art. 628).

786. Les actions en résolution de contrat, en supplément ou en diminution de prix doivent être intentées dans l'année à partir de la date fixée par le contrat pour l'entrée en jouissance ou la délivrance et, à défaut, à partir de la date du contrat, le tout à peine de déchéance (art. 629).

787. La garantie due par le vendeur a deux objets: la jouissance et possession paisible de la chose vendue et les défauts de la chose; elle est de plein droit quand même elle n'aurait pas été stipulée et la bonne foi du vendeur ne l'en exonère pas (art. 630).

788. Garantie pour cause d'éviction. — Elle emporte pour le vendeur l'obligation de s'abstenir de tout acte ou réclamation de nature à inquiéter ou à troubler l'acheteur ou à le priver de ce qu'il a acquis (art. 631); elle l'oblige à indemniser l'acheteur, lorsqu'il est privé de tout ou partie de la chose ou qu'il ne peut l'obtenir du tiers détenteur ou qu'il est obligé à un sacrifice pour se la faire délivrer (art. 632). L'éviction d'une partie équivaut à l'éviction du tout, si elle a une telle importance que l'acquéreur n'aurait pas acheté sans elle (art. 633). L'acheteur actionné en raison de la chose vendue est tenu de faire connaître cette action au vendeur (art. 635). Celui qui a subi l'éviction totale est en droit de se faire rembourser le prix qu'il a versé et les loyaux coûts du contrat, les dépens judiciaires qu'il a dû exposer, les dommages qui sont la suite directe de l'éviction (art. 636); le vendeur de mauvaise foi est tenu en outre de rembourser toutes les dépenses faites par l'acquéreur pour ce dont il a été évincé (art. 638). Si la chose évincée a augmenté de valeur au moment de l'éviction, la plus value est comprise dans les dommages-intérêts, s'il y a dol du vendeur (art. 639). L'éviction partielle d'une partie tellement importante que la chose vendue est viciée, donne le choix à l'acheteur de résilier ou de se faire indemniser seulement de ce qu'il a perdu; l'éviction partielle moins importante ne donne lieu qu'à indemnité (art. 640). La vente en bloc donne le choix à l'acheteur entre les deux parties, à moins que les choses ne puissent être séparées sans dommage, ce qui ne laisse droit qu'à une indemnité (art. 641). Les parties peuvent convenir qu'il n'y aura pas lieu à garantie, mais cela n'affranchit le vendeur que des dommages-intérêts; d'ailleurs la stipulation n'a pas d'effet, si l'éviction se fonde sur un fait personnel au vendeur ou s'il y a dol de celui-ci (art. 642). Il n'y a lieu à garantie si l'éviction a lieu par violence ou force majeure, ou par le fait du prince, ou à la suite de voies de fait de tiers ne prétendant à aucun droit sur la chose vendue (art. 644); ou si l'éviction a lieu par la faute ou le dol de l'acquéreur (art. 645). L'acheteur ne perd pas son recours contre le vendeur lorsqu'il n'a pu le prévenir en temps utile par suite de son absence (art. 646).

789. Garantie des vices de la chose. — «Le vendeur garantit les vices de la chose qui en diminuent sensiblement la valeur ou la rendent impropre à l'usage auquel elle est destinée d'après sa nature et d'après le contrat. Les défauts qui diminuent légèrement la valeur ou la jouissance et ceux tolérés par l'usage ne donnent pas ouverture à garantie. Le vendeur garantit également l'existence des qualités par lui déclarées ou qui ont été stipulées par l'acheteur» (art. 647). Cependant s'il s'agit de choses dont le véritable état ne peut être connu qu'en les dénaturant, telles que des fruits en coque, le vendeur ne répond des vices cachés que s'il s'y est expressément engagé ou si l'usage l'y oblige (art. 648). Dans les ventes sur échantillon, le vendeur garantit l'existence des qualités de l'échantillon; lorsque l'échantillon a péri ou s'est détérioré, l'acheteur est tenu de prouver que la marchandise n'est pas conforme à l'échantillon (art. 649). Le vendeur ne garantit que les vices qui existaient au moment de la vente, s'il s'agit d'un corps déterminé par son individualité et ceux qui existaient au moment de la délivrance, s'il s'agit d'une chose fongible vendue au poids, à la mesure, sur description (art. 650). En cas de doute, le dire du vendeur fait foi, à charge de serment (art. 651). Pour les choses mobilières autres que les animaux, l'acheteur doit immédiatement notifier les vices au vendeur qui doit répondre dans les sept jours qui suivent la réception; les vices non apparents par un examen ordinaire sont dénoncés lors de leur découverte (art. 652). Constatation de l'état de la chose par justice ou par experts doit être provoquée sans délai par l'acheteur, et, s'il y a danger de détérioration rapide, il peut être autorisé à vendre (art. 653). Lorsqu'il y a lieu à rédhibition, l'acheteur peut poursuivre la résolution de la vente et la restitution du prix; s'il préfère garder la chose, il n'a droit à aucune diminution de prix; il a droit aux dommages, lorsque le vendeur connaissait les vices de la chose ou lorsqu'il a déclaré que les vices n'existaient pas ou lorsque les qualités qui manquent avaient été expressément stipulées (art. 655). Si la vente a pour objet des choses fongibles, l'acquéreur ne peut exiger que la délivrance d'une quantité de choses de la même espèce, exempte de vices, sauf dommages, s'il y a lieu (art. 656). En cas de vente en bloc, il peut y avoir lieu à résiliation partielle (art. 657). La résolution de la vente s'étend aux accessoires, mais le vice de l'accessoire ne résilie pas la vente pour le principal (art. 658). Au cas de résolution, l'acheteur doit restituer: 1° la chose affectée du vice rédhibitoire, telle qu'il l'a reçue avec ses accessoires; — 2° les fruits de la chose, sauf ceux qui n'étaient pas noués au moment de la vente et que l'acheteur a fait siens, s'il les a cueillis; d'autre part le vendeur est tenu: 1° de faire raison à l'acheteur de tous frais faits pour la chose restituée; — 2° de restituer le prix qu'il a reçu; — 3° d'indemniser l'acheteur des pertes que la chose peut lui avoir occasionnées (art. 660). L'acheteur n'a droit à aucune restitution, s'il ne peut rendre la chose, lorsque celle-ci a péri par cas fortuit ou par la faute de l'acheteur ou des personnes dont il répond, ou lorsqu'elle a été volée, ou si l'acheteur a transformé la chose de telle sorte qu'elle ne peut plus servir à son usage primitif (art. 661). Si la chose a péri par suite du vice dont elle était affectée, la perte est pour le vendeur (art. 662). Il n'y a pas lieu à résolution et l'acheteur ne peut demander qu'une diminution de prix, si la chose a été détériorée par lui ou par une personne dont il doit répondre ou s'il l'a appliquée à un usage qui en diminue notablement la valeur (art. 663).

790. Sans entrer dans l'exposé des règles un peu compliquées qui régissent le cas où un nouveau vice survient après la vente (art. 664 à 666), nous noterons que l'action rédhibitoire s'éteint si le vice a disparu avant l'instance en résolution et s'il n'est pas susceptible de reparaître (art. 667); que le vendeur n'est point tenu des vices apparents, ou que l'acheteur a connus, ou pouvait facilement connaître (art. 668) à moins que le vendeur ait déclaré qu'ils n'existaient pas (art. 669); que le vendeur ne répond pas des vices de la chose ou de l'absence des qualités requises, s'il les a déclarées ou a stipulé qu'il ne serait tenu à aucune garantie (art. 670).

791. L'action rédhibitoire s'éteint, si l'acheteur y a expressément renoncé depuis la découverte du vice; si, depuis cette découverte, il a vendu la chose ou en a disposé; s'il l'a appliquée à son usage personnel, sauf pour les immeubles (art. 671). Elle doit être intentée, à peine de déchéance, pour les choses immobilières dans les 365 jours après la délivrance, pour les choses mobilières et les animaux, dans les 30 jours de la délivrance, pourvu que l'avis prescrit par l'art. 652 ait été donné. Les conventions des parties peuvent modifier ces délais (art. 672); le vendeur de mauvaise foi ne peut s'en prévaloir (art. 673). L'action rédhibitoire n'a pas lieu dans les ventes faites par autorité de justice (art. 674).

Section III. Des obligations de l'acheteur.

792. L'acheteur a deux obligations principales: celle de payer le prix et celle de prendre livraison (art. 675). Le prix doit être payé à la date et de la manière établie au contrat; à défaut de convention, la vente est censée faite au comptant; les frais de paiement sont à la charge de l'acheteur (art. 676). Néanmoins, il y a lieu de tenir compte des usages, si la convention n'y déroge pas (art. 677). Lorsqu'un délai a été accordé pour le paiement du prix, le terme commence à courir de la conclusion du contrat, sauf convention contraire (art. 678).

793. L'acheteur est en faute s'il n'opère pas le retirement au temps convenu ou d'usage; lorsque les choses vendues doivent être livrées en plusieurs fois, le défaut de retirement des objets compris dans la première livraison produit les mêmes conséquences que le défaut de retirement du tout, sauf convention contraire (art. 679). S'il a été stipulé que la vente serait résolue faute de paiement du prix, cette résiliation a lieu de plein droit (art. 680).

794. Le vendeur qui n'a pas accordé de délai et qui n'est pas payé peut revendiquer les choses mobilières qui se trouvent au pouvoir de l'acheteur ou en arrêter la vente; cette action n'est pas recevable après 15 jours à partir de la remise de la chose à l'acheteur; elle a lieu même si la chose vendue a été incorporée à une chose immobilière et à l'encontre des tiers ayant des droits sur l'immeuble (art. 681).

795. L'acheteur troublé ou en danger imminent et sérieux d'être troublé, en vertu d'un titre antérieur à la vente, a le droit de retenir le prix tant que le vendeur n'aura pas fait cesser le trouble; mais le vendeur peut le forcer à payer en donnant caution ou autre sûreté suffisante. En cas de trouble pour partie seulement, la rétention du prix et le cautionnement sont proportionnels. Le droit de rétention du prix n'existe pas s'il a été stipulé que l'acheteur paierait nonobstant tout trouble ou s'il connaissait le danger d'éviction avant la vente (art. 682); il existe en cas de découverte d'un vice rédhibitoire (art. 683).

Chapitre III. De quelques espèces particulières de vente.

Section première. Vente à réméré.

796. «La vente avec faculté de rachat, ou vente à réméré, est celle par laquelle l'acheteur s'oblige, après la vente parfaite, à restituer la chose au vendeur contre remboursement du prix». Elle peut avoir pour objet des choses mobilières ou des choses immobilières (art. 684). La faculté de rachat ne peut être stipulée pour un terme dépassant 3 ans (art. 685); ce terme ne peut être prolongé par justice; cependant si c'est par la faute de l'acheteur que le vendeur n'a pu exercer le rachat en temps utile, il n'est pas déchu (art. 686).

797. Pendant la durée du délai stipulé, l'acheteur peut jouir de la chose vendue à titre de propriétaire; il en perçoit les fruits et exerce toutes les actions relatives à la chose, pourvu que ce soit sans fraude (art. 687). Si le vendeur n'exerce pas son droit de rachat dans le terme fixé, il en est déchu; sinon la chose vendue est censée n'avoir jamais cessé de lui appartenir (art. 688). Le réméré s'exerce par la notification faite par le vendeur d'effectuer le rachat, accompagnée de l'offre du prix (art. 689); cette faculté passe aux héritiers du vendeur pour le temps qui restait à leur auteur (art. 690); mais les héritiers ne peuvent exercer le rachat que conjointement et pour la totalité (art. 691). L'action en réméré peut aussi s'exercer contre les héritiers de l'acheteur pris collectivement (art. 692). En cas d'insolvabilité du vendeur, elle appartient à la masse de ses créanciers (art. 693). Le vendeur peut exercer son action contre un second acquéreur, quand bien même le premier, en revendant, ne l'aurait pas stipulée (art. 694).

798. Le vendeur qui use du pacte de rachat ne peut rentrer en possession de la chose qu'après avoir remboursé le prix qu'il a touché et les impenses utiles qui ont augmenté la valeur de la chose jusqu'à concurrence de la plus value; l'acheteur enlève les améliorations somptuaires accomplies, s'il peut le faire sans dommage et ne peut répéter ni les impenses nécessaires et d'entretien, ni les frais de perception des fruits. L'acheteur doit restituer la chose et tous ses accroissements depuis la vente, les fruits qu'il a perçus depuis que le prix a été payé ou consigné; il a un droit de rétention pour les remboursements qui lui sont dus (art. 695). L'acheteur répond des détériorations ou pertes survenus par son fait ou sa faute ou ceux des personnes dont il est responsable; il ne répond pas des cas fortuits ou de force majeure (art. 696).

799. Lorsque le vendeur rentre dans un immeuble par l'exercice de son droit de rachat, il le reprend quitte de charges et d'hypothèque, mais respecte les baux faits sans fraude, s'ils ne dépassent pas le terme fixé pour le rachat et s'ils ont date certaine (art. 697).

Section II. Vente à option.

800. «La vente peut être faite à condition que l'acheteur ou le vendeur aura le droit de se départir du contrat dans un délai déterminé. Cette condition doit être expresse; elle peut être stipulée soit au moment du contrat, soit après, par clause additionnelle» (art. 700). Une telle vente est censée faite sous condition suspensive (art. 701); si le contrat n'indique pas le délai d'option, les parties sont présumées avoir stipulé le délai établi par la loi ou par l'usage (art. 702); ce délai ne peut dépasser, à peine de nullité, 30 jours pour les immeubles urbains et les fonds de terre et 5 jours pour les animaux domestiques et toutes les choses mobilières, le tout à partir de la date du contrat (art. 703). Le délai ne peut jamais être prorogé par justice (art. 704).

801. Pendant le délai d'option, le droit aux fruits, accroissements et accessions demeure en suspens; ils passent avec la chose elle-même à la partie qui acquiert définitivement la propriété (art. 705). Si la partie opte affirmativement dans le délai déterminé, la vente devient pure et simple et l'objet est réputé avoir appartenu à l'acheteur dès le jour du contrat (art. 706). La partie qui, s'étant réservé le droit d'option, laisse passer le délai sans faire connaître sa décision, est présumée de plein droit avoir accepté (art. 707); elle perd tout droit de refuser la chose par tout fait impliquant l'intention de faire acte de propriétaire (art. 708). Si elle meurt avant d'avoir choisi, le droit d'option se transmet aux héritiers (art. 709). — Si la partie opte négativement, le contrat est réputé non avenu et les parties se restituent réciproquement ce qu'elles ont reçu l'une de l'autre (art. 710). L'acheteur qui ne peut restituer la chose ou la restitue détériorée, pour une cause non imputable à son fait ou à sa faute, n'est tenu à aucune responsabilité (art. 711).

Section III. Selem.

802. «Le selem est un contrat par lequel une des parties avance une somme déterminée en numéraire à l'autre partie qui s'engage de son côté à livrer une quantité déterminée de denrées ou autres objets mobiliers dans un délai convenu. Il ne peut être prouvé que par écrit» (art. 712). Le prix doit être payé au vendeur intégralement et dès la conclusion du contrat (art. 713); si le délai de livraison n'est pas déterminé, l'usage des lieux doit être suivi (art. 714); mais la détermination des denrées par quantité, qualité, poids ou mesure, est indispensable à peine de nullité (art. 715); la livraison est faite au lieu du contrat, s'il n'y a stipulation contraire (art. 716).

803. Si le débiteur est empêché par une cause de force majeure, sans faute ni demeure de sa part, le créancier a le choix de résoudre le contrat et de se faire restituer le prix qu'il a avancé ou d'attendre à l'année suivante; s'il a attendu et que le produit se trouve, il est tenu de le recevoir (art. 717).

804. Avant de passer à un autre sujet, il convient de compléter ce résumé du Code des Obligations et des Contrats relatif à la vente par l'énoncé de certaines documentations.

805. D'abord, en matière de vente de navire, il s'est élevé une controverse sur l'application, devant les Tribunaux français, de l'art. 25 du décret beylical du 10 mai 1893 préférablement aux art. 197 et suiv. Code com. fr. et à la loi du 10 juillet 1885[1]. C'est la *lex fori* qui a été préférée: Tunis, 20 juillet 1898 (Journal 1899, p. 229).

806. Ensuite les ventes à tempérament ont donné lieu, devant les Tribunaux français de Tunisie, à une abondante jurisprudence, qui, s'inspirant du même esprit que la jurisprudence française sur le même sujet, a tenté de faire obstacle aux contrats simulés en leur restituant leur véritable caractère[2].

807. En troisième lieu, un conflit de lois s'est produit sur la matière des vices rédhibitoires; la loi française est-elle applicable dans la Régence? l'est-elle de préférence au décret beylical du 3 février 1885? la loi du 31 juillet 1895 doit-elle être suivie en Tunisie? En tous cas le Tribunal de l'Ouzara a décidé, le 22 février 1900 (Journal 1900, p. 461) que l'action en résiliation pour cause de rétivité est irrecevable quand il est constant que l'acheteur a travaillé un certain temps avec l'animal acquis[3].

808. Quatrièmement, il faut noter qu'il a été décidé qu'une cantine militaire n'est pas un fonds de commerce ayant une valeur vénale et que le droit de l'exploiter ne peut être vendu: Tunis, 12 janvier 1894 (Journal 1896, p. 70).

809. Sur les ventes à livrer, notamment sur les contrats *selem*, si usités dans la région de Sousse, dite du Sahel, sur les ventes de grignons, les ventes d'orges, celles d'huile, celles de vins, il existe une copieuse jurisprudence que nous ne pouvons analyser ici, faute de place, mais qui, dans ses tendances générales, vise à faire entrer les places tunisiennes dans la pratique commerciale en usage sur les marchés les plus importants du bassin de la Méditerranée. Les commerçants européens peuvent donc être assurés que les affaires qu'ils traiteraient en Tunisie ne les amèneraient pas sur un terrain inconnu d'eux et dangereux, surtout s'ils avaient soin de stipuler dans leurs marchés les clauses habituelles, qui seraient parfaitement comprises et nullement tenues en échec par le droit et les usages locaux[4].

TITRE II. DE L'ÉCHANGE.

810. «L'échange est un contrat par lequel chacune des parties remet à l'autre, à titre de propriété, une chose mobilière ou immobilière, ou un droit incorporel, contre une autre chose ou un autre droit de même nature ou de nature différente» (art. 718). Il est parfait par le consentement des parties (art. 719); si les objets sont de valeur différente, l'équilibre peut être rétabli par une soulte (art. 720). Les frais et loyaux coûts se partagent, sauf stipulation contraire (art. 721). Chacun des co-permutants doit la garantie à l'autre, soit à raison de l'insuffisance du titre, soit à cause de vices rédhibitoires (art. 722). Les règles de la vente s'appliquent à ce contrat dans la mesure où le permet sa nature (art. 724).

TITRE III. DU LOUAGE.

811. Il y a deux sortes de louage; celui des choses (kirâ) celui des personnes ou d'ouvrage (idjâra) (art. 726).

---

1) S. Berge, Répertoire V° Vente de navire. — 2) S. Berge *eod. op.* V° Vente à tempérament. — 3) S. Berge, Répertoire V° Vente d'animaux. — 4) S. Berge, *eod. op.* V° Vente à livrer 16 et s., 26 et s., 31 et s., 36 et s. — V° Vente de vendanges et de vins. — Béchir Ettouati, Formulaire, trad. Abribat, p. 117 et s.

Chapitre premier. Du louage des choses.

812. «Le louage des choses est un contrat par lequel l'une des parties cède à l'autre la jouissance d'une chose mobilière ou immobilière, pendant un certain temps, moyennant un prix déterminé que l'autre partie s'oblige à lui payer» (art.727). Il est parfait par le consentement des parties sur la chose, sur le prix et sur les clauses essentielles (art. 728); néanmoins les baux d'immeubles et de droits immobiliers doivent être constatés par écrit, s'ils sont faits pour plus d'une année; à défaut d'acte écrit, le bail est censé fait pour un temps indéterminé; les baux de plus d'une année ne sont opposables aux tiers que s'ils sont enregistrés (art. 729).

813. Ceux qui n'ont sur la chose qu'un droit personnel d'usage, d'habitation, de rétention ou de gage ne peuvent la donner à louage (art. 730); ceux qui ne peuvent acquérir certains biens (art. 567 et 568) ne peuvent les prendre à louage (art.731). L'objet du louage ne peut être une chose qui se consomme par l'usage, à moins qu'elle ne soit destinée à être seulement montrée ou exposée; mais ou peut louer des choses qui se détériorent par l'usage (art. 732). Les art. 572, 575, 576 et 579 s'appliquent au louage (art. 733).

814. Le prix doit être déterminé; il peut consister en denrées et aussi en une portion ou une part indivise des produits de la chose louée; on peut stipuler pour les baux ruraux une redevance en produits, outre du numéraire (art. 734). Si le prix n'est pas déterminé, les parties sont censées s'en rapporter à l'usage ou à la taxe ou tarif, s'il en existe (art. 736).

Section première. Des effets du louage de choses.

815. Le locateur est tenu de deux obligations principales: 1° celle de délivrer au preneur la chose louée; — 2° celle de la garantir (art. 739).

816. La délivrance des choses louées est régie par les dispositions établies pour la délivrance des choses vendues (art. 740); les frais de délivrance sont à la charge du locateur, ceux d'actes à la charge des deux parties, ceux d'enlèvement ou de réception de la chose louée à la charge du preneur, le tout sauf stipulations contraires (art. 741). La chose et ses accessoires doivent être tenus par le locateur, pendant la durée du contrat, en état de servir à leur destination; il peut y être contraint judiciairement par le locataire, après mise en demeure (art. 742). Dans les baux d'immeubles, le preneur n'est tenu des réparations locatives ou de menu entretien que s'il en a été chargé par le contrat ou par l'usage (art. 743); aucune desdites réparations n'est à la charge du preneur quand elles sont occasionnées par vétusté ou force majeure, par vice de construction ou par le fait du bailleur (art. 744). Le curage des puits, celui des fosses d'aisances, les conduites servant à l'écoulement des eaux sont à la charge du bailleur, s'il n'y a clause ou coutume contraire (art. 745); le locateur est tenu de payer les impôts et charges afférents à la chose louée, sauf stipulation ou usage contraire (art. 746).

817. La garantie que le locateur doit au preneur a deux objets: 1° la jouissance et la possession paisible de la chose louée; — 2° l'éviction et les défauts de la chose; elle est due de plein droit et la bonne foi du locateur ne l'empêche pas (art. 747).

818. Le locateur doit donc s'abstenir de tout ce qui tendrait à troubler la possession du preneur ou à le priver des avantages sur lesquels il avait le droit de compter; il répond à ce point de vue de son fait, de celui de ses préposés, de ses autres locataires et de ses ayants droit (art. 748). Mais il peut faire les réparations qui ne peuvent être différées jusqu'à la fin du bail, sauf pour le preneur troublé pendant plus de 3 jours, le droit de demander la résiliation ou une réduction de loyers proportionnée au défaut de jouissance (art. 749). Le locataire garantit aussi l'éviction par les tiers comme pour la vente (art. 632 à 635 et 750). Si le preneur est actionné en justice en délaissement ou pour souffrir l'exercice d'une servitude, il doit avertir le bailleur et se faire mettre hors d'instance, à moins qu'il ne préfère y intervenir, après avoir nommé celui pour qui il possède (art. 752); mais le locateur n'est pas tenu de garantir le trouble apporté par voies de fait des tiers au locataire, s'il n'est prétendu par ces tiers à aucun droit sur la chose louée (art.753); il n'est tenu qu'à subir une remise proportionnelle du prix, s'il est prouvé que le trouble a eu lieu et a été incompatible avec la continuation de la jouissance (art. 754). En cas de fait du prince ou d'expropriation pour cause d'utilité publique, le preneur a droit à une diminution de prix proportionnelle ou à la résiliation suivant que sa privation de jouissance est totale ou partielle (art. 755). Il en est de même pour les troubles résultant de travaux publics (art. 756). Les actions du preneur contre le bailleur prévues par les art. 748 à 756 sont prescrites par l'expiration du contrat de louage (art. 757).

819. Le locateur répond de tous les vices et défauts qui diminuent sensiblement la jouissance de la chose louée ou la rendent impropre à l'usage auquel elle est destinée; il répond aussi de l'absence des qualités promises ou requises par la destination de la chose; les défauts qui n'empêchent ou ne diminuent la jouissance de la chose louée que d'une manière insignifiante ne donnent lieu à aucun recours de la part du preneur (art. 758). Lorsqu'il y a lieu à garantie, le preneur peut poursuivre la résolution du contrat ou demander une diminution du prix; il a droit aux dommages au cas de l'art. 655; les dispositions des art. 657 à 659 s'appliquent au louage (art. 759). Le locateur n'est pas tenu des vices de la chose qu'on pouvait facilement constater, à moins qu'il n'ait déclaré qu'ils n'existaient pas; il n'est pas tenu si le locataire connaissait les vices, ou s'ils lui ont été déclarés, ou s'il a été stipulé qu'il n'y aurait pas lieu à garantie (art. 760). Cependant, exception est faite pour le cas de vices de nature à compromettre la santé ou la vie du locataire (art. 761). L'art. 673 s'applique au louage (art. 762).

820. Lorsque, sans la faute des contractants, la chose louée périt, se détériore ou est modifiée complètement, le bail est résolu sans indemnité d'aucune part, nonobstant toute clause contraire (art. 763). Si la destruction ou la détérioration ne sont que partielles, il n'y a lieu qu'à une diminution proportionnelle du prix du bail (art. 764). Les actions des art. 758 et 764 ne peuvent plus être utilement intentées après que le bail a pris fin (art. 766).

821. Le preneur est tenu de deux obligations principales: de payer le prix du louage et de conserver la chose louée suivant sa destination naturelle ou celle qui lui a été donnée par le contrat, sans en abuser (art. 767).

822. Le prix doit être payé au terme fixé par le contrat ou, à défaut, par l'usage local, à défaut d'usage, à la fin de la jouissance; il est permis de stipuler que le bail sera payable d'avance; les frais de paiement sont à la charge du preneur (art. 768). Tout acte portant libération ou quittance de loyers ou baux non échus pour une période excédant une année ne peut être opposé aux tiers, s'il n'a été enregistré (art. 769). Le paiement a lieu, pour les immeubles, au lieu où ils se trouvent, pour les meubles, au lieu où le contrat a été conclu, le tout, sauf stipulation contraire (art. 770). Le prix du bail doit être payé, même si le locataire n'a pas joui pleinement par son fait ou par sa faute, pourvu que la chose ait été tenue à sa disposition, à moins que le locateur en ait disposé et en ait retiré des avantages (art. 771).

823. Le preneur a le droit de sous-louer et même de céder son bail à un autre, en tout ou en partie, à moins de défense inscrite dans le bail ou que le contraire ne résulte de la nature de la chose; la défense de sous-louer est absolue (art. 772). Le preneur ne peut céder ou sous-louer la chose pour un usage différent ou plus onéreux que celui déterminé par la convention, sauf, en cas de doute, interprétation favorable au locateur (art. 773). Le preneur est garant de celui auquel il a sous-loué ou cédé le bail, à moins que le locateur ne touche directement et sans réserve du sous-locataire ou cessionnaire, ou qu'il n'ait accepté formellement ce dernier (art. 774). Le sous-locataire est tenu directement envers le locateur à concurrence de ce qu'il doit lui-même au preneur principal au moment où la sommation lui est faite; il ne peut opposer ses paiements anticipés que s'ils sont conformes à l'usage local ou sont constatés par un acte ayant date certaine (art. 775). Le locateur a une action directe contre le sous-locataire dans tous les cas où il en posséderait contre le locataire principal (art. 776).

824. Le preneur est tenu, sous peine de dommages, d'avertir sans délai le propriétaire de tous les faits qui exigent son intervention (art. 778); il doit restituer la chose au terme fixé; s'il la retient, il doit le prix de location à dire d'experts pour le surplus et est tenu de tous dommages survenus à la chose pendant ce temps (art. 779). S'il a été fait un état des lieux, la chose doit être restituée telle qu'elle a été reçue (art. 780); s'il n'a pas été fait d'état de lieux, le preneur est présumé avoir reçu la chose en bon état (art. 781); il répond des dégradations survenues par son fait, par sa faute ou par l'abus de la chose louée; l'aubergiste ou hôtelier répond aussi du fait des clients et voyageurs (art. 782); le preneur ne répond pas de la perte ou des détériorations provenant de l'usage normal et ordinaire de la chose, d'une cause fortuite ou de force majeure non imputable à sa faute, de l'état de vétusté ou du vice de la construction ou du défaut de réparations qui incombaient au locateur (art. 783). La restitution doit être faite dans le lieu du contrat, ses frais étant à la charge du preneur, s'il n'y a convention ou usage contraire (art. 784); le preneur n'a pas le droit de retenir la chose louée, soit à raison des dépenses qu'il y a faites, soit à raison d'autres créances qu'il pourrait avoir contre le locateur (art. 785); mais le locateur est tenu de rembourser au preneur toutes les impenses nécessaires faites pour la conservation de la chose autre que les dépenses locatives, ainsi que les impenses utiles faites sans autorisation jusqu'à concurrence de la valeur des matériaux et plantations et de la main-d'œuvre, sans égard à la plus value acquise par le fonds; il n'est pas tenu des dépenses voluptuaires et le preneur peut emporter les améliorations qu'il peut enlever sans dommage (art. 786); il est tenu au remboursement des dépenses qu'il a autorisées (art. 787).

825. «Le bailleur a le droit de rétention, pour les loyers échus et pour ceux de l'année en cours, sur les meubles et autres choses mobilières qui se trouvent dans les lieux loués et appartenant, soit au locataire, soit au sous-locataire, soit même à des tiers. Il a le droit de s'opposer au déplacement de ces objets en recourant à l'autorité compétente. Il peut les revendiquer, lorsqu'ils ont été déplacés à son insu ou malgré son opposition, à l'effet de les replacer au lieu où ils se trouvaient ou dans un autre dépôt.» Il exerce ce droit jusqu'à concurrence de la valeur nécessaire pour le garantir, dans les 15 jours à partir de celui où il a eu connaissance du déplacement, en exceptant les objets qui ne peuvent être saisis, les choses volées ou perdues et celles appartenant à des tiers à sa connaissance (art. 788). Le droit de rétention s'applique aux effets des sous-locataires (art. 789). Les actions du locateur contre le preneur, à raison des art. 774, 776, 778, 779, 780 et 782 se prescrivent par 6 mois à partir du moment où il rentre en possession de la chose louée (art. 790).

Section II. De l'extinction du louage de choses.

826. Le louage de choses cesse de plein droit à l'expiration du terme établi par les parties, sans qu'il soit nécessaire de donner congé, s'il n'y a convention contraire et sauf les dispositions spéciales aux baux à ferme (art. 791). Si aucun terme n'a été établi, le louage est censé fait à l'année, au semestre, au mois, à la semaine ou au jour, selon que le prix a été fixé pour de telles périodes, et le contrat cesse à leur expiration, sans qu'il soit besoin de donner congé, à moins d'usage contraire (art. 792). Au cas où, à l'expiration du contrat, le preneur reste en possession, le contrat est renouvelé dans les mêmes conditions et pour la même période, s'il a été fait pour une période déterminée; s'il a été fait sans détermination d'époque, chacune des parties peut résilier le bail; le preneur aura cependant droit au délai d'usage pour vider les lieux (art. 793). La continuation de la jouissance n'emporte pas tacite reconduction, lorsqu'il y a un congé donné ou autre acte équivalent indiquant la volonté de l'une des parties de ne pas renouveler le contrat (art. 794); mais il a été jugé qu'il y a renouvellement tacite du bail, si le bailleur, étant arrivé à l'expiration de la période d'un an, pour laquelle il avait loué, accepte de son locataire une avance sur le loyer d'une année à venir: Trib. indig. Kairouan, 7 février 1912 (Journal, 1912, p. 335).

827. La résolution a lieu en faveur du locateur, sans préjudice des dommages-intérêts, si le cas y échet: si le preneur emploie la chose à un autre usage que celui auquel elle est destinée par sa nature ou par la convention, ou s'il la néglige de manière à lui causer un dommage notable, ou s'il ne paie pas le prix du bail (art. 796); mais il ne peut résoudre le bail d'une maison pour l'occuper lui-même (art. 797), ni par l'aliénation volontaire ou forcée (art. 798). A défaut d'écrit ayant date certaine, l'acquéreur d'une maison louée peut expulser le locataire après lui avoir donné congé dans les délais d'usage (art. 799). Si le nouvel acquéreur n'exécute pas les obligations imposées par le bail, le preneur a une action solidaire contre lui et contre son vendeur, pour telles indemnités que de droit (art. 800). En cas d'éviction de la chose louée, l'évinçant a le choix entre le maintien des locations en cours ou leur résolution, sauf, dans ce dernier cas, à observer les délais pour les congés, si le preneur est de bonne foi (art. 801).

828. «En cas de faillite prononcée du preneur, le bailleur a le droit de faire résoudre le bail. Le preneur ou ses créanciers peuvent cependant empêcher la résolution en payant les termes échus et en offrant caution ou en faisant le dépôt pour ceux à échoir. Les créanciers seront, dans ce cas, subrogés aux droits et obligations de leur débiteur» (art. 802)[1].

829. Le bail n'est point résolu par la mort du preneur ni par celle du bailleur; néanmoins exception est faite pour le bail passé par le bénéficiaire d'un habous ou par celui qui détient la chose à titre précaire (art. 803). La résolution du bail entraîne celle des sous-locations (art. 804)[2].

Chapitre II. Du louage d'ouvrage ou de services.

830. «Le louage de services ou de travail est un contrat par lequel une des parties s'engage, moyennant un prix que l'autre partie s'oblige à lui payer, à fournir à cette dernière ses services personnels pendant un certain temps ou à accomplir un fait déterminé. Le louage d'ouvrage est celui par lequel une personne s'engage à exécuter un ouvrage déterminé, moyennant un prix que l'autre partie s'engage à lui payer. Le contrat est dans les deux cas parfait par le consentement des parties» (art. 828). La loi considère comme un louage d'industrie les services que les personnes exerçant un art libéral rendent à leurs clients, ainsi que ceux des professeurs et maîtres de sciences, arts et métiers (art. 829). Le louage d'ouvrage et celui de services ne sont valables que si les parties contractantes ont la capacité de s'obliger (art. 830); la femme mariée ne peut engager ses services comme nourrice ou autrement qu'avec le consentement de son mari (art. 831).

831. On ne peut engager ses services qu'à temps ou pour un travail ou un ouvrage déterminé, à peine de nullité absolue du contrat (art. 832); il en est de même pour un engagement qui lierait l'obligé jusqu'à sa mort (art. 833) ou de celui qui aurait pour objet l'accomplissement de pratiques occultes ou contraires à la loi, aux bonnes mœurs, à l'ordre public, des faits physiquement impossibles ou contraires à la religion (art. 834).

832. Le prix doit être déterminé ou susceptible de détermination; il peut consister en une part de gains ou produits (art. 835), sauf interdiction pour les personnes qui s'occupent d'affaires contentieuses de faire des conventions sur ces choses et les procès auxquels elles donnent lieu (art. 836). La convention d'un salaire est toujours sous-entendue lorsqu'il s'agit de services ou d'ouvrages qu'il n'est point d'usage d'accomplir gratuitement, lorsque celui qui les accomplit en fait sa profession ou son état, lorsqu'il s'agit d'une affaire commerciale ou d'un fait accompli par un commerçant dans l'exercice de son commerce (art. 837). A défaut de convention, le taux de la rémunération est fixé par justice (art. 838).

833. Le paiement du prix a lieu, à défaut de convention, conformément à l'usage; s'il n'y a pas d'usage, le prix n'est dû que quand le travail est accompli; pour les travailleurs engagés à temps, le salaire est dû jour par jour, à moins d'usage ou de convention contraire (art. 839). Celui qui s'est engagé à accomplir certains services a droit à la totalité du salaire promis, s'il a été empêché de remplir son obligation par une cause dépendant de la personne du commettant, lorsqu'il s'est tenu à sa disposition et n'a pas loué ses services ailleurs, sauf réduction convenable par justice, d'après les circonstances (art. 840). Le locateur de services ne peut se substituer quelqu'un pour leur accomplissement si le commettant a intérêt à ce qu'il s'en acquitte lui-même (art. 841). Si le locateur d'ouvrage a loué pour le même temps ses services à deux personnes différentes, le premier en date doit être servi le premier (art. 842).

834. Le locateur d'ouvrage ou de services répond, non seulement de son fait, mais de sa négligence, de son imprudence et de son impéritie, sans qu'il puisse être convenu du contraire (art. 843); il répond aussi de l'inexécution des instructions formelles qu'il a reçues, s'il n'avait aucun motif grave pour s'en écarter et faute d'en prévenir le commettant (art. 844); il répond encore du fait et de la faute des personnes qu'il emploie ou qu'il s'est substituées, à moins qu'il ait été obligé de se faire assister à cause de la nature de l'ouvrage, qu'il ait fait toute diligence dans le choix de ses assistants et pour prévenir le dommage (art. 845); il doit veiller à la conservation de ce qui lui a été confié pour l'exécution du travail et répond de ce qui a été perdu par sa faute (art. 846), non de ce qui l'a été par force ma-

[1]) Les articles 805 à 827 du Code tunisien des obligations et contrats traitent des baux à ferme et ruraux; nous les laissons de côté comme ne rentrant pas assez directement dans le cadre de notre ouvrage. — [2]) Les locations de sacs et de fûts et les revendications contre les faillites auxquelles elles ont donné lieu, ont fait l'objet d'une jurisprudence considérable, inspirée de la jurisprudence française; voir: S. Berge, Répertoire, V° Location de sacs et de fûts.

jeure, cas fortuit, vice ou nature fragile de la chose (art. 847); mais le vol de la chose n'est pas considéré comme force majeure, si le locateur d'ouvrage ne prouve pas qu'il a fait toute diligence pour se prémunir contre toute soustraction frauduleuse (art. 848).

835. Les hôteliers, aubergistes, logeurs en garni, propriétaires d'établissements de bains, cafés, restaurants, spectacles publics, répondent de la perte, de la détérioration et du vol des choses et effets apportés dans leurs établissements par les voyageurs et les personnes qui les fréquentent, qu'ils soient arrivés par le fait de leurs serviteurs ou préposés ou par le fait des autres personnes qui fréquentent leur établissement, sans qu'aucune convention contraire puisse intervenir (art. 849); le tout à moins que les personnes ci-dessus énumérées ne prouvent le fait ou la négligence grave de la victime ou des siens, ou que la perte provienne de la nature ou du vice de la chose, ou d'un cas fortuit ou de force majeure. Aucune responsabilité n'est encourue pour les objets précieux et les titres non confiés (art. 850).

836. Le louage d'ouvrage et celui de services prennent fin: par l'expiration du terme ou l'accomplissement de l'ouvrage ou par la résolution judiciaire du contrat ou par l'impossibilité d'accomplissement survenue par cas fortuit ou de force majeure (art. 851); la faillite d'une des parties ne met pas fin au contrat (art. 852).

Section première. Du louage de services ou de travail.

837. Lorsque le locateur de services vit dans la maison du maître, il a droit pendant 20 jours à l'assistance médicale en cas de maladie ou d'accident, sauf imputation des déboursés sur les gages (art. 854 et 855); les locaux fournis aux ouvriers et gens de services doivent être salubres, sûrs, les machines employées munies de tout ce qui est propre à prévenir dangers et accidents, la vie et la santé des ouvriers assurés par toutes mesures de précaution nécessaires (art. 856). Le maître répond de tout accident ou sinistre survenu par violation ou inobservation des règlements (art. 857) sans qu'aucune convention contraire soit admissible (art. 858). Mais l'indemnité peut être réduite en cas d'imprudence ou de faute de la victime, et même devenir nulle, au cas où l'accident aurait pour cause l'ivresse ou la faute lourde de celui qui l'a subi (art. 859).

838. Le louage de services prend fin avec l'expiration du délai fixé par les parties, à moins de tacite reconduction pour une année ou pour un mois, suivant les stipulations du contrat (art. 860); lorsque la durée du contrat est indéterminée, chaque partie peut s'en départir en donnant congé dans les délais établis par l'usage local ou par la convention (art. 861). «Dans les engagements d'ouvriers ou gens de service, commis de magasin ou de boutique, garçons d'établissements publics, les premiers quinze jours sont considérés comme un temps d'essai pendant lequel chacune des parties peut annuler le contrat à son gré et sans indemnité, sauf le salaire dû à l'employé d'après son travail et en donnant congé 2 jours d'avance, le tout sauf les usages du lieu et les conventions contraires des parties» (art. 862). La clause résolutoire est de droit en cas d'inaccomplissement de ses obligations par une des parties (art. 863); de plus le maître a le droit de résoudre le contrat pour cause de maladie ou d'accident du serviteur ou employé, en lui payant proportionnellement à la durée du service effectué (art. 864). Toute rupture brusque et sans motifs plausibles donne lieu à des dommages (art. 865).

Section II. De louage d'ouvrage.

839. L'entreprise de construction et tous autres contrats dans lesquels l'ouvrier ou artisan fournit la matière sont considérés comme louage d'ouvrage (art. 867); le locateur d'ouvrage fournit les outils ou instruments nécessaires, sauf convention contraire (art. 868). Le commettant peut résoudre ce contrat quand bon lui semble, en payant la valeur des matériaux préparés pour le travail, et tout le gain que l'artisan aurait pu faire s'il l'avait achevé, sauf réduction par justice suivant les circonstances (art. 869). La clause résolutoire est de droit, lorsque le locateur d'ouvrage retarde l'exécution du travail sans motif valable ou qu'il ne livre pas après demeure, à moins qu'il n'y ait faute du commettant (art. 870). D'autre part, le locateur peut obliger à s'exécuter le commettant qui a quelque chose à accomplir, et à défaut, obtenir la résolution du contrat (art. 871).

840. Si, pendant l'exécution de l'ouvrage, il se produit quelqu'incident de nature à en compromettre l'accomplissement, le locateur d'ouvrage doit en informer le commettant, à peine de dommages (art. 872). Lorsque l'entrepreneur fournit les matériaux, il est garant de leur qualité; si c'est le commettant qui les fournit, le locateur d'ouvrage doit les employer selon les règles de l'art et sans négligence et en rendre compte (art. 873). Les art. 647, 651, 652 et 655 s'appliquent aux vices et défauts de l'ouvrage (art. 874).

841. En cas de défauts, le commettant peut refuser de recevoir l'ouvrage, ou le restituer pour correction, pendant la semaine de la livraison, et, à défaut: faire corriger l'ouvrage aux frais de l'artisan, si c'est possible, ou demander une diminution de prix, ou poursuivre la résolution du contrat (art. 875). L'architecte et l'entrepreneur sont responsables pendant 5 ans, après l'achèvement de l'édifice, de son écroulement total ou partiel par défaut des matériaux, vice de la construction ou vice du sol. L'architecte qui n'a pas dirigé les travaux n'est responsable que des défauts de son plan. Le délai court de la réception des travaux et l'action doit être intentée dans les 30 jours de la vérification du fait qui donne lieu à la garantie (art. 876). La garantie n'a pas lieu si les défauts de l'ouvrage sont causés par les instructions formelles du commettant (art. 877). Est nulle toute clause qui limite la garantie du locateur d'ouvrage (art. 879).

842. Dans les cas où l'ouvrier fournit la matière, si l'ouvrage vient à périr en tout ou en partie par cas fortuit ou par force majeure, avant sa réception et sans que le maître soit en demeure, le locateur d'ouvrage ne répond pas de la perte, mais ne peut répéter le prix (art. 880). Le commettant est tenu de recevoir l'œuvre si elle est conforme au contrat et de la transporter à ses frais, s'il y a lieu à transport; lorsqu'il est en demeure, la perte est pour lui, sauf faute de l'ouvrier (art. 881).

843. Le paiement du prix n'est dû qu'après accomplissement de l'ouvrage ou du fait, à moins qu'il ne soit calculé par fraction de temps ou d'ouvrage (art. 882); au cas d'interruption de l'ouvrage par une cause indépendante des parties, le prix est dû dans la proportion du travail accompli (art. 883). Aucune augmentation de prix ne peut être demandée pour un travail entrepris à prix fait, sur plan ou devis, à moins d'augmentation de dépenses du fait du maître et d'autorisation expresse de celui-ci, le tout sauf stipulation des parties (art. 884). Le paiement est fait au lieu de livraison de l'ouvrage (art. 885). L'artisan peut retenir la chose et ce qui lui a été confié pour son exécution jusqu'à paiement de ses avances et de sa main d'œuvre; alors il en répond comme gagiste, mais s'il y a perte sans sa faute, il n'a pas droit à son salaire (art. 886). Il a une action directe contre le commettant, s'il a travaillé sous la direction d'un entrepreneur et sa créance est garantie par un privilège (art. 887).

Section III. Du contrat de transport.

844. «Le voiturier est celui qui, de son état, se charge d'accomplir le transport des choses ou des personnes par terre ou par eau, moyennant un salaire ou prix de transport» (art. 888). Les règles qui régissent le contrat de transport s'appliquent au cas où un commerçant, qui n'est pas un entrepreneur habituel de transport, se charge accidentellement de transporter des choses ou des personnes (art. 890).

A. Transport de choses.

845. «L'expéditeur doit remettre une lettre de voiture au voiturier, si ce dernier le demande; mais le contrat est parfait entre les parties par leur consentement et par la remise de la chose au voiturier, même à défaut de lettre de voiture» (art. 891). La lettre de voiture doit exprimer: l'adresse du destinataire et le lieu de destination avec mention «à l'ordre» ou «au porteur» s'il y a lieu; — la nature, le poids, la contenance ou le nombre des objets à transporter; — l'adresse et le nom de l'expéditeur et du voiturier; — le prix du transport, ou mention du paiement dudit et les sommes dues au voiturier pour les expéditions grevées; — le délai dans lequel doit être exécuté le transport; — les autres conventions entre parties. Le dommage résultant d'omission ou d'inexactitude de ces mentions est à la charge de l'expéditeur (art. 892). «Le voiturier doit restituer à l'expéditeur un double de la lettre de voiture signée par lui. Si la lettre est à l'ordre ou au porteur, l'endossement ou la tradition du double souscrit par le voiturier transmet la possession des choses transportées. La forme et les effets de l'endossement seront régis par les règles établies par la loi sur les lettres de change» (art. 893). Les conventions non indiquées dans la lettre de voiture ne sont pas opposables au destinataire ni au porteur. Le voiturier a d'ailleurs le droit de constater sur la lettre de voiture l'état des choses à transporter; s'il ne fait aucune réserve, elles sont présumées ne présenter aucun défaut extérieur d'emballage; il n'y a pas lieu à réserve pour les défauts non constatables extérieurement (art. 894).

846. Le voiturier doit faire l'expédition des choses qu'il a reçues suivant l'ordre dans lequel il les a reçues, à moins que leur nature n'oblige à suivre un ordre différent ou que le voiturier ne soit empêché par un cas fortuit ou de force majeure (art. 895); dans ce dernier cas, l'expéditeur doit être avisé immédiatement et ce dernier peut résilier, en restituant le double de la lettre de voiture et en indemnisant le voiturier (art. 896). L'expéditeur a le droit d'arrêter le transport et de se faire restituer les choses transportées ou bien en prescrire la remise à un destinataire différent, en indemnisant le voiturier, après remise de la lettre, si elle est au porteur; le voiturier n'est plus tenu d'exécuter ces changements dès que les choses sont arrivées au lieu de destination ou que le destinataire a reçu, soit la lettre de voiture, soit un avis du voiturier (art. 897).

847. Le voiturier a droit à indemnisation en cas de contre-ordre et d'augmentation de trajet (art. 898); si le voyage est rompu par cas fortuit ou de force majeure non imputable aux parties, le voiturier est payé seulement du transport effectué (art. 899); s'il est rompu par la faute de l'expéditeur, avant le départ, il paie la moitié du prix établi pour les frais; après le départ, il paie la totalité du transport et des frais (art. 900).

848. Le transport doit être effectué dans le délai déterminé par les parties ou par l'usage du commerce, ou, à défaut, dans un délai raisonnable (art. 901). S'il y a retard, le voiturier subit une retenue sur le prix du transport; il le perd tout, si le transport a duré le double du délai établi, sauf plus ample dommage, s'il y échet et sans qu'il soit tenu compte de stipulations contraires, à moins que le voiturier prouve que le retard est dû à l'expéditeur, ou au destinataire, ou à un cas fortuit ou de force majeure. L'insuffisance des moyens de transport ne justifie pas le retard (art. 902).

849. Le voiturier répond de la perte et des avaries des objets qui lui ont été confiés depuis le moment où ils lui ont été remis jusqu'à celui où il les délivre au destinataire, sans qu'aucune clause contraire produise effet; à moins qu'il ne prouve le cas fortuit ou la force majeure ou le vice propre de la chose, ou le fait de l'expéditeur ou du destinataire. Il n'a droit au transport que dans ce dernier cas; en cas de perte partielle, le transport ne lui est dû que pour ce qui reste (art. 903). Le voiturier répond, non seulement de ce qu'il a reçu dans son bâtiment ou voiture, mais encore de ce qui lui a été remis sur le port ou quai d'embarquement ou entrepôt ou bureau à ce destiné (art. 904); quant aux choses qui, par leur nature, subissent pendant le transport un déchet de volume ou de poids, le voiturier peut d'avance limiter sa responsabilité à tant pour cent et cette limitation produit effet, à moins que l'expéditeur ou le destinataire ne prouve que la diminution est survenue pour autre cause (art. 905).

850. Dans les voyages de mer, le bâtiment ne peut être changé sans l'assentiment de l'expéditeur, à moins de transbordement nécessaire au cours du voyage (art. 906). Le voiturier répond de tous ceux qu'il s'est substitué ou de ses aides jusqu'à la délivrance, et du fait de ses voyageurs, s'il en a (art. 907).

851. Le dommage résultant de la perte est établi d'après la lettre de voiture, à défaut, d'après le prix courant des choses de mêmes nature et qualité; celui de l'avarie résulte de la différence de valeur de la chose avant et après; en cas de faute lourde ou de dol, l'évaluation du dommage se fait comme en cas de délit ou de quasi-délit (art. 908). Le dommage résultant de la perte des bagages d'un voyageur est établi d'après les circonstances, eu égard notamment à la personne du voyageur; mais le voiturier ne répond pas des objets d'art, du numéraire, des titres et valeurs dont on ne lui a pas fait constater la remise et le taux, le tout sauf faute ou dol du voiturier ou de ses agents (art. 909). Les voituriers successifs sont subrogés aux obligations résultant du contrat de transport (art. 910).

852. Le voiturier doit notifier immédiatement l'arrivée au destinataire (art.911); avant cette arrivée, il exécute les instructions du destinataire pour la conservation de la chose; après, le destinataire exerce tous les droits qui résultent pour lui du contrat de transport; le porteur d'une lettre de voiture à ordre ou au porteur est considéré comme destinataire (art. 912). Le paiement du prix du transport n'est dû qu'après l'arrivée, avec le magasinage et les frais, s'il y a lieu (art. 913) et la délivrance n'est faite que contre ce paiement et le double de la lettre de voiture. En cas de contestation, il y a lieu à consignation (art. 914). Le droit de rétention du voiturier a lieu pour toutes les créances résultant du contrat de transport; s'il y a plusieurs voituriers substitués, c'est le dernier qui l'exerce; en cas de consignation, et, conséquemment, de délivrance, l'effet du droit de rétention est transporté sur la somme consignée (art. 915). Le dernier voiturier est responsable du paiement via-à-vis de ses substituants, s'il délivre sans consignation (art. 916).

853. Au moment de la remise, le destinataire a le droit de vérifier contradictoirement avec le voiturier ou de faire vérifier par experts ou officiers publics à ce commis par justice. Le même droit appartient au voiturier. Les frais incombent à celui qui a requis la vérification (art. 917). Toute action en indemnité est introduite, sauf exception, contre le premier ou dernier voiturier et il y a lieu à recours des uns contre les autres; s'il est impossible de savoir lequel d'entre eux doit répondre du dommage, la part d'indemnité à supporter par chacun d'eux est proportionnelle à leur part dans le prix du transport (art. 918).

854. Si la délivrance au destinataire ne peut se faire, le voiturier avertit l'expéditeur; s'il ne le peut ou n'obtient pas de réponse ou reçoit des ordres inexécutables, il consigne la chose aux risques et périls de l'expéditeur, après l'avoir fait vérifier, si la chose est sujette à déperissement, par l'autorité judiciaire du lieu; il peut même se faire autoriser à vendre pour se payer de ce qui lui est dû (art. 919). Mais il doit en tout cela prendre les intérêts du propriétaire des choses transportées et il répond de sa faute (art. 920).

855. Le paiement du prix du transport et la réception sans réserve des objets transportés, lorsque le prix a été payé d'avance, éteint toute action contre le voiturier, à moins que la perte partielle ou l'avarie ne soient pas reconnaissables au moment de la réception, pourvu que l'on prouve que la perte ou l'avarie ont eu lieu entre la remise au voiturier et la délivrance et que la demande de vérification par experts soit faite au moment de la découverte du mal, au plus tard dans les 7 jours après la réception, sauf dol ou faute lourde du voiturier (art. 921).

B. Transport des personnes.

856. Si le billet ou contrat de transport porte le nom du voyageur, celui-ci ne peut le transférer ou le céder, sauf clause contraire (art. 922); le voyageur est tenu de se conformer à tous les règlements de la compagnie de transport (art. 923). Si le voyage est rompu avant le départ: 1° parce que le voyageur ne se trouve pas en temps utile au lieu du départ, il peut partir par le voyage suivant et doit le prix; — 2° parce que le voyageur a eu la volonté de rompre, il doit le prix; — 3° parce que, par force majeure, il n'a pu partir, il y a résiliation sans indemnité; — 4° par le fait ou la faute du voiturier, le prix du passage doit être restitué; — 5° parce qu'il y a eu cas fortuit ou de force majeure relatif au matériel de transport, résolution sans dommage de part ni d'autre, le tout sauf convention contraire (art. 924). Si le voyage est rompu après le départ: 1° le voyageur qui s'arrête volontairement dans un lieu intermédiaire doit le prix entier; — 2° si le voiturier refuse de poursuivre le voyage, le voyageur n'est pas tenu au paiement du prix du transport; — 3° s'il y a cas fortuit ou de force majeure, le prix est dû en proportion du chemin parcouru (art. 925). Si le départ est retardé, le voyageur a droit aux dommages-intérêts, en outre à la résolution du contrat et à la répétition du prix du transport, s'il l'a payé, lorsque le retard dépasse 2 jours pour les transports par terre ou 7 jours pour les transports par mer ou lorsqu'il n'a plus intérêt à accomplir le voyage; mais il n'a pas droit aux dommages si le retard dépend d'un cas fortuit ou de force majeure (art. 926). En cas de déroutement, le voyageur a droit à la résiliation et aux dommages (art. 927). S'il y a retard par le fait du prince ou réparations nécessaires, le voyageur qui ne veut pas attendre peut résoudre le contrat en payant le transport déjà effectué et s'il veut attendre, on ne peut lui imposer aucun prix supplémentaire de transport, mais il doit se nourrir à ses frais pendant l'attente (art. 928).

857. Dans les voyages sur mer, la nourriture est présumée comprise dans le prix du transport; dans le cas contraire, le capitaine doit la fournir aux prix du commerce (art. 929). Le voyageur ne doit aucun supplément de prix pour ses bagages et effets personnels, à moins de convention contraire; la responsabilité des bagages est réglée par les art. 903, 904 et 909, sauf pour ceux que le voyageur a conservés avec lui (art. 930). Le voiturier a un droit de rétention sur les bagages pour le prix du transport et les fournitures faites pendant ledit (art. 931); il ne répond pas des accidents arrivés au voyageur pendant le transport, à moins qu'ils ne résultent de son fait ou de sa faute (art. 932). Si le voyageur meurt pendant le transport, le voiturier doit veiller aux intérêts des héritiers, même si un des ayants droit est présent (art. 933).

Section IV. Médiateurs et courtiers.

858. Les rapports du médiateur avec les parties sont régis par les règles du louage d'ouvrage et les suivantes: Toute personne ayant la capacité d'exercer le commerce peut exercer la profession de médiateur ou courtier (art. 935); il peut en même temps faire le commerce pour son compte (art. 936). «Même lorsqu'il n'est employé que par une des parties, le médiateur est tenu, envers chacune d'elles, de présenter les affaires avec exactitude, précision et bonne foi et de les renseigner sur toutes les circonstances relatives à l'affaire; il répond envers chacune des parties de son dol et de sa faute» (art. 937). Il ne peut ni recevoir, ni faire de paiements, ni exécuter les autres obligations des parties, ou en recevoir l'exécution, s'il n'y est autorisé par son commettant ou par l'usage du commerce (art. 938); il répond des effets, valeurs et documents qui lui sont confiés et qui concernent les affaires par lui traitées, s'il ne prouve qu'ils se sont perdus ou détériorés par une cause fortuite ou de force majeure qui ne lui est pas imputable (art. 939); il doit, dans les ventes sur échantillon, conserver l'échantillon de la marchandise vendue jusqu'à ce qu'elle ait été définitivement acceptée et l'opération liquidée, à moins que les parties ne l'en dispensent (art. 940).

859. Les médiateurs peuvent prêter leurs services à plusieurs commettants à la fois, exploitant la même branche de commerce ou des branches différentes, mais ils doivent informer le mandant de ce fait et de tous autres pouvant déterminer ce dernier à modifier sa commission (art. 941); ceux qui n'indiquent pas à l'une des parties le nom de l'autre se rendent responsables de l'inexécution du contrat et, en l'exécutant, ils se subrogent aux droits de la partie envers l'autre contractant (art. 942). Le médiateur est garant de l'identité de son client (art. 944); il l'est de l'authenticité de la dernière signature des effets de commerce et de toutes autres écritures passant par ses mains, qui se rattachent aux affaires qu'il a traitées, lorsque cette signature est celle des parties qui ont traité par son entremise (art. 943); il ne répond ni de la solvabilité de ses clients, ni de l'exécution des contrats passés par son entremise, ni de la valeur ou de la qualité des objets sur lesquels ils portent, s'il n'y a dol ou fraude de sa part (art. 945); mais il est responsable envers les tiers de bonne foi, solidairement avec le vendeur, de la négociation des titres au porteur qui sont l'objet d'une procédure d'amortissement, si cette négociation a lieu dans les 3 ans à partir de la publication de l'avis prescrit par la loi (art. 946). Il répond de l'accomplissement de l'obligation, solidairement avec son client, lorsqu'il a un intérêt personnel dans l'affaire (art. 947), ce dont il doit prévenir les parties, à peine des dommages et sans préjudice de poursuites pénales (art. 948).

860. Le médiateur ne peut réclamer les droits de courtage que si l'affaire a été conclue par son entremise ou par suite des indications qu'il a fournies aux parties; l'affaire est réputée conclue dès l'échange des consentements; si elle est conclue sous condition suspensive, il n'a droit au courtage que quand la condition s'accomplit (art. 949); en cas de résiliation postérieure, le médiateur ne perd pas son droit au courtage (art. 950); il n'y a aucun droit, au contraire, s'il a prêté sciemment son concours à des opérations illicites (art. 951). C'est celui qui a chargé le médiateur qui doit payer le courtage (art. 952); si le montant n'est pas déterminé par le contrat ou par l'usage, le Tribunal le fixe à dire d'experts (art. 953).

TITRE IV. DE L'ENZEL, DU KIRDAR, DU KHOULOU, DE LA NASBA.

861. Il n'entre pas dans le programme de cet ouvrage d'exposer, plus complètement que nous ne l'avons fait déjà[1], le droit foncier tunisien, qui, à lui seul, pourrait faire l'objet d'un gros volume; mais nous ne croyons pas inutile de reproduire ici les quelques définitions qui ont été insérées au Code des Obligations et contrats, car elles précisent les sens des règles de l'ancien droit tunisien que nous avons déjà résumées[2].

862. La propriété peut être rendue inaliénable par sa constitution habous, très fréquente en pays musulman; on a imaginé, dans le droit musulman, de la louer perpétuellement, en en concédant la jouissance, le domaine utile, à quelqu'un

[1]) Voir les nos 82 à 115 du présent ouvrage. — [2]) Voir les nos 97 à 99 du présent ouvrage.

qui s'engage à payer, perpétuellement aussi, une rente, laquelle peut être rachetée sous certaines conditions. C'est là l'*enzel* (art. 954 à 979 du Code des Obligations et Contrats); quand la rente payable par celui qui a pris un bien à enzel est variable, suivant que l'héritage acquiert une plus value, la combinaison prend le nom de *kirdar* (art. 980 à 982).

863. A côté de ces combinaisons, qui constituent en définitive, de véritables démembrements du droit de propriété, on en trouve un assez grand nombre d'autres, qui sont des modalités plus ou moins compliquées de locations perpétuelles; bien que peu usitées maintenant, car les circonstances économiques et sociales qui les ont fait naître n'existent plus, le Code tunisien des Obligations et des Contrats s'est complu à préciser les règles de ces différents reliquats de l'histoire. Il parle du *khoulou el meftah*, qui est le contrat par lequel le propriétaire concède le droit d'occuper perpétuellement un immeuble, à charge de le réparer, de l'entretenir et de payer une redevance annuelle (art. 984 à 990). Ensuite il traite de la *nasba*, qui est le droit d'occuper une boutique ou un autre lieu destiné à l'industrie ou au commerce, moyennant une redevance déterminée et qui est caractérisée par l'introduction obligatoire dans l'immeuble, par l'occupant, du matériel et de l'agencement de son commerce ou de son industrie (art. 991 à 994).

864. Nous avons déjà vu ces différentes modifications du droit de propriété, lorsque nous avons examiné le droit foncier du pays; le législateur tunisien a cru bon de s'en occuper dans le Code des Obligations et des Contrats; heureusement, il n'a rien innové et s'est borné à fournir des textes législatifs à des matières qui n'en avaient pas; une plus grande initiative eût été fâcheuse, car elle serait venue ajouter au droit foncier de la Tunisie, déjà si compliqué, un nouveau chapitre à peu près inapplicable et qui n'aurait pu être qu'une source de trouble et de difficultés. Nous engageons nos lecteurs à ne pas trop s'attacher à ce que le Code contient sur l'enzel et ses dérivés, mais à porter au contraire leur attention sur l'immatriculation et ses suites, qui font ledit Code sans application possible[1].

TITRE V. DU DÉPÔT ET DU SÉQUESTRE.

Chapitre premier. Du dépôt volontaire.

A. Dispositions générales.

865. «Le dépôt est un contrat par lequel une personne remet une chose mobilière à une autre personne, qui se charge de garder la chose déposée et de la restituer dans son individualité» (art. 995). Lorsqu'on remet à quelqu'un des choses fongibles, des titres au porteur ou des actions industrielles à titre de dépôt, en autorisant le dépositaire à en faire usage, à charge de restituer une quantité égale de choses de même espèce ou qualité, le contrat est un prêt de consommation (art. 996); lorsque la remise consiste en une somme à découvert en numéraire, en billets de banque ou autres titres faisant office de monnaie, le dépositaire est présumé autorisé, sauf preuve contraire, à en faire usage et il supporte les risques en cas de perte (art. 997).

866. Pour faire un dépôt ou pour l'accepter, il faut avoir la capacité de s'obliger; la personne capable qui accepte un dépôt d'un incapable est tenue de toutes les obligations résultant du dépôt (art. 998). Si le dépôt a été fait par une personne capable à un incapable, la première n'a qu'une action en revendication de la chose déposée, si elle existe dans la main du dépositaire; à défaut elle n'a qu'une action en restitution à concurrence de ce qui a tourné au profit de l'incapable, sauf délit ou quasi-délit de celui-ci (art. 999). Il n'est pas nécessaire pour la validité du dépôt que le déposant soit propriétaire de la chose ni qu'il la possède à titre légitime (art. 1000); le dépôt est parfait par le consentement des parties et par la tradition de la chose (art. 1001); il doit être constaté par écrit, lorsque sa valeur excède 3000 fr., à moins qu'il ne s'agisse d'un dépôt nécessaire, occasionné par force majeure (art. 1003); il est essentiellement gratuit, sauf stipulation contraire ou présomption résultant de la profession du dépositaire (art. 1004).

B. Obligations du dépositaire.

867. Le dépositaire doit veiller à la garde du dépôt avec le même soin que pour ses propres choses (art. 1005); il n'a pas le droit de se substituer sans autori-

---

[1]) Se reporter à ce que nous avons dit aux nos 96 et s.

sation une autre personne, sauf le cas de nécessité et il répond de son substitué, à moins qu'il ne démontre que le dépôt aurait également péri entre ses mains; le déposant a une action directe contre le substitué (art. 1006). Le dépositaire répond de la perte ou de la détérioration de la chose, même survenue par force majeure ou cas fortuit, s'il en a fait usage sans l'autorisation du déposant (art. 1007). Il ne peut obliger le déposant à reprendre la chose avant le terme convenu à moins de motifs graves; mais il doit la lui restituer à toute réquisition, même si l'époque fixée pour la restitution n'est pas arrivée (art. 1008). Si aucun terme n'a été fixé, le dépositaire peut restituer le dépôt à tout moment, pourvu que ce ne soit pas à contretemps (art. 1010). La restitution du dépôt doit se faire au lieu du contrat, à moins que la convention n'en indique un autre, frais de transport et de restitution à la charge du déposant (art. 1011). La restitution doit être faite au déposant, ou à la personne désignée pour la recevoir, sans qu'on puisse exiger de justifications de propriété (art. 1012). Le dépôt fait par un incapable est restitué à celui qui le représente légalement (art. 1013). En cas de mort du déposant, la restitution est faite à l'héritier et, s'il y a difficulté provenant de l'existence de plusieurs héritiers, avec l'intervention de justice (art. 1014); cette intervention se produit aussi au cas où il y a plusieurs déposants conjoints (art. 1015).

868. Le dépositaire doit restituer la chose au déposant alors même qu'un tiers prétendrait y avoir droit, à moins qu'elle n'ait été saisie et revendiquée judiciairement contre lui; il peut se faire autoriser à consigner dans ce dernier cas, si le débat se prolonge au delà du terme fixé pour le dépôt (art. 1017). La chose restituée doit être celle-là même qui a été déposée avec ses accessoires et dans l'état où elle se trouve (art. 1018), avec tous les fruits civils et naturels perçus par le dépositaire (art. 1019).

869. Le dépositaire répond de la perte ou de la détérioration causée par son fait ou sa négligence, ou l'absence des précautions prévues au contrat, sans que celui-ci puisse stipuler valablement rien de contraire (art. 1020); il répond de toute cause de perte ou de dommage contre laquelle il était possible de se prémunir: 1° quand il reçoit un salaire pour la garde du dépôt; — 2° quand il reçoit des dépôts par état ou en vertu de ses fonctions (art. 1021). Il ne répond pas de la perte ou de la détérioration arrivée par le vice ou la nature des choses déposées ou par la négligence du déposant, non plus que des cas de force majeure ou fortuits, à moins qu'il ne soit en demeure ou qu'il y ait faute de lui ou des personnes dont il répond; la preuve est à sa charge lorsqu'il reçoit salaire ou qu'il a reçu le dépôt par état ou en vertu de ses fonctions (art. 1022). Le dépositaire auquel la chose a été enlevée par force majeure et qui a reçu une somme ou quelque chose à la place doit restituer ce qu'il a reçu (art. 1024).

870. Lorsque l'héritier du dépositaire a aliéné de bonne foi la chose, le déposant a le droit de la revendiquer entre les mains de l'acquéreur, à moins qu'il ne préfère exercer son recours pour la valeur contre l'héritier; celui-ci devrait en outre des dommages, s'il était de mauvaise foi (art. 1025). Lorsqu'il y a plusieurs dépositaires, il y a solidarité entre eux (art. 1026). Le dépositaire est cru sur son serment, soit sur le fait même du dépôt, soit sur la chose qui en faisait l'objet, soit sur la restitution, le tout à moins qu'il n'y ait convention écrite (art. 1027).

C. Obligations du déposant.

871. Le déposant est tenu de rembourser au dépositaire les impenses nécessaires qu'il a faites pour la conservation de la chose et de lui payer le salaire convenu ou usité, s'il y a lieu; il doit l'indemniser du dommage que le dépôt peut lui avoir causé, à moins qu'il ne résulte de sa faute ou du défaut de précautions, quand il a été dûment averti (art. 1028). Lorsqu'il y a plusieurs déposants, ils sont tenus de cela envers le dépositaire à proportion de leur intérêt dans le dépôt (art. 1029). La rétribution convenue n'est que proportionnelle, si le dépôt a pris fin avant le temps fixé (art. 1030). Le dépositaire n'a le droit de rétention qu'à raison des dépenses nécessaires à la conservation de la chose (art. 1031).

Section première. Des entrepreneurs de dépôt ou entreposeurs[1].

872. L'entrepreneur de dépôt ou entreposeur est celui qui se charge par profession de recevoir en dépôt des objets mobiliers et de veiller à leur conservation

[1]) Il ne s'agit ici que de dispositions générales; comparer avec la législation spéciale des magasins généraux, exposée ci-dessus aux nos 128 et s.

(art. 1032). En cas de danger de dépérissement des choses déposées, il doit prévenir le déposant (art. 1034); il doit lui permettre de visiter sa marchandise pendant les heures des affaires, d'en prendre des échantillons et de faire le nécessaire pour sa conservation (art. 1035).

873. Si le dépôt consiste en choses fongibles impossibles à distinguer les unes des autres, l'entreposeur ne peut les mélanger avec d'autres de même espèce, à moins qu'il n'y soit expressément autorisé; dans ce dernier cas, la masse ne passe pas en la propriété de l'entreposeur, mais il est autorisé à délivrer la partie qui revient à chaque déposant sans le consentement des autres (art. 1036).

874. Le déposant doit payer à l'entreposeur les frais de magasinage et lui rembourser sans délai les avances pour transports, droits de douanes et autres (art. 1037); l'entreposeur a un droit de rétention pour le remboursement de ces avances (art. 1038).

875. Les certificats de dépôt ou récépissés délivrés par l'entreposeur peuvent être transférés par endossement lorsqu'ils portent la clause à ordre; lorsqu'ils sont au porteur, l'entreposeur n'est tenu de reconnaître que celui qui lui représente le titre par lui signé (art. 1039); lorsque le récépissé est nominatif et ne porte pas la clause à ordre, le transfert du dépôt ne s'opère que par l'autorisation expresse du premier déposant (art. 1040). L'entreposeur est obligé de tenir un registre, coté et parafé par l'autorité judiciaire, sur lequel il inscrit la nature et la quantité des marchandises entreposées et toutes indications usitées dans le commerce afin d'en constater l'identité (art. 1041). Il doit retirer le récépissé de dépôt et l'annuler au moment du retrait de la marchandise, lequel doit être inscrit sur un journal à ce destiné (art. 1042).

876. La jurisprudence sur le dépôt n'est pas très considérable; l'art. 1027 du Code que nous analysons a été appliqué par le Tribunal de l'Ouzara le 24 février 1908 (Journal 1908, p. 263); d'autres décisions ont précisé la responsabilité du fondoukier (tenancier d'auberge indigène) en cas d'accidents survenus aux animaux qui lui ont été confiés par diverses personnes: Tribunal indig. Kairouan, 5 février 1908 (Journal 1908, p. 262), ou en cas de perte des effets des voyageurs: Ouzara, 10 décembre 1885 (Journal 1899, p. 285).

Chapitre II. Du séquestre.

877. Le dépôt d'une chose litigieuse entre les mains d'un tiers s'appelle séquestre; il peut avoir pour effet des meubles ou des immeubles (art. 1043). Il peut être fait du consentement des parties intéressées à une personne dont elles sont convenues, ou ordonné par le juge (art. 1044); il peut n'être pas gratuit (art. 1045). Le tiers dépositaire a la garde et l'administration de la chose; il est tenu de lui faire rendre tout ce qu'elle est capable de produire (art. 1046); il ne peut faire aucun acte d'aliénation ou de disposition, sauf ceux qui sont nécessaires dans l'intérêt des choses séquestrées (art. 1047); il peut se faire autoriser par justice à vendre ce qui est sujet à détérioration (art. 1048); il est tenu de restituer sans délai la chose à celui qui lui est indiqué par les parties ou par justice et est tenu de ce chef aux mêmes obligations que le dépositaire salarié (art. 1049). Il répond de la force majeure et du cas fortuit, s'il est en demeure de restituer la chose, ou si, étant partie au procès, il a accepté d'être constitué gardien provisoire, ou si la force majeure a été occasionnée par son fait, sa faute, ou ceux des personnes dont il répond (art. 1050).

878. Il doit présenter un compte exact de tout ce qu'il a reçu et dépensé, en produire les justifications et en représenter le montant; s'il est salarié, il répond de toute faute commise dans sa gestion (art. 1051). S'il y a plusieurs séquestres, la solidarité entre eux est de droit (art. 1052). La partie à laquelle la chose est restituée doit faire raison, au tiers dépositaire, des dépenses nécessaires et utiles, faites de bonne foi et sans excès, ainsi que des honoraires convenus ou fixés par le juge. Lorsque le dépôt est volontaire, le tiers dépositaire a une action contre tous les déposants proportionnellement à leur intérêt dans l'affaire (art. 1053).

TITRE VI. DU PRÊT.

879. Il y a deux espèces de prêt; le prêt à usage ou commodat (aaria) et le prêt de consommation (hardh) (art. 1054).

Chapitre premier. Du prêt à usage.

880. «Le prêt à usage ou commodat est un contrat par lequel une des parties remet une chose à l'autre partie pour s'en servir pendant un temps, ou pour un usage déterminé, à charge par l'emprunteur de restituer la chose même. Dans le commodat, le prêteur conserve la propriété et la possession juridique des choses prêtées; l'emprunteur n'en a que l'usage» (art. 1055). Pour donner une chose à commodat, il faut avoir la capacité d'en disposer à titre gratuit (art. 1056); le prêt à usage peut avoir pour objet des choses mobilières ou immobilières (art. 1057); il est parfait par le consentement des parties et la tradition de la chose à l'emprunteur (art. 1058); une promesse de prêt peut aussi engendrer des obligations réductibles en dommages-intérêts (art. 1059). Le prêt à usage est essentiellement gratuit (art. 1060).

881. L'emprunteur est tenu de veiller à la conservation de la chose prêtée et ne peut en confier la garde à un tiers à moins de nécessité urgente et sous peine de répondre du cas fortuit et de la force majeure (art. 1061); il ne peut se servir de la chose que de la manière et dans la mesure déterminées par le contrat et par l'usage, d'après sa nature (art. 1062); il peut prêter la chose ou en céder gratuitement l'usage à un autre, à moins que le prêt ne lui ait été fait en considération de sa propre personne ou pour un usage déterminé (art. 1063); il ne peut ni louer ni donner en gage la chose prêtée ni en disposer sans la permission du prêteur (art. 1064).

882. L'emprunteur doit restituer, à l'expiration du temps convenu, identiquement la chose même qu'il a reçue avec ses accessions et accroissements depuis le prêt; il ne peut être contraint de la restituer avant le terme convenu (art. 1065); si le prêt a été fait sans détermination d'époque, l'emprunteur restitue après s'être servi de la chose suivant la destination convenue ou suivant l'usage; s'il n'y a pas eu détermination du but du prêt, le prêteur peut réclamer la chose à tout moment, à moins d'usage contraire (art. 1066). Le prêteur peut réclamer la chose avant le temps convenu ou l'usage, s'il en a lui-même un besoin imprévu et urgent ou si l'emprunteur en abuse ou la néglige (art. 1067). Si l'emprunteur en a cédé l'usage à un tiers ou en a disposé, le prêteur a une action directe contre ce tiers comme contre l'emprunteur (art. 1068).

883. L'emprunteur doit restituer la chose dans le lieu où elle lui a été remise, sauf clause contraire (art. 1069); les frais de réception et de restitution sont à sa charge, comme les frais d'entretien ordinaires et ceux nécessités par l'usage de la chose (art. 1070); cependant il peut répéter les dépenses extraordinaires qu'il a dû faire d'urgence et il a de ce chef un droit de rétention, à moins qu'il n'ait été en demeure de restituer avant d'avoir fait les frais (art. 1071).

884. Lorsque le commodat n'est pas prouvé par écrit, l'affirmation de l'emprunteur fait foi, à charge de serment, quant à la restitution de la chose prêtée; il peut se libérer du serment en prouvant la restitution. Si le commodat est prouvé par écrit, il faut un écrit pour prouver la restitution (art. 1073).

885. L'emprunteur ne répond pas de la perte ou de la détérioration qui proviennent de l'usage normal ou convenu de la chose prêtée et si le prêteur prétend qu'il y a abus, il doit le prouver (art. 1074); l'emprunteur répond du cas fortuit et de la force majeure s'il a abusé, soit par un emploi excessif, soit par manque des soins nécessaires ou s'il est en demeure (art. 1075). Toute stipulation qui chargerait l'emprunteur des cas fortuits est nulle, comme celle par laquelle il serait déchargé des conséquences de son fait ou de sa faute (art. 1076).

886. L'emprunteur a une action en dommages contre le prêteur, si la chose a été évincée par un tiers pendant qu'il s'en servait ou si cette chose avait des vices causant un préjudice à celui qui s'en servait (art. 1077); toutefois le prêteur n'est pas responsable, s'il ignorait la cause d'éviction ou les vices cachés, ou si ces vices ou risques étaient tellement évidents que l'emprunteur eût pu facilement les connaître, ou si cet emprunteur en a été prévenu, ou lorsque le dommage est survenu par son fait ou par sa faute (art. 1078).

887. Le prêt à usage se résout par la mort de l'emprunteur, sauf transmission à sa succession des obligations qui en résultent (art. 1079); les actions résultant des art. 1061, 1062, 1064, 1066, 1071 et 1077 se prescrivent par 6 mois pour le prêteur à partir de la restitution et pour l'emprunteur à partir du moment où le contrat a pris fin (art. 1080).

Chapitre II.

A. Du prêt de consommation.

888. «Le prêt de consommation est un contrat par lequel une des parties remet à une autre des choses qui se consomment par l'usage, ou d'autres choses mobilières, pour s'en servir, à charge par l'emprunteur de lui en restituer autant des mêmes espèce et qualité, à l'expiration du délai convenu» (art. 1081). Il se contracte aussi lorsque le créancier d'une somme en numéraire ou d'une quantité de choses fongibles autorise le débiteur à la retenir à titre de prêt (art. 1082).

889. Pour prêter, il faut avoir la capacité d'aliéner les choses qui font l'objet du prêt (art. 1083); le prêt de consommation transmet la propriété des choses ou valeurs prêtées à l'emprunteur, à partir du moment où le contrat est parfait par le consentement des parties et même avant la tradition des choses prêtées (art. 1086). L'emprunteur a les risques de la chose prêtée à partir du moment où le contrat est parfait et même avant qu'elle lui soit livrée, à moins de stipulation contraire (art. 1087); néanmoins le prêteur a le droit de retenir par devers lui le prêt, si, depuis le contrat, les affaires de l'emprunteur ont empiré de manière à lui faire craindre la perte de tout ou partie de son capital (art. 1088). Le prêteur répond des vices cachés et de l'éviction des choses prêtées (art. 1089).

890. L'emprunteur doit rendre une chose semblable en qualité et quantité à celle qu'il a reçue et ne doit que cela (art. 1090); il ne peut être tenu de restituer avant le terme convenu ou fixé par l'usage, mais il peut restituer avant l'échéance, à moins que cela ne soit contraire à l'intérêt du créancier (art. 1091); si aucun terme n'a été fixé, l'emprunteur est tenu de restituer à toute réquisition du prêteur; si la restitution a été laissée à la discrétion de l'emprunteur, le Tribunal fixe un délai raisonnable (art. 1092). La restitution a lieu, sauf convention contraire, au lieu même où le prêt a été conclu (art. 1093); les frais de restitution et de réception sont à la charge de l'emprunteur (art. 1094).

B. Du prêt à intérêts.

891. Entre musulmans, la stipulation d'intérêts est nulle et rend nul le contrat, qu'elle soit expresse ou ait pris une autre forme (art. 1095); dans les autres cas, les intérêts ne sont dus que s'ils ont été stipulés par écrit; mais la stipulation est présumée lorsqu'une des parties est un commerçant (art. 1096). «Les intérêts des sommes portées en compte-courant sont dus de plein droit par celle des parties au débit de laquelle elles figurent, à partir du jour des avances constatées» (art. 1097).

892. «Les intérêts ne peuvent être calculés que sur la taxe d'une année entière. En matière commerciale, les intérêts peuvent être calculés au mois, mais ne peuvent être capitalisés, même en matière de compte courant, si ce n'est à la fin de chaque année» art. 1098. Est nulle entre toutes parties la stipulation que les intérêts non payés seront, à la fin de chaque année, capitalisés avec la somme principale et seront productifs eux-mêmes d'intérêts (art. 1099). Lorsque les parties n'ont pas déterminé le taux des intérêts, il est de 7 % l'an (art. 1100). S'ils sont stipulés à un taux supérieur, le débiteur a toujours le droit de rembourser après une année de la date du contrat, toute clause contraire étant sans effet. Toutefois il doit prévenir le créancier deux mois à l'avance et par écrit, ce qui emporte renonciation au terme plus long qui a été convenu (art. 1101). «Celui qui, abusant des besoins, de la faiblesse d'esprit ou de l'inexpérience d'une autre personne, se fait promettre, pour consentir un prêt ou le renouveler à l'échéance, des intérêts ou autres avantages qui excèdent notablement le taux normal de l'intérêt et la valeur du service rendu, selon les lieux et les circonstances de l'affaire, sera l'objet de poursuites pénales. Les clauses et conventions passées en contravention du présent article pourront être annulées, à la requête de la partie et même d'office, le taux stipulé pourra être réduit et le débiteur pourra répéter, comme indû, ce qu'il aurait payé au dessus du taux qui sera fixé par le Tribunal. S'il y a plusieurs créanciers, ils seront tenus solidairement» (art. 1103)[1].

893. A ces règles données par le Code des Obligations et des Contrats sur le prêt à intérêt, il n'est pas sans besoin d'ajouter quelques considérations: nous avons déjà dit qu'en principe le droit local de la Tunisie régit les conventions passées entre tunisiens; il pourra arriver cependant, lorsqu'il s'agira d'effets de commerce, que l'obligation soit dominée par une autre loi. Ce n'est pas ici

[1]) Voir: S. Berge, Répertoire V° Prêt à intérêts n°s 10 et s., 17 et s., 23 et s.

qu'il convient de préciser théoriquement les limites de l'application de la loi du lieu et nous nous contenterons de donner des notions sur les difficultés qui ont été révélées par la pratique.

894. Jugé d'abord que la lettre de change tirée en la forme française, par un étranger sur un autre étranger domicilié à Tunis, est régie par les dispositions de la loi française: Alger, 25 mars 1903 (Journal 1903, p. 453); jugé ensuite qu'un italien qui a intenté devant un Tribunal français de Tunisie une demande en paiement de certaines sommes, montant de diverses lettres de change souscrites en Italie, ne peut, sur une demande de renvoi, invoquer les dispositions du Code de commerce italien, pour obtenir une condamnation provisoire avant le jugement des exceptions proposées par le défendeur: Alger, 15 novembre 1889 (Journal 1890, p. 250); jugé encore que la loi italienne est applicable à l'effet souscrit par un italien en Tunisie au profit d'un de ses compatriotes: Sousse, 1er juin 1906 (Journal 1907, p. 248).

895. Avant la promulgation du Code tunisien des Obligations et Contrats, il a été décidé que les Tribunaux tunisiens saisis d'un litige relatif au paiement d'un billet à ordre n'avaient pas à se préoccuper de la question de savoir s'il y avait eu protêt, le droit local admettant la garantie solidaire de tous ceux qui ont souscrit, endossé ou accepté un effet de commerce: Ouzara, 10 avril 1904 (Journal 1904, p. 471). Postérieurement à la promulgation dudit Code et sous son empire, il a été décidé que le prêteur sur gage ne peut, pour se faire attribuer les intérêts prévus par l'art. 1097, soutenir que ce prêt est essentiellement commercial et que celui qui l'exerce habituellement est nécessairement commerçant: Ouzara, 25 juillet 1911 (Journal, 1912, p. 206.)

TITRE VII. DU MANDAT.

Chapitre premier. Généralités.

896. «Le mandat est un contrat par lequel une personne charge une autre d'accomplir un acte licite pour le compte du commettant. Le mandat peut être donné aussi dans l'intérêt du mandant et du mandataire, ou dans celui du mandant et d'un tiers et même exclusivement dans l'intérêt d'un tiers» (art. 1104). Pour donner un mandat, il faut être capable de faire soi-même l'acte qui en est l'objet; pour le mandataire, il suffit qu'il soit doué de discernement et de ses facultés mentales; il peut faire valablement pour autrui ce qu'il ne pourrait accomplir en son propre nom (art. 1105). Le mandat de représenter une maison ou raison de commerce ne peut être donné que par le titulaire du fonds ou son représentant à ce autorisé (art. 1106).

897. Le mandat est nul s'il a un objet impossible ou trop indéterminé, ou contraire à l'ordre public, aux bonnes mœurs, aux lois civiles ou religieuses (art. 1107). Il est non avenu s'il a pour objet un acte que nul ne peut accomplir par procureur (art. 1108). Il est parfait par le consentement des parties, exprès ou tacite (art. 1109); cependant les gens de service ne sont pas présumés avoir mandat d'acheter à crédit les provisions et fournitures nécessaires au ménage, s'il n'est justifié qu'il est dans l'habitude du maître d'acheter à crédit (art. 1110). Lorsque le mandat est offert à quelqu'un dont l'état est de rendre des services de cette nature, il est présumé accepté s'il n'est refusé sur le champ et le mandataire doit prendre de suite les mesures nécessaires (art. 1111); s'il est donné par lettre, par messager ou par télégramme, il est censé conclu dans le lieu où réside le mandataire, lorsque celui-ci accepte purement et simplement (art. 1112); il peut être donné dans une forme autre que celle qui est requise pour l'acte qui en est l'objet (art. 1113); il est gratuit, à moins de convention contraire, à moins que le mandataire ne fasse sa profession de rendre les services dont s'agit, ou qu'il soit stipulé entre commerçants, ou lorsque, d'après l'usage, de tels mandats sont rétribués (art. 1114). Le mandat peut être conditionnel ou à terme ou donné jusqu'à un certain terme (art. 1115).

Jugé que si le mandat peut être tacite, conformément à l'art. 1109, les gens de service ne sauraient être présumés avoir reçu mandat tacite que pour les actes qui rentrent dans l'exercice de leur profession, non, par exemple, pour la vente d'un wagon de céréales par un domestique: Ouzara, 28 mai 1912 (Journal, 1912, p. 535).

Chapitre II. Des effets du mandat.

Section première. De ses effets entre les parties.

898. Le mandat peut être spécial ou général (art. 1116); le mandat spécial est celui donné pour une ou plusieurs affaires déterminées ou qui ne confère que des pouvoirs spéciaux, tel que le pouvoir d'agir en justice; limité dans ses effets, il ne comporte pas celui de recevoir un paiement, de passer des aveux, de transiger, à moins que cela ne soit spécifié (art. 1117 et 1118). Le mandat général est celui qui donne au mandataire le pouvoir sans limitation de gérer une affaire ou plusieurs affaires, ou toutes les affaires du mandant (art. 1119). Quelle que soit l'étendue de ses pouvoirs, le mandataire ne peut, sans autorisation expresse du mandant, déférer un serment décisoire, faire un aveu judiciaire, défendre au fond en justice, acquiescer à un jugement ou s'en désister, compromettre ou transiger, faire une remise de dette, aliéner un immeuble ou un droit immobilier, constituer une hypothèque ou un gage, radier une hypothèque ou renoncer à une garantie, si ce n'est contre paiement, faire une libéralité, acquérir ou aliéner un fonds de commerce ou le mettre en liquidation (art. 1120).

899. Le mandataire est tenu d'exécuter exactement son mandat, il ne peut rien faire au delà (art. 1121); ce qu'il fait au delà reste pour son compte (art. 1122); s'il a pu réaliser l'affaire dans des conditions plus avantageuses que celles exprimées dans son mandat, la différence est pour le mandant (art. 1123). En cas de doute sur l'étendue du mandat, le dire du mandant fait foi à charge de serment (art. 1124).

900. Lorsque plusieurs mandataires sont nommés par le même acte pour la même affaire, ils ne peuvent pas agir séparément, sauf pour certaines affaires urgentes et dans le cas de mandat donné entre commerçants pour affaires de commerce (art. 1125); ils peuvent agir séparément, s'ils ont été nommés séparément pour la même affaire (art. 1126).

901. Le mandataire ne peut en principe se substituer personne pour l'exécution du mandat, à moins que la convention ne le lui permette ou que cela ne résulte de la nature de l'affaire ou des circonstances (art. 1127) ou qu'il n'ait pleins pouvoirs pour l'exécution d'un mandat général (art. 1128). Il répond de celui qu'il s'est substitué, sauf exception (art. 1129); en tous cas le substitué est directement tenu envers le mandant (art. 1130).

902. Le mandataire est tenu d'apporter à la gestion dont il est chargé la diligence d'un homme attentif et scrupuleux et il répond du dommage causé par sa négligence (art. 1131); ses obligations sont plus rigoureuses s'il est salarié ou lorsqu'il agit pour un incapable ou pour une personne morale (art. 1132). Si les choses qu'il reçoit pour le compte du commettant sont détériorées ou présentent des signes visibles d'avarie, il doit faire le nécessaire pour leur conservation; s'il y a urgence et qu'il n'ait pas le temps de prévenir le mandant, il fait vendre judiciairement après avoir fait constater l'état (art. 1133). Il tient le mandant au courant de toutes circonstances propres à faire révoquer ou modifier le mandat (art. 1134). Il l'informe dès que la commission est remplie et rend compte de ce qu'il a fait et si le mandant tarde à répondre, cela implique approbation, même en cas de dépassement de pouvoirs (art. 1135 et 1136). Il répond de tout ce qu'il a reçu à l'occasion de son mandat, conformément aux art. 1005, 1006, 1018 à 1028, et s'il est salarié, conformément à l'art. 1021 (art. 1137); il doit restituer ensuite ou déposer en justice l'acte qui l'a constitué mandataire (art. 1139). Lorsqu'il y a plusieurs mandataires, il n'y a solidarité entre eux que si elle est stipulée, à moins de dol ou de faute commune, ou d'indivisibilité du mandat, ou de mandat stipulé entre commerçants pour affaires de commerce (art. 1140).

903. «Le mandant est tenu de fournir au mandataire les fonds et autres moyens nécessaires pour l'exécution du mandat, s'il n'y a usage ou convention contraire» (art. 1141); il doit rembourser au mandataire les avances et frais qu'il a dû faire pour l'exécution du mandat et l'exonérer des obligations qu'il a dû contracter à l'occasion de sa gestion (art. 1142). Le mandataire n'a pas droit à la rétribution convenue, s'il a été empêché par un cas de force majeure d'entreprendre l'exécution de son mandat, ou si l'affaire a pris fin avant qu'il ait pu l'entreprendre, ou si elle n'a pas été réalisée, sauf l'usage commercial ou local. Cependant le Tribunal a à apprécier si, dans ces cas, une indemnité ne serait pas due au mandataire (art. 1143). Lorsque la rétribution n'a pas été fixée, elle est déterminée conformément aux usages du lieu, ou, à défaut, d'après les circonstances (art. 1144).

904. Le mandant qui a cédé l'affaire à d'autres demeure responsable, vis-à-vis du mandataire, de toutes les suites du mandat (art. 1145); si le mandat a été donné par plusieurs personnes agissant en commun, chacune d'elles est tenue envers le mandataire dans la proportion de son intérêt, sauf convention contraire (art. 1146). Le mandataire a un droit de rétention sur ce qu'il détient en vertu du mandat, pour le paiement de ce qui lui est dû d'après l'art. 1142 (art. 1147).

Section II. Des effets du mandat à l'égard des tiers.

905. Lorsque le mandataire agit en son nom personnel, il acquiert les droits résultant du contrat et demeure directement obligé envers ceux avec lesquels il a contracté, comme si l'affaire lui appartenait (art. 1148); mais le mandataire qui a traité en cette qualité n'assume aucune obligation personnelle envers les tiers avec lesquels il contracte (art. 1149); les tiers n'ont aucune action contre le mandataire pour le contraindre à exécuter son mandat, à moins que celui-ci n'ait été donné aussi en leur intérêt (art. 1150); mais ils ont action contre le mandataire pour le contraindre à recevoir l'exécution du mandat, si cela rentre nécessairement dans la mission dont il est chargé (art. 1151).

906. Celui qui traite avec le mandataire en cette qualité a le droit de demander l'exhibition du mandat (art. 1152); le mandant est obligé d'accomplir les obligations prises par le mandataire en son nom dans la limite de ses pouvoirs et les traités secrets ou réserves passés entre eux ne sont pas opposables aux tiers, si on ne prouve qu'ils en ont eu connaissance (art. 1154). Le mandant n'est pas tenu pour ce que le mandataire a fait en dehors de ses pouvoirs, à moins qu'il ne l'ait ratifié, même tacitement, ou qu'il en ait profité, ou lorsque le mandataire a traité dans des conditions plus favorables que celles inscrites au mandat, ou lorsque, les conditions étant plus onéreuses, elles n'ont rien d'incompatible avec la tolérance usitée dans le commerce ou au lieu du contrat (art. 1155). Le mandataire qui a agi sans mandat ou au delà de son mandat est tenu des dommages envers les tiers, à moins qu'il ne leur ait donné connaissance suffisante de ses pouvoirs ou qu'il ne prouve qu'ils en ont eu connaissance, le tout en dehors du cas où le mandataire s'est porté fort (art. 1156).

Section III. De l'extinction du mandat.

907. Le mandat finit: par l'accomplissement de l'affaire pour laquelle il a été donné; par l'évènement de la condition résolutoire ou l'expiration du terme qui y a été ajouté; par la révocation du mandataire; par sa renonciation; par son décès ou celui du mandant; par le changement d'état de l'un ou de l'autre; par l'impossibilité d'exécution (art. 1157); si le mari est mandataire de la femme, la répudiation met aussi fin au mandat (art. 1158); si le mandat est donné par une personne morale ou une société, il prend fin par leur dissolution (art. 1159).

908. Le mandant peut, quand bon lui semble, révoquer sa procuration; mais lorsque le mandat a été donné dans l'intérêt du mandataire ou d'un tiers, il lui faut leur autorisation; le mandataire *ad litem* ne peut aussi être révoqué quand la cause est en état (art. 1160). La révocation peut être expresse ou tacite; si elle a lieu par lettre ou télégramme, elle ne produit ses effets que lorsque le mandataire en a eu connaissance (art. 1161). Le mandat donné par plusieurs personnes ne peut être révoqué que par l'ensemble de ceux qui y ont concouru, à moins que l'affaire ne soit divisible; dans les sociétés en nom collectif, le mandat peut être révoqué par tout associé ayant le pouvoir de le conférer (art. 1162). La révocation totale ou partielle du mandat ne peut être opposée aux tiers qui ont contracté avec le mandataire avant de l'avoir connue (art. 1163).

909. Le mandataire ne peut renoncer à son mandat qu'en notifiant sa renonciation au mandant; il répond du préjudice que cette renonciation peut causer, s'il ne prend les mesures nécessaires pour y parer (art. 1164); il ne peut pas renoncer, sauf empêchement légitime, si le mandat a été donné dans l'intérêt d'un tiers (art. 1165); la révocation ou la mort du mandataire principal entraîne la révocation du mandataire substitué, sauf si le commettant a approuvé sa désignation ou si le mandataire principal avait pouvoir de se substituer quelqu'un (art. 1166). Le décès ou le changement d'état du mandant éteint le mandat du mandataire principal et du substitué, à moins que le mandat n'ait été conféré dans l'intérêt du mandataire ou d'un tiers ou qu'il ait pour objet quelque chose à faire après le décès du mandant (art. 1167).

910. Sont valides les actes faits par le mandataire au nom du mandant au temps où il ignorait encore le décès de celui-ci ou toute autre cause ayant mis fin au mandat (art. 1168); en cas de cessation du mandat par décès, faillite ou incapacité du mandant, le mandataire est tenu, s'il y a péril en la demeure, d'achever l'accomplissement de sa mission (art. 1169). En cas de décès du mandataire, ses héritiers, s'ils connaissent l'existence du mandat et s'ils sont majeurs, doivent informer le mandant et conserver les papiers qui lui appartiennent (art. 1170). Toute rupture brusque et sans motifs plausibles du contrat donne lieu à dommages (art. 1171).

Section IV. Des ouakafs.

911. Cette partie du Code est consacrée aux régisseurs de biens ruraux; elle est en dehors de notre sujet (art. 1172 à 1178).

Chapitre III. De la gestion d'affaires.

912. «Lorsque, sans y être autorisé par le maître ou par le juge, on gère volontairement ou par nécessité les affaires d'autrui, en son absence et à son insu, il se constitue un rapport de droit analogue au mandat» (art. 1179). Le gérant est tenu de continuer la gestion qu'il a commencée jusqu'à ce que le maître soit en état de la continuer lui-même (art. 1180); il doit apporter à cette gestion la diligence d'un bon père de famille et se conformer à la volonté connue ou présumée du maître de l'affaire; il répond de toute faute, même légère, mais n'est tenu que de sa faute lourde ou de son dol, lorsque son immixtion a eu pour but de prévenir un dommage imminent et notable (art. 1181). Il est tenu des obligations du mandataire quant à la reddition des comptes et à la restitution de ce qu'il a reçu à l'occasion de sa gestion (art. 1182).

913. Le gérant d'affaires qui s'est immiscé dans les affaires d'autrui, contrairement à la volonté connue ou présumée du maître, est tenu de tous les dommages résultant de sa gestion, même si on ne peut lui imputer aucune faute (art. 1183); il en est autrement toutefois si le gérant d'affaires a dû pourvoir d'urgence à une obligation provenant de la loi ou à une obligation légale d'aliments ou de frais funéraires (art. 1184).

914. Si l'affaire est administrée dans l'intérêt du maître et d'une manière utile, il doit décharger le gérant de toute obligation contractée pour son compte, l'indemniser de ses avances, de ses dépenses et de ses pertes (art. 1185). Si l'affaire est commune à plusieurs personnes, chacune est tenue envers le gérant dans la proportion de sa part d'intérêt (art. 1186). Le gérant a un droit de rétention sur les choses qu'il détient pour le remboursement de ce qui lui est dû, à moins qu'il ne se soit immiscé contrairement à la volonté du maître (art. 1187). Dans le cas où le maître n'est pas tenu à reconnaître les dépenses du gérant, celui-ci peut enlever ses améliorations, pourvu qu'il puisse le faire sans dommage (art. 1188).

915. La gestion d'affaires est essentiellement gratuite (art. 1189). Le maître n'est tenu d'aucun remboursement si le gérant a entrepris l'affaire sans intention de répéter ses avances, ce qui est présumé lorsqu'il l'a entreprise contre la volonté du maître (art. 1190). Lorsque le gérant est dans l'erreur sur la personne du maître, les obligations et droits s'établissent avec le véritable maître de l'affaire (art. 1191); lorsque, croyant gérer son affaire propre, une personne gère l'affaire d'autrui, les rapports de droit sont réglés par les art. 71 et suiv. (art. 1192).

916. La mort du gérant met fin à la gestion d'affaires (art. 1193). Lorsque le maître ratifie la gestion, les droits et obligations sont soumis aux règles du mandat; mais la ratification n'a d'effet à l'égard des tiers qu'à partir du moment où elle est donnée (art. 1194)[1].

TITRE VIII. DU CONTRAT DE COMMANDE.

917. Le Code que nous analysons a accueilli et réglementé un contrat spécial du droit musulman, le *kirâdh* ou *moudharaba*, qui n'est pas très usité dans la pratique, mais qu'on peut cependant rencontrer, ce qui suffit pour que nous en fassions une rapide étude.

918. «La commande est le contrat par lequel une personne appelée *bailleur de fonds*, remet un capital déterminé à une autre personne dénommée *gérant* ou *agent*, laquelle se charge d'employer ce capital dans le commerce, en son propre nom, mais pour le compte du bailleur de fonds, moyennant une quotité déterminée des bénéfices» (art. 1195). Le capital peut consister en numéraire, en effets mobiliers, marchandises ou créances (art. 1196).

---

[1]) Voir: S. Berge, Répertoire Vis Courtage, Courtier maritime, Mandat.

919. Le contrat de commande ne peut être conclu qu'entre parties capables de contracter société (art. 1197); il est parfait par le consentement exprès des parties sur les conditions essentielles du contrat (art. 1198); les fonctions du gérant commencent du moment où le capital est remis entre ses mains (art. 1199). Il en a la gestion exclusive et le bailleur de fonds ne peut stipuler qu'il prendra part à cette administration (art. 1200). Le gérant a des pouvoirs très étendus, sauf celui d'aliéner à titre gratuit, ou d'engager des opérations pour une somme supérieure à celle qui lui a été confiée (art. 1201 à 1203); toutefois rien ne l'empêche de faire le commerce pour son propre compte avec ses deniers personnels, à condition de tenir une caisse distincte (art. 1204); il peut aussi se charger des affaires d'autres personnes, s'il n'y a préjudice pour le premier bailleur de fonds (art. 1205).

920. Le gérant répond de tout dommage survenu par son fait ou par sa faute conformément aux règles du mandat salarié (art. 1206), mais il ne peut être chargé des cas fortuits ou de force majeure (art. 1207), à moins qu'ils n'aient été occasionnés par son fait ou par sa faute (art. 1208); il répond des personnes qu'il s'est substituées ou adjointes sans l'autorisation du bailleur de fonds (art. 1209). Il a le droit de se rembourser de ses avances et de ses frais (art. 1210) et prend la part de bénéfices qui lui est réservée par le contrat, ou, à défaut de stipulation à ce sujet, celle fixée par la coutume locale (art. 1211). Au cas de pluralité de gérants, la part de chacun d'eux dans les bénéfices, à moins de stipulation contraire, est proportionnelle à sa part dans le travail commun (art. 1212). Les reprises et remboursements ne constituent jamais une obligation personnelle du bailleur de fonds et doivent être prélevés sur le capital; s'il a péri, le gérant n'a rien à répéter contre le bailleur (art. 1213).

921. Dès que le contrat a pris fin, le gérant restitue au bailleur le capital qu'il en a reçu et sa part de bénéfices; si la remise du capital a été constatée par écrit, le gérant n'est libéré aussi que par une décharge par écrit, sauf pour ses héritiers le droit de prouver la libération par tous moyens (art. 1215). Après la reddition de comptes, le gérant ne peut plus rien réclamer, sous réserve du redressement des erreurs de compte (art. 1216).

922. Le contrat de commande est nul comme tel: 1° lorsque la part de bénéfices du gérant n'est ni déterminée, ni déterminable; — 2° lorsqu'elle est déterminée par une somme fixée d'avance; — 3° lorsque le contrat a pour objet des choses qui ne sont pas dans le commerce; — 4° lorsque les pouvoirs donnés au gérant ne lui permettent pas d'agir seul; — 5° lorsqu'il lui est imposé des travaux autres que la gestion proprement dite; — 6° lorsque sa faculté d'action est limitée à certains cas déterminés; — 7° lorsqu'il est stipulé que les bénéfices appartiendront exclusivement à une personne déterminée; — 8° lorsqu'il est stipulé que le capital restera entre les mains du bailleur (art. 1218).

923. Le contrat de commande finit: par la renonciation d'une des parties; par la dissolution prononcée judiciairement; par le décès ou l'incapacité survenue du gérant; par l'expiration du terme ou la consommation de l'affaire; par la perte du capital (art. 1220). Chacune des parties peut résoudre à son gré la commande, pourvu que ce soit sans fraude et non à contre-temps (art. 1221); en cas de dissentiment grave, le Tribunal peut ordonner la dissolution ou assigner un terme pour la liquidation (art. 1222); les opérations commencées par le gérant peuvent, en principe, être continuées par ses héritiers (art. 1223); le décès ou l'incapacité survenue du bailleur ne dissout pas la commande (art. 1224). Toutes les actions qui naissent de ce contrat sont dissoutes entre les parties 5 ans à partir du moment où il a pris fin (art. 1225).

TITRE IX. DE L'ASSOCIATION.

924. Il y en a deux sortes: l'association ou quasi-société et la société proprement dite ou contractuelle (art. 1226).

Chapitre premier. De la communauté.

925. Lorsqu'une chose ou un droit se trouve appartenir à plusieurs personnes conjointement ou par indivis, il se constitue un état de droit qui s'appelle communauté ou quasi-société; cet état peut être volontaire ou forcé (art. 1227).

926. Dans le doute, les parts des communistes sont présumées égales (art. 1228); chacun d'eux peut se servir de la chose dans la proportion de son droit, pourvu qu'il n'en fasse pas un usage contraire à sa nature ou à l'intérêt de la communauté ou exclusif (art. 1229); il ne peut faire des innovations à la chose sans le consentement des autres (art. 1230). Si la chose est indivisible, elle doit être louée pour le compte commun et les produits partagés (art. 1231); chaque communiste doit compte aux autres des fruits de la chose qu'il a perçus (art. 1232). Les communistes peuvent convenir qu'ils jouiront privativement de la chose à tour de rôle (art. 1233); chacun d'eux doit veiller à la conservation de la chose commune, à charge des dommages survenus par le défaut de cette diligence (art. 1234); il peut contraindre les autres à contribuer avec lui aux dépenses nécessaires à l'entretien et à la conservation de la chose commune; mais chacun peut se libérer de cette contrainte, soit en vendant sa part, soit en abandonnant la jouissance de sa part jusqu'à remboursement des impenses, soit en provoquant le partage (art. 1235). Les impenses simplement utiles et celles voluptuaires faites par l'un des communistes, ne lui donnent droit à aucune répétition contre les autres intéressés, s'il n'a été autorisé à les faire ni expressément, ni tacitement (art. 1237).

Les délibérations des communistes sont obligatoires pour la minorité pour ce qui a trait à l'administration et à la jouissance de la chose commune, pourvu que cette majorité présente les trois quarts des intérêts qui forment l'objet de la communauté; si cette majorité ne se forme pas, les communistes peuvent recourir à justice (art. 1238). Les décisions de la majorité n'obligent pas la minorité lorsqu'il s'agit d'actes de disposition qui atteignent directement la propriété, lorsqu'il s'agit d'innover au contrat social ou à la chose commune, lorsqu'il s'agit de contracter des obligations nouvelles (art. 1239).

927. Chaque communiste peut aliéner ou engager sa part indivise (art. 1240); mais s'il la vend à un tiers, les autres co-intéressés peuvent la racheter en remboursant à l'acheteur le prix, les loyaux coûts du contrat et les dépenses nécessaires ou utiles qu'il a faites depuis la vente; paiement dans le délai de trois jours (art. 1241 et 1242); le droit d'exercer le retrait se prescrit par un an à partir du jour où le communiste a eu connaissance de la vente, délai qui court même contre les mineurs, s'ils ont un représentant légal (art. 1243).

928. La communauté ou quasi-société finit par la perte totale de la chose commune, par la cession ou le délaissement fait par tous les associés à l'un d'eux et par le partage (art. 1244). Nul n'est forcé de rester dans l'indivision et les communistes peuvent toujours provoquer le partage, malgré toute clause contraire (art. 1245); il peut cependant être stipulé que le partage ne sera pas demandé avant un délai déterminé (art. 1246); l'action en partage ne se prescrit pas (art.1248).

Chapitre II. De la société contractuelle.

Section première. Dispositions générales.

929. «La société est un contrat par lequel deux ou plusieurs personnes mettent en commun leurs biens ou leur travail ou tous les deux à la fois en vue de partager le bénéfice qui pourra en résulter» (art. 1249). La participation aux bénéfices accordée aux employés ou représentants d'une personne ou d'une société, à titre de rémunération, ne confère pas la qualité d'associé (art. 1250). La société ne peut être contractée entre père et fils soumis à la puissance paternelle, entre tuteur et mineur jusqu'après approbation définitive des comptes de tutelle; entre curateur et incapable même autorisé à exercer le commerce (art. 1251). Toute société doit avoir un but licite à peine de nullité (art. 1252); est aussi nulle entre musulmans la société portant sur des choses prohibées par la loi religieuse, et entre toutes personnes celle portant sur des choses qui ne sont pas dans le commerce (art. 1253).

930. La société est parfaite par le consentement des parties sur sa constitution et les autres clauses du contrat; cependant, s'il s'agit d'immeubles ou d'autres biens susceptibles d'hypothèque, ou si la société doit durer plus de 3 ans, le contrat doit être fait par écrit et enregistré (art. 1254). L'apport peut consister en numéraire, en droits mobiliers ou immobiliers ou en industrie; entre musulmans, il ne peut consister en denrées alimentaires (art. 1255); on peut apporter le crédit commercial d'une personne (art. 1256); les mises peuvent être inégales ou de différentes natures; en cas de doute, elles sont présumées égales (art. 1257). Les apports doivent être déterminés, spécifiés ou inventoriés (art. 1258). Leur ensemble forme le capital social, avec les indemnités pour perte ou dépréciation des choses qui en font partie; c'est la propriété commune et indivise des associés (art. 1259).

931. La société peut être contractée à terme ou pour un temps déterminé; si elle a pour objet une affaire dont la durée est indéterminée, la société est censée contractée pour tout le temps que durera cette affaire (art. 1260). La société commence au moment même du contrat, si les associés n'ont établi une autre date (art. 1261).

Section II. Des effets de la société.

932. Chaque associé est débiteur envers les autres de tout ce qu'il a promis d'apporter à la société (art. 1262); il doit délivrer son apport à la date convenue, et, s'il n'y a pas de terme fixé, aussitôt après la conclusion du contrat (art. 1263); celui qui apporté des créances contre les tiers n'est libéré que du jour où la société en reçoit le paiement, et il répond du dommage, si celui-ci n'a pas lieu à l'échéance (art. 1264). Lorsque l'apport consiste dans la propriété d'un corps déterminé, l'associé doit la même garantie que le vendeur, du chef des vices cachés et de l'éviction de la chose; si l'apport ne consiste que dans la jouissance, l'apporteur est tenu de la même garantie que le bailleur (art. 1265). L'associé qui apporte son industrie est tenu de prêter les services qu'il a promis et doit compte de tous les gains qu'il a faits, depuis le contrat, dans l'espèce d'industrie qui est l'objet de la société; mais il n'est pas tenu d'apporter ses brevets d'invention, s'il n'y a convention contraire (art. 1266).

933. Lorsque l'apport périt ou se détériore par une cause fortuite ou de force majeure après le contrat, mais avant la délivrance de fait ou de droit, le risque est pour l'apporteur s'il s'agit de numéraire ou de choses fongibles, sinon il est pour la société (art. 1267). Aucun associé n'est tenu de reconstituer son apport en cas de perte (art. 1268); il ne peut compenser les dommages dont il doit répondre avec les bénéfices qu'il aurait apportés à la société dans une autre affaire (art. 1269), ni se substituer d'autres personnes pour l'exécution de ses obligations (art. 1270).

934. Un associé ne peut faire, sans le consentement des autres, des opérations pour son propre compte analogues à celles de la société; en cas de contravention, les associés peuvent à leur choix pendant 3 mois répéter les dommages-intérêts ou prendre à leur compte les affaires engagées par l'associé, sans préjudice de leur droit de poursuivre son exclusion (art. 1271); il faut cependant exclure le cas où les entreprises de l'associé sont antérieures au contrat et étaient connues des contractants (art. 1272).

935. Tout associé est tenu d'apporter, dans l'accomplissement de ses obligations avec la société, la même diligence qu'à ses propres affaires; s'il y manque, il y a une faute dont il répond; mais il ne répond du cas fortuit et de la force majeure que lorsqu'ils résultent de sa faute ou de son fait (art. 1273). Tout associé est comptable, comme un mandataire, des sommes qu'il a puisées dans le fonds social, de ce qu'il a reçu pour le compte commun et, en général, de toute gestion pour le compte commun; toute stipulation contraire serait sans effet (art. 1274). Il peut prélever ce qui lui a été alloué dans le contrat pour ses dépenses particulières, mais rien au delà (art. 1275). S'il prélève des capitaux ou des choses communes à son profit ou au profit de tiers, il est obligé de restituer, avec ces valeurs, les gains qu'il a réalisés, sans préjudice de plus grands dommages et de l'action pénale, s'il y a lieu (art. 1276).

936. Un associé, même administrateur, ne peut adjoindre personne à la société; mais il peut l'intéresser à la part qu'il a dans la société ou la lui céder, ou lui céder le capital qui lui sera attribué lors du partage, le tout sauf convention contraire; cela ne crée aucun lien entre la société et le tiers (art. 1277). L'associé qui se substitue à celui qui sort de la société du consentement des associés est subrogé aux droits et obligations du sortant (art. 1278).

937. Chaque associé a une action contre les autres à raison des sommes déboursées par lui pour la conservation des choses communes et pour les obligations qu'il a contractées sans excès dans l'intérêt de tous (art. 1279).

938. L'associé administrateur n'a pas droit à une rétribution spéciale pour sa gestion, si elle n'est expressément convenue (art. 1280). Les obligations de la société envers un associé se divisent entre tous les associés en proportion de leur mise (art. 1281).

939. Le droit d'administrer les affaires sociales appartient à tous les associés conjointement et nul ne peut l'exercer séparément sans y être autorisé (art. 1282); il emporte celui de représenter la société vis-à-vis des tiers, si le contraire n'est exprimé (art. 1283).

940. La société où les associés se sont donné réciproquement mandat d'administrer est dite *fiduciaire* (art. 1284); dans une telle société, chacun des associés peut faire seul tous les actes d'administration, même d'aliénation, qui rentrent dans le but de la société, pourvu que ce soit sans fraude et non contraire aux restrictions portées à l'acte (art. 1285); mais il ne peut aliéner à titre gratuit, ou se porter caution pour un tiers, ou faire un prêt de consommation, ou compromettre, ou céder le fonds de commerce ou le brevet d'invention objet de la société, ou renoncer sans paiement à des garanties (art. 1286).

941. Lorsque le contrat exprime que tous les associés ont le droit d'administrer, mais que chacun d'eux ne peut agir séparément, la société est dite *restreinte* (art. 1287). Lorsque le contrat stipule que les décisions seront prises à la majorité, il faut entendre la majorité en nombre (art. 1288). L'administration peut aussi être confiée à un ou plusieurs gérants, qui peuvent être pris même en dehors de la société (art. 1289); si c'est un associé, il peut faire, nonobstant l'opposition des associés, tous actes de gestion et même de disposition, pourvu que ce soit sans fraude et sauf les restrictions de l'acte qui lui confère ses pouvoirs (art. 1290); l'administrateur non associé a les pouvoirs d'un mandataire (art. 1291). Lorsqu'il y a plusieurs gérants, ils ne peuvent agir les uns sans les autres, sauf les cas d'urgence; en cas de dissentiment, la majorité d'entre eux l'emporte; s'ils sont partagés, il faut recourir à la décision de tous les associés (art. 1292).

942. Les administrateurs, même à l'unanimité et les associés, à la majorité, ne peuvent faire d'autres actes que ceux qui rentrent dans le but de la société d'après sa nature et l'usage du commerce. L'unanimité des associés est requise: pour une aliénation gratuite du patrimoine commun, pour modifier le contrat de société ou y déroger, pour faire des actes qui ne rentrent pas dans le but de la société (art. 1293). Les associés non administrateurs ne peuvent prendre part à aucune gestion ni s'opposer aux actes des gérants, à moins qu'ils ne soient manifestement contraires au contrat ou à la loi (art. 1294); mais ils ont le droit de se faire rendre compte à tout moment de l'administration des affaires sociales (art. 1295).

943. Les administrateurs nommés par l'acte de société ne peuvent être révoqués que s'il y a de justes motifs et à l'unanimité des autres associés, sauf stipulations contraires de l'acte; ces administrateurs ne peuvent par contre renoncer à leurs fonctions sans cause légitime, à peine de dommages-intérêts (art. 1297). Les administrateurs nommés en dehors de l'acte de société sont révocables comme de simples mandataires (art. 1298).

944. La part de chaque associé dans les bénéfices ou dans les pertes est en proportion de sa mise; si celle des bénéfices a seule été déterminée, il est présumé que la participation aux pertes est la même; la part de l'apporteur d'industrie est évaluée d'après l'importance de cette industrie pour la société (art. 1300). Est nulle et rend nul le contrat toute stipulation qui attribue à un associé une part des bénéfices ou des pertes supérieure à la part proportionnelle de sa mise (art. 1301); à plus forte raison en est-il de même pour la clause qui attribue à un des associés la totalité des gains; mais le contrat peut valoir libéralité. La clause qui affranchit un associé de toute contribution aux pertes n'annule pas le contrat (art. 1302); cependant il peut être stipulé que l'apporteur d'industrie aura une part supérieure à celle des autres associés (art. 1303).

945. La liquidation des bénéfices et des pertes a lieu après le bilan qui doit être fait en même temps que l'inventaire à chaque exercice ou année sociale (art. 1304). Le vingtième des bénéfices nets acquis à la fin de chaque exercice devra être prélevé, avant tout partage, pour la constitution d'un fonds de réserve. En cas de perte partielle du capital, il doit avant tout être reconstitué au moyen des bénéfices, sans qu'on puisse procéder à aucune distribution de ceux-ci (art. 1305). Après prélèvement de la réserve, s'il y a lieu, la part des associés dans les bénéfices est liquidée (art. 1306). En cas de perte, les bénéfices antérieurs perçus ne sont pas rapportés (art. 1307).

946. Les associés sont tenus envers les créanciers proportionnellement à leurs apports, si le contrat ne stipule la solidarité (art. 1309); dans la société fiduciaire, les associés sont solidairement responsables des obligations contractées par l'un d'eux, s'il n'y a fraude (art. 1310); l'associé est seul tenu des obligations qu'il contracte au delà de ses pouvoirs ou du but pour lequel la société est constituée (art. 1311).

947. La société est toujours obligée, envers les tiers, du fait de l'un des associés, dans la mesure où elle en a profité (art. 1312). Les associés sont aussi tenus envers les tiers de bonne foi des actes de dol et de fraude commis par l'administrateur qui représente la société, sauf leur recours contre ce dernier (art. 1313). Celui qui entre dans une société déjà constituée répond avec les autres des obligations contractées avant son entrée et toute convention contraire n'a aucun effet vis-à-vis des tiers (art. 1314).

948. Les créanciers sociaux peuvent suivre leurs actions contre la société représentée par les gérants et contre les associés individuellement; toutefois, elles doivent être dirigées en premier lieu contre le patrimoine social, sur lequel les créanciers sociaux ont privilège avant les créanciers personnels des associés (art. 1315); chacun des associés peut opposer aux créanciers sociaux les exceptions personnelles qui lui appartiennent, ainsi que celles qui appartiennent à la société, y compris la compensation (art. 1316). Les créanciers particuliers d'un associé ne peuvent exercer leurs droits que sur la part de bénéfices qui revient à leur débiteur (art.1317).

Section III. De la dissolution et de l'exclusion des associés.

949. La société finit: 1° par l'expiration du terme fixé pour sa durée ou l'accomplissement de la condition ou du fait résolutoire stipulés; — 2° par la réalisation de son but; — 3° par l'extinction de la chose commune; — 4° par le décès, l'absence déclarée, l'interdiction de l'un des associés, sauf convention contraire; — 5° par la déclaration d'insolvabilité ou de faillite; — 6° par la volonté commune des associés; — 7° par la renonciation d'un ou de plusieurs associés, si la durée de la société n'a pas été déterminée; — 8° par décision judiciaire (art. 1318). La perte de l'objet mis en commun par un associé opère la dissolution à l'égard de tous (art. 1319). Les administrateurs doivent, lorsque le capital est diminué d'un tiers, demander aux associés s'ils veulent continuer; la société est dissoute de droit si la perte est de moitié (art. 1320). La société est dissoute de plein droit après l'expiration du temps fixé, mais elle peut être prorogée tacitement (art. 1321), sauf le droit des créanciers particuliers d'un associé de s'opposer à la prorogation (art. 1322).

950. Tout associé peut poursuivre la dissolution de la société, même avant le temps fixé, s'il existe des mésintelligences graves entre les associés, ou manquement d'un ou de plusieurs d'entre eux aux obligations du contrat, avec impossibilité de les accomplir, ce, sauf convention contraire (art. 1323). Quand la durée de la société n'a pas été déterminée par le contrat ou par la nature de l'affaire, chacun des associés peut y renoncer en notifiant sa renonciation à tous les autres et en n'agissant pas à contre-temps ou de mauvaise foi (art. 1324). S'il a été convenu qu'en cas de mort la société continuerait avec les héritiers du défunt, la clause n'a pas d'effet si l'héritier est incapable, sauf décision de justice en cas de nécessité (art. 1325).

951. «Les sociétés de commerce ne sont censées dissoutes à l'égard des tiers, avant le terme établi pour leur durée, qu'un mois après la publication du jugement ou autre acte dont résulte la dissolution» (art. 1326).

952. Au cas où la société est dissoute par la mort, l'absence ou l'interdiction d'un associé, les associés peuvent continuer la société entre eux en faisant prononcer par justice l'exclusion de l'associé qui donne lieu à la dissolution (art. 1327). S'il n'y a que deux associés, celui qui n'a pas donné lieu à la dissolution peut se faire autoriser à désintéresser l'autre et à continuer la société pour son compte (art. 1328). En cas de décès de l'associé, les héritiers de celui-ci sont tenus des mêmes obligations que l'associé du mandataire (art. 1329).

953. Après la dissolution, il ne peut être entrepris d'opérations nouvelles que celles qui sont nécessaires pour la liquidation des affaires entamées (art. 1330).

Chapitre III. De la liquidation et du partage.

Section première. De la liquidation.

954. Tous les associés, même ceux qui ne prennent pas part à l'administration, ont le droit de participer à la liquidation; mais ils peuvent la confier à un liquidateur nommé par eux à l'unanimité (art. 1332). Tant que ce liquidateur n'a pas été nommé, les administrateurs sont constitués dépositaires des biens sociaux et doivent pourvoir aux affaires urgentes (art. 1333). Tous les actes sociaux doivent alors mentionner que la société est en liquidation (art. 1334).

955. Lorsqu'il y a plusieurs liquidateurs, ils ne peuvent agir séparément s'ils n'y sont expressément autorisés (art. 1335). Dès son entrée en fonctions le liquidateur est tenu de dresser, conjointement avec les administrateurs de la société, le bilan actif et passif de la société; il reçoit les titres, documents et valeurs, prend note des opérations relatives à la liquidation, selon les règles de la comptabilité commerciale, et garde tous les documents justificatifs relatifs à cette liquidation (art. 1336). Il représente la société en liquidation et il en a l'administration; son mandat comprend tous les actes nécessaires pour réaliser l'actif et pour acquitter le passif (art. 1337). Si un créancier connu ne se présente pas, ou s'il y a créance non échue ou en litige, le liquidateur est autorisé à consigner la somme, si la consignation est de droit, sinon de réserver et de déposer en lieu sûr une somme suffisante pour faire face à la dette (art. 1338). Quand les fonds de la société ne suffisent pas pour éteindre le passif exigible, le liquidateur demande aux associés les sommes à ce nécessaires, s'ils sont tenus de les fournir d'après la nature de la société ou s'ils sont encore débiteurs de tout ou partie de leur apport social, la part des insolvables se répartissant sur les autres proportionnellement à leurs obligations respectives (art. 1339); le liquidateur peut aussi emprunter et contracter des obligations, donner les biens sociaux en nantissement ou en gage, si cela ne lui est pas interdit par l'acte qui l'a investi (art. 1340); mais il ne peut ni transiger, ni compromettre, ni abandonner des sûretés sans autorisation et à peine d'engager sa responsabilité personnelle (art. 1341); il peut se substituer des tiers dont il répond d'après les règles du mandat (art. 1342); il doit se conformer aux délibérations prises à l'unanimité par les intéressés pour la gestion de la chose commune (art. 1343); il doit d'ailleurs leur fournir tous les renseignements qu'ils demandent sur l'état et la gestion de la liquidation (art. 1344).

956. Le liquidateur est tenu de toutes les obligations du mandataire salarié en ce qui concerne la reddition de ses comptes et la restitution de ce qu'il a touché à l'occasion de son mandat (art. 1345); il répond de son fait et de sa faute d'après les règles du mandat salarié, avec solidarité entre les liquidateurs, s'ils sont plusieurs (art. 1346).

957. Le mandat du liquidateur n'est pas censé gratuit; lorsque ses honoraires n'ont pas été fixés, il appartient à la justice de les taxer sur mémoire, sauf opposition des intéressés à la taxe intervenue (art. 1347); le liquidateur qui a payé de ses deniers personnels des créanciers exerce leurs droits et n'a recours contre les associés ou communistes que dans la proportion de leur intérêt (art. 1348).

958. Après la fin de la liquidation, il y a lieu à remise des comptes, papiers et documents au greffe du Tribunal ou en autre lieu sûr désigné par justice (art. 1349). Les liquidateurs qui viennent à manquer par décès, faillite, interdiction ou autrement, sont remplacés de la manière établie pour leur nomination (art. 1350).

Section II. Du partage.

959. Lorsque la liquidation est terminée et dans tous les cas où il y a lieu à partage de biens communs, les parties maîtresses de leurs droits peuvent y procéder de la manière qu'elles aviseront (art. 1351); s'il y a contestation ou si une des parties n'est pas maîtresse de ses droits, la partie la plus diligente provoque la nomination d'un juge et, s'il y a lieu, d'un ou plusieurs experts pour l'estimation et la confection des lots (art. 1352). Les incapables et faillis sont représentés au partage comme de droit, avec nomination d'un curateur spécial au cas de conflit d'intérêts entre l'incapable et la personne qui le représente (art. 1353); si le partage paraît possible en nature, le Tribunal décide, sur le rapport du juge commis, les contestations qui se sont produites et forme les lots (art. 1354); son intervention est toujours nécessaire pour cette dernière opération si, parmi les co-partageants, il se trouve des incapables ou des absents ou des habous (art. 1355). En cas de licitation, chaque co-partageant a le droit de demander que les tiers y soient appelés; ils le sont nécessairement, si parmi eux sont des incapables (art. 1356); les créanciers communs et ceux du co-partageant en déconfiture peuvent aussi s'opposer à ce qu'on procède au partage et à la licitation hors de leur présence et ils peuvent intervenir à leurs frais (art. 1357); mais on peut se débarrasser de leur intervention en consignant la somme qu'ils réclament (art. 1358). Les créanciers dûment appelés qui surviennent après le partage consommé ne peuvent le faire annuler, mais ils ont le droit d'exercer un recours sur la chose commune qui resterait, si somme suffisante pour les désintéresser n'a pas été réservée (art.

1359). Les honoraires des experts et notaires sont à la charge des co-partageants en proportion des parts et portions de chacun d'eux, même s'ils se sont opposés au partage (art. 1360).

960. «Chacun des co-partageants est censé avoir eu dès l'origine la propriété des effets compris dans son lot ou par lui acquis sur licitation et n'avoir jamais eu la propriété des autres effets» (art. 1361). Le partage, soit conventionnel, soit légal, est irrévocable s'il est régulier; il ne peut être rescindé que pour les causes qui vicient le consentement, telles que la violence, l'erreur, le dol ou la lésion. L'action en rescision doit être intentée dans l'année du partage (art. 1362). Les co-partageants se doivent mutuellement garantie de leurs lots pour les causes antérieures au partage, conformément aux règles de la vente (art. 1363). La rescision du partage remet les parties dans la situation de droit et de fait qu'elles avaient avant lui, sauf les droits régulièrement acquis par les tiers de bonne foi (art. 1364).

Chapitre IV. De quelques espèces particulières de société.

Section première. Sociétés agricoles.

961. Nous nous contenterons ici de simples mentions. Le colonat partiaire (art. 1369 à 1394) est une société dans laquelle l'un apporte le fonds de terre, les semences, les animaux et appareils de culture, l'autre son travail, généralement rémunéré par le cinquième de la récolte (d'où son nom de *khammès*[1]). La *mouçakat*, ou société à champart (art. 1395 à 1415) a pour objet la culture et l'exploitation d'une plantation et la *mogharsa* ou société à complant (art. 1416 à 1426) est destinée à la création d'une plantation. On prévoit aussi le bail à cheptel (art. 1427 à 1441).

Section II. Sociétés coopératives de travail.

962. La société coopérative de travail est celle par laquelle deux ou plusieurs personnes mettent en commun leur travail et les profits qu'elles pourront en tirer. Il n'est pas nécessaire que les associés exercent le même métier ni qu'ils résident au même lieu (art. 1442). L'apport de chaque associé consiste en son travail; il est permis cependant de faire des apports en nature tels que de matières premières, d'outils, d'instruments, pourvu que ce soit dans la mesure exigée par l'exécution du travail commun; mais l'apport reste la propriété de l'associé qui a apporté (art. 1444); au contraire l'outillage et les approvisionnements achetés sur les fonds communs appartiennent à tous les associés et sont à leurs risques communs (art. 1445).

963. Chaque associé est tenu de donner son travail à l'avantage exclusif de la société et de garantir, solidairement avec les autres associés, le travail et l'ouvrage exécutés par eux, dans le cas de détérioration, de malfaçon ou de vice (art. 1446). Les associés sont solidairement responsables de la perte de la chose qui leur a été confiée par le commettant, alors même qu'elle résulterait du fait de l'un des associés, sauf leur recours contre lui (art. 1447); chacun d'eux est le mandataire des autres pour la réception des commandes et le recouvrement du prix des ouvrages faits, sauf stipulation contraire (art. 1448).

964. Les bénéfices et les pertes se répartissent également, s'il n'y a des causes de préférence (art. 1449); si un associé est empêché de travailler, par maladie ou autre motif de force majeure, il ne perd pas le droit de participer au gain, à condition que son absence ne dépasse pas 7 jours (art. 1450). L'associé qui perd le droit aux bénéfices ne répond plus des obligations communes (art. 1451).

Appendice.

965. Avant de poursuivre notre analyse du Code des Obligations et des Contrats et de quitter la matière des sociétés, nous mentionnerons quelques documents législatifs qui s'y rapportent.

966. *A.* Un décret du 15 septembre 1888 (Z. 115) règlemente les associations dans l'intérêt de l'ordre public. Toutes personnes voulant former une association doivent faire au Contrôleur civil et au Procureur de la République une déclaration indiquant l'objet et le nom de l'association, les noms, âge, profession et domicile des fondateurs, principalement de ceux qui, à quelque titre que ce soit, doivent prendre part à la direction, le siège de l'association; les statuts doivent être dé-

[1]) Voir sur le *kammessat*, contrat agricole du droit Musulman usité dans toute l'Afrique du Nord, une intéressante étude de M. Recktenwald. 1 vol. in 8°. Paris, Pédone, 1912.

posés (art. 1). Le Gouvernement, dans le délai d'un mois, refuse ou accorde son autorisation (toujours révocable) à la constitution de l'association (art. 2). Toute association constituée sans autorisation est dissoute, sans compter les sanctions pénales (amende de 16 à 200 fr. contre les directeurs) (art. 4). Les discours séditieux tenus dans les réunions sociales et la publication d'écrits de même nature sont punis de 100 à 300 fr. d'amende et de 3 mois à 2 ans d'emprisonnement contre les chefs ou directeurs de la société (art. 5). Ceux qui ont prêté leurs locaux à la réunion d'une société non autorisée sont punis d'une amende de 16 à 200 fr. (art. 6). Les acquisitions faites par les associations doivent être autorisées par le Gouvernement (art. 7 à 9). On voit que ce décret a surtout une importance politique et vise principalement des sociétés autres que celles qui s'occupent de commerce; cependant toutes les associations tunisiennes, quelles qu'elles soient, y sont soumises.

967. *B.* Un décret du 5 mai 1898 (Z. 551) réglemente le droit de mutation sur les apports dans les sociétés et les partages de droits indivis; il exempte dudit droit les apports purs et simples dans les sociétés civiles et commerciales, sans équivalent à payer ou à fournir par la société et les partages de droits indivis sans soulte ni retour (art. 1)[1].

968. *C.* Un décret du 4 juillet 1907 (Z. 3325) a réglementé les sociétés coopératives agricoles[2]. Elles peuvent se constituer librement, sans l'autorisation du Gouvernement, ont le caractère de sociétés commerciales et sont soumises à toutes les dispositions de la loi française relatives aux sociétés de cette nature non contraires au présent décret; elles ont la personnalité civile, mais ne peuvent posséder d'autres immeubles que ceux nécessaires à leur fonctionnement (art. 1). Pour en faire partie, il faut être propriétaire de fonds ruraux dans la circonscription de la société, ou fermier ou cultivateur à un titre quelconque, ou fabricant ou commerçant en matériel ou produits agricoles (art. 2).

969. «Les sociétés coopératives agricoles ont pour objet d'effectuer ou de faciliter toutes les opérations concernant, soit la production, la transformation, la conservation ou la vente des produits agricoles provenant exclusivement des exploitations des associés, soit l'achat et la vente à leurs membres de tous produits ou matériels relatifs à l'agriculture, soit enfin l'exécution des travaux agricoles d'intérêt collectif. Toutes autres opérations leur sont interdites» (art. 3). Le capital social ne peut être formé par des souscriptions d'actions; il résulte de souscriptions des membres de l'association et forment des parts qui peuvent être de valeur inégale (art. 4). La forme des statuts est rigoureusement réglementée (art. 5 à 7); la direction et la gérance ne peuvent être confiées qu'à des membres de la société (art. 8). Les coopératives agricoles peuvent bénéficier de certaines avances du Gouvernement, qui sont aussi l'objet d'une réglementation approfondie (art. 9 et suiv.).

970. La loi applicable aux sociétés, leur régime légal et leur nationalité ont donné lieu à un certain nombre de décisions qu'on trouvera rapportées dans notre *Répertoire alphabétique de la jurispr. tunis.* V° Sociétés, n° 23 et suiv., 45 et suiv.

TITRE X. DES CONTRATS ALÉATOIRES.

971. «Toute obligation ayant pour cause une dette de jeu ou un pari est nulle de plein droit» (art. 1452). Sont nulles également les reconnaissances et ratifications postérieures de dettes ayant pour cause le jeu ou les paris (art. 1453). L'exception de jeu est opposable aux tiers qui ont prêté des sommes ou valeurs destinées à servir au jeu ou pari, lorsqu'ils en connaissaient l'emploi (art. 1454). Tout paiement fait en exécution d'une dette de jeu ou d'un pari est sujet à répétition, ce qui s'applique à la remise d'effets de commerce ou d'obligations civiles pour faire preuve de la dette (art. 1455).

972. «Sont réputés aléatoires les contrats sur les valeurs publiques ou les marchandises qui ne doivent pas se régler par une livraison effective de titres ou de marchandises, mais par le paiement de la différence entre le prix convenu et le prix courant au moment de la liquidation» (art. 1456). Sont exceptés des dispositions qui précèdent les jeux et paris ayant pour objet les courses, joûtes, tirs, etc., pourvu que les sommes ne soient pas promises par l'un des joûteurs à l'autre ou entre simples spectateurs (art. 1457).

---

[1]) Voir sur l'enregistrement et les droits de mutation les nos 1445 et s. du présent ouvrage. — [2]) Voir ci-dessus nos 165 et s.

Appendice.

973. Au titre X du Code des Obligations et Contrats, que nous venons d'analyser, il faut joindre le décret du 25 mai 1904 (Z. 2487) qui interdit les loteries et les maisons de jeux de hasard.

974. Les loteries de toute espèce sont prohibées (art. 1). Sont réputées loteries les ventes d'immeubles, de meubles ou de marchandises effectuées par la voie du sort ou auxquelles auraient été réunis, sous forme de concours ou autrement, des primes ou autres bénéfices dus au hasard, et généralement toutes opérations offertes au public pour faire naître l'espérance d'un gain qui serait acquis par la voie du sort (art. 2). Les infractions à la prohibition des loteries sont punies d'un emprisonnement de 2 à 6 mois et d'une amende de 100 à 6000 fr. plus la confiscation, avec le double en cas de récidive (art. 3). Les peines sont encourues, non seulement par les auteurs et entrepreneurs de loteries, mais encore par les placeurs et colporteurs de billets, avec, pour ceux-ci, des peines moins fortes (art. 4). Sont exceptées des dispositions qui précèdent les valeurs à lots autorisées en France par les lois spéciales d'émission et les loteries de bienfaisance autorisées (art. 5).

975. Les maisons de jeu de hasard sont prohibées, sauf autorisation spéciale et leur tenue est sévèrement punie (art. 6 et suiv.).

TITRE XI. DE LA TRANSACTION.

976. «La transaction est un contrat par lequel les parties terminent ou préviennent une contestation moyennant la renonciation de chacune d'elles à une partie de ses prétentions ou la cession qu'elle fait d'une valeur ou d'un droit à l'autre partie» (art. 1458). Pour transiger, il faut avoir la capacité d'aliéner, à titre onéreux, les objets compris dans la transaction; le mineur autorisé à faire le commerce peut transiger dans les limites de son autorisation (art. 1459). On ne peut transiger sur une question d'état ou d'ordre public (art. 1462) ou sur le droit aux aliments (art. 1464); on peut transiger sur des droits héréditaires déjà acquis, pourvu que les parties connaissent la quotité de la succession (art. 1465).

977. La transaction qui porte sur des droits réels doit être faite par écrit et n'a d'effet à l'égard des tiers que si elle est enregistrée (art. 1466). Elle a pour effet d'éteindre définitivement les droits des parties et les prétentions qui ont été l'objet du contrat; elle ne peut être révoquée, à moins qu'elle n'ait la nature d'un simple contrat commutatif (art. 1467). Les parties se doivent réciproquement la garantie, ce qui peut ouvrir la voie à une résolution totale ou partielle de la transaction ou à l'action en diminution de prix (art. 1468).

978. La transaction doit être entendue strictement (art. 1469) et si celui qui a transigé sur un droit qu'il avait de son chef acquiert ensuite le même droit du chef d'une autre personne, il n'est point lié, pour cette acquisition, par la transaction antérieure (art. 1470).

La transaction peut être attaquée pour cause de violence ou de dol, pour cause d'erreur matérielle sur la personne de l'autre partie, pour défaut de cause (titre faux ou inexistence de cause); mais la nullité ne peut être invoquée que par la partie qui était de bonne foi (art. 1472). La transaction ne peut être attaquée pour erreur de droit, ni pour lésion, sauf en cas de dol (art. 1473).

979. La transaction est indivisible, d'où il suit que la nullité ou la rescision d'une partie entraîne la nullité ou la rescision pour le tout, à moins que les différentes parties de la transaction n'aient été considérées comme distinctes et indépendantes ou que la nullité provienne de l'incapacité d'une des parties; dans ce dernier cas, elle ne profite qu'à l'incapable (art. 1475).

980. Jugé qu'aux termes de l'art. 430 Code tun. des Obligations et Contrats la simple demande de transaction sur une réclamation ne constitue pas aveu quant au fond du droit: Ouzara, 8 juin 1908 (Journal 1908, p. 533).

TITRE XII. DU CAUTIONNEMENT.

Chapitre premier. Généralités.

981. «Le cautionnement est un contrat par lequel une personne s'oblige envers le créancier à satisfaire à l'obligation du débiteur, si celui-ci n'y satisfait pas lui-même» (art. 1478). Celui qui charge une autre personne de faire crédit à un tiers, en s'engageant à répondre pour ce dernier, répond en qualité de caution et dans la limite de la somme indiquée par lui, des obligations contractées par le tiers;

ce mandat est révocable tant qu'il n'a pas reçu un commencement d'exécution. Il ne peut être prouvé que par écrit (art. 1479).

982. Nul ne peut se porter caution, s'il n'a la capacité d'aliéner à titre gratuit (art. 1480); le cautionnement donné par le malade dans sa dernière maladie et celui donné par la femme mariée sans l'autorisation de son mari ne valent que pour le tiers de leurs biens (art. 1481). Le cautionnement ne peut exister que sur une obligation valable (art. 1482); mais il peut avoir pour objet une obligation éventuelle (art. 1483); en tous cas il ne peut être fait pour une obligation que le débiteur principal doit acquitter personnellement (art. 1484).

983. «L'engagement de la caution doit être exprès et ne se présume point» (art. 1485); l'engagement de cautionner ne constitue pas cautionnement; il ne donne ouverture qu'à des dommages-intérêts au profit de celui qui bénéficiait de l'engagement (art. 1486). Le cautionnement n'a pas besoin d'être accepté formellement par le créancier, mais il ne peut être donné contre sa volonté (art. 1487); il peut être donné à l'insu du débiteur principal, mais non contre sa défense expresse (art. 1488).

984. On peut se rendre caution de la caution (art. 1489); mais le cautionnement ne peut excéder ce qui est dû par le débiteur, sauf en ce qui concerne le terme (art. 1490). Le cautionnement peut être à terme ou pour partie (art. 1491); s'il n'a pas été expressément limité à une somme fixe, ou à une partie déterminée de l'obligation, il couvre les dommages-intérêts et les dépens encourus par le débiteur principal à raison de l'inexécution de l'obligation; mais il ne couvre pas les obligations consenties par ce dernier postérieurement au cautionnement (art. 1492).

985. Le cautionnement est essentiellement gratuit; toute stipulation de rétribution est nulle et le rend nul comme tel, sauf entre commerçants pour affaires de commerce, s'il y a coutume en ce sens (art. 1393).

986. Si la caution devient insolvable, il doit en être fourni une autre, ou sûreté équivalente, au créancier qui l'avait acceptée; si la solvabilité est devenue insuffisante, il y a lieu seulement à supplément de caution (art. 1494).

Chapitre II. Des effets du cautionnement.

987. Le cautionnement n'entraîne pas solidarité, si elle n'est pas expressément stipulée (art. 1495); le créancier n'a d'action contre la caution que si le débiteur principal est en demeure d'exécuter son obligation (art. 1496); néanmoins, si la caution meurt avant l'échéance, le créancier a le droit d'agir aussitôt contre sa succession, et l'insolvabilité déclarée de la caution fait échoir la dette à l'égard de celle-ci, même avant l'échéance de la dette principale; la mort du débiteur fait aussi échoir la dette à l'égard de la succession de celui-ci (art. 1497).

988. «La caution a le droit d'exiger que le créancier discute au préalable le débiteur principal dans ses biens meubles et immeubles, en lui indiquant ceux qui sont susceptibles d'exécution, pourvu qu'ils soient situés en Tunisie» (art. 1498). Cette exigence cesse: lorsque la caution a renoncé formellement à l'exception de discussion, lorsque les poursuites et l'exécution contre le débiteur principal sont devenues notablement plus difficiles par suite du changement de résidence ou de domicile de ce dernier ou de transfert de son établissement industriel, lorsque le débiteur principal est en état de déconfiture notoire ou d'insolvabilité déclarée, lorsque les biens qui peuvent être discutés sont litigieux ou grevés d'hypothèques absorbant une grande partie de leur valeur, ou que le débiteur ne possède sur eux qu'un droit résoluble (art. 1499).

989. Lorsque plusieurs personnes ont cautionné la même dette par le même acte, chacune d'elles n'est obligée que pour sa part et portion; la solidarité entre cautions n'a lieu que si elle est stipulée ou que chaque caution a stipulé par acte séparé pour la totalité de la dette ou que le cautionnement constitue un acte de commerce (art. 1500). La caution de la caution n'est obligée envers le débiteur principal que si le débiteur principal et toutes ses cautions sont insolvables ou si la caution est libérée par des exceptions qui lui sont exclusivement personnelles (art. 1501).

990. La caution peut opposer au créancier toutes les exceptions tant personnelles que réelles qui appartiennent au débiteur principal, y compris celles qui se fondent sur l'incapacité personnelle de ce dernier, même si le débiteur principal renonce à ces exceptions (art. 1502). Elle peut agir en justice contre le débiteur principal, lorsqu'elle est poursuivie pour le paiement, ou même simplement mise en demeure, lorsque le débiteur s'est obligé à lui rapporter la décharge du créancier dans un certain délai qui est échu, lorsque les poursuites contre le débiteur principal sont devenues plus difficiles par son changement de résidence ou de domicile ou d'établissement industriel (art. 1503); elle peut agir contre le créancier, afin d'être déchargée, si ce dernier diffère à réclamer la dette après son échéance (art. 1504).

991. La caution qui a valablement éteint l'obligation principale a son recours pour ce qu'elle a payé, contre le débiteur, même si le cautionnement a été donné à l'insu de ce dernier (art. 1505), pourvu qu'elle rapporte une pièce établissant l'extinction de la créance; mais celle qui a payé avant l'échéance de la dette ne peut actionner le débiteur principal qu'après cette échéance (art. 1506).

992. S'il y a plusieurs cautions solidaires, celle qui a payé le tout à l'échéance a recours contre les autres cautions, chacune pour sa part et portion et pour celles des répondants solidaires insolvables (art. 1507); la caution qui a transigé avec le créancier n'a de recours que jusqu'à concurrence de ce qu'elle a définitivement payé ou de sa valeur (art. 1508); celle qui a valablement acquitté la dette est subrogée aux droits et privilèges du créancier contre le débiteur principal, à concurrence de ce qu'elle a payé et, contre les autres cautions, à concurrence de leurs parts et portions, sauf conventions particulières (art. 1509). La caution n'a pas de recours contre le débiteur, lorsqu'elle a acquitté une dette qui la concerne personnellement, quoiqu'elle fut, en apparence, au nom d'un autre, lorsque le cautionnement a été donné malgré la défense du débiteur et lorsqu'il a été donné dans un esprit de libéralité (art. 1510), lorsque la dite caution a payé ou s'est laissé condamner en dernier ressort sans avertir le débiteur, lequel avait déjà payé la dette ou était en mesure d'en prouver l'extinction (art. 1511).

Chapitre III. De l'extinction du cautionnement.

993. Toutes les causes qui produisent la nullité ou l'extinction de l'obligation principale éteignent le cautionnement (art. 1512); en outre, l'obligation qui résulte du cautionnement s'éteint par les mêmes causes que les autres obligations, même indépendamment de l'obligation principale (art. 1513).

994. Le paiement fait par la caution libère à la fois la caution et le débiteur principal; il en est de même de la délégation donnée par la caution et acceptée par le créancier et par le tiers délégué (art. 1514). La caution peut opposer la compensation (art. 1515); la remise de la dette accordée au débiteur la libère; mais celle accordée à la caution ne libère pas le débiteur (art. 1516). La novation opérée à l'égard du débiteur principal libère les cautions, à moins qu'elles n'aient consenti à garantir la nouvelle créance (art. 1517). La confusion qui s'opère entre le créancier et le débiteur principal libère la caution, mais la confusion qui s'opère entre le créancier et la caution ne libère point le débiteur principal; celle qui s'opère dans la personne du débiteur principal et de sa caution éteint le cautionnement et ne laisse subsister que la dette principale (art. 1518).

995. La prorogation de terme accordée par le créancier au débiteur principal profite à la caution, à moins qu'elle n'ait été accordée en raison de l'état de gêne du débiteur; celle accordée par le créancier à la caution ne profite pas au débiteur principal, à moins de déclaration contraire du créancier; celle accordée par le créancier au débiteur libère la caution, si le débiteur était solvable au moment où la prorogation lui a été accordée, à moins que la caution n'y ait consenti (art. 1519). L'interruption de la prescription à l'égard du débiteur principal s'étend à la caution; la prescription accomplie en faveur du débiteur principal profite à la caution (art. 1520).

996. Lorsque le créancier a accepté volontairement, en paiement de sa créance, une chose différente de celle qui en était l'objet, la caution, même solidaire, est déchargée (art. 1521). Le décès de la caution n'éteint pas le cautionnement et l'obligation passe à sa succession (art. 1522).

Chapitre IV. Du cautionnement de comparution.

997. «Le cautionnement de comparution est l'engagement par lequel une personne s'oblige à présenter en justice ou à faire comparaître une autre personne à l'échéance de l'obligation ou quand besoin sera» (art. 1523). Celui qui ne peut aliéner à titre gratuit ne peut se porter caution de comparution (art. 1524). Le cautionnement de comparution doit être exprès (art. 1525).

998. La caution doit présenter celui qu'elle a cautionné dans le lieu indiqué par la convention; à défaut de stipulation, dans le lieu du contrat (art. 1526). Elle est libérée si elle présente le cautionné, ou si celui-ci se présente volontairement au jour fixé (art. 1527). Si, au jour de l'échéance, le cautionné se trouve déjà au pouvoir de la justice pour d'autres motifs et que le créancier en soit informé, la caution est libérée (art. 1528).

999. La caution est tenue de la dette principale si elle ne présente pas le cautionné au jour fixé; elle est déchargée si le cautionné se présente après cette date, sans que le jugement déjà intervenu puisse être révoqué (art. 1529). Le décès du cautionné libère la caution, ainsi que son état de déconfiture notoire ou d'insolvabilité déclarée (art. 1530). La caution condamnée à payer, faute de présenter le débiteur, a le droit de faire révoquer la condamnation, si elle prouve qu'à la date du jugement le cautionné était mort ou insolvable (art. 1531).

1000. Il existe une certaine quantité de jurisprudence sur le cautionnement, qui est fort usité par les indigènes: jugé que quand il n'a pas été stipulé que le créancier pourrait, à son gré, poursuivre le débiteur principal ou la caution, il est dans l'obligation de discuter le débiteur principal préalablement à toute poursuite contre la caution: Ouzara, 17 juin 1897 (Journal 1897, p. 640); 27 avril 1903 (Journal 1904, p. 470); que la caution est tenue du paiement de la dette, bien qu'il soit démontré que le débiteur principal ne peut être poursuivi parce qu'il était en état d'interdiction au moment où il a souscrit l'obligation réclamée: Ouzara, 27 janvier 1896 (Journal 1896, p. 324); que, la caution étant décédée, le créancier ne peut poursuivre ses héritiers que s'il démontre que ceux-ci ont recueilli des biens dans la succession de leur auteur et s'il prête le serment supplétoire: Ouzara, 27 janvier 1896 (Journal 1896, p. 324); que le négociant qui prétend qu'un tiers s'est engagé à cautionner un de ses débiteurs ne peut prouver cela que par écrit, et non par témoins: Ouzara, 8 décembre 1908 (Journal 1909, p. 144).

TITRE XIII. DU NANTISSEMENT.

Chapitre premier. Généralités.

1001. «Le nantissement est un contrat par lequel le débiteur, ou un tiers agissant dans son intérêt, affecte une chose mobilière ou immobilière ou un droit incorporel à la garantie d'une obligation et confère au créancier le droit de se payer sur cette chose par préférence à tous autres créanciers, au cas où le débiteur manquerait à le satisfaire» (art. 1532). Pour constituer un nantissement, il faut avoir la capacité de disposer à titre onéreux de la chose qui en est l'objet (art. 1533). Ceux qui n'ont sur la chose qu'un droit conditionnel ou résoluble ne peuvent consentir qu'un nantissement soumis à la même condition ou rescision (art. 1534). Le nantissement de la chose d'autrui est valable si le maître y consent ou ratifie ou si le constituant acquiert postérieurement la chose (art. 1535). Ceux qui, aux termes des art. 566 à 570, ne peuvent acquérir certains biens, ne peuvent les recevoir en nantissement (art. 1536). Tout ce qui peut être vendu peut être objet de nantissement (art. 1537).

1002. Le nantissement peut être constitué pour sûreté d'un crédit ouvert, ou d'un compte-courant, ou d'une obligation future ou éventuelle ou conditionnelle (art. 1538); il peut être constitué à partir d'une certaine date ou jusqu'à une date déterminée, ou sous condition suspensive ou résolutoire (art. 1539).

1003. Celui qui a constitué un nantissement ne perd pas le droit d'aliéner la chose qui en est l'objet, mais à condition que le créancier y consente ou que la dette soit payée (art. 1540); le nantissement, dans le premier de ces cas, se transporte sur le prix, si la dette n'est pas échue (art. 1541). Celui qui a constitué un nantissement ne peut rien faire qui diminue la valeur de la chose ou qui empêche l'exercice des droits du créancier (art. 1542).

1004. Le nantissement est de sa nature indivisible: chaque partie de la chose qui en est l'objet est le gage de la totalité de la dette et la garantit (art. 1543). Il s'étend aux droits et indemnités dus par les tiers à raison de la détérioration ou de la perte ou de l'expropriation de l'objet, et le créancier est admissible à prendre toutes mesures conservatoires de son droit (art. 1544). Si la chose est détériorée par une cause non imputable au créancier, celui-ci n'a pas le droit d'exiger un supplément de sûretés, s'il n'y a convention contraire (art. 1545); au cas où la détérioration ou la perte proviennent du fait du débiteur, le créancier a le droit d'exiger le paiement immédiat de sa créance, bien qu'elle soit à terme, s'il ne lui est fourni garantie équivalente (art. 1546).

1005. Le nantissement d'un objet mobilier s'appelle gage; celui d'une chose immobilière ou d'un droit immobilier hypothèque; on le nomme antichrèse, si le créancier a le droit de percevoir les fruits (art. 1547).

Chapitre II. Du gage.

1006. «Le gage confère au créancier le droit de retenir la chose engagée jusqu'à parfait acquittement de la dette, de la vendre si l'obligation n'est pas acquittée et d'être payé sur le prix, en cas de vente, par privilège et préférence à tout autre créancier» (art. 1548). On peut donner en gage du numéraire, des titres au porteur, des choses fongibles (art. 1550); la remise en gage de la chose d'autrui ne donne aucun droit au créancier détenteur, même de bonne foi (art. 1551).

1007. Le gage est parfait par le consentement des parties et par la remise effective de la chose (art. 1552); s'il a pour objet une part indivise, il faut remise entière de la chose aux mains du créancier (art. 1553); «le débiteur a toujours le droit d'exiger un récépissé, daté et signé par le créancier, énonçant l'expèce et la nature des choses mises en gage, leur qualité, poids et mesure, leurs marques spéciales et, lorsqu'il s'agit de titres au porteur, leur numéro et leur valeur nominale» (art. 1554). A l'égard des tiers, toutefois, le privilège ne s'établit que s'il y a un acte écrit ayant date certaine (art. 1555) à moins que la valeur du gage et la dette garantie, pris isolément, ne dépassent pas 200 fr. (art. 1556).

1008. Le créancier est censé avoir le gage en sa possession lorsque les choses qui le constituent sont à sa disposition dans ses magasins et navires ou dans ceux de son commissionnaire ou facteur, à la douane ou dans un dépôt public ou si, avant qu'elles soient arrivées, il en est saisi par un connaissement ou par une lettre de voiture endossée au nom du créancier ou à son ordre (art. 1559). Le gage des choses déposées dans un magasin général ou chez un entrepreneur d'entrepôt est constitué par la remise du *warrant* ou du récépissé de dépôt, endossé pour garantie au nom du créancier ou à son ordre (art. 1560)[1].

1009. Le privilège s'établit sur les créances mobilières par la remise du titre constitutif de la créance et par la signification du nantissement au débiteur de la créance donnée en gage (art. 1561); pour les titres au porteur, le droit de gage s'établit par la tradition au créancier (art. 1562); le gage des titres à ordre résulte de l'endossement avec mention de la remise à titre de garantie (art. 1563); pour les actions, parts d'intérêts, obligations nominatives des sociétés financières, industrielles, commerciales ou civiles, le gage peut être constitué par un transfert à titre de garantie (art. 1564). S'il est convenu de la remise à un tiers, sans indication de personne, ce tiers est désigné par justice (art. 1565); en cas de mort du tiers dépositaire, le gage est déposé chez une autre personne désignée par les parties, ou, à défaut, par justice (art. 1566).

1010. Le gage garantit le principal de la dette, ses accessoires, les dépenses faites pour la conservation du gage et sa réalisation (art. 1567). Il s'étend de plein droit aux fruits et accessions qui surviennent à la chose pendant qu'elle est au pouvoir du créancier qui peut les retenir au même titre que la chose elle-même (art. 1568). Il n'est tenu de restituer ladite chose au débiteur ou au tiers bailleur qu'après parfaite exécution de l'obligation (art. 1569); le débiteur solidaire qui a payé sa portion de la dette ou le cohéritier ne peut exiger la restitution pour sa part tant que la dette n'est pas entièrement acquittée (art. 1570). Le créancier n'a pas le droit de retenir le gage du chef de ses autres créances contre le débiteur (art. 1571).

1011. «Le créancier doit veiller à la garde et à la conservation de la chose ou du droit dont il est nanti avec la diligence avec laquelle il conserve les choses qui lui appartiennent» (art. 1572). «Lorsque le gage consiste en effets de commerce ou autres titres à échéance fixe, le créancier est tenu de les recouvrer en principal et accessoires, au fur et à mesure des échéances et de prendre toutes mesures conservatoires que le débiteur ne pourrait prendre lui-même faute de titre.» Le privilège se transporte sur la somme recouvrée (art. 1573). S'il y a crainte de perte ou de dépérissement de la chose, le créancier avertit le débiteur qui peut retirer le gage en lui en substituant un autre d'égale valeur; en cas d'extrême urgence, le

[1]) Voir les nos 128 et s. du présent ouvrage.

créancier peut se faire autoriser par justice à vendre le gage en péril; le privilège est transporté sur le prix de vente (art. 1574).

1012. Le créancier ne peut disposer de la chose ni la donner lui-même en gage; en cas de contravention, il répond du cas même fortuit (art. 1575). S'il néglige le gage et le met en péril, le débiteur a action contre lui pour la réparation du dommage et sa mise en sûreté, ou pour exiger la restitution en remboursant la dette, bien que l'échéance ne soit pas arrivée, ou pour obtenir de justice la remise du gage entre les mains d'un tiers (art. 1576).

1013. Dès que le contrat de nantissement est éteint, le créancier est tenu de restituer le gage avec ses accessoires et de faire raison des fruits qu'il a produits (art. 1577); les frais de restitution sont à la charge du débiteur (art. 1578). Le créancier répond de la perte et de la détérioration du gage survenus par son fait, ou sa faute, ou par le fait ou la faute de ceux dont il répond; il ne répond pas du cas fortuit ni de la force majeure, à moins qu'ils n'aient été précédés de sa demeure ou de sa faute (art. 1579). La valeur dont il répond est celle qu'avait le gage au moment où il lui a été remis (art. 1580). La responsabilité cesse si le débiteur, ayant acquitté sa dette, a été mis en demeure de recevoir le gage mis à sa disposition (art. 1581). Lorsque le gage a été remis à un tiers dépositaire, la perte du gage incombe au débiteur (art. 1582).

1014. Sont nulles la stipulation qui charge le créancier des cas de force majeure (art. 1579) et celle qui décharge le créancier de toute responsabilité (art. 1583).

1015. Le débiteur est tenu, en recevant le gage, d'indemniser le créancier des dépenses nécessaires qu'il a faites pour la conservation du gage et des dommages que la chose lui a faits (art. 1584). Toutes ces actions en responsabilité se prescrivent par 6 mois à partir de la restitution ou de la cessation du gage (art. 1585).

1016. En cas d'inexécution, même partielle, de l'obligation, le créancier dont la créance est exigible a la faculté, 7 jours après une simple signification faite au débiteur, et au tiers bailleur du gage, s'il y a lieu, de faire procéder à la vente publique des objets donnés en gage; il peut être fait une opposition qui arrête la vente (art. 1586); les parties peuvent, par convention, augmenter le délai de 7 jours (art. 1587). Le tiers bailleur peut opposer au créancier toutes les exceptions qui appartiennent au débiteur, encore que ce dernier s'y oppose (art. 1588). Celui qui a sur la chose un droit qui serait éteint par la vente a le droit de libérer le gage, en désintéressant le créancier ou en consignant ce qui lui est dû, dans les cas où le débiteur est autorisé à le faire (art. 1589).

1017. Lorsque le gage consiste en choses distinctes, il peut être procédé à des ventes partielles, dans les conditions les plus favorables au débiteur pour le choix des objets vendus les premiers (art. 1590). Le débiteur doit être avisé du jour de la vente (art. 1591); il peut prendre part aux enchères, ainsi que le tiers bailleur et le créancier, mais la surenchère du débiteur est non avenue s'il ne paye comptant (art. 1592); il peut toujours arrêter la vente en payant le principal de la dette et les accessoires (art. 1593).

1018. Le produit de la vente appartient de droit au créancier à concurrence de ce qui lui est dû; il exerce pour le surplus ses actions contre le débiteur; s'il y a un excédant, il doit être remis à qui de droit, avec pièces justificatives (art. 1595).

1019. Lorsque le gage consiste en numéraire, le créancier non payé à l'échéance est autorisé à se l'appliquer à due concurrence (art. 1596); s'il consiste en une créance, il est autorisé à la recouvrer et à s'en appliquer le prix dans les mêmes conditions (art. 1597); mais il y a nullité de toute stipulation autorisant le créancier à s'approprier le gage ou à en disposer sans les formalités prescrites par la loi (art. 1598). Les frais de réalisation du gage sont à la charge du débiteur (art. 1599).

1020. Celui qui a constitué un gage peut valablement consentir un gage de second rang sur ce même objet; dans ce cas, le premier créancier gagiste détient le gage pour le compte du second créancier, aussi bien que dans le sien propre, après qu'il a été dûment averti (art. 1600). Entre créanciers gagistes, le rang est déterminé par la date de l'acte de gage; les créanciers gagistes du même rang viennent au marc le franc sur le prix (art. 1601). Le gage conditionnel ou à terme a date du jour de sa constitution (art. 1602). Le créancier nanti du gage ne peut s'opposer à ce qu'il soit vendu par d'autres créanciers gagistes, mais il peut faire opposition entre leurs mains pour la somme qui lui est due (art. 1603). Le créancier nanti qui a été dépossédé involontairement peut revendiquer le gage (art. 1604).

1021. La nullité de l'obligation principale entraîne la nullité du gage; il en est de même pour la rescision; la prescription en la matière est réglée par l'art. 390 (art. 1605). Le gage s'éteint, indépendamment de l'obligation principale: par la renonciation du créancier, par la perte du gage, par la confusion, par la résolution du droit de la partie qui a constitué le gage, par l'expiration du terme ou l'avènement de la condition, par la cession de la créance sans le gage, par la vente du gage (art. 1606). La renonciation du créancier peut être tacite et résulte de tout acte de dessaisissement volontaire (art. 1607); en cas de perte, le droit de gage s'exerce sur ce qui subsiste et sur les indemnités dues par les tiers (art. 1608), la confusion n'éteint le gage que si le créancier n'est pas en concours avec d'autres (art. 1609); le délaissement volontaire de la chose par le débiteur ne nuit pas aux créanciers nantis (art. 1610); le gage renaît avec la créance si le paiement est déclaré nul, sauf les droits acquis de bonne foi par les tiers dans l'intervalle (art. 1611)[1].

Chapitre III. De l'antichrèse.

1022. Cette matière occupe dans le Code les art. 1613 à 1622. Nous pensons que leur analyse serait ici sans intérêt; elle ne serait qu'une minime fraction de l'exposition du droit foncier du pays, qu'il faudrait connaître tout entier pour que l'on puisse saisir la nature et la valeur du nantissement d'immeubles non immatriculés[2].

1023. La jurisprudence sur le gage nous offre quelques documents intéressants; avant la promulgation du Code, on a jugé qu'une personne n'a pas le droit de retenir des bijoux qui lui ont été prêtés pour quelques jours, sous prétexte qu'elle posséderait une créance contre un des proches du prêteur et qu'elle aurait besoin de prendre des sûretés contre son débiteur: Ouzara, 5 mars 1886 (Journal 1899, p. 463); jugé aussi qu'en cas de désaccord sur le montant d'une dette et en l'absence de preuve écrite à cet égard, il y a lieu de faire confiance dans la déclaration du créancier qui établit avoir reçu en gage, pour sûreté de la dette, un objet appartenant au débiteur; mais il a y lieu à serment supplétoire et le montant de la dette ne peut être admis comme supérieur à la valeur du gage: Ouzara, 22 avril 1901 (Journal 1903, p. 289); jugé encore que la mort du débiteur rendant exigible le remboursement d'un prêt sur gage, à défaut par les héritiers de rembourser la dette, le créancier peut être admis à vendre le gage, bien que l'échéance convenue ne soit pas arrivée: Ouzara, 21 août 1899 (Journal 1900, p. 460).

1024. Une autre espèce est intéressante par les circonstances de fait qui l'ont fait naître: il est d'usage, dans la partie de la Tunisie qui est productive d'huile d'olive, de placer la récolte, en attendant la vente, dans des citernes en maçonnerie qu'on appelle des *piles*; jugé que de l'huile est censée avoir été mise en la possession d'un créancier gagiste quand celui-ci a reçu les clefs des magasins où sont situées les piles, alors que celles-ci sont fermées par des cadenas dont le créancier a les clefs et qu'il les a scellées de son sceau: Sousse, 8 février 1906 (Journal 1906, p. 383).

1025. Nous n'avons encore recueilli aucune décision de justice sur l'application du nouveau Code.

Chapitre IV. Des privilèges.

1026. Dans ses derniers articles, le Code des Obligations et des Contrats donne quelques notions sur les différentes espèces de créanciers. Les biens du débiteur sont le gage commun des créanciers qui, en principe, se les distribuent par contribution (art. 1623); mais il peut y avoir une cause de préférence résultant de privilèges, ou de nantissement, ou d'un droit de rétention (art. 1624).

1027. Le privilège est un droit de préférence accordé par la loi à raison de la cause de la créance (art. 1625) et qui la fait préférer à toutes autres créances même hypothécaires (art. 1626); il y a un rang entre les privilèges; les privilèges de même rang sont payés en concurrence entre eux (art. 1627).

1028. Les privilèges sur les meubles sont généraux ou spéciaux (art. 1629). Les privilèges généraux sont: les frais funéraires, les frais de dernière maladie, les frais de justice, les salaires dus aux gens de service, les créances de l'Etat et des communes (art. 1630).

1029. Les privilèges spéciaux sur certains meubles sont: celui du créancier gagiste sur la chose dont il est nanti (art. 1631); les sommes dues pour les semences,

[1]) Voir sur le gage agricole les nos 165 et s. — [2]) Voir sur la *rahnia* les nos 93 et 94.

la culture et la récolte, sur le produit de la récolte; les fermages et loyers des immeubles, sur la récolte de l'année; les frais faits pour la conservation de la chose sur la chose conservée; les salaires de l'artisan sur les choses qui lui ont été remises pour l'exécution de son travail; les sommes dues au commissionnaire sur la valeur des marchandises qui lui ont été expédiées; les sommes dues au voiturier pour le prix du transport et ses déboursés, sur les choses voiturées qui sont en sa possession; les créances des aubergistes, hôteliers et logeurs sur les choses et effets du voyageur qui se trouvent encore dans l'établissement (art. 1632).

Quatrième partie. Réglementation administrative de certains négoces ou de certaines industries.

1030. Pour des motifs de police ou de sécurité publique, ou pour assurer la conservation de certains produits naturels que l'imprévoyance des exploitants mettrait en péril ou dans le but de satisfaire à des besoins d'intérêt général, des lois ont réglementé, directement, certains négoces ou certaines industries; c'est à cette catégorie de règles que cette présente partie est consacrée; elle est divisée en autant de chapitres que l'exige la diversité des sujets, car ils ont peu de rapports entre eux et ne se groupent ensemble que par le caractère commun qui vient d'être spécifié.

Chapitre premier. Fraudes et falsifications dans le commerce des denrées alimentaires ou médicamenteuses et des engrais.

1031. Les fraudes et falsifications dans le commerce des denrées alimentaires ont fait l'objet d'un décret du 27 janvier 1897 (Z. 294) qui a été modifié le 16 juillet 1910 (Z. 4109) dans quelques-unes de ses dispositions.

1032. Sont punis de l'emprisonnement pendant 3 mois au moins et 1 an au plus, et d'une amende de 50 à 500 fr.: 1° ceux qui falsifient des substances ou denrées alimentaires ou médicamenteuses, ou des boissons destinées à être vendues; — 2° ceux qui vendent ou mettent en vente des substances ou denrées alimentaires ou médicamenteuses, ou des boissons qu'ils sauront être falsifiées ou corrompues; — 3° ceux qui auront trompé ou tenté de tromper l'acheteur sur la nature, le poids, le conditionnement et la teneur en éléments utiles de toute marchandise. S'il s'agit d'une marchandise contenant des mixtions nuisibles à la santé, l'amende est de 50 à 1000 fr. et l'emprisonnement de 3 mois à 2 ans, ce qui est applicable même au cas où la falsification est connue de l'acheteur ou du consommateur (art. 1 modifié).

1033. Sont punis d'une amende de 16 à 25 fr. et d'un emprisonnement de 6 à 10 jours, ou de l'une de ces deux peines seulement, ceux qui ont, dans leurs magasins, boutiques, ateliers ou maisons de commerce, ou dans les halles, foires ou marchés, des substances ou denrées alimentaires ou médicamenteuses ou des boissons falsifiées ou corrompues. Si la substance falsifiée est nuisible à la santé, l'amende peut être portée à 50 fr. et l'emprisonnement à 15 jours (art. 2).

1034. Dans le cas prévu par l'article précédent, si les détenteurs établissent qu'ils ne connaissaient point les vices desdites substances alimentaires ou desdites boissons, ils ne sont punis que d'amendes de simple police. En cas de récidive constatée dans les conditions prescrites par l'art. 483 Code pén. fr., la peine d'emprisonnement de 1 à 5 jours peut être prononcée. Les dispositions de cet article ne sont pas applicables à la détention, à l'exposition et à la mise en vente des substances médicamenteuses falsifiées qui, en toutes circonstances, restent passibles des pénalités indiquées en l'art. 2. Dans tous les cas, la confiscation ou la destruction peut être ordonnée, mais l'affichage du jugement ne peut l'être qu'en cas de récidive (art. 3 modifié).

1035. Nul ne peut expédier, vendre ou mettre en vente, sous la dénomination de vin, un produit autre que celui provenant de la fermentation de raisins frais. Le produit de la fermentation des marcs de raisin frais avec de l'eau, qu'il y ait ou non addition de sucre, le mélange de ce produit avec le vin, dans quelque proportion que ce soit, ne peut être expédié, vendu ou mis en vente que sous la dénomination de vin de marc ou vin de sucre. Le produit de la fermentation de raisins secs avec de l'eau ne peut être expédié, vendu ou mis en vente que sous la dénomination de vin de raisins secs. Il en est de même du mélange de ce produit, quelles qu'en soient les proportions, avec du vin. Les fûts qui contiennent ces produits doivent porter en gros caractères les mentions «vins de sucre» ou «vins de raisins secs». Les livres, factures, lettres de voiture y relatifs doivent porter ces mêmes indications. La contravention à ces dispositions est punie d'une amende de 20 à 500 fr. et d'un emprisonnement de 10 jours à 3 mois ou de l'une de ces deux peines seulement (art. 4).

1036. Constitue la falsification de denrées alimentaires prévue et réprimée par l'art. 1 de ce décret toute addition au vin, ou vin de sucre ou de marc ou vin de raisins secs, soit au moment de la fermentation, soit après, de matières colorantes, d'acides, du produit de la fermentation de certains fruits ou de céréales (art. 5). Il est défendu aussi de mettre en vente, de vendre ou de livrer des vins plâtrés contenant plus de 2 gr. de sulfate de potasse ou de soude par litre. Les délinquants sont punis d'une amende de 16 à 500 fr. et d'un emprisonnement de 6 jours à 3 mois ou de l'une de ces deux peines seulement (art. 6).

1037. L'addition d'eau au vin, dans les cas prévus au 1° et au 2° de l'art. 1, même si la falsification est connue de l'acheteur ou du consommateur, rend applicable les pénalités prévues audit article; ce sont les pénalités de l'art. 6 qui sont applicables à l'addition d'alcool à l'exception des vins de liqueurs (art. 7). L'entrée dans la Régence de vins falsifiés ou mouillés ou vinés est prohibée (art. 8).

1038. L'eau, la levure, l'orge et le houblon doivent entrer seuls dans la composition de la bière; celle qui contient d'autres éléments est considérée comme falsifiée (art. 9). Si ces autres éléments sont inoffensifs, le produit pourra être expédié, vendu ou mis en vente sous une dénomination spéciale. La composition de la bière doit présenter: alcool 2% en volume, extrait sec 35 gr. par litre, cendres, 1 gr. 5 par litre, sinon elle est considérée comme falsifiée. Les infractions sont punies des peines portées en l'art. 4 (art. 10).

1039. Tout lait doit contenir pour 100 parties 88,5% d'eau et 11,5% d'extrait sec. Les matières sèches doivent être ainsi réparties: beurre 2,7 à 3% en poids, sucre de lait 4,5%, caséine, albumine et cendres 4,3 à 4% en poids. Tout lait qui contient moins de 11,5 de matières sèches % et une composition autre que celle ci-dessus indiquée, est considéré comme falsifié (art. 11).

1040. Le sucrage de tous produits au moyen de glucose et de saccharine est interdit; certaines colorations énumérées au décret sont interdites, d'autres permises (art. 12).

1041. En cas de contravention aux dispositions de l'art. 4, la peine de l'emprisonnement doit toujours être prononcée s'il y a récidive. Le prévenu condamné dans les 5 ans précédents pour infraction aux art. 1, 3, 5 et 8 pourra voir sa peine élevée au double du maximum et l'amende des alinéas 1 et 2 de l'art. 1er élevée à 2000 fr. (art. 13). Il y a lieu à confiscation dans les cas des art. 1, 3, 5, 8 et 9; elle entraîne la destruction si les objets saisis sont nuisibles, sinon leur remise aux établissements de bienfaisance. Le Tribunal peut ordonner que la destruction ou effusion aura lieu devant l'établissement ou le domicile du condamné (art. 14). Dans les cas des art. 1, 3, 4, 5, 8 et 13, il pourra y avoir lieu à affichage (art. 15). L'art. 463 Code pén. fr. sur les circonstances atténuantes est applicable (art. 17).

1042. Un décret du 27 janvier 1897 (Z. 295) est spécial aux fraudes et falsifications dans le commerce des engrais et amendements. Il punit d'un emprisonnement de 6 jours à 1 mois et d'une amende de 50 à 2000 fr. ou de l'une de ces deux peines seulement, ceux qui, en vendant ou en mettant en vente des engrais ou amendements, auront trompé ou tenté de tromper l'acheteur, soit sur leur nature, leur composition ou le dosage des éléments utiles qu'ils contiennent, soit sur leur provenance, soit par l'emploi, pour les désigner ou qualifier, d'un nom qui, d'après l'usage, est donné à d'autres substances fertilisantes (art. 1).

1043. En cas de récidive dans les 3 ans qui ont suivi la dernière condamnation[1] la peine pourra être élevée à 2 mois de prison et 4000 fr. d'amende (art. 2). Les

1) Le texte ne dit pas que cette condamnation doit avoir été causée par une infraction au même décret; mais c'est ainsi qu'il semble devoir être intreprété.

Tribunaux peuvent aussi ordonner la publication, par extrait ou intégralement, de leurs jugements; en cas de récidive, ils devront prescrire l'affichage (art. 3). L'art. 463 Code pén. fr. sur les circonstances atténuantes est applicable (art. 5).

1044. Un décret du 6 février 1898 (Z. 297) a facilité l'application des deux précédents en obligeant tout fabricant, marchand, transporteur ou dépositaire de denrées alimentaires ou médicamenteuses, de boissons, d'engrais ou d'amendements à remettre, à première réquisition, aux autorités de police, les échantillons dont la saisie sera jugée nécessaire pour assurer la recherche ou la constatation des contraventions (art. 1). En cas d'opposition, il est passé outre et l'opposant est passible d'une amende de 1 à 15 fr., sans préjudice des poursuites qui pourraient être exercées pour infraction à d'autres lois pénales (art. 2). En cas de récidive, la peine d'emprisonnement pendant 5 jours est prononcée, sauf application de l'art. 463 Code pén. fr. Il y a récidive s'il y a eu dans les 12 mois précédents condamnation pour contravention au présent décret dans le ressort du même Tribunal (art. 3).

1045. Le 23 septembre 1897 (Z. 296) un décret a mis la loi tunisienne en corrélation avec la loi française du 6 avril 1897 en interdisant la fabrication, la circulation et la mise en vente de raisins secs, sur le territoire de la Régence, alors que le décret du 27 janvier précédent s'était contenté d'une réglementation. La contravention au décret du 23 septembre 1897 est punie de la confiscation des boissons saisies et d'une amende de 50 à 1000 fr. (art. 1). En cas de récidive dans les 12 mois qui suivraient une première condamnation, l'amende ne pourrait être inférieure à 100 fr. et son maximum pourrait être porté à 2000, de plus, un emprisonnement de 6 jours à 3 mois pourrait être prononcé (art. 2). L'art. 463 Code pén. fr. sur les circonstances atténuantes est applicable à la matière (art. 3).

1046. Pour la surveillance de la fraude, un décret du 10 décembre 1900 (Z.1646) a décidé que l'importation des vins ne pourra s'effectuer que par les ports de Tabarka, Bizerte, La Goulette, Tunis, Sousse, Monastir, Mahdia, Sfax, Gabès et Houmt-Souk de Djerba et par les bureaux des frontières de terre de Ghardimaou et de Babouch. Toute introduction ou tentative d'introduction en dehors de ces points sera considérée comme contrebande et passible des peines portées en l'art. 8 du décret du 3 octobre 1884 sur les douanes. Les vins déclarés sous leur véritable dénomination sont, pour les frontières de terre, repoussés à l'étranger, sur le littoral, laissés à bord des navires pour être dirigés sur un port ouvert à l'entrée (art. 1). Ces règles ne s'appliquent pas aux importations faites par des particuliers à la quantité maxima de 250 litres (art. 2).

1047. Mais tout cela n'a pas suffi, et sous l'empire des circonstances, le législateur s'est montré encore plus rigoureux. Un décret du 28 mars 1908 (Z. 3499) a interdit la fabrication, la circulation, la détention, la mise en vente et la vente des vins de sucre, de glucose, de mélasses et de raisins secs, ainsi que toute addition de sucre aux vendanges. Il n'est fait exception que pour la fabrication des vins mousseux ou de liqueur, pour lesquels on autorise l'addition de 2 kilos de sucre par hectolitre de vin ou de moût de raisin, sur permission écrite du Directeur de l'agriculture et surveillance (art. 1).

1048. Tout envoi de sucre, de glucose, de mélasses ou de raisins secs, par quantité supérieure à 25 kilos, à une personne n'en faisant pas le commerce ou n'exerçant pas une industrie qui en comporte l'emploi, doit être accompagné d'un acquit-à-caution (timbré à 5 centimes) qui permet de le suivre (art. 2). Tout commerçant qui veut vendre des quantités des mêmes marchandises supérieures à 25 kilos, est obligé de le déclarer au Service de la sûreté publique pour l'exercice de la même surveillance (art. 3). L'infraction à ces règles expose le négociant qui s'en est rendu coupable à se voir contraint de tenir un compte d'entrées et de sorties des marchandises de l'espèce, même pour les plus petites quantités (art. 4).

1049. Toute personne qui veut détenir des marchandises de l'espèce, par quantité supérieure à 25 kilos, en même temps que des moûts, vendanges, lies, marcs et vins, doit en faire la déclaration, tenir des comptes d'entrée et de sortie, justifier de l'usage, sans que ces dispositions soient applicables aux détaillants (art. 5). Tout détenteur de plus de 200 kilos des marchandises de l'espèce doit en faire la déclaration au service de la sûreté (art. 6). Tout expéditeur de marcs de raisin, de lies vertes, sèches ou pressées, doit se munir d'un acquit-à-caution (timbré à 5 centimes) qui permet de les suivre (art. 7). «Sont interdites la fabrication, l'exposition, la mise en vente et la vente de produits ou mélanges œnologiques de composition secrète ou indéterminée, destinés, soit à améliorer ou à bouqueter les moûts et les vins, soit à les guérir de leurs maladies, soit à fabriquer des vins artificiels» (art. 8).

1050. Les assujettis doivent subir les visites des agents de la sûreté publique en uniforme ou porteurs de leur commission, les laisser procéder à des reconnaissances et vérifications, leur laisser prélever des échantillons et leur fournir le personnel et le matériel qui leur sont nécessaires pour leurs constatations (art. 9). Le Syndicat général obligatoire des viticulteurs et les sociétés coopératives de production et de vente de vins pourront agir en justice comme parties civiles ou parties lésées (art. 10). Les vins de sucre, de raisins secs et artificiels seront détruits (art. 11). Toute infraction au présent décret est punie des peines portées aux art. 1, 2 et 3 du décret du 23 septembre 1897, sans préjudice de la pénalité de l'art. 4 du présent décret, et, s'il y a lieu, d'une amende pour consommation frauduleuse d'alcool (art. 12).

1051. Ce décret a été lui-même complété par un autre qui porte la date du 15 juillet 1910 (Z. 4107) qui en rend les dispositions applicables aux sirops de sucre (art. 1). Il ajoute la Chambre d'agriculture du Nord, ainsi que les Chambres mixtes du Centre et du Sud, aux personnalités civiles auxquelles une action en justice a été accordée (art. 2). Une de ses dispositions réglemente les acquits-à-caution et en augmente l'efficacité (art. 4).

1052. L'exposition de cette législation sera complète par la mention de deux circulaires du Secrétaire général du Gouvernement tunisien (Z. 3804 et 3805) signalant des fraudes commises par les indigènes dans le commerce des grains et dans celui des laines et prescrivant une sévère répression par des poursuites devant la justice pénale. Ces avertissements sévères ont été suivis d'un décret en date du 19 octobre 1911 (J. off. tun. 8 novembre 1911) qui spécifie la fraude (art. 1), la punit d'un emprisonnement de 3 mois à 2 ans et d'une amende de 50 à 500 fr. ou de l'une de ces deux peines seulement, sans préjudice de la confiscation (art. 2), prévoit la récidive (art. 3), établit la solidarité entre auteurs, co-auteurs et complices, pour les amendes et la confiscation (art. 4), autorise l'application de l'art. 463 Code pén. fr. (art. 5) et règle le mode de poursuite (art. 6 et 8) avec compétence dans les termes du droit commun (art. 7).

1053. Il est intéressant d'ajouter à ce tableau l'indication de la jurisprudence des Tribunaux indigènes sur la matière[1]. Jugé que la connaissance de la falsification par le détenteur d'une denrée falsifiée n'est pas un élément essentiel de l'infraction et qu'il ne se disculpe pas en prouvant qu'il l'a achetée chez un autre commerçant: Ouzara, 24 juillet 1899 (Journal 1900, p. 458); 17 janvier 1908 (Journal 1908, p. 260); jugé aussi qu'il faut tout au moins que l'inculpé démontre qu'il ne connaissait pas le vice de la denrée qu'il détenait ou mettait en vente: Ouzara, 17 janvier 1908 (Journal 1908, p. 260).

Chapitre II. Pêche maritime.

1054. Il y a lieu d'exposer la réglementation de la pêche en tant qu'elle crée des obstacles au libre exercice du commerce et de l'industrie. Elle résulte principalement d'un décret beylical du 15 avril 1906 (Z. 3009) divisé en 11 titres et 85 articles.

1055. Le titre 1 définit d'abord la pêche maritime; c'est celle qui est faite à la mer, sur les côtes, dans les étangs ou lacs salés ou dans les fleuves, rivières ou canaux communiquant directement ou indirectement avec la mer jusqu'au point de cessation de la salure des eaux (art. 1).

1056. Le littoral est divisé, pour la surveillance, en quatre arrondissements subdivisés en quartiers (art. 2 et 3). L'art. 4 organise la police de la pêche maritime; l'art. 5 défend aux agents de surveillance de s'intéresser directement ou indirectement à des entreprises de pêche ou au commerce du poisson.

1057. Le titre 11 parle des interdictions de pêche. Ce sont d'abord celles relatives aux parties du littoral et des étangs ou lacs salés qui font l'objet de concessions, d'amodiations ou d'exploitation par l'Etat ou d'autorisations de pêcheries régulièrement accordées; puis celles relatives aux zones de protection d'établissements de pêche autorisés, tels que madragues, bordigues, pêcheries fixes, à une zone de 500 mètres des établissements sédentaires régulièrement autorisés, à l'in-

[1]) S. Berge, Répertoire V° Falsification de denrées, nos 3 et s.

térieur des ports, bassins de commerce et toutes dépendances, à l'exception de la pêche à la ligne (2 hameçons au plus); enfin il peut y avoir des interdictions temporaires dans l'intérêt du peuplement des fonds (art. 7). La pêche des coquillages et des crustacés est permise en tout temps (sauf celle des homards et langoustes du 15 août au 15 février); la pêche des poissons de mer est libre en tout temps. La pêche des éponges et des poulpes est réglée fiscalement[1]; celle du corail, qui appartenait exclusivement à la France, en vertu d'un traité du 26 octobre 1832 dénoncé le 1er octobre 1902, sera l'objet d'une législation spéciale[2].

1058. Le titre III détermine les engins permis et les engins prohibés; nous le laisserons de côté, ainsi que le titre IV qui impose des mesures d'ordre aux pêcheurs.

1059. Le titre V nous retiendra un peu davantage. Il y est spécifié que les diverses herbes maritimes connues sous le nom d'algues sont classées comme suit: 1° algues venant épaves à la côte; — 2° algues épaves sur les eaux; — 3° algues vives (art. 24). Il est permis à toute personne de recueillir en tout temps les deux premières catégories, partout, sauf à l'intérieur des établissements de pêche particuliers (art. 25). Pour couper et récolter les algues vives, il faut une autorisation du Directeur général des travaux publics (art. 26).

1060. Mais il est défendu de prendre les herbes marines et les coquillages qui s'attachent aux travaux hydrauliques (art. 27) de recueillir ou de pêcher de quelque manière que ce soit les œufs de poisson et de crustacés ainsi que les femelles de crustacés grainées (art. 28). Il est également défendu de pêcher, de faire pêcher, de saler, d'acheter, de vendre, de transporter et d'employer à un usage quelconque: 1° les poissons qui n'ont pas 10 centimètres de l'œil à la naissance de la queue, à moins qu'ils n'appartiennent à une espèce qui, adulte, n'atteint pas cette dimension; — 2° les homards et les langoustes au-dessous de 20 centimètres mesurés comme précédemment; — 3° les femelles grainées de homard et de langouste; — 4° les huitres au-dessous de 5 centimètres; — 5° les clovisses et les moules au dessous de 3 centimètres (art. 29). Les pêcheurs doivent rejeter à la mer, mortes ou vives, leurs prises n'ayant pas ces dimensions (art. 30). La découverte de ces prises dans un lot de poissons ou de crustacés entraîne la confiscation du tout (art. 31).

1061. Nous passerons sans insister sur les titres VI, qui traite des appas défendus, et VII, qui indique les mesures d'ordre propres à régler l'exercice de la pêche; nous nous arrêterons au titre VIII qui s'occupe de l'établissement des pêcheries.

1062. Aucun établissement de pêche ne peut être créé sans une autorisation du Directeur général des travaux publics. La demande est faite sur papier timbré, présentée par le pétitionnaire ou en son nom, contenant l'indication de ses nom, prénoms et domicile, du point du littoral où il entend exécuter des travaux, des travaux eux-mêmes dans leur nature et leurs dimensions principales; on doit y joindre un plan au 10000e (art. 44). L'instruction de la demande est faite par l'ingénieur de l'arrondissement et est soumise, si le Directeur général le juge utile, à une enquête de 20 jours au siège du contrôle civil de la circonscription (art. 45). L'arrêté d'autorisation qui intervient, s'il y a lieu, détermine l'emplacement, la nature, les dispositions et dimensions principales des ouvrages autorisés, ainsi que les conditions d'exploitation de l'établissement, les engins autorisés, etc. Il doit être suivi d'exécution dans le délai d'un an à partir de la notification de l'arrêté à l'intéressé (art. 46).

1063. Les pêcheries indigènes sont soumises à ce décret (art. 48); celles qui existent effectivement doivent être recensées (art. 49) elles devront justifier d'une autorisation régulière ou disparaître (art. 50).

1064. Les madragues sont l'objet de dispositions spéciales. Elles doivent être mouillées le long des côtes, sur les points et dans les limites fixés par les arrêtés d'autorisation; leur corps le plus avancé ne doit pas être mouillé à plus de 3 milles, suivant une normale, de la côte, distance comptée par les basses mers de vives eaux (art. 51). Les autorisations d'en établir sont demandées dans les formes indiquées ci-dessus; elles sont accordées à titre essentiellement temporaire (art. 52). Les permissionnaires assument l'obligation de fournir les renseignements statistiques

---

1) Voir plus loin nos 1441 et s. — 2) De Fages et Ponzevera: Les pêches maritimes de la Tunisie, 2e éd., p. 169.

des pêches ainsi que sur la marche des espèces migratrices qui leur sont demandés (art. 53). La dimension des mailles des filets (art. 54) le mode de calage (art. 55), la période de calaison (art. 56) font l'objet de dispositions détaillées, ainsi que pour les signaux de reconnaissance de jour et de nuit (art. 60) la zone de protection (art. 61) et les signaux qui la révèlent aux tiers (art. 62).

1065. Il est interdit de vendre ou de louer les établissements de pêche établis avec l'autorisation de l'Etat (art. 63); ceux établis sur des propriétés privées sont soumis à la même surveillance que les autres (art. 64); on ne peut employer dans tous que des filets et engins de dimensions réglementaires (art. 65); ils ne peuvent être inoccupés pendant plus d'une année, sous peine du retrait d'autorisation (art. 66); ils sont inspectés tous les ans (art. 67); les autorisations peuvent être renouvelées (art. 68).

1066. Le titre IX concerne la pêche à pied, qui n'intéresse que des journaliers et le titre X excepte des dispositions précédentes les établissements de pisciculture (art. 71).

1067. Le titre XI traite des pénalités. Est puni d'une amende de 50 à 250 fr. celui qui a fait pêcher du frai, des poissons ou des crustacés n'ayant pas les dimentions réglementaires, ou qui a acheté ces objets ou les a transportés ou salés ou vendus, ou en a fait usage (art. 73). Une amende de 20 à 100 fr. et un emprisonnement de 2 à 10 jours sont encourus par ceux qui se livrent à la pêche en temps prohibé ou dans un lieu défendu, ou qui ont formé, vendu, loué, acheté ou transmis à un titre quelconque, sans autorisation, un établissement de pêche, ceux qui se sont opposés à la surveillance de l'administration (art. 74). D'autres infractions sont passibles de l'amende de 1 à 15 fr. et d'un emprisonnement de 1 à 5 jours (art. 75). Nous ne parlons pas des infractions qui peuvent être commises seulement par les ouvriers pêcheurs. En cas de conviction de plusieurs infractions, la peine la plus forte est seule appliquée (art. 76). En cas de récidive, le contrevenant est condamné au maximum de l'amende ou de l'emprisonnement et ce maximum peut être porté au double. Il y a récidive au cas où, dans les 2 années qui précédent, il a été rendu contre le contrevenant un jugement pour infraction aux décrets concernant la pêche (art. 77). L'art. 463 Code pén. fr. sur les circonstances atténuantes est applicable aux infractions de l'espèce (art. 78).

1068. Sont responsables, tant des amendes que des condamnations civiles: 1° les armateurs, affréteurs ou consignataires des bateaux de pêche, à raison des faits des patrons et des équipages de ces bateaux; ceux qui exploitent des établissements de pêcheries et de dépôt de coquillages quelconques, à raison des faits de leurs agents et employés; — 2° les pères, tuteurs, maris ou maîtres, à raison des faits de leurs enfants mineurs, femmes, préposés et domestiques (art. 79).

1069. Les filets prohibés sont recherchés, saisis et le jugement en ordonne la confiscation (art. 80) ainsi que celle des poissons n'ayant pas la dimension réglementaire et même de tout le lot où ils se trouvent (art. 81).

1070. Un décret du 23 août 1906 (Z. 3109) a ajouté à celui dont l'analyse précède une réglementation détaillée sur les marques distinctives que doivent porter les bateaux employés à la pêche et un décret du 2 février 1909 (Z. 3725) a réglementé la répression des infractions à la police de la pêche maritime. Il s'applique principalement à la forme et à la rédaction des procès-verbaux.

1071. La jurisprudence[1] a consacré le droit du Directeur général des travaux publics d'amodier la pêche dans les lacs, même sans adjudication: Tunis, 21 novembre 1906 (Journal 1906, p. 281) et celui d'interdire temporairement la pêche dans les lieux où il le juge nécessaire (même jugement et Alger, 10 mai 1906 (Journal 1906, p. 473). Elle n'a pas reconnu à un amodiataire le droit de saisir du poisson dans les rues d'une ville voisine, sous prétexte qu'il avait été pêché au mépris de son monopole: Justice de paix de La Goulette, 20 octobre 1903 (Journal 1904, p. 589).

Chapitre III. Police sanitaire.

1072. Il n'en serait pas parlé ici, si elle n'avait pour résultat d'apporter des entraves à certains commerces ou à certaines opérations commerciales. Pour plus de clarté, on traitera séparément: 1° de la police intérieure; — 2° de la police concernant les animaux; — 3° de la police des chemins de fer et maritime, et seulement au point de vue spécial de cette monographie.

1) S. Berge, Répertoire V° Pêche.

A. Police intérieure.

1073. La législation est sur ce point assez pauvre et on peut dire qu'elle n'existe qu'à titre d'essai; elle consiste essentiellement dans un décret du 6 juillet 1908 (Z. 3550) qui a approuvé le règlement sanitaire de la ville de Tunis. Ce règlement s'applique à tous les habitants, à toutes les voies et à tous les immeubles, bâtis ou non, situés dans le périmètre communal (art. 2). Toutes ses prescriptions visant les personnes et n'entraînant pas de modifications matérielles à des immeubles existants, sont exécutoires sans délai (art. 3). Certains délais sont accordés pour les modifications d'aménagement, les branchements d'eau, d'égout (2 ans) pour le puisage dans les citernes (3 ans) pour les modifications au gros œuvre (5 ans) (art. 5).

1074. Des arrêtés d'interdiction peuvent être pris, en cas de non exécution des prescriptions légales, par un arrêté du Président de la municipalité, pris sur l'avis d'une commission spéciale et avec l'approbation du Premier Ministre (art. 6). Un recours judiciaire est assuré contre ces arrêtés (art. 7) et des mesures spéciales sont autorisées en cas d'épidémie et de danger imminent (art. 8).

1075. Certaines maladies particulièrement graves doivent être déclarées et la déclaration entraîne l'application de mesures de désinfection (art. 9). A défaut d'exécution de ces mesures par l'intéressé, l'Administration y pourvoit d'office, sans que cela puisse donner ouverture à une demande d'indemnité ou à des dommages-intérêts (art. 10). L'enlèvement d'office des ordures, immondices, cadavres d'animaux, peut avoir lieu sans mise en demeure préalable aux frais des intéressés (art. 12).

1076. Une amende de 1 à 5 fr. est encourue pour l'abandon de cadavres d'animaux, de débris de boucherie, de matières fécales, de résidus d'animaux putrescibles sur les voies publiques, dans les terrains vagues, les immeubles bâtis ou non qui ne seraient pas aménagés à cet effet. Une amende de 5 à 15 fr. et un emprisonnement de 5 jours au plus ou l'une de ces deux peines seulement sont encourus par ceux qui laissent s'introduire dans l'eau des sources, fontaines, puits, etc., des matières de nature à la gâter. En cas de récidive, l'emprisonnement est toujours ordonné. Le défaut d'obtempérer à une interdiction d'habitation fait encourir une amende de 16 à 500 fr. (art. 14).

1077. Un arrêté du Premier ministre en date du 8 juillet 1908 (Z. 3552) fixe la liste des maladies dont la déclaration est obligatoire.

B. Police sanitaire des animaux.

1078. Le 3 février 1885 un décret (Z. 529) décidait qu'en cas de peste bovine dans toute espèce de ruminants, de péripneumonie contagieuse dans l'espèce bovine, de la clavelée et de la gale dans les espèces ovine et caprine, de fièvre aphteuse dans les espèces bovine, ovine, caprine et porcine, de morve, farcin et dourine dans les espèces chevaline et asine, de rage et de charbon dans toutes les espèces, le Premier ministre ou les autorités administratives locales avec son autorisation, prendront d'urgence les mesures propres à arrêter le fléau. Les infractions aux dispositions prises exposent à une amende de 25 à 600 piastres[1]; en outre le défaut de déclaration d'une des maladies susdites par celui qui a la charge ou la garde de l'animal qui en est atteint entraîne contre ce gardien ou détenteur une peine de 6 jours à 2 mois d'emprisonnement (art. 1).

1079. Sont punis d'un emprisonnement de 2 à 6 mois et d'une amende de 160 à 1600 piastres (96 à 960 fr.) ceux qui laissent leurs animaux infectés communiquer avec d'autres, ceux qui sciemment les vendent ou mettent en vente, ceux qui déterrent ou achètent sciemment les cadavres ou débris d'animaux morts de maladies contagieuses, ceux qui importent en Tunisie des animaux qu'ils savaient atteints de ces maladies (art. 2).

1080. Sont punis d'un emprisonnement de 6 mois à 3 ans et d'une amende de 160 à 3000 piastres (96 à 1800 fr.) ceux qui ont vendu ou mis en vente de la viande qu'ils savaient provenir d'animaux morts de maladies contagieuses ou abattus parce qu'ils étaient atteints de ces maladies, ceux qui se sont rendus coupables des infractions prévues aux articles précédents, s'il en est résulté une contagion parmi les autres animaux (art. 3).

1081. L'art. 463 Code pén. fr. sur les circonstances atténuantes est applicable dans tous les cas prévus par le présent décret (art. 4).

[1]) 15 à 360 fr. Voir les explications fournies sur le régime monétaire.

1082. Une circulaire du 1er Ministre en date du 7 mars 1885 (Z. 530) assure l'exécution de ce décret et un arrêté du 22 avril 1893 (Z. 532) en précise et étend les dispositions pratiques pour parer à l'extension de la fièvre aphteuse. Ce dernier texte est appuyé d'un décret du 14 février 1900 (Z. 538) qui ordonne de repousser ou de détruire les animaux importés qui seraient reconnus atteints de fièvre aphteuse à la visite sanitaire qui a lieu à l'entrée du territoire. Un autre décret du même jour (Z. 537) dit que les animaux de l'espèce chevaline, bovine, ovine, caprine ou porcine ne seront admis à l'importation qu'accompagnés d'un certificat de santé et d'origine ayant au plus 5 jours de date (non compris le temps de la traversée par mer) et délivré au lieu du départ par un vétérinaire, dont la signature doit être légalisée et qui certifiera que dans la localité il n'existe depuis 6 semaines au moins aucune maladie contagieuse sur les animaux de l'espèce.

1083. Un décret du 28 juin 1903 (Z. 2250) ajoute à la liste des maladies prévues au décret du 3 février 1885 la tuberculose dans l'espèce bovine, le rouget et la pneumo-entérite infectieuse dans l'espèce porcine.

1084. Mais ces mesures parurent insuffisantes et un décret plus général, du 14 février 1904 (Z. 2402) a réglementé l'importation et l'exportation des animaux et des produits animaux. Sont seuls ouverts à ces opérations les ports de Tabarka, Bizerte, La Goulette, Tunis, Sousse, Sfax et Gabès; tous les bureaux de douane de la frontière de terre leur sont ouverts aussi (art. 1).

1085. A l'entrée comme à la sortie par mer, à l'entrée par terre, une visite sanitaire a lieu, comme aussi pour les peaux fraîches et brutes (art. 2). Cela entraîne le paiement d'un droit (art. 3). Des précautions sont prises pour l'importation des viandes fraîches par quartiers (art. 4). La visite ne dispense pas de la production du certificat d'origine (art. 5). Des facilités particulières sont accordées pour les importations pour la frontière algérienne (art. 6).

1086. Toutes ces exigences ne font pas obstacle à la circulation des animaux de pacage, de travail et de service, non plus qu'à celle des chevaux montés ou attelés servant aux voyageurs ou aux voituriers; des dispositions spéciales sont prises en faveur des chevaux de course (art. 7).

1087. Il est défendu aux navires qui ont à bord des animaux non visités d'embarquer des animaux en Tunisie pour le cabotage (art. 8). Des mesures spéciales sont prises pour les îles tunisiennes (art. 9).

1088. Lorsque des animaux dont l'entrée est prohibée pour cause de peste bovine sont présentés à l'importation, ils sont saisis et abattus sur place, qu'ils soient malades ou non, de même que les animaux présentés à la frontière avant la prohibition et parmi lesquels la peste bovine est constatée. Dans tous les cas, les animaux sont enfouis avec la peau tailladée ou détruits; il n'est alloué aucune indemnité aux propriétaires (art. 10).

1089. Les autres maladies donnent lieu à des mesures de quarantaine ou autres plus ou moins rigoureuses, dont l'application est faite sans qu'elle donne également lieu à aucune indemnité au profit des propriétaires (art. 11).

1090. Ce décret est appuyé par une instruction du Directeur des finances en date du 19 mars 1904 (Z. 2435).

1091. Après ces documents d'intérêt général, il faut encore en noter d'intérêt plus particulier. Ainsi, un décret du 6 juillet 1904 (Z. 2518) interdit l'abatage des vaches et des brebis pleines (art. 1). Les infractions donnent lieu à une amende de 16 à 100 fr.; en cas de récidive dans le courant de la même année, l'amende est portée de 100 à 200 fr. et il peut être prononcé un emprisonnement de 6 à 15 jours. Les viandes provenant de l'abatage sont confisquées et détruites au frais du contrevenant, à moins qu'un vétérinaire ne dise qu'elles sont saines et peuvent être attribuées à un établissement de bienfaisance (art. 2). L'art. 463 Code pén. fr. sur les circonstances atténuantes est applicable aux cas prévus par ce décret (art. 3).

1092. Ainsi encore nous rencontrons deux décrets, l'un du 21 août 1893 (Z. 533) et l'autre du 20 février 1905 (Z. 2688) qui obligent les propriétaires d'étalons rouleurs et de baudets étalons à les présenter une fois par mois aux vétérinaires militaires, et à prendre des précautions contre la propagation d'une maladie spéciale, la dourine. Le second décret est encore plus sévère et permet, avec l'application des peines du décret du 3 février 1885, la castration des étalons ou baudets.

C. Police sanitaire des transports.

1093. Il ne sera ici question de la police sanitaire des transports que dans la mesure où elle touche directement au libre exercice du commerce et de l'industrie.

1094. En ce qui concerne les transports terrestres, cela se réduit à peu de chose, car on ne trouve à signaler qu'un arrêté du 29 mars 1899 (Z. 234) sur la désinfection dans les gares du matériel ayant servi au transport d'animaux; d'ailleurs ce dernier document a été remplacé le 14 août 1904 (Z. 2544); il y est imposé des mesures de prophylaxie et de nettoyage extrêmement rigoureuses à la charge des compagnies; elles intéressent le commerce en ce que lesdites compagnies sont autorisées à percevoir, à titre de frais de désinfection, des taxes indiquées en l'art. 10.

1095. La police sanitaire maritime est plus complète. Nous ne mentionnerons que pour mémoire les plus anciens documents: décret réglementaire du 20 février 1885 (Z. 723), décret du 21 février 1885 (Z. 724) fixant les circonscriptions de police sanitaire, décret du 3 janvier 1889 (Z. 725) organisant le conseil sanitaire, décret du 7 septembre 1892 (Z. 726) prescrivant des mesures contre le choléra, décrets du 28 septembre 1892 (Z. 727) et du 26 mai 1897 (Z. 735) réorganisant le conseil sanitaire, décret du 12 mars 1893 (Z. 729 à 734) réglementant à nouveau la matière, décret du 24 octobre 1900 (Z. 514) relatif aux provenances des pays contaminés par la peste; il faut concentrer notre attention sur le décret réglementaire du 16 février 1909 (Z. 3734) qui a renouvelé tout cet ensemble. Il contient onze titres et 108 articles.

1096. Le titre I se borne à déclarer que des mesures sanitaires permanentes sont prises en Tunisie contre le choléra, la peste et la fièvre jaune (art. 1). Le titre II se rapporte à la patente de santé. C'est un document qui a pour objet de mentionner l'état sanitaire du pays de provenance (art. 2); elle est nette ou brute suivant qu'elle signale ou non l'existence d'une des maladies mentionnées en l'art. 1 (art. 3). Sa production est nécessaire en tout temps pour tous les navires arrivant dans un port de Tunisie, quelle que soit leur provenance; les navires qui font le cabotage en Tunisie en sont dispensés (art. 4); elle est délivrée à l'étranger par les consuls de France, ou, à défaut, par l'autorité locale (art. 6); elle est unique, et, visée dans chaque port d'attache, ne peut être ni retenue, ni remplacée (art. 7).

1097. Le titre III s'occupe des mesures sanitaires au port de départ. Une déclaration est imposée au capitaine qui veut quitter un port tunisien après avoir embarqué des passagers ou des marchandises (art. 11); l'autorité sanitaire peut faire une visite du navire et prescrire les mesures de désinfection qu'elle juge utiles; elle s'oppose à l'embarquement des passagers ou des objets susceptibles de propager des maladies pestilentielles ou d'autres affections transmissibles, s'il n'est pas justifié que les mesures de précaution suffisantes peuvent être prises (art. 12); le permis de charger et celui de prendre la mer ne sont délivrés que sur le vu d'une licence remise par l'autorité sanitaire (art. 13). Exception est faite à ces règles pour les bateaux de pêche (art. 14).

1098. Le titre IV est consacré aux mesures sanitaires à l'arrivée. Tout navire qui arrive dans un port tunisien doit être reconnu et arraisonné pour la constatation de sa provenance et de son état sanitaire (art. 15). Les résultats de cette opération sont consignés sur le livre de bord et sur le registre de l'autorité sanitaire du port (art. 16). Exception à la règle pour les bateaux de pêche, les bâtiments de la douane, les garde-côtes, les bateaux pilotes (art. 17). Si l'autorité sanitaire le juge utile, elle procède à la visite médicale des passagers et de l'équipage et à l'inspection du navire (art. 18).

1099. Tout capitaine qui arrive dans un port tunisien doit: 1° empêcher, avant d'avoir été reconnu et admis en libre pratique, toute communication et tout déchargement de son navire; — 2° produire tous les papiers du bord, répondre à toute demande sur des faits intéressant la santé publique, après avoir prêté serment de dire la vérité; — 3° se conformer aux règles et aux ordres de la police sanitaire (art. 19). Les gens de l'équipage peuvent être soumis à de semblables interrogatoires (art. 20). Les passagers de 3e et de 4e classe sont considérés comme immigrants, assujettis à une visite médicale, et, s'il y a lieu, soumis à la vaccination anti-variolique (qui entraîne le paiement d'une taxe) (art. 21).

1100. Les navires qui ont patente nette sont admis en libre pratique, sauf: 1° s'il y a eu à bord pendant la traversée des cas suspects; — 2° si le navire a eu en mer des communications de nature suspecte; — 3° s'il présente à l'arrivée des conditions hygiéniques dangereuses; — 4° si l'autorité sanitaire a des motifs légitimes de contester la sincérité de la teneur de la patente de santé; — 5° si le navire provient d'un port entretenant des rapports libres avec une circonscription voisine contaminée; — 6° lorsque le navire provient d'une région contaminée (art. 22).

1101. Tout navire arrivant avec patente brute est considéré comme indemne, ou suspect, ou infecté (art. 23); est indemne le navire qui n'a eu ni décès ni maladie pestilentielle à bord, soit avant le départ, soit pendant la traversée, soit au moment de l'arrivée; est suspect le navire à bord duquel il s'est produit un ou plusieurs cas suspects au moment du départ ou pendant la traversée, mais aucun cas nouveau depuis 7 jours; est infecté le navire qui présente à bord un ou plusieurs cas suspects ou confirmés depuis 7 jours, ainsi que le navire à bord duquel est constatée la présence de rats pesteux (art. 24). Le régime de chacune de ces trois catégories est différent; il consiste en mesures de désinfection plus ou moins complètes et sévères (art. 25 à 28 et, 39 et 43).

1102. La dératisation au moyen d'appareils dont l'efficacité est reconnue par le Conseil supérieur d'hygiène de France, est obligatoire: 1° pour tout navire provenant d'un port considéré comme contaminé de peste ou y ayant fait escale; — 2° pour tout navire ayant pris en transbordement (de bord à bord) plus de 50 tonnes de marchandises provenant d'un port considéré comme contaminé de peste (art. 29). Peuvent être dispensés de la dératisation: 1° les navires qui se bornent à déposer des passagers et ne font que des escales de quelques heures; — 2° les navires faisant des escales de moins de 12 heures et laissant moins de 500 tonnes de marchandises, à condition que le débarquement ait lieu de jour, le navire éloigné des quais et les amarres garnies; — 3° les vapeurs qui n'auraient touché aucun port considéré comme contaminé de peste pendant 60 jours depuis leur départ d'un port contaminé, alors qu'aucun cas suspect n'a été constaté à bord; — 4° les navires qui, ayant fait escale dans un port considéré comme contaminé, justifient qu'ils n'y ont, ni accosté à quai ou à appontements, ni embarqué de marchandises; — 5° les navires qui ont subi la dératisation dans un port étranger depuis leur départ d'un port considéré comme contaminé, ce, sous certaines garanties et conditions; — 6° les navires qui ont fait un transbordement, si les marchandises ont été transbordées d'un navire dératisé dans les conditions qui viennent d'être dites (art. 30).

Sont réputés marchandises, pour l'application du présent décret, tous produits embarqués, figurant ou non au manifeste, à l'exception du charbon embarqué pour les besoins du service sans accostage à quai (art. 31).

1103. La dératisation est en principe effectuée avant tout déchargement du navire (art. 34); cependant il y a à cette règle des exceptions (art. 32). Elle donne lieu à la délivrance d'un certificat (art. 36). Les personnes qui ont été chargées de la désinfection totale ou partielle d'un navire infecté et celles qui se sont trouvées à bord pendant cette opération, sont soumises à une surveillance de 5 jours à partir de la fin des opérations (art. 41). Elles sont soumises pour l'exercice de cette surveillance à certaines obligations (art. 42). Il leur est délivré un certificat (art. 49).

1104. Les navires chargés d'émigrants, de pélerins, de corps de troupe, et en général ceux jugés dangereux par une agglomération d'hommes dans de mauvaises conditions, peuvent être en tout temps l'objet de mesures spéciales (art. 50). Des mesures sont prises pour le débarquement des dépêches, lorsque le navire qui les a apportées est retardé pour des mesures sanitaires (art. 51). Enfin, en dehors des cas ci-dessus prévus, l'autorité sanitaire d'un port peut, en cas de danger imminent, prendre telles mesures qu'elle jugera indispensables, sauf à en référer immédiatement au Gouvernement tunisien (art. 52). Toute personne qui essaiera de franchir un cordon sanitaire sera repoussée par la force, sans préjudice des peines encourues (art. 3).

1105. Le titre V s'occupe des marchandises. Elles ne sont l'objet de mesures spéciales qu'au cas où l'autorité sanitaire les considère comme souillées par des produits pesteux ou cholériques. Ces mesures sont la désinfection, l'aération, la destruction et la prohibition (art. 54).

1106. La désinfection est toujours appliquée aux marchandises ou objets ci-après provenant de circonscriptions contaminées de choléra: 1° linges de corps, hardes et vêtements portés, literie ayant servi, paquetages de soldats et matelots renvoyés dans leur pays après décès; — 2° vieux tapis; — 3° chiffons et drilles sauf, s'ils sont comprimés ou sont constitués de déchets neufs (art. 55).

1107. Si des marchandises arrivant en vrac ou dans des emballages défectueux ont été, pendant la traversée, contaminées par des rats reconnus pesteux et si elles ne peuvent être désinfectées, la destruction des germes peut être assurée par leur mise en dépôt dans les conditions d'aération les plus favorables pendant une durée maxima de 2 semaines. En dehors de ces cas, elles ne peuvent être retenues par l'autorité sanitaire (art. 56).

1108. En cas d'impossibilité de purifier, de conserver ou de transporter sans danger des animaux ou des objets matériels susceptibles de transmettre la contagion, ils pourront être, sans obligation d'en rembourser la valeur, les animaux tués et enfouis, les objets matériels détruits et brûlés. La nécessité de cette mesure est constatée par des procès-verbaux lesquels font foi jusqu'à inscription de faux (art. 57).

Les marchandises en provenance de pays contaminés sont admises au transit sans désinfection, si elles sont pourvues d'une enveloppe prévenant tout danger de transmission (art. 58). Les journaux, papiers, imprimés, lettres et correspondances (non compris les colis postaux) ne sont soumis à aucune restriction ni désinfection (art. 59).

1109. Les animaux vivants peuvent être l'objet de mesures de désinfection; des certificats d'origine peuvent être exigés; les cuirs verts, débris frais d'animaux et peaux peuvent être aussi l'objet de certificats d'origine (art. 60). Enfin les marchandises désignées en l'art. 55 peuvent être l'objet d'une prohibition d'importation (art. 61).

1110. Le titre VI s'occupe du pélerinage de la Mecque; il ne peut avoir lieu que par le port de Tunis et après une déclaration du capitaine au Gouvernement au moins 3 jours avant le départ (art. 62). Le Gouvernement fait visiter le navire (art. 63) et s'oppose à l'embarquement des pélerins, si les conditions d'hygiène exigées ne sont pas réalisées par le navire (art. 64). Ces conditions sont indiquées aux articles suivants (65 à 73). Le capitaine doit afficher ses tarifs (art. 76) et n'embarquer que les pélerins indiqués sur une liste visée par l'autorité sanitaire; il lui faut une patente de santé circonstanciée (art. 77). N'est pas considéré comme navire à pélerins celui qui, outre ses passagers ordinaires, embarque des pélerins de la dernière classe dans une proportion moindre que 1 pélerin par 100 tonnes de jauge brute.

1111. Les titres VII et VIII traitent des autorités sanitaires et du Conseil sanitaire maritime, le titre IX des attributions de police judiciaire et d'état civil de ce conseil; elles n'intéressent pas de près la matière traitée ici; mais il faut s'arrêter un peu plus au titre X qui parle des peines, des délits et des contraventions en matière sanitaire.

1112. Il rend applicable en Tunisie le titre 11 de la loi française du 3 mars 1822 (art. 101). En cas de contravention au décret tunisien, le navire est retenu (art. 102), l'agent verbalisateur estime le montant de l'amende en principal et accessoires et en prescrit la consignation immédiate, à moins qu'il ne soit fourni caution solvable. En cas d'acquittement, la somme consignée est remboursée; en cas de condamnation, la somme est versée au Trésor (art. 103). Tout contrevenant est tenu d'élire domicile dans le ressort du Tribunal dont relève le lieu où la contravention a été commise (art. 104).

1113. Le titre XI est consacré à des dispositions générales qui maintiennent les droits sanitaires établis par le décret du 20 février 1885, dont le surplus est abrogé (art. 107).

1114. Le décret dont l'analyse précède a été modifié dans son art. 61 par un décret du 23 novembre 1910 (Z. 4164). Il y est dit qu'à l'importation comme à l'exportation les marchandises, et en particulier les chiffons, drilles et crins en balles ou ballots cerclés de fer, ne doivent stationner sur les quais plus d'une demi-journée, ce délai étant porté à 2 jours pour les peaux non tannées ayant subi une préparation spéciale.

1115. La jurisprudence sur la police sanitaire maritime n'a eu à enregistrer qu'une décision[1]. Elle a mis en principe les frais de quarantaine à la charge de la marchandise; ils sont cependant à la charge du bâtiment s'ils sont causés par un déroutement; la quarantaine est un risque de navigation qui retarde l'arrivée du navire et les délais de déchargement ne courent que du jour où il a obtenu la libre

---

[1]) S. Berge, Répertoire V° Transp. marit. n°s 131 et s.

pratique. Ce sera là la base légale du calcul des surestaries. Il importe peu que la charte-partie stipule que les marchandises sont livrables sous palan; il n'en résulte pas que le transport soit terminé quand le navire a jeté l'ancre en rade, si toute communication avec la terre lui a été refusée. Cette solution doit être admise surtout si la charte-partie a prévu le cas de quarantaine et s'est borné à autoriser le capitaine qui veut continuer sa route à déposer la marchandise sur cales ou carènes ou dans des entrepôts, sans dire que le destinataire devra lui en fournir les moyens: Tunis, 13 mai 1893 (Journal 1896, p. 363).

1116. D'autre part, un jugement[1] a reconnu au Gouvernement tunisien le droit de prendre, dans l'intérêt de la sûreté publique, toutes mesures sanitaires reconnues utiles, de repousser tout navire dangereux, d'imposer des quarantaines et d'ouvrir des lazarets; il n'encourt donc aucune responsabilité pécuniaire en prenant des mesures de cette nature et même en refusant l'entrée d'un lazaret, où il n'y a plus de place, à des passagers qu'il refuse aussi de laisser débarquer: Tunis, 19 janvier 1887 (Journal 1894, p. 564).

Chapitre IV. Chasse.

1117. La législation sur la chasse crée d'importantes limitations au commerce du gibier et des animaux sauvages ou de leurs dépouilles; il doit donc y avoir place ici pour une courte analyse qui portera uniquement sur un décret du 15 janvier 1910 (Z. 3973) qui a abrogé toute la législation antérieure.

1118. L'ouverture et la fermeture de différentes sortes de chasse est déterminée chaque année par des arrêtés du Directeur de l'Agriculture publiés 15 jours à l'avance (art. 1). Pendant que la chasse en est close, la poursuite, la destruction, la capture, la vente, la détention, le colportage et l'exportation de chaque catégorie de gibier sont absolument prohibés. La recherche de ce gibier, pour la constatation des contraventions, peut être respectivement opérée, durant les mêmes périodes, dans les lieux ouverts au public, notamment chez les restaurateurs, maîtres d'hôtel, aubergistes, marchands de comestibles, ainsi que dans les cafés, les voitures publiques, les gares, leurs bureaux et dépendances et, en général, dans tous les lieux où ces animaux sont déposés pour être livrés au commerce ou à la consommation (art. 2).

1119. Sont prohibés en tout temps la destruction, la capture, la détention, la vente, l'achat, le colportage et l'exportation: 1° des œufs, nids, couvées et petits de tout gibier, quel qu'il soit; — 2° des faons, biches et cerfs de Barbarie; — 3° des oiseaux mentionnés ci-après et des œufs, nids et couvées de ces oiseaux, savoir: les rapaces nocturnes, sauf le grand duc, les pies, les geais bleus, les grimpereaux, les gorges-bleues, les rouges-queues, les rouges-gorge, les coucours, les fauvettes, les rossignols, les martinets, les roitelets, les gobe-mouches, les hirondelles, les lavandières et bergeronnettes, les mésanges, les cigognes, les ibis, les pigeons voyageurs. Les recherches domiciliaires permises par l'art. 2 s'appliquent à ces animaux (art. 3). La chasse des guêpiers n'est autorisée que dans le voisinage des ruchers (art. 4).

1120. Des exceptions temporaires aux dispositions des art. 2 et 3 peuvent être autorisées par arrêtés du Directeur de l'Agriculture, soit dans un intérêt scientifique et de repeuplement, soit en vue de permettre ou de faciliter la capture des oiseaux de proie propres à la chasse (faucon), ou la protection des cultures, plantations et récoltes, ou la chasse au miroir des oiseaux de passage autres que la caille (art. 6).

1121. Toute infraction aux dispositions du présent décret est punie d'une amende de 16 à 500 fr. et d'un emprisonnement de 6 jours à un mois ou de l'une de ces deux peines seulement. La prison est toujours prononcée, s'il y a récidive, ou si le délinquant a pris un faux nom, ou a usé de violence envers les agents chargés de la constatation du délit, ou les a menacés, sans préjudice des peines plus fortes pour faits connexes. Il y a récidive lorsque, dans les 12 mois qui ont précédé l'infraction, le délinquant a été condamné en vertu du présent décret (art. 7).

1122. Les pères, mères, maîtres et commettants sont civilement responsables des délits visés par le présent décret, mais cette responsabilité ne s'applique qu'aux frais et ne peut donner ouverture à la contrainte par corps (art. 10).

1123. Il y a lieu à saisie du gibier capturé ou transporté en délit; il est remis en liberté, s'il est vivant; dans le cas contraire, détruit ou remis à un établissement

[1] S. Berge, Répertoire V° Police nos 7 et s.

de bienfaisance. Le refus par le délinquant de le remettre emporte mention descriptive sur le procès-verbal (art. 11).

1124. Toute action relative aux délits prévus par le présent décret se prescrit par le laps de temps d'une année à partir du délit (art. 12). Les dispositions de l'art. 463 Code pén. fr. sur les circonstances atténuantes sont applicables (art. 12).

Chapitre V. Réglementation des transports.

1125. Les lois sur l'exploitation des chemins de fer, la police du roulage et des automobiles entraînent un certain nombre de limitations au libre exercice du commerce et de l'industrie; c'est à ce point de vue seulement qu'il en est fait mention ici.

1126. Il faut remarquer d'abord que les compagnies de chemins de fer ne sont pas libre d'imposer les tarifs qui leur plaisent; aucune taxe, de quelque nature qu'elle soit, ne peut être perçue par les entreprises de chemins de fer qu'en vertu d'une décision de l'autorité administrative (Décret du 1er avril 1896, Z. 228, art. 65). Les particuliers qui ont à faire exécuter des transports sont donc sûrs d'avoir en Tunisie des garanties aussi complètes que celles qu'ils trouveraient en France et dans les autres pays de l'Europe (même décret, art. 66 à 81).

1127. Il faut noter, en second lieu, l'art. 91 du même décret, qui est ainsi conçu: «Aucun crieur, vendeur ou distributeur d'objets quelconques ne pourra être admis par les compagnies à exercer sa profession dans les cours ou bâtiments des stations ou dans les salles d'attente destinées aux voyageurs, qu'en vertu d'une autorisation spéciale du Directeur général des travaux publics.»

1128. En troisième lieu, parcourant les autres dispositions de ce même et si important décret, on y trouve, aux art. 6 et 7, l'interdiction de déposer des matières, inflammables ou non, à moins d'une certaine distance de la voie ferrée; à l'art. 21 des mesures de bon ordre pour le stationnement, l'entrée et la sortie des voitures dans les gares; à l'art. 82 des interdictions de stationnement et d'introduction sur les voies de matériaux et d'animaux; à l'art. 87 l'interdiction d'expédier des matières dangereuses sans déclaration préalable; tout cela n'a qu'un rapport un peu éloigné avec la matière spéciale qui est traitée ici, mais valait une mention. Il en est de même d'un arrêté du 29 avril 1898 (Z. 229) qui, dans son art. 7, indique qu'il est interdit d'introduire dans les gares des animaux vicieux, dangereux et malades, pouvant compromettre la sécurité publique et la santé des animaux à transporter par chemin de fer.

1129. Il faut ensuite noter un décret du 28 décembre 1898 (Z. 232) sur le transport des matières explosives, inflammables, vénéneuses et infectes, dont les très copieuses dispositions ne sauraient trouver place ici, même en résumé, non seulement parce qu'elles sont trop longues pour entrer dans notre cadre, mais encore parce que le Directeur des travaux publics peut les modifier suivant les besoins par simples arrêtés. La seule chose qu'on puisse faire ici est donc de signaler au commerce l'existence de cette législation, de manière à ce que les intéressés se procurent dans les gares, avant une expédition, les renseignements nécessaires. Nous signalons aussi un décret du 23 mars 1912 (J. off. tun. du 30 mars 1912) sur le débarquement et la manipulation des pétroles et essences inflammables à Tunis-Goulette, Sousse et Sfax.

1129a. Un décret du 24 juin 1912 (Journal, 1912, p. 537 et s., 569 et s., 601 et s.) a règlementé à part les voies ferrées classées sous le nom de *tramways*. Le titre I (art. 2 à 4) leur impose, ainsi qu'aux propriétés riveraines, un régime légal particulier; le titre II (art. 5 à 9) définit et punit les contraventions aux cahiers des charges qui peuvent être commises par les concessionnaires ou fermiers; le titre III (art. 10 à 13) organise la surveillance et le contrôle; le titre IV (art. 14 à 17) traite de la police des gares et des voies ferrées; le titre V (art. 18 à 25) prend les dispositions relatives à la construction et à l'entretien du matériel; le titre VI (art. 26 à 31) règlemente la composition des trains, le titre VII (art. 32 à 37) leur circulation; le titre VIII (art. 38 à 44) la perception des taxes; le titre IX (art. 45 à 50) est relatif au transport des voyageurs et des marchandises; le titre X (art. 51 à 54) prend diverses mesures de police et le titre XI (art. 55 à 66) traite de la sécurité de la circulation dans les tramways. A noter l'attribution de compétence exclusive de la juridiction française, pour les infractions de toute nature relevées et sanctionnées dans le décret, quelle que soit la nationalité des délinquants. La connaissance de ce document est indispensable à tous ceux qui auront affaire aux tramways tunisiens, soit pour des entreprises, soit pour des transports, soit par l'acquisition de propriétés limitrophes.

1130. Quant à la police du roulage, nous en avons déjà donné un aperçu sous les n° 307 et suivants du présent ouvrage et il est inutile que nous y revenions maintenant.

Chapitre VI. Réglementation des ports.

1131. Les plus importants des ports de la Tunisie ont été créés et aménagés par des concessionnaires qui, placés à peu près dans la même situation qu'une compagnie de chemins de fer, font approuver par l'autorité supérieure des règlements particuliers et des tarifs; il y a donc une grande diversité de régime entre ces établissements; mais il existe une législation de portée générale sur laquelle il convient d'insister davantage et qui est un lien commun entre les cas particuliers.

1132. La législation générale dont s'agit résulte d'un décret du 10 février 1896 (Z. 1410) et de son annexe (Z. 1411). Ce dernier document comprend 110 articles distribués en plusieurs divisions.

1133. Il parle tout d'abord de la délimitation des ports, des attributions des agents des ports, de l'interdiction faite à ceux-ci de prendre part à des entreprises commerciales et de l'organisation du service administratif, qui comporte des capitaines de port, des lieutenants de port, des maîtres de port et des pilotes (art. 2 à 21).

1134. Ensuite il traite de l'usage des ports et des quais. En principe, les quais et plages compris dans les ports sont affectés au service des industries maritimes; des autorisations d'occupation peuvent être délivrées (art. 22 à 27). Toute personne qui veut occuper une partie des quais ou bassins pour y faire une installation quelconque, doit adresser une demande explicite au Directeur général des travaux publics (art. 28); l'arrêté d'autorisation relate l'emplacement, la surface à occuper, l'usage auquel elle est destinée, la nature des constructions à y élever, la durée de la concession, la redevance annuelle à payer par le permissionnaire, la date des paiements, les conditions particulières et le domicile légal du permissionnaire. A l'arrêté est joint un plan des lieux à occuper (art. 29). La redevance annuelle ne peut être inférieure à 5 fr. (art. 31). Les autorisations sont données dans les limites des droits de l'Etat, les droits des tiers étant réservés; elles sont à titre précaire et révocables; à toute époque, le permissionnaire peut être mis en demeure de démolir ses installations sans qu'il puisse prétendre à indemnité (art. 32). Il doit se prêter à toutes investigations et surveillances pour la répression des fraudes aux lois fiscales (art. 35) et présenter son autorisation à toute réquisition des agents compétents (art. 36); les cessions d'autorisation sont permises seulement avec l'autorisation du Directeur général des travaux publics (art. 37); la déchéance est prononcée, le cas échéant, par le même fonctionnaire (art. 38); l'administration a toujours le droit de résilier le contrat en cas de faillite (art. 39); à la fin de la concession, les lieux doivent être remis en l'état primitif par le concessionnaire (art. 40).

1135. L'organisation intérieure des ports et le pilotage sont réglés par le Directeur général des travaux publics (art. 42 à 44). Pour demander le pilote, les bâtiments hissent, le jour, au mât de misaine, le pavillon d'appel réglementaire en usage dans leurs pays ou, à défaut, un pavillon blanc bordé de bleu, la nuit, au grand mât, 2 feux blancs superposés (art. 45). Le capitaine ou patron qui fait abus des signaux d'appel au pilote est puni de 50 fr. d'amende et est responsable de toutes les conséquences (art. 46).

1136. Tout navire, lorsqu'il mouille sur rade, lorsqu'il entre dans le port ou lorsqu'il en sort, arbore le pavillon de sa nation (art. 47). Les navires mouillés sur rade portent, du coucher au lever du soleil, un feu blanc sur le beaupré, visible de tous les points de l'horizon. Les navires en quarantaine portent, le jour, un pavillon jaune au mât de misaine, la nuit, le pavillon est remplacé par un feu blanc. Les officiers de port signalent, toutes les fois que l'état de la mer l'exige, le danger des communications entre les navires sur rade et la terre (art. 48).

1137. Les agents des ports règlent les mouvements des navires, l'ordre d'entrée et de sortie dans les ports, bassins et darses. Les capitaines et patrons des bateaux doivent obéir à leurs ordres et prendre d'eux-même, dans les manœuvres qu'ils effectuent en conséquence, les mesures nécessaires pour prévenir les accidents (art. 49). «Tout capitaine mouillant sur rade ou entrant dans le port doit, dans les 24 heures, remettre au bureau du port une déclaration écrite indiquant le nom de son navire, son propre nom, celui de l'armateur ou du consignataire, le tonnage du navire, son tirant d'eau, son genre de navigation, la nature de son chargement, sa provenance, sa destination et le nombre d'hommes de son équipage. La même déclaration doit être faite à la sortie» (art. 50).

1138. Sauf nécessité absolue, aucune ancre ne doit être mouillée dans les passes (art. 51). Les navires prennent dans le port la place indiquée par les officiers de port (art. 52); un droit d'accostage à un quai ou à un appontement est fixé à 0 fr. 30 centimes par tonneau de jauge et par jour (art. 53). Les navires ne peuvent être amarrés qu'aux apparaux disposés à cet effet; leurs capitaines ne peuvent se refuser à recevoir une aussière ni à larguer leurs amarres pour faciliter le mouvement des autres navires (art. 54). Tout navire amarré doit avoir un gardien à bord; s'il devient nécessaire de faire une manœuvre et qu'il n'y ait pas assez d'hommes à bord, les officiers de port en fournissent aux frais du navire (art. 55). En cas de nécessité, tout capitaine ou gardien doit doubler ses amarres et prendre les précautions prescrites par les officiers de port (art. 56).

1139. Les délais de chargement et de déchargement sont fixés par le règlement spécial de chaque port (art. 57). Le navire est relevé à l'expiration du délai fixé; les marchandises doivent être enlevées à mesure qu'elles ont subi la vérification de la Douane, ou, au plus tard, dans les 24 heures; à défaut, procès-verbal est dressé par les agents des ports et avis est donné au capitaine ou au consignataire du navire, après quoi les marchandises sont portées d'office au dépôt, ce qui fait courir des frais de magasinage et autres qui doivent être soldés avant tout enlèvement (art. 58).

1140. Les grues sont mises à la disposition du public dans l'ordre des demandes et suivant tarif (art. 59). Le lestage des navires est libre; toutefois un dépôt de lest peut être établi dans un port et un adjudicataire en a le monopole, sans que cela porte préjudice à la liberté des navires (art. 60). Nul ne peut embarquer ou débarquer du lest sans en faire la déclaration 24 heures à l'avance aux officiers de port (art. 61); ceux-ci indiquent les emplacements où le lest peut être déposé (art. 62) et doivent vérifier que les matières servant au lestage ne contiennent rien d'insalubre, à moins qu'il ne s'agisse de lest en fer ou d'ironstones (art. 63). Il est défendu de travailler la nuit au lestage ou au délestage (art. 64).

1141. Une nomenclature est donnée des matières dangereuses (art. 65); le navire qui en est chargé en totalité ou en partie, doit s'arrêter dans la partie du port ou des mouillages extérieurs désignée à cet effet par le règlement spécial du port; il est amarré avec des chaînes-cables en fer et arbore un pavillon rouge à l'endroit le plus apparent; il doit rester à 50 mètres au moins des autres navires et ces derniers ne doivent pas stationner à distance moindre (art. 66 et 67). Si les matières dangereuses excèdent 15000 litres, le navire doit en outre être entouré, à ses frais, d'isolateurs, lesquels doivent encore être employés pour des quantités moindres, si les officiers de port le jugent utile (art. 68). Le chargement et le déchargement ont lieu sur les points indiqués par les officiers de port, et avec des précautions spéciales (art. 71); les opérations par allèges ne peuvent avoir lieu qu'au moyen d'embarcations spéciales munies d'un pavillon rouge (art. 72); les essences doivent être contenues dans des vases métalliques exactement fermés; l'usage de bonbonnes ou de touries en verre ou en grès est interdit (art. 73). Il est interdit de fumer ou de faire du feu sur les navires et allèges pendant les opérations (art. 75). Un gardien spécial désigné par le service du port est reçu par le navire pendant toute la durée de son séjour et est à sa charge (art. 76). Les entrepôts où sont mis les matières dangereuses sont soumis à des dispositions spéciales (art. 77) et des règlements spéciaux sont pris dans chaque port en ce qui les concerne (art. 78).

1142. Des précautions générales sont prises dans les ports contre les incendies: il est interdit d'allumer du feu sur les quais (art. 79); l'usage du feu à bord est réglementé et il est interdit ainsi que la lumière à bord des navires désarmés (art. 80). Les armes à feu sont interdites (art. 81). En cas d'incendie, tous les capitaines de navire réunissent leurs équipages et prennent les mesures de précaution prescrites par les officiers de port, qui doivent être prévenus à la moindre alerte (art. 82). Les opérations de fumigation et de brayage ne doivent avoir lieu qu'après déclaration et sous la conduite des officiers de port (art. 83 et 84).

1143. Dans l'enceinte des ports, il peut être ménagé des emplacements particuliers pour la construction ou le carénage des navires; ailleurs, ces opérations sont interdites (art. 85). La mise à l'eau d'un navire ne peut avoir lieu sans une déclaration aux officiers de port, faite au moins 24 heures à l'avance, et la prise des précautions nécessaires (art. 86). Si un bâtiment coule bas dans un port, le capitaine est tenu de le faire relever ou dépecer sans délai; à son défaut, les officiers de port font le nécessaire aux frais des propriétaires (art. 87).

1144. Il est défendu de jeter des terres, des décombres, des ordures ou des matières quelconques dans les ports ou leurs dépendances, d'y verser des liquides insalubres, d'y placer des filets fixes ou flottants ou tous engins pouvant gêner les navires, de faire aucun dépôt sur des quais réservés à la circulation, de déposer sur les autres parties des objets ou marchandises ne provenant pas de navires amarrés ou destinés à y être chargés, d'étendre des filets sur les quais, de faire rouler des brouettes, tombereaux ou voitures sur les dalles de couronnement des quais, d'y tailler des pierres, d'y faire de la charpente ou de la menuiserie, de ramasser des moules ou autre coquillages sur les ouvrages du port (art. 88). Aucune tente ne peut être dressée sur les quais sans autorisation (art. 89). Il est défendu de lancer aucune marchandise du bord à terre, et d'embarquer ou de débarquer des marchandises telles que pierres, tuiles, briques etc., susceptible de dégrader les quais, sans avoir pris les précautions techniques nécessaires (art. 90). Les marchandises infectes ne peuvent rester déposées sur le quai (art. 91); les voitures, chariots et fourgons ne doivent pas y séjourner (art. 92); l'outillage mobile doit être rangé chaque soir (art. 93) et le soir, tout capitaine est tenu de faire balayer le pavage du quai jusqu'à la ligne des pieux d'amarre devant son navire et dans la moitié de l'espace qui le sépare des navires voisins, sans que cette moitié puisse dépasser de 15 mètres les extrémités de son navire. La même opération lui incombe lorsque son chargement ou son déchargement sont terminés; il doit faire balayer également l'emplacement que les marchandises de son navire ont occupé (art. 94). Les capitaines, maîtres et patrons sont responsables des avaries que leurs bâtiments feraient éprouver aux ouvrages du port (art. 96).

1145. Les bateaux de servitude sont assujettis à une réglementation particulière (art. 97 à 102) ainsi que les bateaux remorqueurs (art. 103 à 106).

1146. Les officiers, maîtres de port et pilotes sont chargés de la constatation des contraventions au présent décret; ils prêtent serment avant d'entrer en fonctions (art. 107). Si les manquements constatés sont de nature à entraîner le paiement d'une amende, le navire ne peut quitter le port avant d'avoir fourni bonne et valable caution pour ladite amende et pour les frais; s'il a été fait d'office des frais pour une marchandise ou si elle a donné lieu à un procès-verbal pouvant entraîner une amende, elle ne peut être enlevée avant que caution ait été fournie (art. 108). Les infractions au présent décret sont punies d'une amende de 16 à 500 fr. sans préjudice des réparations civiles. L'art. 463 Code pén. fr. sur les circonstances atténuantes est applicable (art. 109). Toutes les infractions au présent décret sont de la compétence exclusive des Tribunaux français de Tunisie, quelle que soit la nationalité des délinquants (art. 110).

1147. A ce règlement est annexé le tableau des ports (Z. 1412) avec l'indication de la limitation de chacun d'eux; ils sont au nombre de 16. Il faut aussi y joindre un décret du 22 juillet 1885 (Z. 1395) sur le paiement par les navires qui entrent dans un port tunisien, d'un droit de reconnaissance et de phares.

1148. Le port de Bizerte a un règlement particulier (Z. 3314) approuvé par un décret du 20 juin 1907. Ce port est exploité par la Compagnie du Port de Bizerte; il se compose: de l'avant port, de la darse du vieux port; du canal creusé entre la mer et le lac, de la baie de Sebra et d'une partie du goulet limitée par des feux (art. 1). Le pilotage est obligatoire à l'entrée ou à la sortie, ce qui n'empêche pas le capitaine de rester responsable de tout échouage ou accident quelconque (art. 4 et 5). Les art. 6 à 13 du décret indiquent les mesures de police particulières au port, les art. 14 à 23 traitent de ce qui est spécial aux amarrages et aux accostages; il y est dit que les capitaines et armateurs conservent dans ces opérations l'entière responsabilité de leur navire; les art. 24 à 27 s'occupent des manutentions à quai, l'art. 28 des voies ferrées et de la gare maritime, l'art. 29 des portefaix, les art. 30 à 32 du magasinage et du bâchage, l'art. 33 des fournitures d'eau, l'art. 34 des réparations, l'art. 35 de la manutention des matières dangereuses.

1149. Les art. 36 et suivants concernent le paiement des taxes; le tonnage, brut ou net, qui sert de base à la perception, se calcule d'après les règles légalement admises en France; ces taxes sont liquidées et encaissées par la compagnie concessionnaire (décrets du 22 juillet 1885, Z. 1395; et 3 février 1895, Z. 1408). Les unes sont dues par le navire ou, le cas échéant, par les mahonnes et chalands qui servent d'intermédiaire entre le quai et le bord; les autres sont dues par le propriétaire ou le consignataire des marchandises, à défaut, par le déclarant en douane, à défaut, par l'auteur du dépôt de la marchandise (art. 38). Il est procédé pour le paiement conformément aux dispositions du décret du 6 novembre 1887 sur le paiement des droits sanitaires des phares et des ports (Z. 1400). Pour les marchandises, le paiement est préalable ou est effectué immédiatement après le service rendu pour la location d'outillage (art. 39).

1150. En cas de refus de paiement des taxes, la marchandise ou le navire est retenu. En cas de contestation, il doit être fourni consignation ou dépôt pour le montant réclamé (art. 40).

1151. La réglementation particulière du port de Tunis a été approuvée par un décret du 10 mars 1899 (Z. 1419 et 1420). Le port comprend le canal maritime ouvert dans le lac de Tunis, les bassins de Tunis et de La Goulette, la darse et le vieux canal de La Goulette, la Marine de Tunis (art. 1). Ce port est exploité par la Compagnie des ports de Tunis, Sousse et Sfax qui assure les services du remorquage, du lestage et du délestage, du radoub, du bac à vapeur et du pont tournant de La Goulette, des engins de levage, de pesage et de bâchage (art. 3).

1152. Le pilotage est obligatoire pour tout navire de plus de 25 tonneaux de jauge; il commence à l'embouchure du canal en mer et finit après l'amarrage du navire; le capitaine reste responsable de son navire, des échouages et des accidents pendant le pilotage (art. 4 et 5).

1153. La navigation dans le canal est libre pour tous les navires de commerce, quelle qu'en soit la nationalité, à condition de ne pas caler plus de 6 mètres, et de se conformer aux prescriptions des art. 7 à 13. Les navires ne doivent pas mouiller dans le canal, sauf les cas de force majeure; il leur est interdit de se dépasser, s'ils vont dans le même sens; ils doivent marcher avec lenteur, s'écarter et même s'arrêter aux croisements, porter des feux de position, avoir à l'avant un homme de vigie, exécuter tous les signaux prescrits; en cas d'échouage, c'est aux agents de la compagnie qu'appartient de prescrire les opérations nécessaires au renflouement et au rétablissement des communications. Les frais en sont payés avant le départ du navire sur état dressé par le service des ports. Toute manœuvre ayant pour but de dégager un navire échoué dans le canal est formellement interdite aux autres navires de passage, lorsqu'ils n'en seront pas requis par les agents de service de la police du port.

1154. La police des bassins est réglée par les art. 14 à 24. Ces dispositions fixent l'affectation des ouvrages, réglementent le lestage et le délestage, le batelage, le remorquage, l'abandon d'ancres et de chaînes dans le port.

1155. Les art. 25 à 36 sont consacrés à la police des quais et de leur outillage. La circulation est interdite sur les quais aux personnes qui n'y ont pas affaire et celle des camions et charrettes réglementée. Les délais pour les chargements et déchargements sont fixés à 200 tonnes par jour franc pour les vapeurs et à 40 tonnes pour les voiliers. La compagnie met à la disposition des intéressés, moyennant loyer, des appareils de pesage de la force de 1000 kilogrammes, des engins de levage, des grues à vapeur, un ponton-bigue de 20 tonnes, des grues à bras; les prix de location sont fixés dans le règlement. L'exploitation des voies ferrées de la gare maritime font l'objet de nombreux détails. Les portefaix sont soumis à une discipline sévère et un tarif leur est imposé. L'affectation des terre-pleins couverts et magasins est fixée, ainsi que le régime des entrées et des sorties, les responsabilités et la liquidation des frais de magasinage. On prévoit la mise en vente des marchandises restées en souffrance. Le ravitaillement en eau fait aussi l'objet de dispositions particulières, tant pour les formalités tendant à l'obtenir et l'usage des manches à eau, que pour le paiement de la dépense, la liquidation des taxes et la réparation pécuniaire des avaries. Enfin un lieu particulier est assigné à la construction, au carénage et au calfatage, ainsi qu'à la manipulation des matières dangereuses.

1156. La liquidation des taxes se fait comme à Bizerte sur la jauge des navires et les mêmes règles président à la liquidation et au paiement (art. 37 à 40).

Les contestations sont aussi réglées de la même manière. Le tarif des taxes est annexé (Z. 1421).

1157. L'exposé de cette copieuse législation doit être complété par la mention d'un décret du 16 décembre 1905 (Z. 2892) qui approuve les tarifs communs aux ports de Tunis, Sousse et Sfax; ces tarifs eux-mêmes y sont annexés (Z. 2893) et par celle d'un décret du 22 octobre 1910 (Z. 4153) relatif à la durée de location des engins de levage dans les ports du Tunis, Sousse et Sfax. Un décret du 16 avril 1912 (Journ. off. tun. 20 avril 1912) a annulé le décret du 3 décembre 1899 qui avait créé un service provisiore de remorquage dans le port de Sfax.

1158. Il y a un peu de jurisprudence[1] pour commenter cet ensemble législatif. L'art. 31 du règlement du port de Tunis, qui dit que les terre-pleins couverts et découverts sont exclusivement affectés au dépôt des marchandises avant leur embarquement et après leur débarquement, implique que la garde et la conservation des marchandises qui y sont placées restent à la charge des intéressés, sans que la Compagnie des ports puisse être rendue responsable de la perte, de l'incendie ou des avaries quelconques qu'elles viendraient à subir; est donc mal fondée l'action en responsabilité intentée par un particulier, à la suite de la disparition de sa marchandise, déposée sur les terre-pleins du port de Tunis pour son embarquement, à l'encontre du gardien de l'administration: Tunis, 8 juin 1904 (Journal 1904, p. 638). Il a été décidé d'autre part que le café, en ce qui touche le droit de magasinage, rentre dans la troisième catégorie des marchandises énumérées dans le règlement du port de Tunis; qu'il en résulte que le droit de magasinage qui lui est applicable, est celui de 0,04 centimes par semaine et par 100 kilos: Tunis, 13 décembre 1899 (Journal 1900, p. 144). Enfin, il a été jugé que, d'après le décret beylical du 20 mars 1882, art. 5 et suiv., la douane de Tunisie n'est pas responsable des pertes et avaries de marchandises non logées dans ses entrepôts et non soumises au droit de magasinage; qu'en conséquence, la responsabilité des pertes ou avaries survenues à des marchandises de cette catégorie, incombe à la compagnie de transport ou au destinataire, selon que les pertes ou avaries sont survenues avant ou après la livraison: Justice de paix du Canton Nord de Tunis, 29 octobre 1896 (Journal 1897, p. 128).

Chapitre VII. Police de la navigation.

1159. La navigation a été en Tunisie l'objet de trois législations successives; la première a été réalisée par un décret du 31 décembre 1899 (Z. 1423) appuyé d'une circulaire en date du 25 décembre 1900 (Z. 1697); la seconde s'est produite sous la forme d'un décret du 20 décembre 1904 (Z. 2617) et d'une instruction du 31 décembre suivant (Z. 2643); on ne s'occupera ici que de la troisième, qui a remplacé les deux autres, et qui est constituée par: un décret du 15 décembre 1906 (Z. 3168), une instruction du 30 décembre 1906 (Z. 3192), un arrêté du 21 janvier 1907 (Z. 3212) et un arrêté du 20 mai 1908 (Z. 3526).

1160. Le premier de ces documents est divisé en 4 titres et 66 articles. Le titre premier s'occupe de l'armement des bateaux en Tunisie. On répute bateaux tunisiens ceux de tout tonnage construits en Tunisie, commandés par des capitaines tunisiens ou français et appartenant au moins pour moitié à des tunisiens ou à des français. Les bateaux construits hors de Tunisie peuvent être nationalisés tunisiens, à la condition de payer au préalable à la Douane un droit d'entrée fixé à 2 fr. par tonneau de jauge nette. Sont considérés comme étant de construction tunisienne: 1° les bateaux trouvés en mer par des navires tunisiens; — 2° ceux qui, naufragés sur les côtes de la Régence, sont devenus, par suite de vente, la propriété de sujets tunisiens ou de français; — 3° ceux qui ont été confisqués pour contraventions aux lois de douane ou de police du pays (art. 1).

1161. Les navires énumérés en l'article précédent ne peuvent battre pavillon tunisien qu'après paiement d'un droit qui varie de 1 fr. 20 à 20 fr. (art. 2 et 3). Les bateaux tunisiens sont tenus de se faire jauger; la jauge est la constatation officielle de la capacité utilisable du bateau; elle est exécutée par le Service de la Navigation qui en dresse certificat, sans qu'aucun droit soit perçu en dehors des frais réels (art. 5 et 6). Les règles pour le jaugeage sont celles en vigueur en France au même moment (art. 7) sauf pour les bateaux de moins de 100 tonneaux, pour lesquels il est fait application de règles simplifiées (art. 8). Le chiffre de la jauge

---

1) S. Berge, Répertoire V° Douane nos 17 et s.

nette est gravé sur la face arrière du maître-bau ou de l'hiloire avant du grand panneau et l'enlèvement de ce chiffre donne ouverture contre le propriétaire à une amende de 50 fr. qui peut être portée au double en cas de récidive (art. 9).

1162. Les papiers de bord que doivent posséder les bateaux de toute espèce sont: 1° un acte de nationalité; — 2° un congé; — 3° un registre d'équipage; — 4° une patente de santé; mais sont dispensés de ces papiers, les canots figurant à l'inventaire d'un bateau tunisien, et ne sont tenus à posséder qu'un congé dit de police les embarcations des thonaires, celles qui naviguent dans l'intérieur d'une même rade, celles de 2 tonneaux et au-dessous employées à la pêche, les bateaux de plaisance de 10 tonneaux et au-dessous (art. 10).

1163. L'acte de nationalité est la pièce qui constate le droit d'un bateau à battre pavillon tunisien; pour en obtenir la délivrance, le propriétaire doit affirmer par écrit et sous serment devant l'autorité judiciaire sa légitime propriété. Le serment est répété à la mosquée, si le propriétaire est musulman ou à la synagogue, s'il est israélite. Une simple déclaration est exigée pour les bateaux de 20 tonneaux et au-dessous (art. 11 et 12). En outre le propriétaire d'un bateau de 20 tonneaux et au-dessus est obligé de donner au bureau du port, par acte régulier sur papier timbré, soumission de caution sur son propre bateau et autres propriétés: 1° de 15 fr. par tonneau pour les bateaux de 20 à 99 tonneaux; — 2° de 20 fr. par tonneau pour les bateaux de 100 tonneaux et au-dessus (art. 13). L'acte de soumission contient engagement de ne point vendre, prêter ou donner l'acte de nationalité, de n'en faire usage que pour le bateau auquel cet acte est accordé, de le rapporter pour annulation, si le bateau est pris par l'ennemi, brûlé ou perdu de quelque autre manière, vendu pour plus de la moitié à des étrangers. Cette remise doit avoir lieu dans le délai d'un mois, si la perte ou la vente a eu lieu dans la Régence, et dans le délai de 3 mois, si elle a eu lieu à l'étranger (art. 14).

1164. Toute personne qui prête son nom à l'établissement d'un acte frauduleux de nationalité, ou qui concourt à cette fraude d'une manière quelconque, qui commande en connaissance de cause un bateau indûment armé sous pavillon tunisien, est passible d'une amende de 50 à 3000 fr. et d'un emprisonnement de 6 jours à 1 an ou de l'une de ces deux peines seulement. Le capitaine est en outre déclaré incapable de commander un autre bateau tunisien. La même pénalité est applicable à toute personne qui, connaissant la fraude, dispose de la cargaison d'entrée du bateau ou lui en procure une de sortie (art. 15).

1165. L'acte de nationalité peut être renouvelé en cas de perte (art. 16) ou de vétusté (art. 17) moyennant certaines précautions. Un nouvel acte doit être obtenu en cas de changement dans la forme ou dans le tonnage du bateau; il en est de même s'il change de nom (art. 18). L'impossibilité de ramener le bateau dans un port tunisien doit être justifiée pour la radiation des soumissions souscrites lors de la délivrance de l'acte de nationalité (art. 19). Il en est de même pour l'identité du bateau tunisien dépecé pour cause de vétusté (art. 20).

1166. Le congé est l'acte délivré par le Service de la Navigation pour établir que le bateau est toujours en droit de battre pavillon tunisien. Il affirme l'identité du bateau auquel il est délivré avec celui qui fait l'objet de l'acte de nationalité (art. 21). La détention de cette pièce est nécessaire pour naviguer (art. 22); elle est délivrée par le Directeur général des travaux publics et contresignée par l'officier de port qui a vérifié l'authenticité de l'acte de nationalité (art. 23); il indique le numéro de cette dernière pièce et en répète toutes les indications (art. 24); il est valable pour un an si le bateau fait plusieurs voyages dans l'année, pour toute la durée du voyage lorsque celui-ci est de plus d'un an (art. 25).

1167. Le congé est assimilé à l'acte de nationalité pour les fraudes auxquelles il pourrait donner lieu. Il doit être changé, si la forme, le tonnage ou le nom du bateau sont modifiés. En cas de perte, le propriétaire du bateau peut en obtenir un nouveau sous certaines conditions (art. 26). La délivrance du congé donne lieu à la perception de certains droits variant de 30 centimes à 5 fr. (art. 27).

1168. Le registre d'équipage sert pour l'inscription du rôle d'équipage, et les visas d'arrivée et de départ doivent y être apposés. Il porte l'indication des caractéristiques du bateau et la filiation de chaque homme d'équipage avec les conditions de son engagement. Il est renouvelé au bureau du port d'attache, s'il est épuisé, à moins que cet épuisement ne se produise en cours de voyage, auquel cas les autorités locales tunisienne ou française délivrent une feuille de rôle provisoire (art. 28). Les embarcations dispensées du registre d'équipage (art. 10) doivent porter à la poupe le nom du navire et celui du port d'attache (art. 29).

1169. L'engagement des hommes d'équipage se fait, dans la Régence, en présence de l'officier de port; en France devant le bureau de l'inscription maritime, à l'étranger devant les autorités consulaires françaises. Toute avance en espèces ou autrement est mentionnée sur le registre d'équipage. Les engagements se font moyennant salaire, au voyage ou au mois et à la part, au voyage ou pour une durée déterminée. Toute infraction au présent article est punie d'une amende de 10 à 100 fr. (art. 30).

1170. A moins de consentement mutuel, les capitaines ne peuvent débarquer tout ou partie de l'équipage, de même que les hommes d'équipage ne peuvent quitter le bateau avant la fin de l'engagement. Dans tous les cas, le débarquement a lieu devant les mêmes autorités que l'embarquement; il est inscrit sur le registre d'équipage. Toute infraction à cet article est punie d'une amende de 10 à 100 fr. (art. 31).

1171. Si, au cours du voyage, un homme tombe malade, le capitaine est tenu de le faire admettre à l'hôpital et les frais de traitement et de débarquement sont supportés par le bateau, si le marin est engagé au mois, ou en commun, s'il est engagé à la part ou au voyage. Ces frais restent à la charge du malade, si la maladie contractée est reconnue volontaire. La somme présumée nécessaire au traitement et au rapatriement du marin débarqué pour cause de maladie, est consignée par le capitaine entre les mains d'une des autorités visées en l'art. 30 (art. 32).

1172. Il est interdit à tout marin tunisien de s'embarquer sur un bateau étranger sans l'autorisation de l'autorité indigène visée par l'officier de port qui en fait mention sur son registre d'inscription. Toute infraction à ces dispositions est punie d'une amende de 5 à 20 fr. (art. 33). Il est aussi expressément défendu aux capitaines d'embarquer des marins étrangers sans l'autorisation du Consul de la nationalité à laquelle appartiennent ces marins, laquelle autorisation est remise au bureau du port. Les marins étrangers ne peuvent d'ailleurs entrer que pour un quart dans la composition des équipages des bateaux tunisiens, sauf autorisation spéciale du Directeur général des travaux publics et en cas de pénurie. Toute infraction à cette disposition est punie de l'amende portée en l'art. 33 (art. 34).

1173. A leur arrivée dans un port ou dans les 24 heures qui suivent, les capitaines sont tenus de remettre leurs papiers: s'il s'agit d'un port tunisien, au bureau du port; s'il s'agit d'un port français, l'acte de nationalité et le congé sont déposés à la Douane, le registre d'équipage à l'Inscription maritime; s'il s'agit d'un port étranger, la remise est faite à l'autorité consulaire française, le tout à peine d'une amende de 10 fr. par jour de retard (art. 35). Les bateaux de pêche, ceux qui circulent entre les îles et la côte tunisiennes; certaines petites embarcations, les bateaux de plaisance, ceux en relâche de moins de 24 heures, les bateaux appartenant aux administrations publiques, sont dispensés de la remise des papiers de bord (art. 36). Tout capitaine est tenu de produire au visa aux fonctionnaires compétents son registre d'équipage (art. 37 et 38); la non production rend le capitaine passible d'une amende de 100 fr., si le bateau est armé au long cours, de 50 fr., s'il s'agit d'un caboteur, de 20 fr., si le bateau est armé pour le bornage ou pour la pêche (art. 39). Toute fausse déclaration du capitaine sur le nombre des gens d'équipage ou des passagers, ou tout embarquement de marin non inscrit, entraîne pour le capitaine une amende de 100 fr., si le bateau est armé au long cours, de 25 à 50 fr., s'il est armé au cabotage, de 5 à 10 fr., s'il est armé au cabotage ou à la pêche. Cette amende peut se cumuler avec celle de l'art. 39 (art. 40).

1174. Le titre II est consacré à l'immatriculation des bateaux. Le littoral de la Régence est divisé en 15 quartiers (art. 44); des lettres abréviatives indiquent chacun d'eux (art. 45). Tout bateau tunisien doit être immatriculé à un des quartiers, au choix des propriétaires (art. 46). Le bureau du port chef-lieu de chaque quartier tient un matricule pour chaque bateau inscrit (art. 47). Chaque bateau doit porter des inscriptions réglementaires, sous peine d'une amende de 100 à 300 fr., si le bateau est armé au long cours, de 50 à 100 fr., s'il est armé au cabotage, de 5 à 10 fr., s'il est armé au bornage ou à la pêche (art. 48). Le nom d'un bateau ne peut être changé qu'avec l'autorisation de l'administration (art. 49). Un propriétaire de bateau peut obtenir le changement du port d'attache en le demandant au Directeur général des travaux publics (art. 50).

1175. Des formalités spéciales sont prescrites pour une vente de bateau ou de partie de bateau. Elle doit avoir lieu dans la Régence en présence de l'officier du port; en France, elle a lieu par acte sous seings privés ou devant l'Administration des Douanes; à l'étranger, devant l'autorité consulaire française. Elle doit être inscrite sur le matricule du bateau à son port d'attache et au dos de l'acte de nationalité. Elle n'est opposable aux tiers qu'après l'accomplissement de l'une au moins de ces deux formalités. Si la vente est faite en totalité ou pour plus de moitié à un étranger, les papiers de bord sont retirés définitivement. Ils le sont provisoirement, pour délivrance de nouveaux papiers régularisés, en cas de vente partielle ou totale à un français ou à un tunisien. Ces prescriptions sont applicables aux cas d'échange ou de mutation par décès (art. 51). Le cas est prévu d'une vente de bateau hors de la Régence; il donne lieu à une autorisation provisoire de naviguer (art. 52).

1176. Le titre III traite de la conduite des bateaux. Il définit le cabotage, le bornage, la navigation à la pêche (art. 53). Pour commander au cabotage, il faut être tunisien ou français, être âgé de 24 ans au moins, avoir navigué pendant 4 ans, être porteur d'un brevet de maître au cabotage tunisien ou français (art. 54). Pour commander au bornage ou à la pêche, il faut réaliser les 2 premières conditions de l'article précédent, avoir navigué depuis au moins 12 mois et être porteur d'un brevet de patron au bornage ou de patron pêcheur tunisien ou français (art. 55). Des examens pour la délivrance des brevets tunisiens ont lieu à Bizerte, Tunis, Sousse, Sfax et Djerba à des époques fixées par arrêté du Directeur général des travaux publics (art. 56).

1177. L'interdiction de commander peut être prononcée à titre temporaire ou définitif par le Directeur général des travaux publics, à l'encontre de tout capitaine de bateau tunisien reconnu coupable, par une commission d'enquête, du sinistre arrivé à son bateau par suite de négligence ou d'impéritie. Le capitaine peut être déféré aux tribunaux si son imprudence ou son impéritie paraissent avoir été la cause de mort ou de blessures ou s'il y a lieu de prononcer contre lui une peine disciplinaire consistant en la privation de commander pendant un temps plus ou moins long[1] (art. 58). Des commissions de visite ont le droit d'inspecter les bateaux (art. 59); elles peuvent provoquer le retrait du registre d'équipage et du congé; les frais de visite sont à la charge du bateau.

1178. Le titre IV déclare le décret français du 21 février 1897, sur les abordages, obligatoire pour les bateaux tunisiens (art. 60); il les soumet aux règlements en vigueur pour le transport des explosifs (art. 61).

1179. Le deuxième des documents est une instruction du Directeur des travaux publics qui commente le décret dont l'analyse précède; il est extrêmement long et fourmille de détails touffus; il parait impossible d'en donner ici un résumé utile; au surplus il ne fait que développer les principes et les règles qui viennent d'être exposés.

1180. L'arrêté du 21 janvier 1907 précise les marques distinctives que doivent porter les bâtiments de commerce tunisiens: il a pour objet de faciliter les inspections du service de surveillance des côtes. L'arrêté du 20 mai 1908 fixe la fin de la période de transition qui avait été ménagée pour permettre aux marins tunisiens d'acquérir des brevets de commandement; il laisse provisoirement de côté le bornage.

1181. Il ne nous reste plus, avant de quitter le sujet, qu'à parler des épaves maritimes. La matière a donné lieu à un décret du 3 mai 1904 (Z. 2463).

1182. Sont désignés sous le nom d'épaves maritimes tous les objets sans maître trouvés sur les flots, tirés du fond de la mer en dehors de l'industrie de la pêche ou rejetés par la mer sur les grèves ou les rivages. En font partie les choses du cru de la mer telles que: ambre, corail, poissons à lard, éponges, les navires abandonnés de leur équipage entier, quel que soit leur état de navigabilité, les embarcations en dérive, les ancres, grappins et chaînes abandonnés sans orins et bouées pour les signaler, les bijoux et objets de valeur trouvés sur les naufragés, à l'exclusion expresse de leurs vêtements. Les varechs et autres herbes marines n'en font pas partie (art. 1).

[1]) Il semble que cet article apporte une limitation aux droits du Ministère public, puisque des poursuites contre le capitaine pour délits ou crimes de droit commun ne pourraient avoir lieu que sur renvoi à la justice par le Directeur général des travaux publics; mais une telle interprétation, si fondée qu'elle paraisse, serait-elle admissible ?

1183. Les personnes qui trouvent ou tirent des épaves du fond de la mer ou les recueillent sur les flots ou sur les rivages, sont tenues d'en faire la déclaration et la remise, dans les 24 heures de leur débarquement ou de leur découverte, à l'autorité la plus proche; reçu détaillé en est délivré (art. 2). Les officiers de port sont chargés de la garde et de la conservation de ces épaves (art. 3). La nomenclature des épaves déposées est publiée dans les premiers jours de chaque trimestre au *Journal Officiel* tunisien et affichée dans tous les ports (art. 4).

1184. Elles peuvent être réclamées dans un délai de 3 mois à partir de l'affichage et de la publication; elles sont rendues aux propriétaires qui justifient de leurs droits, sous déduction des frais de transport, de gardiennage et autres et de la part des sauveteurs (art. 5). Les épaves non réclamées à l'expiration du délai fixé deviennent la propriété de l'État et le produit de la vente est réparti entre le Trésor et l'Administration du Bît el Mal[1] suivant les règles actuellement en vigueur, réserve toutefois faite de la part des sauveteurs (art. 6).

1185. Les sauveteurs ont droit, en principe, au tiers des objets trouvés. Exception est faite: 1° pour les ancres, grappins et chaînes tirés du fond de la mer, qui deviennent la propriété intégrale des sauveteurs, sans qu'il y ait lieu à partage, si ces objets ne sont pas réclamés dans les 3 mois; — 2° pour les choses du cru de la mer, qui appartiennent en entier aux sauveteurs, lorsqu'elles ont été tirées du fond de la mer en dehors de l'industrie de la pêche, ou recueillies sur les flots; — 3° pour la poudre, le tabac, les armes à feu, les projectiles, les munitions de toutes sortes, la saccharine, l'huile de coton, et d'une manière générale, les produits monopolisés ou dont l'importation est prohibée, ces objets ne sont jamais partagés en nature; ils sont remis à l'administration compétente et les sauveteurs reçoivent une indemnité conforme à leurs droits. Le partage se fait en nature toutes les fois que cela est possible, sinon il y a adjudication aux enchères devant l'officier du port. D'ailleurs les objets sujets à dépérissement peuvent être vendus avant l'expiration des délais. Le produit net est réparti suivant les règles ci-dessus (art. 7).

1186. L'art. 463 Code pén. fr. sur les circonstances atténuantes est applicable aux infractions prévues par le présent décret (art. 8). Ce sont celles du vol et du recel, si on prend les termes de l'art. 2, qui sont encourues pour défaut de déclaration et de remise des épaves par les sauveteurs. Peut-être la disposition de l'art. 8 n'était-elle pas opportune; inutile devant la justice française, elle peut devenir une cause de confusion devant l'autre.

Chapitre VIII. Entreprises de travaux publics.

1187. Il a été imposé diverses règles pour l'exécution des travaux publics entrepris par l'État ou par les municipalités; il en résulte diverses limitations de la liberté de cette industrie; il va en être donné un tableau succinct tiré de l'examen chronologique de la législation intervenue à ce sujet. Le premier document à examiner à ce point de vue spécial, est le décret organique des communes tunisiennes, en date du 1er avril 1885 (Z. 982) dans ses art. 32 à 38.

1188. L'art. 32 décide que les marchés de travaux et fournitures à exécuter pour les communes, sont passés avec publicité et concurrence, sauf exception, et ne sont exécutoires qu'après approbation de l'autorité supérieure. Les conseils municipaux délibèrent s'il peut être traité de gré à gré; ils ne le peuvent que pour: les travaux et fournitures qui n'auraient été l'objet d'aucune offre aux adjudications ou pour lesquels on n'aurait proposé que des prix inacceptables; les fournitures et travaux, qui, dans les cas imprévus et d'une urgence absolue, ne pourraient pas subir les délais d'une adjudication sans un préjudice réel pour la commune; les marchés et fournitures au-dessous de 20 000 piastres (12 000 fr.). Des restrictions peuvent être admises par arrêté du Directeur des travaux publics au cas où une concurrence illimitée aurait des inconvénients.

1189. Les articles suivants règlent la forme des adjudications; elles sont faites par soumissions cachetées et donnent lieu au dépôt de cautionnements en rapport avec l'importance du marché.

1190. Les art. 37 et 38 limitent le droit de plaider des communes. Elles ne peuvent ester en justice sans une autorisation du Premier ministre; elles ne peuvent suivre des procédures en appel qu'avec la même autorisation; mais il y a exception pour

[1]) Administration indigène des biens vacants et sans maître.

les actions possessoires et les actes conservatoires ou interruptifs de prescription. Les particuliers doivent donc proposer l'irrecevabilité de toute action qui serait intentée par une commune sans l'autorisation prescrite.

1191. D'autre part, toute action judiciaire autre que les actions possessoires, ne peut, à peine de nullité, être intentée contre une commune qu'autant que le demandeur a préalablement adressé au Premier ministre un mémoire exposant l'objet et les faits de sa réclamation. Il lui en est donné récépissé. L'action ne peut être portée devant les tribunaux que deux mois après la date du récépissé, sans préjudice des actes conservatoires. La présentation du mémoire du demandeur interrompt toute prescription ou déchéance, si elle est suivie d'une demande en justice dans le délai de 3 mois. La décision du Premier ministre est rendue dans le délai de 2 mois après le dépôt du mémoire.

1192. Il a été décidé[1] que les actes de poursuite accomplis sans dépôt préalable du mémoire exigé ne peuvent être validés par l'accomplissement postérieur de cette formalité: Tunis 27 février 1895 (Journal, 1895, p. 198).

1193. L'ordre chronologique nous met maintenant en présence d'un décret du 25 juillet 1888 (Z. 1596) qui a réglé les formalités à suivre pour les adjudications de travaux publics. L'avis de l'adjudication est publié au moins 20 jours à l'avance (art. 1); tout entrepreneur qui désire y prendre part doit, 10 jours à l'avance, présenter à l'ingénieur chargé des travaux un certificat de capacité n'ayant pas 3 ans de date et justifier des ressources dont il dispose (art. 2). Sur le vu des renseignements fournis, le Directeur général des travaux publics arrête la liste des candidats admis à concourir à l'adjudication (art. 3). Il y est procédé par le Secrétaire général du Gouvernement ou son délégué, assisté d'un fonctionnaire de l'Administration générale et d'un fonctionnaire de la Direction des travaux publics (art. 4). A la séance d'adjudication, chaque concurrent présente son certificat de capacité visé, le récépissé du versement de son cautionnement et sa soumission (art. 5). Le tout est fermé et remis entre les mains du président du bureau, ainsi que le maximum ou minimum de rabais qui auraient été fixés d'avance par l'administration (art. 6 et 7). Les paquets sont ouverts, l'état des pièces qu'ils contiennent dressé en présence des concurrents; eux retirés, le bureau arrête la liste des candidats définitivement admis, et élimine ceux qui, soit pour vice de forme, soit pour autre cause, ne sont pas admis à concourir (art. 8). Puis, la séance redevenue publique, les soumissions des candidats agréés sont ouvertes et proclamées à haute voix et l'adjudicataire proclamé est celui qui a proposé les conditions les plus avantageuses (art. 9). Au cas où plusieurs soumissions offriraient le même prix, et où ce prix serait le plus bas de ceux offerts, il y a lieu à une réadjudication, soit sur de nouvelles soumissions, soit à l'extinction des feux, entre ces soumissionnaires seulement. Cette opération a lieu séance tenante (art. 10). Les adjudications sont subordonnées à l'agrément du Directeur général des travaux publics (art. 15).

1194. Un décret du 20 août 1888 (Z. 1597) indique les conditions dans lesquelles un terrain peut être occupé temporairement pour l'exécution de travaux publics, soit pour en extraire des terres ou des matériaux, soit pour tout autre objet. Cette occupation est autorisée par le Directeur général des travaux publics; elle ne peut concerner les cours, vergers et jardins attenants aux habitations (art. 1). Ampliation de l'arrêté est envoyé à l'ingénieur qui en remet une copie certifiée à l'entrepreneur, au caïd ou au président de la municipalité suivant les cas; ce fonctionnaire notifie l'arrêté au propriétaire du terrain (art. 2). En cas d'arrangement à l'amiable entre le propriétaire et l'entrepreneur, ce dernier en justifie à l'ingénieur (art. 3). A défaut d'entente, il est procédé contradictoirement par experts à l'état des lieux, dix jours au plus tôt après la notification (art. 4). L'expertise faite, l'entrepreneur peut occuper le terrain et y commencer les travaux autorisés (art. 7). Après l'achèvement des travaux, ou, s'ils doivent durer plusieurs années, il est procédé par experts à un état de lieux contradictoire et à l'estimation des dommages (art. 8). Les experts ne font entrer dans l'évaluation de l'indemnité que la dépréciation causée à la propriété par les fouilles et non les matériaux extraits, à moins qu'il ne s'agisse d'une carrière en exploitation (art. 9). L'entrepreneur doit justifier, à toute réquisition, du paiement de l'indemnité due au propriétaire (art. 10).

[1] S. Berge, Répertoire, V° Municipalité, nos 1 et 2.

1195. Un arrêté du Directeur général des travaux publics, en date du 15 mars 1894 (Z. 1600) a arrêté les clauses et conditions générales imposées aux entrepreneurs des travaux publics. Il fixe les conditions à remplir pour être admis aux adjudications (art. 2), la consistance des certificats de capacité exigés (art. 3), le cautionnement à fournir (art. 4), les pièces à délivrer à l'entrepreneur (art. 5). Relativement à l'exécution des travaux, il faut noter la défense de sous-traiter sans autorisation (art. 9), l'exécution des ordres de service (art. 10), la police des chantiers (art. 11), les ouvrages non prévus (art. 28), les augmentations ou diminutions dans la masse des travaux (art. 29 à 31), leur cessation ou ajournement (art. 33), les mesures coercitives et mises en régie (art. 34), les conséquences du décès (art. 35) ou de la mise en faillite de l'entrepreneur. Les règlements de comptes (art. 37 à 42) et les paiements (art. 43 à 48) sont prévus dans leurs moindres détails.

1196. Quant aux contestations, elles donnent lieu à la rédaction de mémoires de réclamation au Directeur général des travaux publics; réponse doit être faite à ces mémoires dans le délai de 3 mois; ce n'est qu'à défaut de satisfaction ou de réponse que l'entrepreneur peut s'adresser à la justice (art. 49). S'il ne le fait pas dans le délai de 6 mois du décompte général et définitif, toute réclamation est réputée éteinte (art. 49). Toute difficulté concernant les clauses ou l'exécution du marché est portée devant la juridiction administrative tunisienne (art. 50). La rédaction de ce dernier article pourrait donner à croire que toute compétence est refusée en la matière à la justice française; mais il n'en est rien, d'abord parce qu'il n'existe pas de juridiction administrative spéciale dans la justice tunisienne, ensuite, et la raison est meilleure, parce qu'un simple arrêté d'un Directeur général des travaux publics est notoirement insuffisant pour modifier l'organisation judiciaire de l'État et pour réduire la compétence de la justice française, qui est basée sur des arrangements internationaux.

1197. Nous passerons rapidement sur un décret français du 11 décembre 1900 (Z. 1692) qui rend applicable aux adjudications et marchés publics passés en Tunisie au nom de l'État français, les art. 5 à 9 du décret français du 18 novembre 1882, ainsi que sur un arrêté du Directeur général des travaux publics en date du 1er août 1901 (Z. 1805) autorisant les sociétés d'ouvriers français à prendre part aux adjudications des travaux publics et des municipalités; nous insisterons davantage sur un décret du 14 juin 1902 (Z. 1977) lequel oblige les industriels qui, par des exploitations de mines, de carrières, de forêts ou autres, défoncent des chemins, à fournir des subventions spéciales dont la quotité est proportionnée à la dégradation extraordinaire attribuable à leurs exploitations. Ces subventions pourront être acquittées en argent ou en nature et seront affectées exclusivement aux chemins dégradés. Les contestations y relatives sont réglées par les tribunaux compétents (annexe à ce décret, Z. 1978).

1198. Il ne nous reste plus à mentionner qu'un arrêté du Directeur des travaux publics en date du 8 février 1909 (Z. 3728), qui institue un comité consultatif de règlement amiable des entreprises de travaux publics et des marchés de fournitures. Il constitue une expérience assez curieuse. L'administration organise à son siége une commission d'arbitrage destinée à trancher ses propres litiges avec ses entrepreneurs; elle la compose de 5 membres nommés pour 2 ans par arrêté du Directeur général et qui sont 3 ingénieurs, un fonctionnaire de la Direction des finances et un entrepreneur (art. 3). Un président est choisi chaque année par le Directeur général des travaux publics pour présider ce comité (art. 4).

1199. Il ne nous semble pas utile de reproduire ici la procédure ultra-sommaire imposée à ce nouveau tribunal; ses avis sont secrets et ne peuvent être maintenus aux dossiers pour le cas où les affaires deviendraient contentieuses (art. 11). Ce dernier mot nous plaît mieux que les autres, car nous n'apprécions guère les tribunaux composés, pour les quatre cinquièmes, d'un edes parties, quelle que soit la confiance, d'ailleurs amplement justifiée, qu'il faille faire aux hommes chargés de les composer.

1200. La jurisprudence sur les travaux publics est assez importante[1]; elle applique très strictement les obligations prises par les entrepreneurs dans les cahiers des charges: Tunis 30 mai 1892 (Journal, 1896, p. 256), et leur impose une responsabilité très rigoureuse des faits et gestes de leurs sous traitants: Tunis 17 juillet 1893 (Journal, 1895, p. 251); 23 mars 1896 (Journal, 1896, p. 264); 3 janvier

---

[1]) S. Berge, Répertoire, V° Travaux publics, nos 1 s. 5 et s.

1898 (Journal, 1898, p. 589). Voir aussi: Sousse, 17 mai 1900 (Journal, 1901, p. 342). Cette dernière décision consacre particulièrement le droit des propriétaires occupés temporairement à obtenir une indemnité en cas de non remise en bon état du terrain.

Chapitre IX. Mines et carrières.

1201. Quelle que soit l'importance des richesses minières de la Tunisie, peut-être même parce que cette importance s'est révélée assez récemment par une recrudescence d'affaires, la législation minière du pays n'a pas atteint encore sa formule définitive; aussi devrons-nous nous en tenir à un exposé très concis.

1202. On trouve à la base de la réglementation actuelle un décret du 10 mai 1893 (Z. 921) qui pose en principe que, les mines étant propriété domaniale, nul ne peut en rechercher sans une autorisation du Directeur général des travaux publics. «Cette interdiction ne porte aucune atteinte au droit de tout propriétaire de pratiquer des fouilles ou sondages sur son propre terrain; mais ces travaux ne pourront être considérés comme ayant pour objet des recherches de mines qu'autant que celui qui les effectue sera muni de l'autorisation administrative» (art. 1).

1203. Sont considérés comme mines: A. les gîtes de: 1° houilles, lignites et tous autres combustibles fossiles (la tourbe exceptée), graphite, bitume, pétrole et autres huiles minérales; — 2° substances métallifères; — 3° soufre et arsenic, soit seuls, soit combinés avec les métaux, aluns et sels solubles à base de métaux; — 4° sels gemmes et autres sels associés dans le même gisement; — B. les sources salées (art. 2).

1204. Sont considérés comme carrières appartenant aux propriétaires du sol, les gîtes non classés comme mines, tels que: ardoises, grès, marbres, granits, basaltes, laves, les pierres à bâtir de toute nature, les pierres à chaux, à plâtre, les pouzzolanes, sables, argiles, pierres à fusil, kaolin, terre à foulon et à poteries, les substances terreuses et cailloux de toute nature, les amendements ou engrais (art. 3).

1205. Les permis de recherches sont délivrés sur une demande adressée en triple expédition avec un plan et des échantillons de minerais; le périmètre objet de la demande ne doit pas présenter 2 points distants de plus de 3000 mètres, ni avoir une surface de plus de 300 hectares (art. 5). Le pétitionnaire doit faire dans la quinzaine du dépôt de sa demande élection de domicile en Tunisie (art. 6). Les permis sont délivrés dans l'ordre de priorité des demandes; ils ne peuvent être cédés sans autorisation; ils donnent au titulaire le droit exclusif de rechercher des mines dans les terrains objet du permis et seulement celles dont la nature y est spécifiée. Il est accordé pour 2 ans et peut être prolongé. Deux permis peuvent être, pour des mines différentes, superposés sur le même terrain, sous réserve de certaines précautions (art. 7).

1206. Le défaut d'entreprise des travaux ou leur suspension peut entraîner la déchéance (art. 8). Les travaux de recherches sont surveillés par l'administration qui peut en ordonner la suppression dans un but de sécurité pour les personnes ou de conservation pour la mine, les voies publiques, les sources, canaux, villages, etc. (art. 9). Tout permis est annulé si son périmètre vient à être englobé dans une concession de mines (art. 10). L'explorateur ne peut disposer du produit de ses recherches qu'après autorisation (art. 11). Les frais d'enquête et d'analyse sont à la charge du permissionnaire (art. 12). La recherche de mines peut donner lieu à occupation temporaire, laquelle est réglementée comme en matière de travaux publics (art. 13 à 19).

1207. Les contraventions au présent décret donnent ouverture à une amende de 50 fr. au moins et de 500 fr. au plus. En cas de récidive dans les 12 mois de la condamnation, les délinquants sont passibles de l'emprisonnement pendant 8 jours au moins et 3 mois au plus. Dans tous les cas, les tribunaux peuvent prononcer la fermeture des travaux ou exploitations illicites (art. 20).

1208. A ce décret est joint un arrêté du 20 juillet 1893 (Z. 922) qui règle les frais d'enquête, de visites de mines et d'analyses.

1209. Un décret du 1er novembre 1897 (Z. 198) règle l'exploitation des carrières. Il oblige ceux qui veulent en ouvrir à en faire la déclaration au Directeur général des travaux publics (art. 2). Même formalité doit être accomplie par celui qui veut transformer une carrière à ciel ouvert et l'exploiter au moyen de galeries souterraines (art. 3). Les demandes doivent être faites dans les 15 jours à partir du commencement des travaux (art. 4); elles doivent se conformer à certaines règles (art. 5 et 6); il en est délivré récépissé.

1210. Les carrières à ciel ouvert sont soumises à des règles techniques de sécurité (art. 8 à 10), celles qui sont souterraines à d'autres règles de même nature (art. 11 à 16), et il y a des dispositions communes aux deux catégories (art. 17 et 18).

1211. La surveillance est exécutée, soit d'office, par des visites dont il est dressé procès-verbal, soit à la demande des exploitants qui se croient menacés d'un danger pour le sol, les habitations ou les ouvriers. Les mesures opportunes sont prescrites, et, à défaut d'exécution par les exploitants, exécutées à leurs frais. En cas de péril imminent, il y a lieu à réquisition des autorités locales. En cas d'accident suivi de mort ou de blessures, avis doit être donné immédiatement à l'Administration qui enquête (art. 19 à 25). Il peut y avoir lieu à visite d'anciennes carrières (art. 26). Les frais faits par l'Administration sont réglés comme en matière d'impôt direct (art. 17).

1212. Les contraventions au présent décret sont punies d'une amende de 16 à 300 fr. En cas de récidive, un emprisonnement de 6 jours à 3 mois peut être prononcé (art. 30). L'art. 463 Code pén. fr. sur les circonstances atténuantes est applicable aux infractions prévues par le présent décret (art. 31).

1213. L'amodiation, la recherche et l'exploitation des phosphates de chaux sur les terrains domaniaux et habous publics ou privés a donné lieu à un décret du 1er décembre 1898 (Z. 1380), qui soumet toutes les recherches à une autorisation préalable du Directeur général des travaux publics (art. 2). Cette autorisation est personnelle, donne un droit exclusif de recherche, a une durée d'une année renouvelable et est annulée si le périmètre qu'elle concerne est compris dans une amodiation ultérieure (art. 3). Le Conseil des ministres peut décider que l'autorisation de recherches n'ouvre pas en faveur de l'explorateur le droit d'invention (art. 4). Les travaux de recherches sont soumis à la surveillance des ingénieurs des mines (art. 5).

1214. L'explorateur qui, dans le périmètre où il a été autorisé à faire des recherches, découvre un gisement de phosphates indépendant d'un autre gîte connu, peut réclamer le privilége d'inventeur (art. 6). Ce privilége ne confère aucun droit sur le gisement; il donne simplement droit à une partie des redevances à recouvrer par le Gouvernement tunisien (art. 7). L'explorateur peut, inventeur reconnu ou non, se faire rembourser de ses dépenses par l'amodiataire. «Les décisions relatives, soit à la reconnaissance du privilége d'invention, soit à la liquidation des dépenses d'exploration à rembourser par l'amodiataire éventuel, ne sont susceptibles d'aucun recours sur le fonds» (même article).

1215. L'exploitation des phosphates de chaux a lieu en vertu d'amodiations passées par voie d'adjudication aux clauses et conditions d'un cahier des charges (art. 8) et après immatriculation des terrains à amodier, aux frais de l'amodiataire (art. 9). Cette amodiation porte sur la redevance à payer au Gouvernement tunisien (art. 10); l'inventeur reçoit un dixième de cette redevance (art. 11). Il est perçu au profit du Trésor un droit de 0 fr. 50 centimes par tonne de phosphate marchand prêt à être exporté (art. 16). La résolution de l'amodiation peut être prononcée (art. 18).

1216. Ce décret a été suivi d'un règlement du 2 décembre 1898 (Z. 1382) auquel les intéressés devront se reporter en cas de besoin, mais qu'on ne saurait résumer ici. Notons que dans l'analyse que nous avons donnée du décret du 1er décembre 1898, nous avons tenu compte d'un décret modificatif du 22 août 1900 (Z. 1384). La législation des phosphates se complète par un arrêté du 2 mars 1907 (Z. 3240) sur le règlement des frais d'enquêtes des demandes en autorisation de reconnaissance de phosphates de chaux, de visite et d'analyse. Un autre arrêté du même jour (Z. 3238) porte règlement des frais d'enquête de visites de mines et d'analyse.

1217. Comme dans tous les pays où les découvertes de mines ont été fréquentes et ont donné lieu à des affaires fructueuses, il y a eu beaucoup de procès sur la matière en Tunisie et la jurisprudence est assez abondante[1]. Les cessions de permis de recherches n'ont été considérées comme soumises, pour leur validité, qu'à l'approbation du Directeur général des travaux publics et comme attaquables seule-

[1]) S. Berge, Répertoire, V° Mines et carrières.

ment par les tiers auxquels des parts d'intérêt ont été promises par le titulaire; ces tiers n'ont d'action personnelle que contre ce dernier, s'il a violé les accords particuliers qu'il a pris avec eux: Tunis, 15 janvier 1894 (Journal, 1898, p. 341). L'Administration n'encourt aucune responsabilité pour avoir refusé un permis de recherches de mines, lorsqu'il résulte des enquêtes auxquelles elle a procédé que le permis qu'elle a accordé ultérieurement à une autre personne concerne un terrain différent et que le permis demandé par le plaignant s'appliquait à un terrain compris dans le périmètre d'une mine déjà concédée: Tunis, 2 décembre 1895 (Journal, 1896, p. 29). La délivrance par l'Administration d'un permis de recherches de phosphates de chaux n'a pas pour effet de faire reconnaître à son titulaire un droit réel direct et immédiat sur l'immeuble objet des recherches; le permis de recherches ne confère d'autre droit que d'obtenir la préférence pour la concession du gîte découvert; le droit d'inventeur ne saurait être dévolu qu'à la suite d'une découverte entière, c'est-à-dire emportant la reconnaissance des principales dispositions du gisement, de manière à déterminer les possibilités d'exploitation: Tribunal mixte, 26 mars 1898 (Journal, 1898, p. 273).

1218. Les phosphates des propriétés *melk*, c'est-à-dire non grevées de *habous*, appartiennent aux propriétaires du sol qui peuvent les exploiter librement; mais il en est autrement pour les phosphates contenus dans un immeuble habous; il faut que le bail soit approuvé à la fois par les dévolutaires actuels, par l'autorité qui représente les dévolutaires futurs et par l'administration des habous: Tunis, 24 mai 1897 (Journal, 1897, p. 319). Si le décret beylical du 1er décembre 1898 prévoit la rémunération de l'inventeur par l'attribution d'un dixième des redevances payées par l'amodiataire, il n'en résulte pas qu'un inventeur puisse rien réclamer pour des phosphates qui étaient litigieux au moment où ce décret a été rendu: Tunis, 22 juin 1904 (Journal, 1904, p. 608).

1219. La question du caractère mobilier ou immobilier des gisements de minerais en Tunisie, a été fortement controversée; elle a fini par se résoudre, dans un arrêt de la Cour suprême, pour le caractère immobilier: Tunis, 28 mai 1902 (Journal, 1902, p. 591); 27 juin 1903 (Journal, 1903, p. 457); Tribunal mixte, 14 février 1906 (Journal, 1906, p. 294); Cassation civ., 3 décembre 1906 (Journal, 1907, p. 41).

Chapitre X. Réglementations spéciales à diverses professions.

1220. En dehors des règles d'intérêt général et de large portée qui ont été exposées dans les chapitres précédents, il en est d'autres qui se limitent à la réglementation de certaines professions; pour ne pas laisser de lacune dans la large esquisse que nous présentons ici, il faut consacrer à chacune de ces catégories quelques mots.

A. Débits de boissons.

1221. L'exploitation des débits de boissons fait l'objet d'un décret du 13 janvier 1898 (Z. 286). Nul ne peut ouvrir un café, cabaret ou autre débit de boissons à consommer sur place sans une autorisation de l'administration générale. La demande est faite sur papier timbré, adressée au président de municipalité, ou de commission municipale ou de commission de voirie où il en existe, au contrôleur civil dans les localités non érigées en communes. Elle doit indiquer les nom, prénom, date, lieu de naissance, profession et domicile du demandeur, la situation exacte du débit, le titre auquel le demandeur doit le gérer, l'indication du propriétaire, s'il y a lieu. On doit y joindre un extrait de casier judiciaire, et, pour les indigènes, un certificat de non condamnation (art. 1).

1222. L'autorisation est personnelle au demandeur et ne peut servir à l'acquéreur du débit (art. 3). On ne peut en accorder: 1° aux individus condamnés pour crime de droit commun; — 2° à ceux condamnés pour vol, recel, escroquerie, filouterie, abus de confiance, recel de malfaiteurs, outrage public à la pudeur, excitation de mineur à la débauche, tenue de maison de jeu de hasard, vente de marchandises falsifiées et nuisibles à la santé. L'incapacité est perpétuelle pour les condamnés pour crime; elle cesse 5 ans après l'expiration de leur peine pour les condamnés pour délits (art. 4). Les mêmes condamnations contre un débitant autorisé entraînent l'incapacité d'exploiter. Il en est de même pour tout débitant condamné à plus de 3 jours de prison pour ivresse publique. Un débitant interdit ne peut être employé à aucun titre dans l'établissement qu'il exploitait (art. 5). L'autorisation d'ouvrir un débit ne peut être accordée à un mineur non émancipé ou à un interdit (art. 6).

1223. Les présidents des municipalités, des commissions municipales et des commissions de voirie ou les caïds pour les localités non érigées en communes, ont le droit de prendre des arrêtés sur les heures d'ouverture et de fermeture et sur la tenue des débits de boissons (art. 7). En cas de fêtes publiques, les mêmes fonctionnaires pourront donner des autorisations pour une durée n'excédant pas huit jours (art. 8).

1224. Il est formellement défendu aux débitants de boissons d'employer sans autorisation dans les établissements qu'ils exploitent, des femmes ou filles, sauf les parentes ou alliées en ligne directe de l'exploitant (art. 9). Il leur est formellement interdit de recevoir dans leurs établissements des prostituées (art. 10).

1225. Toute infraction aux dispositions du présent décret (art. 1 à 3) est punie d'un emprisonnement de 6 jours à un mois et d'une amende de 16 à 200 fr. En cas de récidive, la peine peut être élevée à 3 mois et l'amende à 500 fr. (art. 11). Les contraventions aux art. 7 à 10 sont punies d'une amende de 11 à 15 fr. et d'un emprisonnement de 1 à 5 jours ou de l'une de ces deux peines seulement (art. 12). L'art. 463 Code pén. fr. sur les circonstances atténuantes est applicable aux infractions prévues par le présent décret (art. 13).

B. Bureaux de placement.

1226. Les bureaux de placement sont réglementés par un décret du 30 juin 1904 (Z. 2516). Personne ne peut en tenir en Tunisie sans autorisation du Premier Ministre. La demande doit être écrite sur papier timbré et énoncer: les nom, prénoms, date, lieu de naissance, profession et domicile du demandeur et les conditions dans lesquelles il se propose d'exercer son industrie. Il faut y joindre: un extrait d'acte de naissance et de casier judiciaire, un certificat de moralité, un plan du local (art. 2). L'autorisation est personnelle et pour un local déterminé; une cession ou un transfert motivent une nouvelle autorisation (art. 3).

1227. Les tenanciers ne peuvent établir aucune succursale ni faire gérer leur bureau par des tiers (art. 4). Ils doivent tenir un registre coté et paraphé par le commissaire de police (art. 5). Aucune personne ne pourra être placée sans être inscrite avec toutes précisions utiles sur ce registre; les pièces produites par le postulant sont mentionnées, sans pouvoir être retenues par le placeur (art. 6). Le droit d'inscription est de 0 fr. 50 cent. et ne peut être perçu qu'une seule fois. Le droit de placement est de 10% à prélever sur le premier mois de salaires ou d'appointements touchés en espèces par la personne placée; il ne pourra être exigé sur l'évaluation approximative de la nourriture ou des étrennes. S'il s'agit d'une place aléatoire ou obtenue pour moins d'un mois, le 10% ne sera perçu que sur les journées de travail effectuées (art. 7).

1228. Le placeur est tenu de délivrer gratuitement à la personne inscrite un bulletin à souche portant le numéro de l'inscription, les conditions du tarif fixé, la quittance de la somme reçue. Les avances, s'il en est versé, seront restituées à première réclamation, sinon, par l'intervention du commissaire de police qui dressera procès-verbal (art. 8). Le placeur ne peut rien percevoir, à quelque titre que ce soit, au delà du tarif, tant par lui-même que par personne interposée (art. 9). Le montant du droit de placement est payé par le maître et imputé sur les gages ou salaires (art. 10).

1229. Il est interdit aux placeurs de donner à boire, à manger et de loger dans le local où est établi le bureau. Il leur est également interdit d'afficher des annonces mensongères ou nuisibles aux tiers (art. 11), d'envoyer des mineurs chez des individus mal famés ou des majeurs dans des maisons mal famées sans les avoir avisés (art. 12). Le tarif doit être affiché ostensiblement dans le bureau (art. 13).

1230. Aucune autorisation de tenir un bureau de placement ne peut être accordée à ceux qui ont été condamnés pour crime ou pour certains délits; l'incapacité est perpétuelle pour les condamnés au criminel; elle cesse pour les autres 5 ans après l'expiration de la peine (art. 14). Les mêmes condamnations prononcées contre un tenancier entraînent son incapacité dans les mêmes conditions (art. 15). Aucune autorisation de tenir un bureau de placement ne peut être accordée aux mineurs non émancipés et aux interdits (art. 16). Il est interdit à un placeur d'employer dans son bureau sans autorisation une personne quelconque (art. 17).

1231. Toute infraction aux dispositions 1, 3 et 4 du présent décret sera punie d'un emprisonnement de 6 jours à 1 mois et d'une amende de 16 à 200 fr. En cas de récidive, la prison peut être portée à 3 mois et l'amende à 500 fr. (art. 18). Les infractions aux art. 5 à 9, 11 à 13 et 17 sont punies d'une amende de 11 à 15 fr. et d'un emprisonnement de 1 à 5 jours ou de l'une de ces deux peines seulement, sans préjudice des peines encourues pour escroquerie ou attentat aux mœurs. En cas de récidive dans les 12 mois, le maximum des deux peines doit être appliqué au contrevenant (art. 19). Les peines sont indépendantes des dommages-intérêts encourus (art. 20). L'art. 463 Code pén. fr. sur les circonstantes atténuantes est applicable aux infractions prévues par ce décret (art. 21).

C. Logeurs.

1232. La profession de logeur est réglementée par un décret du 21 novembre 1897 (Z. 876), qui l'interdit à quiconque n'a pas fait une déclaration préalable à l'autorité de police du lieu où elle a l'intention de s'établir (art. 1).

1233. Sont considérées comme logeurs de profession toutes personnes qui louent en garni tout ou partie de leur maison, dans les termes et délais en usage pour les locations en général ou qui logent en chambrée, à la nuit, à la semaine ou au mois, soit en garni, soit dans les cafés ou dans des fondouks[1] (art. 2). La déclaration doit donner des indications explicites sur la personne du logeur, sur le local où il exerce son industrie; elle doit être sur papier timbré et renouvelée à chaque changement de domicile (art. 3).

1234. Les logeurs en garni doivent placer, extérieurement à leurs locaux, au-dessus de la porte d'entrée de la maison, une enseigne ou tableau très apparent indiquant le nom de l'aubergiste ou de l'hôtel, ou que tout ou partie de la maison est loué en garni (art. 4).

1235. Toute personne qui vient loger dans un hôtel garni, logis, café ou fondouk, est tenue de remplir un bulletin individuel indiquant son nom, sa profession, son âge, son lieu de naissance, d'où elle vient, où elle va, et la date de son entrée (art. 5). Tout logeur est tenu d'exiger de chacun de ses clients ce bulletin et de le transcrire sur un registre, coté et paraphé par le commissaire de police, registre qu'il doit remettre chaque mois au visa et représenter à toute réquisition de l'autorité (art. 6). Les bulletins individuels des voyageurs sont remis chaque jour au bureau de police (art. 7).

1236. Le logeur qui cesse sa profession doit en prévenir immédiatement l'autorité, déposer son registre et son récépissé de déclaration (art. 8).

1237. Les contrevenants au présent décret sont punis d'une amende de 6 à 10 fr. En cas de récidive, ils encourent en outre un emprisonnement de 1 à 5 jours (art. 10). Le logeur convaincu d'avoir logé plus de 24 heures quelqu'un qui, pendant son séjour chez lui, a commis un crime ou un délit, s'il a omis d'exiger de lui le bulletin prescrit par l'art. 5, est civilement responsable des restitutions, des indemnités et des frais adjugés à ceux à qui le crime ou le délit aurait causé quelque dommage (art. 11).

1238. La réglementation des fondouks ou hôtelleries indigènes situés à l'intérieur de la ville de Tunis, a été faite par un décret en date du 25 juillet 1904 (Z. 2528); elle a eu surtout pour objet d'améliorer les conditions hygiéniques déplorables de ces établissements et de permettre de surveiller les foyers d'épidémie qui pourraient s'y produire. Un décret de même nature a été pris le 20 avril 1910 (Z. 4036) pour les fondouks de Bizerte.

D. Guides.

1239. S'il est des gens qui, bien qu'utiles en somme, sont insupportables pour les voyageurs et trop souvent prêts pour de malpropres besognes, ce sont les guides qui fourmillent en Orient autour des hôtels et des débarcadères. Un décret du 7 décembre 1906 (Z. 3154) a essayé de réglementer leur profession.

1240. Elle est interdite à quiconque n'aura pas obtenu l'autorisation du Premier ministre (art. 1). La demande d'autorisation doit être faite sur papier timbré, donner les renseignements individuels nécessaires et être accompagnée d'un extrait du casier judiciaire, et, pour les sujets tunisiens, d'un certificat constatant que le postulant n'a pas subi de condamnation (art. 2).

1241. «Est réputée guide toute personne faisant profession d'accompagner les touristes dans l'étendue du territoire tunisien, soit pour son propre compte, soit pour le compte d'une agence de voyage» (art. 3). Sont soumis aux formalités des art. 1 et 2 les directeurs ou gérants d'agences de voyage installées en Tunisie en vue d'y fournir des guides (art. 4).

---

[1]) On désigne sous ce nom, emprunté à la langue arabe, les hôtelleries indigènes.

1242. Tout directeur ou gérant d'agence doit tenir un registre pour l'inscription du nom des touristes et du guide qui les accompagne (art. 6). Tout guide autorisé doit être porteur d'un livret individuel soumis au visa de l'autorité de police au départ et au retour du guide, ainsi que dans les localités de séjour de plus de 24 heures (art. 7).

1243. Aucune autorisation de tenir une agence de voyages ou d'exercer la profession de guide ne pourra être accordée aux individus condamnés pour crime de droit commun ou pour certains délits; l'incapacité est permanente pour les condamnés criminels; pour les autres, elle cesse 5 ans après l'expiration de leur peine (art. 8). Les mêmes condamnations contre des directeurs, gérants d'agence de voyage ou des guides, les rendent incapables de continuer leur profession dans les mêmes conditions (art. 9). Tout condamné pour infraction aux art. 1 à 5 du même décret devient incapable pour une année à partir de l'expiration de la peine ou de la condamnation à l'amende (art. 10). Les mineurs de 21 ans et les interdits ne peuvent être autorisés à servir de guide (art. 11).

1244. Toute infraction aux dispositions des art. 1, 4 et 5 est punie d'un emprisonnement de 6 jours à 1 mois et d'une amende de 16 à 200 fr. ou de l'une de ces deux peines seulement. En cas de récidive, la peine de prison peut être élevée à 2 mois et l'amende à 400 fr. (art. 13). Les infractions aux art. 6 et 7 sont punies d'une amende de 11 à 15 fr. et d'un emprisonnement de 1 à 5 jours ou de l'une de ces deux peines seulement. En cas de récidive dans les 12 mois précédents, la peine d'emprisonnement pendant 5 jours sera toujours prononcée (art. 14). L'autorisation est retirée en cas de condamnation (art. 15); l'art. 463 Code pén. fr. sur les circonstances atténuantes est applicable aux infractions de l'espèce (art. 16).

E. Gardes de nuit dans les souks.

1245. Une simple mention suffit pour ces utiles auxiliaires du commerce. Ce sont des entrepreneurs qui touchent des subventions de chacun de ceux qui ont une boutique, dans ces sortes de cités ou bazars que sont les souks indigènes; ils assument, soit par eux-mêmes, soit par leurs préposés, la garde de nuit des boutiques et des marchandises. Il a été jugé[1] que ces entrepreneurs sont responsables civilement des suites des négligences commises par leurs employés. Si donc il résulte des circonstances la preuve qu'un des magasins objet du contrat a été volé au moyen d'un travail d'effraction long et bruyant, qui n'aurait pu s'effectuer si la garde avait été vigilante, le prix des marchandises doit être remboursé par celui qui avait assuré la sécurité du magasin pendant la nuit: Tunis, 12 octobre 1898 (Journal, 1900, p. 218). Une même décision dans le même sens a été rendue par la justice indigène: Ouzara, 15 mars 1900 (Journal, 1903, p. 59).

F. Pharmaciens et droguistes.

1246. L'exercice de la médecine, de la chirurgie, de l'art des accouchements (Décret du 15 juin 1888 — Z. 893) de la pharmacie (Décret du 15 juin 1888 — Z. 894) et de la profession de dentiste (Décret du 1er mars 1899 — Z. 895) ainsi que de celle de médecin vétérinaire (Décret du 28 mai 1899 — Z. 896) est réglementé de telle sorte que les praticiens qui n'ont pas de diplôme, se trouvent écartés et que la santé publique est quelque peu protégée, sinon contre tous les charlatans, au moins contre ceux qui ne font pas preuve de l'acquisition d'une science officielle. Il ne sera parlé ici que des pharmaciens et droguistes, parce que ce sont les seuls qu'on puisse considérer comme étant dans un sens des commerçants, sans paraître alimenter contre eux des idées injurieuses.

1247. Un pharmacien ne peut exercer sa profession dans la Régence que s'il est possesseur d'un titre lui donnant ce droit dans le pays où il lui a été concédé (art. 1 du décret précité du 15 juin 1888). Tout pharmacien qui veut ouvrir une officine doit, dans le délai d'un mois à partir du jour où il a fixé son domicile, faire au contrôleur civil, en lui déposant son titre, une déclaration transmise au secrétaire général du Gouvernement tunisien, lequel vérifie le titre, le retourne, et constate le droit à l'exercice. Dans les circonscriptions où il n'y a pas de contrôleur civil, la demande est adressée directement au secrétaire général. L'omission de ces formalités rend passible d'une amende de 16 à 200 fr. (art. 2).

1248. Les personnes auxquelles est délivrée la déclaration susdite peuvent exercer dans toute la Régence; en cas de changement de domicile, elles font en-

[1] S. Berge, Répertoire, V° Gardien de nuit.

registrer leur titre par le contrôleur civil de la nouvelle circonscription. L'omission de cette formalité est passible d'une amende de 5 à 15 fr. (art. 3).

1249. Quand une localité se trouve sans pharmacien ni médecin, une autorisation temporaire de vendre des médicaments peut être donnée à une ou plusieurs personnes domiciliées dans cette localité, sur demande transmise au contrôleur civil (art. 5). Ces personnes ne peuvent vendre que les médicaments d'un usage courant; elles ne peuvent jamais vendre et détenir que certains médicaments indiqués sur une liste officielle. Toute contravention est punie d'une amende de 50 à 500 fr. sans préjudice du retrait d'autorisation (art. 6).

1250. Aucun pharmacien ne peut tenir plus d'une officine; il doit la tenir personnellement. Il ne peut faire, dans le local y affecté, aucun autre commerce que celui des drogues, médicaments et tous objets se rattachant à l'art de guérir et à l'hygiène. Toute contravention est passible d'une amende de 16 à 200 fr. (art. 7).

1251. Après le décès d'un pharmacien, sa veuve ou ses héritiers peuvent pendant un an faire gérer son officine par un pharmacien ou par un élève pharmacien ayant au moins 5 ans de stage et reconnu capable par une commission spéciale composée de médecins et de pharmaciens (art. 8). L'exercice simultané de la pharmacie et de la médecine est interdit aux personnes pourvues du double diplôme, sauf dans les localités où il n'y a pas de médecin diplômé. Toute contravention est passible d'une amende de 50 à 200 fr. (art. 9). Toute entente entre un médecin et un pharmacien pour exploiter une officine est prohibée. Les contrevenants sont passibles de la même amende que ci-dessus (art. 10).

1252. Le pharmacien peut délivrer librement à la demande de l'acheteur les substances simples et les spécialités passées dans l'usage général et non dangereuses, même à dose élevée; pour les médicaments dangereux, il doit, à peine de la même amende que ci-dessus, exiger une prescription écrite par une personne autorisée à exercer la médecine. Les ordonnances doivent être inscrites sur un registre *ad hoc*. Pour les substances toxiques employées dans les arts et l'industrie, le pharmacien doit exiger un permis de l'autorité locale. Il doit en outre, sous peine d'encourir une amende de 1 à 15 fr., tenir un registre spécial à ces permis (art. 11).

1253. Les droguistes doivent se conformer aux prescriptions de l'art. 11 pour la vente des produits toxiques employés dans les arts; ils ne peuvent en aucun cas vendre ces produits au poids médicinal, à peine d'être poursuivis pour exercice illégal de la médecine (art. 12). Toute personne qui vend des médicaments, à l'exception des plantes médicinales d'un usage courant, se livre à l'exercice illégal de la pharmacie, et devient passible d'une amende de 50 à 500 fr. Si ce délit est accompagné d'usurpation de titre, l'amende encourue est de 100 à 1000 fr. Elle est double en cas de récidive, et il peut y être joint un emprisonnement de 3 mois au plus (art. 13).

Les établissements hospitaliers peuvent avoir une pharmacie particulière, à la condition de la faire gérer par un pharmacien (art. 14); les associations industrielles, communautés et entrepreneurs de travaux publics peuvent avoir une réserve de médicaments pour l'usage exclusif de leurs membres ou de leur personnel (art. 15).

1254. Ces dispositions légales ont été appliquées sans difficultés par la jurisprudence[1]. Il a été décidé que le visa du titre n'est pas imposé au docteur français qui ne se livre qu'accidentellement en Tunisie à l'exercice de sa profession: Tunis, 24 mai 1898 (Journal, 1898, p. 358); on peut se demander si semblable solution pourrait intervenir pour un pharmacien. La prohibition des associations entre médecins et pharmaciens, a dit une autre décision, ne dépend que de la législation positive et de l'ordre public local et non d'un ordre public général; elles n'étaient donc pas illicites avant le décret de 1888: Tunis, 20 juin 1891 (Journal, 1896, p. 278). Les tenues de pharmacies par un prête-nom ont été punies: Sousse, 22 décembre 1897 (Journal, 1900, p. 192). Jugé que le tableau des substances toxiques n'ayant pas été publié, il y a lieu de considérer comme illégale la vente d'une substance universellement reconnue comme toxique, telle que l'arsenic: Sousse, 10 juillet 1889 (Journal, 1890, p. 183). La vente des remèdes secrets n'est pas interdite par la législation locale et celle de la France sur ce point est inapplicable en

[1]) S. Berge, Répertoire, V° Médecine, nos 2 et s., 10 et s.

Tunisie; néanmoins, on peut l'y considérer comme contraire à l'ordre public général: Tunis, 18 octobre 1895 (Journal, 1895, p. 517). Le titre «pharmacie française» est susceptible d'appropriation privée: Sousse, 24 décembre 1903 (Journal, 1905, p. 391).

Chapitre XI. Réglementation de certains commerces.

1255. Nous devons terminer cette partie de notre ouvrage par l'indication de quelques restrictions apportées à l'exercice de certains commerces: 1° celui des armes de guerre; — 2° celui des antiquités; — 3° celui de la dynamite et des explosifs; — 4° celui des loteries; — 5° l'affichage; — 6° l'alfa.

A. Armes de guerre et autres.

1256. L'introduction dans la Régence de toute arme d'un modèle ayant été ou étant encore usité dans les diverses armées existantes, est prohibé par un décret du 18 janvier 1883 (Z. 93), art. 1. Les armes de chasse et de luxe ne peuvent être introduites qu'en vertu d'une autorisation de la Résidence générale, ou de ses délégués (art. 2). Elles ne peuvent l'être que par les ports de Tunis, La Goulette, Bizerte, Sousse, Monastir, Mahdia, Sfax, Gabès, Houmt-Souk de Djerba (art. 3). Aucun indigène ne peut acheter de ces armes qu'avec une autorisation inscrite sur un registre spécial (art. 4). Tout négociant qui veut se livrer au commerce des armes, doit aussi tenir un registre (art. 5) soumis au visa des autorités (art. 6), sous peine du retrait d'autorisation et des peines de la contrebande (art. 7).

1257. Le titre 1 du décret du 14 avril 1894 (Z. 94) réglemente plus complètement le commerce des armes. Ce commerce ne peut comprendre celui des armes de guerre dont l'introduction en Tunisie demeure interdite (art. 1). Tout armurier ou marchand d'armes doit adresser tous les 3 mois au contrôleur civil ou à l'officier commandant les territoires militaires, un inventaire détaillé des armes existant dans ses ateliers, magasins ou boutique (art. 2). Le registre exigé par l'art. 5 du décret précédent, doit porter jour par jour l'indication explicite des acheteurs, celle qu'ils sont connus du vendeur, à défaut de connaissance personnelle, l'indication des pièces ou témoins d'identité; pour les acheteurs tunisiens, le registre notera les principales indications des permis d'achat (art. 3).

1258. Lorsque des armes sont comprises dans les objets mobiliers mis en vente, soit volontairement, soit par autorité de justice, aux enchères publiques, ces armes ne peuvent être livrées aux acheteurs que s'ils justifient d'autorisation spéciale ou d'une déclaration (art. 4).

1259. Les infractions à ces dispositions et à celles des art. 5 et 6 du décret du 18 janvier 1883 sont punies d'une amende de 16 à 200 fr. sans préjudice du retrait de l'autorisation d'exercer le commerce des armes (art. 5).

1259a. Cette législation s'est complétée récemment par un décret en date du 13 avril 1912 (Journ. off. tun., 17 avril 1912), qui a interdit l'introduction, le commerce et la détention en Tunisie d'armes rayées de toute nature, ainsi que de revolvers de tous modèles et des munitions y relatives. Le même document soumet à une autorisation individuelle, qui sera donnée par le Directeur de la sûreté publique, l'introduction, l'achat, la vente et le port de fusils non rayés, dits armes de chasse et des munitions y relatives. Les infractions aux dispositions de ce décret seront punies conformément aux articles 9, 18 et s. du décret du 14 avril 1894 et 16 du décret du 20 octobre 1885.

B. Antiquités.

1260. Pour empêcher la dispersion et la disparition des objets d'antiquité, dont la Tunisie est si riche et dont l'étude méthodique importe tant, un décret du 7 mars 1886 (Z. 64) a été pris, qui dénote, il faut bien le reconnaître, une très complète ignorance des règles les plus élémentaires du droit, ce qui en a rendu l'application imparfaite et difficile; il n'en a pas moins une portée décisive sur le commerce des objets qu'il concerne, en l'entourant d'obstacles considérables.

1261. L'art. 15 de ce décret décide qu'il est interdit de détruire, dénaturer ou déplacer, sans autorisation écrite de l'administration, aucun objet antique mobilier, en fut-on même propriétaire, et l'art. 17 est ainsi conçu: «Les objets d'art ou d'antiquité mobiliers découverts en Tunisie ne peuvent, sans autorisation, sortir de notre royaume. Cette autorisation doit être demandée au Directeur du service des Antiquités et des Arts qui en réfère à notre Premier ministre. Un inventaire détaillé des objets doit accompagner cette demande. L'Administration peut faire exécuter toutes les vérifications qu'elle juge nécessaires. Des droits pourront être établis par des règlements ultérieurs pour l'exportation de ces objets, qui reste soumise, en attendant, aux règlements douaniers actuellement en vigueur[1]». L'art. 18 déclare qu'il peut être accordé des autorisations d'exportation temporaire à l'occasion des expositions à l'étranger, et il entoure cette concession d'une foule de formalités. L'art. 19 décide que toutes les pénalités édictées contre la contrebande par les lois françaises et tunisiennes, sont applicables à l'exportation non autorisée des objets d'art ou d'antiquité découverts en Tunisie[2]. Les inscriptions classées ne peuvent être déplacées (art. 20 et 21); celles non classées sont soumises au régime des antiquités mobilières (art. 23).

1262. L'art. 39 donne au Directeur des Antiquités le pouvoir d'intenter des actions civiles et pénales pour la répression des infractions au présent décret[3], et l'art. 40 y rend applicable l'art. 463 Code pén. fr., de même que les art. 27 et 28 rendent applicables les art. 437 et 479 du même Code.

1263. La jurisprudence a été fort embarrassée pour appliquer le décret auquel appartiennent les quelques dispositions qui viennent d'être citées[4]. Il a été décidé qu'il créait à la charge des propriétaires certaines restrictions au droit de propriété: Tunis, 25 avril 1892 (Journal, 1895, p. 595); qu'en tous cas, il ne donnait pas au Directeur des Antiquités le droit d'agir en justice au nom du domaine privé de l'État tunisien, notamment pour faire inscrire un droit réel sur un titre d'immatriculation: Tribunal mixte, 30 décembre 1904 (Journal, 1905, p. 239). Au surplus la même décision refusait de reconnaître la création par notre décret d'aucun droit réel.

C. Etablissements insalubres, incommodes et dangereux.

1264. Il existe en Tunisie une législation sur les établissements insalubres, incommodes et dangereux, qui a été consacrée par un décret du 16 mai 1897 (Z. 614).

1265. Il divise les manufactures et ateliers qui présentent une cause de dangers, d'insalubrité ou d'incommodité pour les ouvriers qui y sont employés ou pour les voisins, en 3 classes; la première doit être éloignée des maisons particulières; la seconde est réglementée; la troisième est soumise à la surveillance de la police (art. 1). Il faut une autorisation du Directeur des travaux publics pour former un établissement rentrant dans une des deux premières catégories (art. 2). Les demandes doivent spécifier tout ce qui est de nature à baser une appréciation; elles entraînent un affichage et une publicité (art. 3 et 4). Il appartient au Directeur des travaux publics de faire et de modifier la nomenclature et le classement des établissements industriels, ainsi que cela résulte d'un décret du 10 mars 1900 (Z. 616).

1266. Nous n'insistons pas sur cette législation, qui est à l'état embryonnaire; la jurisprudence[5] l'a complétée à propos des fours: Ouzara, 28 mai 1886 (Journal, 1908, p. 406); des marchands de beignets: Ouzara, 27 mai 1897 (Journal, 1897, p. 392); d'écuries de chèvres: Tunis, 24 janvier 1894 (Journal 1894, p. 441); de dépôts de charbon: Cass. req. 19 avril 1905 (Journal 1905, p. 457); Tunis, 22 mars 1905 (Journal 1905, p. 359); toutes ces décisions ont emprunté leurs bases au droit commun. Relativement à la législation spéciale de la Tunisie, il a été aussi jugé que l'autorisation administrative accordée à un industriel, n'a pas pour effet de soustraire les établissements qui en bénéficient à la responsabilité des dommages causés aux voisins: Tunis, 22 mars 1905 (Journal, 1906, p. 359); 27 mai 1908 (Journal, 1908, p. 589).

1267. Quoi qu'il en soit, il nous suffit de signaler cette réglementation et d'en faire connaître l'existence en souhaitant qu'elle soit complétée et améliorée, surtout en rendant la nomenclature moins précaire; mais nous ne pouvons pas donner dans un ouvrage comme celui-ci une nomenclature qui peut être modifiée par un simple arrêté d'un fonctionnaire, et qui, effectivement, l'a été plusieurs fois.

D. Dynamite et explosifs.

1268. Nous rencontrons un terrain un peu plus solide dans l'arrêté du 7 septembre 1907 (Z. 3368), bien que nous eussions mieux aimé encore voir la matière traitée dans un décret. L'art. 1 soumet toute personne qui veut établir une fabrique de dynamite ou de tous explosifs autres que les poudres à feu, à l'obligation

[1]) Ce règlement n'a jamais été promulgué. — [2]) Il semble difficile que ces deux lois puissent être simultanément appliquées. — [3]) Il n'y a pas d'exemple que le Directeur des Antiquités se soit ainsi immiscé dans les fonctions du Ministère public français. — [4]) S. Berge, Répertoire, V° Monuments historiques. — [5]) S. Berge, Répertoire, V° Etablissements insalubres.

de faire une demande extrêmement circonstanciée sur les détails de son installation; l'autorisation qui lui est accordée ne lui est remise que sous la réserve de la reprise par l'État de son monopole, quand il le jugera convenable (art. 2); la surveillance de l'Administration est continue (art. 3 et 4). Le fabricant tient un registre de fabrication, d'entrée et de sortie (art. 5); les récipients doivent porter des indications très visibles (art. 6); les agents des contributions diverses tiennent eux-mêmes un registre d'entrée et de sortie (art. 7); les marchandises sont suivies par des acquits-à-caution et les transports sont surveillés (art. 10); des papiers et vignettes sont fournis par l'Administration pour la perception de l'impôt (art. 11), et un cautionnement est exigé du fabricant (art. 12).

E. Loteries.

1269. Ici, c'est l'interdiction absolue; elle résulte du décret du 25 mai 1904 (Z. 2487). Il n'y aurait même pas eu à en parler si, sous l'influence d'habitudes empruntées à un pays voisin, des marchands de billets n'avaient ouvert des officines pour drainer les ressources des malheureux. Il a été jugé[1] que le fait qu'une loterie a été autorisée à l'étranger ne rend pas licite la vente de ses billets en Tunisie: Alger, 30 juin 1898 (Journal 1899, p. 222). Jugé aussi que la mise en vente en Tunisie de valeurs à lots, autres que celles autorisées en France par les lois spéciales d'émission, et notamment de valeurs à lots étrangères, tombe sous le coup des art. 1, 2, 3 et 4 du décret du 25 mai 1904: Alger, 20 janvier 1910 (Journal, 1911, p. 19).

F. Affichage.

1270. Une simple mention suffira encore ici. C'est celle d'un décret du 27 novembre 1901 (Z. 1851) qui défend l'emploi du papier blanc pour les affiches autres que les affiches officielles.

G. Alfa.

1271. L'alfa est une graminée qui pousse sur les hauts plateaux de la Tunisie et dont l'arrachage constitue une industrie importante pour une population qui est très dénuée de ressources. Cet arrachage ayant été fait sans discernement et ayant compromis le repeuplement des steppes où se trouve la plante, il a fallu en interdire le transport, le pesage et l'achat pendant 4 mois par an. C'est l'objet d'un décret du 19 septembre 1904 (Z. 2559) qui punit les infractions d'une amende de 16 à 500 fr. et d'un emprisonnement de 6 jours à 6 mois, avec confiscation des moyens de transport.

Cinquième partie. Réglementations de nature fiscale.

Chapitre premier. Douanes.

1272. Le régime douanier de la Tunisie, tel qu'il résultait des traités passés avec les Puissances, constituait, à l'époque où fut établi le Protectorat, un des plus grands obstacles que rencontrait son développement. Le Gouvernement tunisien s'était interdit d'établir à l'importation des droits supérieurs à 8% *ad valorem*, de créer aucun monopole nouveau, de soumettre à une taxe nouvelle quelconque les produits étrangers qui avaient été jusqu'alors libérés de tout droit d'entrée. De plus, tous ces traités contenaient la clause de la nation la plus favorisée, qui interdisait à la Tunisie de faire à la France un traitement plus avantageux que celui d'une quelconque des Puissances possédant des conventions avec la Régence.

1273. Tous ces inconvénients ont disparu avec la révision des traités qui a eu lieu en 1897. Les nouvelles conventions ayant exclu le traitement de la France de ceux qui pouvaient profiter, comme plus favorisés, aux Puissances, il devint possible d'attribuer à la France un régime de faveur en rapport avec sa situation de puissance protectrice. D'autre part, bien que ces conventions aient déterminé les limites en deçà desquelles les droits d'importation devaient demeurer, elles permirent d'imposer, à concurrence du tarif minimum français, toutes les marchan-

[1]) S. Berge, Répertoire, V° Loteries.

dises étrangères, sauf les tissus de coton qui, en vertu de l'art. 2 du traité relatif à la Tunisie, intervenu entre les Gouvernements français et britannique, ne peuvent excéder pour le moment 5% *ad valorem.* Enfin le Gouvernement tunisien jouit d'une liberté d'action entière relativement aux monopoles, et il peut appliquer aux produits de toute origine les droits d'accise, d'octroi ou de consommation perçus sur les similaires tunisiens.

1274. La Tunisie s'empressa de profiter de sa liberté pour modifier complètement son régime douanier; elle le fit par un décret du 2 mai 1898 (Z. 498) suivi d'une instruction du 3 mai 1898 (Z. 502), modifié par le décret du 21 novembre 1898 (Z. 503) celui du 3 décembre de la même année (Z. 504), ceux du 18 février 1899 (Z. 505), du 15 décembre 1899 (Z. 508), du 10 août 1902 (Z. 2017), du 13 février 1904 (Z. 2401), du 9 juillet 1904 (Z. 2520), du 27 novembre 1907 (Z. 3408), du 10 juillet 1908 (Z. 3556), du 11 juillet 1908 (Z. 3559) et du 28 mai 1910 (Z. 4064).

1275. En principe, le régime de l'importation est celui-ci: les produits étrangers introduits en Tunisie sont soumis, quelle qu'en soit l'origine et de quelque façon qu'ils soient importés, à un tarif commun qui impose les marchandises au poids brut, ou au nombre, ou à la mesure, ou à la valeur. Les droits à percevoir sont fondés sur une déclaration; si le service des douanes la croit fausse, il peut, ou prélever le droit en nature, ou retenir les marchandises en payant au déclarant, dans les huit jours qui suivront le procès-verbal de retenue, une somme égale à la valeur déclarée augmentée de 5%, sans qu'il puisse rien être exigé de plus. La préemption des marchandises n'est soumise à aucune formalité autre que l'offre du receveur qui est notifiée au déclarant dans les trois jours de la déclaration contestée ou de la vérification.

1276. Le tarif commun prohibe l'entrée dans la Régence de certains articles; il admet au contraire en franchise, sans distinction de provenance ou d'origine, certaines autres marchandises; enfin, il établit des immunités pour un grand nombre de produits de la France ou de l'Algérie.

1277. Les principaux objets prohibés par le tarif commun[1] et les décrets postérieurs sont: les armes et munitions de guerre, le sel, le tabac (takrouri, kif, chira hachich) (décret du 7 juin 1900 — Z. 512), les cartes à jouer, les allumettes, les monnaies de cuivre ou de billon de fabrication étrangère, les monnaies d'or et d'argent n'ayant plus cours dans leur pays d'origine, les ceps de vigne, sarments, crossettes, boutures, raisins de table et de vendange, plants d'arbres et d'arbustes, légumes frais, engrais végétaux, abeilles (décret du 19 décembre 1897 — Z. 495), saccharine (décret du 8 juillet 1899 — Z. 505).

1278. Les marchandises admises en franchise sans distinction d'origine sont principalement les effets des voyageurs et passagers, les mobiliers des personnes venant s'établir en Tunisie, le matériel industriel et agricole sauf les machines, les objets destinés aux collections des musées et bibliothèques, les échantillons sans valeur marchande.

1279. Les marchandises admises en franchise comme provenant de la métropole sont les vins, eaux de vie, liqueurs, fils, tissus, métaux, ouvrages en métaux, céréales et leurs dérivés (Décrets du 2 mai 1898 — Z. 500, du 9 juillet 1904 — Z. 2520) les fèves (Décret du 27 novembre 1907 — Z. 3408); mais l'admission est subordonnée à la condition de l'importation en droiture et de la production d'une pièce délivrée dans le port d'expédition français (Décret du 28 janvier 1898 — Z. 497; circul. du 17 février 1909 — Z. 3737).

1280. Les articles actuellement soumis à un droit d'exportation sont en petit nombre; ce sont les chiffons, les éponges, les grignons, les huiles d'olive, les peaux brutes, les poissons frais autres que le thon et la boutargue, les poulpes (Décrets du 11 octobre 1900 — Z. 513 supprimant le droit sur les laines, décret du 15 mai 1904 — Z. 2477 taxant l'exportation des poulains et pouliches).

1281. Il a déjà été parlé de la déclaration en douane (décret du 3 octobre 1884 — Z. 471, art. 1) et on a dit comment la contestation sur la valeur pouvait être réglée. Si cette déclaration a des caractères frauduleux, quant à l'espèce ou à la qualité des marchandises, elle en entraîne la confiscation et est passible d'une amende de 150 piastres[2] (art. 4). S'il y a défaut de déclaration et tentative d'introduction, la peine est de la confiscation de la marchandise et des moyens de transport avec

---

[1]) Le tarif commun est publié au Z. 499. — [2]) La piastre vaut 0 fr. 60 cent. Cette amende est donc de 90 fr. Voir nos explications sur le système monétaire.

amende de 150 piastres (90 fr.) (art. 7). Si la marchandise objet de la contrebande est prohibée, et que l'introduction ait été commise par une réunion de moins de 3 individus, il y a lieu à une amende solidaire de 800 piastres (480 fr.) et à un emprisonnement de 3 jours à 1 mois; si elle a eu lieu par le concert de 3 individus ou plus, la peine d'emprisonnement est portée de 1 mois à 1 an; si les introducteurs, au nombre de 3 au moins, étaient armés, l'amende solidaire est portée à 1500 piastres (900 fr.) et l'emprisonnement de 6 mois à 1 an (art. 8). L'importation ne peut se faire légalement que par les points de la frontière de terre et par les ports spécialement désignés à ce (art. 9 et 10).

1282. Les importations par mer sont soumises à des formalités particulières. Le capitaine du navire doit faire une déclaration de chargement (art. 11); au départ, il doit faire viser son manifeste de chargement. Certaines embarcations (bâtiments de guerre, de plaisance, de pêche côtière) sont dispensées de dépôt de manifeste (art. 12). Le capitaine qui ne dépose pas son manifeste est puni d'une amende égale à la valeur des marchandises dont la déclaration est omise, plus de 1500 piastres (900 fr.) avec retenue préventive du bâtiment et des marchandises (art. 15 et 17). S'il s'agit de marchandises prohibées, elles sont confisquées et le capitaine est condamné à une amende de 800 piastres (480 fr.) (art. 16 et 18).

1283. Toutes marchandises et denrées importées par terre doivent être conduites directement au bureau de la Douane. Toute tentative pour contourner ou éviter les bureaux est considérée comme importation de contrebande et punie comme telle; la contravention peut être utilement constatée, pour l'application des peines, même après que la marchandise a dépassé le bureau de douane (art. 19).

1284. Les transports d'un port tunisien à un autre port tunisien peuvent s'effectuer par navires portant pavillon reconnu (art. 20). Tout transport de l'espèce doit être déclaré par les capitaines à la Douane, à peine d'une amende de 150 piastres (90 fr.) (art. 21). Si la déclaration est reconnue fausse, la marchandise est confisquée et le déclarant condamné à la même amende que ci-dessus (art. 22). Les marchandises étrangères n'ayant pas de similaires dans la Régence, qui sont présentées à un port en cabotage, doivent être accompagnées d'un certificat constatant qu'elles ont payé une fois le droit d'entrée, sinon elles devront l'acquitter comme si elles étaient importées de l'étranger (art. 24). Les marchandises soumises à un droit d'exportation ne peuvent être transportées en cabotage qu'après consignation des droits, lesquels sont remboursés au moment de la constatation de la rentrée, à condition que leur arrivée soit constatée dans les 3 mois de l'expédition (art. 25).

1285. Les exportations à l'étranger ne peuvent être faites qu'après déclaration à la Douane, où les marchandises sont conduites et vérifiées, et après paiement des droits, s'il y a lieu, sous peine de confiscation et d'une amende de 150 piastres (90 fr.) (art. 26). Toute tentative d'exportation en contrebande est punie dans les mêmes conditions (art. 27). Si la marchandise objet de la tentative d'exportation, est prohibée, la peine est une amende de 1500 piastres (900 fr.) plus un emprisonnement de 6 mois à 3 ans (art. 28). Il en est de même de l'exportation faite par un point de la frontière ou par un port où ces opérations ne sont pas autorisées, alors que la Douane n'y a pas consenti (art. 29).

1286. Si, lors de la visite à la Douane, on trouve un excédent de marchandises tarifées sur le nombre porté en la déclaration, cet excédent est confisqué et le déclarant condamné à une amende de 150 piastres (90 fr.) (art. 30). Si, au contraire, lors de la visite, on constate des différences en moins, le déclarant est condamné à une amende de 500 piastres (300 fr.) par chaque colis manquant, avec retenue préventive des colis présentés pour sûreté du paiement de l'amende (art. 31). Si la déclaration est reconnue fausse quant à l'espèce et à la qualité, les marchandises sont confisquées et l'amende est de 150 piastres (90 fr.) (art. 32). Si la différence porte sur la nature de la marchandise, le cas est assimilé au défaut de déclaration et puni comme tel (art. 33).

1287. Un capitaine de navire ne peut sortir d'un port de la Régence sans un manifeste de chargement visé par la Douane sous peine d'une amende de 800 piastres (480 fr.) avec retenue préventive du bâtiment pour sûreté de l'amende (art. 34). L'exportation par voie de terre est punie comme contrebande, s'il y a eu tentative pour éviter ou contourner les bureaux, au lieu d'aller y faire la déclaration (art. 35).

1288. Des dispositions particulières sont prises par le même décret (art. 42 à 54) pour les marchandises étrangères qui transitent à travers la Tunisie, et n'y entrent que pour en ressortir aussitôt.

1289. Il y a aussi des marchandises qui sont admises temporairement, en raison de leur nature; ce sont: 1° les graines de ricin destinées à être converties en huile, par le décret du 22 avril 1900 (Z. 511). Les importateurs s'engagent, par une soumission valablement cautionnée, et sous les peines de droit, à réexporter dans un délai de 6 mois l'huile provenant de la trituration d'après le taux de rendement fixé à 40 kilos d'huile de ricin pour 100 kilos de graines. L'exportation doit être faite par le bureau d'entrée. Seuls sont ouverts à ces opérations les bureaux de Tunis, Bizerte, Sousse-Souissa, Monastir, Mahdia et Sfax (art. 1). Le doute donne lieu à examen chimique et, en cas de contestation, c'est le laboratoire, tribunal d'un nouveau genre, qui statue en dernier ressort (art. 2). La trituration des graines ne peut avoir lieu que dans des usines où la trituration des olives et la manipulation des grignons aura pris fin; les agents de l'administration y auront entrée en tous temps et pourront procéder à toutes vérifications utiles et les frais de cet exercice seront à la charge des fabricants (art. 3). Toute substitution, altération ou fraude est punie dans les conditions prévues par le décret du 27 mai 1895[1] (art. 4).

1290. Ce décret (Z. 485) a une portée plus générale et admet temporairement en franchise les produits étrangers destinés à être fabriqués ou à recevoir en Tunisie un complément de main d'œuvre. Il doit y avoir engagement de réexporter dans les 6 mois (art. 1); la déclaration détaillée doit être faite comme pour une consommation immédiate; si elle est reconnue inexacte et qu'un excédant de poids, de nombre ou de mesure soit constaté (1/20 pour les métaux, 1/10 pour les autres marchandises), le déclarant est soumis, à titre d'amende, au paiement du droit d'entrée sur l'excédent. Il y a lieu à soumission cautionnée et à délivrance d'acquit-à-caution (art. 2). Les produits fabriqués à l'aide de ceux importés temporairement ne peuvent recevoir d'autre destination que celle annoncée dans la soumission (art. 3). Les produits fabriqués extraits de l'entrepôt réel pour la consommation, sont soumis à la taxe applicable, au moment de la sortie d'entrepôt, à la matière première importée de l'étranger. La réexportation par mer des produits fabriqués ne peut avoir lieu que par des navires d'un tonnage minimum de 100 tonneaux, s'il s'agit de bâtiments à voiles, et de 50 tonneaux, s'ils sont à vapeur. Il peut y avoir des réexportations partielles (art. 4). Dans le cas où, sauf force majeure établie, il n'y a pas réexportation effectuée ou mise en entrepôt dans les délais et conditions déterminés, le soumissionnaire est tenu de payer, outre l'amende de 90 fr. de l'art. 7 du décret du 3 octobre 1884, la valeur actuelle de la marchandise importée temporairement. Tout négociant ou commissionnaire convaincu d'avoir importé ou exporté des marchandises en fraude ou d'avoir, à la faveur de l'entrepôt, du transit ou de l'admission temporaire, effectué des soustractions, des substitutions ou versements dans l'intérieur peut, indépendamment des peines prononcées par les lois, être privé de la faculté d'entrepôt et d'admission temporaire par arrêté du Directeur général des finances. Le négociant ou commissionnaire qui prêterait son nom pour soustraire les délinquants à ces peines encourrait les mêmes peines (art. 5).

1291. L'art. 5 du décret du 28 janvier 1898 (Z. 497), modifié par le décret du 16 avril 1899 et celui du 19 février 1902 (Z. 1909), décide que les fûts destinés à l'exportation des vins, des huiles et du poisson, peuvent être importés temporairement en franchise de l'étranger moyennant l'engagement cautionné de les réexporter dans le délai d'un an ou, à défaut, de payer les droits dont auraient été passibles, à l'entrée, les fûts non réexportés. L'admission temporaire est également applicable, sous les conditions indiquées ci-dessus, à charge de réexportation dans le délai de 2 mois: aux fûts en fer et en tôle contenant du sulfure de carbone ou du pétrole, aux bouteilles de verre contenant de la bière d'origine française.

1292. Un décret du 26 septembre 1904 (Z. 2561) a étendu cette dernière disposition aux fûts en fer et en tôle contenant de la benzine, du goudron ou autres produits qui seraient ultérieurement désignés par arrêtés du Directeur des finances et a étendu à 6 mois le délai de réexportation.

1293. Une circulaire du Résident général aux Chambres de commerce de Tunis et de Bizerte et aux Chambres mixtes du Centre et du Sud, en date du 16 juillet 1905 (Z. 2788), a déclaré que par analogie avec les errements suivis par les pays producteurs de sel, le Gouvernement du Protectorat a vait décidé de faire bénéficier de l'admission temporaire les sacs en tissu de jute importés vides de l'étranger

[1]) On ne dit pas si c'est le laboratoire de chimie agricole qui prononcera les condamnations, ni par quel moyen il les fera exécuter.

pour servir à l'exportation du sel, sous condition que la réexportation aura lieu dans le délai d'un mois, à charge du paiement des droits d'entrée.

1294. Enfin un arrêté du Directeur général des finances, en date du 3 novembre 1910 (Z. 4158) a fait bénéficier des règles sur l'admission temporaire les récipients en fer contenant du lusol.

1295. Afin de compléter ces notions sur l'importation et l'exportation, il faut donner quelques explications sur le régime des magasins généraux et des entrepôts fictifs. La première trace qu'on en trouve dans la législation est un décret du 24 décembre 1893 (Z. 599) qui permet de placer les houilles en entrepôt fictif dans les ports ouverts au commerce à l'importation, à la condition de passer une soumission cautionnée de réexporter ou de payer les droits d'entrée au moment de la sortie de l'entrepôt (art. 1). La durée d'entrepôt ne peut excéder une année.

1296. Tout négociant convaincu d'avoir importé ou exporté des houilles en fraude ou d'avoir, à la faveur de l'entrepôt, effectué des soustractions, substitutions ou versements dans l'intérieur peut, indépendamment des peines de droit, être privé de la faculté d'entrepôt par arrêté du Directeur des finances (art. 2).

1297. Un décret du 22 avril 1895 (Z. 600) a ensuite créé un entrepôt réel pour les marchandises étrangères dans les ports de Tunis et de Bizerte, à charge de réexporter ou de payer les droits d'entrée dans le délai de 3 années (art. 1 et 3). L'entrepôt réel n'est ouvert qu'aux marchandises tarifées. Elles sont reçues sur une déclaration détaillée comme s'il s'agissait de consommation immédiate. Tout excédent de poids reconnu à la visite, s'il dépasse $^1/_{20}$ pour les métaux et $^1/_{10}$ pour les autres marchandises, soumet immédiatement le déclarant, à titre d'amende, au paiement du droit d'entrée sur l'excédent, après quoi le tout est reçu en entrepôt aux mêmes conditions (art. 2).

1298. Les marchandises mises à la consommation paient le droit en vigueur au moment où elles sortent de l'entrepôt. Leur réexpédition par mer ne peut avoir lieu que par des navires d'au moins 100 tonneaux, s'ils sont à voile, et de 50 tonneaux, s'ils sont à vapeur; par terre, sous les conditions et garanties du transit par chemin de fer. Si, dans le délai de 3 ans, il n'a pas été payé de droits ou réexporté, les droits sont liquidés d'office suivant le tarif applicable au moment de l'expiration du délai; à défaut par l'entrepositaire d'acquitter lesdits droits, sommation lui est faite par huissier de les payer, et, dans le mois, les marchandises sont vendues par les soins de l'administration des Douanes. Les droits et frais de vente, de magasinage et autres sont prélevés par privilége sur le prix; l'excédent, s'il en existe, est restitué aux ayants droit qui en font la demande dans le délai de 3 ans; passé ce délai, l'excédent appartient à l'État.

1299. Pendant le délai d'entrepôt, les marchandises peuvent être expédiées d'un entrepôt sur l'autre sous la garantie d'un acquit-à-caution et moyennant la consignation des droits d'entrée. Ces mutations ne donnent lieu à aucune prolongation de délai (art. 3). Les marchandises ne peuvent être manipulées dans l'intérieur de l'entrepôt, qu'avec l'autorisation de l'Administration des Douanes et en présence de ses agents (art. 4). Tous les ans un recensement est opéré, et les manquants constatés donnent lieu à l'amende de 90 fr. de l'art. 7 du décret du 3 octobre 1884, sans préjudice de la confiscation de la valeur des marchandises non représentées (art. 5).

1300. Les entrepositaires restent responsables vis-à-vis de la Douane alors même qu'ils auraient cessé d'être propriétaires; leur responsabilité ne cesse qu'après qu'ils ont déclaré avoir cédé leur propriété à un tiers, qu'ils ont fait intervenir ce tiers pour s'engager envers la Douane, et que l'engagement de celui-ci aura été accepté et réalisé (art. 6).

1301. Le négociant convaincu d'avoir importé ou exporté des marchandises en fraude ou d'avoir, à l'aide de l'entrepôt ou du transit, opéré des soustractions, substitutions ou versements à l'intérieur, outre les peines qu'il encourt, peut être privé par arrêté du Directeur des finances de la faculté de l'entrepôt. Le négociant ou commissionnaire qui prêterait son nom pour soustraire le délinquant à ces conséquences, encourrait les mêmes peines (art. 7).

1302. Les entrepôts sont fermés à 2 clefs: l'une reste entre les mains de la Douane pour la garantie des droits du Trésor, l'autre est entre les mains du délégué du commerce pour la conservation et la garde de la marchandise. Il n'est reçu dans les entrepôts, pour la manutention, que des ouvriers agréés par l'Administration des Douanes (art. 8).

1303. Un décret du 26 janvier 1899 (Z. 601) détermine les conditions du transit et de l'entrepôt fictif de diverses catégories de marchandises dans les lieux sujets aux droits d'entrée. Il exige consignation et cautionnement, donne lieu à un droit de surveillance, et s'applique aux peaux sèches, aux laines, au plâtre, à la chaux, aux briques, et produits similaires, à la paille et aux fourrages, au charbon de bois, au bois et aux dattes. Cette nomenclature peut être étendue par arrêté du Directeur des finances.

1304. Le régime de l'entrepôt fictif a été étendu aux poivrons secs par arrêté du 5 septembre 1907 (Z. 3366), et un autre arrêté en date du 12 décembre 1906 (Z. 3165) a réglementé ce régime. Ce dernier document contient l'indication des formalités administratives imaginées pour faire obstacle à la fraude[1].

1305. Il nous reste maintenant à parler de certaines admissions en franchise en France, qui ont un caractère un peu particulier. Jusqu'en 1890, les marchandises tunisiennes payaient à l'entrée en France les taxes du tarif général. La Tunisie, bien que liée à la France par des liens politiques très étroits, se trouvait cependant ainsi moins favorisée que les nations étrangères unies avec la France par des conventions commerciales. Avec ce régime, on aboutissait à ce résultat que la plupart des produits tunisiens avaient profit, pour pénétrer en France, à passer par l'Algérie, voire même par l'Italie, malgré les frais supplémentaires de transit et de transport; son maintien ne pouvait qu'entraver l'essor économique de la Régence sans profit pour la Métropole, puisqu'un abaissement des tarifs ne présentait pour la production française aucun inconvénient sérieux, et qu'il s'agissait de produits dont le marché français restait nécessairement importateur[2]. Le Parlement français, ému par cette situation, accorda à la Tunisie un régime exceptionnel; ce fut l'objet de la loi française du 19 juillet 1890 (Z. 475).

1306. L'art. 1er de cette loi admet en franchise en France les produits d'origine et de provenance tunisiennes ci-après dénommés: les céréales en grains, les huiles d'olive et de grignons et les grignons d'olives, les animaux d'espèce chevaline, asine, mulassière, bovine, ovine, caprine et porcine, les volailles mortes ou vivantes, le gibier mort ou vivant. «Les vins frais, d'origine et de provenance tunisiennes paieront, à leur entrée en France, un droit de 0,60 cent. par hectolitre en tant que leur titre alcoolique ne dépassera pas 11°9; ceux dont le titre sera supérieur à 11°9 paieront une taxe supplémentaire de 0 fr. 70 cent. par degré (art. 2)». Les autres articles d'origine et de provenance tunisiennes, non dénommés ci-dessus, paieront à leur entrée en France les droits les plus favorables perçus sur les produits similaires étrangers (art. 3).

1307. Sont exceptés des dispositions qui précèdent: 1° les produits qui sont frappés de prohibition à l'entrée en France par suite de monopole, de mesure sanitaire, etc.; — 2° les denrées désignées au tableau I de la loi du 7 mai 1881 (art. 4).

1308. Le traitement de faveur accordé aux produits tunisiens l'est aux conditions suivantes: les produits doivent venir directement et sans escale de Tunisie en France; ils ne peuvent être expédiés que de Tunis, La Goulette, Bizerte, Sousse, Souissa, Monastir, Mahdia, Sfax, Gabès et Djerba[3]; les produits sont accompagnés d'un certificat d'origine visé au départ par un receveur des Douanes de nationalité française. L'exportation se fait à l'identique. Chaque année des décrets du Président de la République fixent les quantités de produits qui peuvent profiter de la franchise. Les importations en France doivent se faire par navires français (art. 5).

1309. Pour terminer, un mot sur les monopoles. Ils concernent les tabacs, les poudres à feu, le sel, les allumettes et les cartes à jouer. Ils constituent une des plus importantes recettes du Gouvernement et leur existence a pour résultat de mettre hors du commerce les objets dont l'énumération précède. Des peines très sévères ont pour but de faire obstacle à la contrebande; celle du tabac est punie par les art. 70 et suivants du décret du 3 octobre 1884; celle du sel par les art. 83 et suivants du même décret; celle de la poudre à feu par les art. 93 et suivants; celle des cartes à jouer par l'art. 6 et l'art. 7 du décret du 12 juillet 1898 (Z. 972); celle des allumettes par l'art. 6 et l'art. 7 d'un autre décret du même jour (Z. 973).

1310. L'existence du monopole des tabacs a conduit à la réglementation de la culture du tabac; elle a été faite par un décret du 25 août 1898 (Z. 1566). Elle peut être autorisée, soit pour l'approvisionnement de l'administration des monopoles, soit pour l'exportation. L'autorisation ne peut être accordée qu'au proprié-

[1]) Voir ce que nous avons dit des magasins généraux aux nos 128 et s. du présent ouvrage. — [2]) Gaudiani et Thiaucourt, *La Tunisie*, n° 560. — [3]) Un décret du Président de la République du 21 septembre 1892 a ajouté Tabarka à la liste de ces ports.

taire de la terre ou à son fermier, pourvu que, dans ce cas, ce dernier fasse agréer deux cautions solidaires, dont celle du propriétaire. Toute plantation non autorisée est détruite aux frais du cultivateur (art. 1). Nul ne peut avoir du tabac en feuilles en sa possession s'il n'est cultivateur autorisé (art. 2). Les autorisations de culture sont délivrées par le Directeur des monopoles sur l'avis d'une commission locale (art. 5), sur des demandes d'autorisation parfaitement circonstanciées (art. 4) et seulement pour certains territoires déterminés (art. 2). Les planteurs sont soumis à l'exercice (art. 6); leurs cultures sont réglementées (art. 7 et 8), et ils ne peuvent récolter avant l'inventaire (art. 9); les produits de la récolte sont ou remis à l'État qui les achète (art. 14), ou réservés à l'exportation.

1311. Ce dernier cas, le seul qui nous intéresse vraiment, soumet le planteur, non seulement aux règles résumées ci-dessus, mais encore à celles-ci: 1° toute demande d'autorisation de culture doit être accompagnée du récépissé de versement au Trésor, pour contribution aux frais de surveillance et de vérification, d'une somme de 0 fr. 50 cent. par are, jusqu'à 1 hectare et de 0 fr. 30 cent. par are au delà d'un hectare; — 2° tout tabac récolté sera conduit, au plus tard le 31 octobre dans les magasins de l'Administration désignés à cet effet, où il sera vérifié et reconnu conforme aux charges; — 3° aussitôt après, si la livraison est exacte et après paiement des manquants s'il en existe, les tabacs sont conduits sous escorte ou sous la garantie d'un acquit-à-caution, soit aux entrepôts réels ou aux magasins qui en tiendront lieu, soit au bureau d'exportation. L'acquit-à-caution doit être apuré dans les 24 heures et l'exportation ne peut avoir lieu que par navires jaugeant au moins 100 tonneaux (art. 16). Un arrêté du Directeur des finances, en date du 27 août 1898 (Z. 1567) a assuré l'exécution de ce décret.

1312. Enfin il faut, pour être complet, mentionner un décret du 7 juin 1900 (Z. 512) qui prohibe l'importation, la circulation, la vente et la détention de la *chira*, produit opiacé très en faveur chez les fumeurs tunisiens, mais qui leur cause, par l'emploi répété, des désordres intellectuels et nerveux très graves. Les pipes à chira sont elles-mêmes défendues, et les débits de boissons où on trouve soit la substance, soit la pipe qui sert à la consommer, sont immédiatement fermés, sans préjudice des peines encourues (art. 4).

1313. Un décret du 26 décembre 1904 (Z. 2623) réglemente la mise en vente du sel par la Régie. Il faut laisser de côté ce qui a trait aux sortes et aux prix, qui peuvent varier, et à la remise à allouer aux débitants. On retiendra seulement que les sels pour usages industriels ou agricoles sont levés directement par les consommateurs dans les entrepôts ou dépôts des monopoles par quantités indivisibles de 100 kilos (art. 3). Ils sont délivrés à prix réduit pour l'amendement des terres, la nourriture des bestiaux, les boyauderies, les fabriques de chlore, la préparation des engrais, la conservation des fourrages verts, la fabrication de la glace, l'industrie des glaciers-pâtissiers, l'épuration des huiles végétales, la conservation des olives fraîches, la fabrication du papier, le salage des peaux fraîches, la conservation du poisson de mer, la poterie, la fabrication du savon et de la soude, la tannerie et la teinturerie (annexe, Z. 2624). La délivrance en est subordonnée à une dénaturation préalable les rendant impropres à la consommation alimentaire (art. 3). Les fraudes et les spéculations illicites sur le sel à prix réduit sont punies conformément aux règles générales déjà connues. De plus, ceux qui s'en sont rendus coupables perdent le bénéfice de s'en voir délivrer de nouvelles quantités; s'ils ne peuvent justifier de l'emploi, ils doivent payer les manquants aux prix forts (art. 4).

1314. Ajoutons qu'un arrêté du Directeur des finances en date du 20 mars 1907 (Z. 3254) autorise la livraison de sel à prix réduit pour la conservation du poisson de mer. Il faut justifier de la qualité d'armateur ou de patron de barque et de celle de tenancier d'un établissement de salaisons. Le sel est livré sans dénaturation préalable et l'administration doit avoir toutes facilités pour en contrôler l'emploi. Le prix fort est payé pour toutes quantités dont l'emploi licite n'est pas justifié. Le mode de calcul de l'emploi est déterminé. Les stocks restants en fin de campagne sont consignés.

1315. La jurisprudence sur les Douanes et monopoles est assez importante[1]. On a fortement contesté à la Tunisie, quand elle a voulu consolider son régime financier, le droit de faire supporter aux européens de nouvelles taxes. Les anglais

---

[1]) S. Berge, Répertoire. V° Douanes, nos, et s., 9 et s., 16, 25 et s., 36 et 37, 40 et s. et 63.

se retranchaient derrière les art. 11, 20 et 41 du traité anglo-tunisien de 1875; les autres nationalités pouvaient s'en emparer comme de la clause de la nation la plus favorisée; mais le droit d'établir de nouvelles taxes applicables aux européens a toujours été reconnu par les tribunaux: Tunis, 13 mai 1887 (Journal, 1889, p. 306); Justice de paix de Sfax, 21 août 1888 (Journal, 1889, p. 231); Sousse, 13 mars 1890 (Journal, 1894, p. 135); Alger, 18 juin 1901 (Journal, 1901, p. 536).

1316. D'autre part, on a jugé que les marchandises étrangères qui sont transportées en cabotage d'un port tunisien à un port tunisien, doivent, si elles ne sont pas accompagnées d'un certificat de la Douane établissant qu'elles ont payé le droit d'importation, l'acquitter à nouveau; un simple passavant ne suffit pas pour les en affranchir: Tunis, 21 mars 1900 (Journal, 1901, p. 216). Jugé aussi que celui qui ne déclare pas à la Douane l'existence de bijoux d'or ou d'argent, doit être considéré comme ayant fait une déclaration négative fausse, bien qu'il puisse établir que lesdits bijoux ont effectivement été fabriqués en Tunisie: Ouzara, 22 juin 1897 (Journal, 1898, p. 512). Jugé encore que les bases du calcul du paiement du droit de douane en nature doit se faire sur la totalité des marchandises introduites et non sur la quantité de marchandises restant après ledit prélèvement: Justice de paix de Sfax, 27 novembre 1888 (Journal, 1890, p. 214).

1317. Le paiement des taxes sur les laines a donné lieu à un jugement du Tribunal de Sousse, 29 novembre 1888 (Journal, 1889, p. 33), qui a reconnu l'applicabilité de cette taxe aux étrangers; le texte des traités relatifs aux taxes sur les céréales a fait reconnaître contre eux la validité des usages: Sousse, 17 janvier 1889 (Journal, 1889, p. 36). Enfin les taxes d'importation ont été déclarées applicables à l'argent en feuilles: Tunis, 21 avril 1888 (Journal, 1894, p. 95).

1318. La validité des procès-verbaux dressés par les agents des Douanes pour la répression de la contrebande a été reconnue par des décisions, même si les agents verbalisateurs les ont dressés séparément: Sousse, 13 janvier 1904 (Journal, 1906, p. 589); elles leur ont reconnu valeur jusqu'à preuve contraire, et non jusqu'à inscription de faux: Tunis, 24 février 1896 (Journal, 1896, p. 160); Alger, 19 octobre 1901 (Journal, 1902, p. 198); mais l'Administration ne peut être contrainte d'office à apporter une preuve supplémentaire (mêmes décisions); un inspecteur de police n'est pas qualifié pour dresser des procès-verbaux en la matière: Sousse, 10 juillet 1889 (Journal, 1890, p. 183). Les formalités relatives aux procès-verbaux ne sont pas prescrites à peine de nullité par le décret du 3 octobre 1884: Cass. crim., 10 avril 1908 (Journal, 1908, p. 353). Mais les formalités voulues pour l'introduction dans le domicile des particuliers doivent être remplies: Sousse, 19 juin 1891 (Journal, 1892, p. 247).

1319. Les confiscations des moyens de transport peuvent s'appliquer au matériel appartenant à des tiers: Tunis, 27 mai 1902 (Journal, 1903, p. 487). La confiscation s'applique à la contrebande des huiles: Ouzara, 23 mars 1896 (Journal, 1896, p. 578), de la poudre: Cass. crim. 13 janvier 1898 (Journal, 1898, p. 60) ainsi que le colportage et la distribution clandestine de la poudre (même arrêt).

1320. La responsabilité civile des maîtres et commettants ne s'applique pas aux amendes prononcées pour importation de chira: Alger, 15 juin 1896 (Journal, 1907, p. 106); elle s'étend au contraire à l'amende prononcée pour outrages aux agents des douanes: Alger, 25 mai 1905 (Journal, 1907, p. 76).

1321. Les délits de contrebande tombent sous la prescription de 3 ans édictée par l'art. 638 Code instr. crim.: Sousse, 1er juillet 1897 (Journal, 1897, p. 574).

1322. Le chef d'un train de chemins de fer est personnellement responsable de la contrebande de tabac caché dans la vigie de ce train non occupée par un employé: Tunis, 5 août 1893 (Journal, 1896, p. 339). La contrebande de tabac n'est pas établie contre un indigène par la découverte de feuilles de tabac cachées dans son jardin situé près de son habitation, si ce jardin n'est pas clôturé et est accessible au public: Ouzara, 23 juillet 1896 (Journal, 1896, p. 580), ni si la perquisition est faite sans assistance régulière de l'autorité locale: Ouzara, 15 novembre 1887 (Journal, 1898, p. 408); la preuve contraire doit pouvoir s'exercer librement; elle est impossible si le procès-verbal n'affirme que le délit et non les circonstances dans lesquelles il aurait été commis; la poursuite est donc nulle: Ouzara, 18 novembre 1897 (Journal, 1898, p. 410); il en est de même si les pièces à conviction ne sont pas représentées: Ouzara, 10 mai 1897 (Journal, 1897, p. 367); 9 décembre 1897 (Journal, 1898, p. 335). La contrebande n'est pas prouvée par le refus d'un cheikh de faire consommer du tabac de la Régie à ses administrés: Ouzara, 9 décembre 1897 (Journal, 1898, p. 335). Elle ne résulte pas d'une différence entre le manifeste d'entrée et de sortie d'un caboteur, relativement aux provisions de bord, si le manquant peut être le résultat d'une consommation de l'équipage: Sousse, 26 janvier 1898 (Journal 1898, p. 385). La détention de tabac en feuilles est punie, même s'il n'y a pas d'intention coupable: Sousse, 3 novembre 1892 (Journal 1892, p. 279).

Chapitre II. Régime des droits intérieurs.

1323. Autrefois, sous le nom générique de *mahsoulats*[1] ou percevait en Tunisie une grande variété de taxes sur toutes sortes de choses et de transactions; ces perceptions étaient pour la plupart affermées et les exactions des fermiers constituaient en sus du capital de l'impôt de lourdes charges pour le commerce. Il faut se féliciter de voir la Tunisie aujourd'hui affranchie de cette servitude et de cette cause de ruine[2]. Ce n'est pas que les mahsoulats aient véritablement disparu; la plupart des taxes qui les constituaient ont subsisté, mais leur perception est faite par l'État et ses agents dans des conditions qui, si rigoureuses qu'elles soient, sont empreintes d'une parfaite équité et protégées contre les abus.

1324. Il ne faut pas compter ici sur une exposition complète du système des droits intérieurs, car la matière est assez compliquée pour remplir à elle seule ce volume; aussi bien un tel luxe de détails n'est-il pas nécessaire; après l'indication de quelques règles générales, des explications sommaires sur chaque cas particulier suffiront pour avertir le commerce des impedimenta que le droit fiscal tunisien peut apporter à ses opérations.

A. Règles générales.

1325. Une réglementation générale de la matière a été faite par un décret du 8 décembre 1906 (Z. 3159) qui a complètement modifié les bases de l'ancien système. Il commence par faire table rase: les droits de vente encore exigibles sur certains produits et denrées de consommation sont supprimés; sont également supprimés tous les droits dits d'entrée sur les marchés extérieurs aux localités d'une population agglomérée de 500 habitants et au-dessus, et, d'une manière générale, en dehors du périmètre fiscal desdites localités (art. 1). Puis il remplace ce qu'il a supprimé par des droits d'entrée: ceux-ci sont dus à l'introduction dans les localités de 500 habitants et au-dessus, aux taux et dans les conditions du tarif annexé (Z. 3160). La perception est faite à l'entrée des localités sujettes par le service des contributions diverses sur les produits venant de l'intérieur et circulant par la voie de terre; elle est faite par le service des douanes sur les produits importés assujettis à des droits intérieurs, ainsi que sur les produits d'origine locale voyageant par cabotage, et sur le poisson au débarquement (art. 2). Les localités de 500 habitants et au-dessus sont énumérées dans une annexe au décret (Z. 3162) (art. 3).

1326. «Les droits intérieurs d'entrée, de consommation, de circulation, de stationnement, sont exigibles sur ceux des produits importés en Tunisie indiqués au tarif comme sur leurs similaires d'origine tunisienne et dans les conditions indiquées audit tarif. Sont réputés produits d'origine tunisienne ceux prétendus étrangers, mais pour lesquels cette origine n'est pas dûment établie et justifiée» (art. 4).

1327. Les produits et marchandises autres que le bétail apportés, tant sur les marchés intérieurs non concédés aux communes des localités sujettes, que sur les marchés extérieurs aux mêmes localités, acquittent une taxe d'emplacement fixée à 10 cent. par mètre carré occupé et par jour. Cette taxe est exigible sur tous les produits et marchandises exposés en vente en dehors des boutiques et emplacements des marchés, loués moyennant une redevance fixe à la journée, à la semaine, au mois ou à l'année, que les produits et marchandises soient ou non assujettis à des droits d'entrée, de consommation, de circulation ou de fabrication. Elle est également exigible sur tout l'espace occupé par les tentes et étalages quelconques installés sur les marchés. Elle est perçue avec fractionnement d'un demi-mètre carré, minimum applicable à chaque vendeur offrant en vente sur les marchés des produits tenus à la main. Par dérogation à ces règles, les céréales et légumes

[1]) Voir: S. Berge, Vocabulaire, V° Mahsoulats (Journal 1895, p. 158); S. Berge, Jurispr. sur les mahsoulats (Journal, 1894, p. 137); S. Berge, Répertoire V° Mahsoulats. — [2]) Le tableau des mahsoulats a été publié dans Zeys, n° 883. Voir Décrets du 13 janvier 1885 (Z. 884) du 13 août 1887 (Z. 885) et du 29 février 1888 (Z. 886).

secs continuent à payer un droit de stationnement de 5 cent. par 100 kilos et par jour. Sur les marchés spéciaux à l'alfa et au diss bruts, le droit de stationnement est de 5 cent. par 100 kilos. Un droit de stationnement spécial est établi pour les bestiaux. L'ouverture de marchés clandestins est interdite. Un tableau indique les marchés reconnus (Z. 3163) (art. 5).

1328. Le pesage et le mesurage sur les marchés sont facultatifs pour les contribuables; ils donnent lieu, s'ils sont requis, à un droit de mesurage. Les produits vendus aux enchères sur les marchés publics sont passibles d'un droit de criée de 2% du montant du prix de l'adjudication (art. 6).

1329. L'entrepôt fictif, qui est la faculté de recevoir à domicile et d'emmagasiner dans un lieu sujet, sans acquittement préalable des droits, des marchandises qui y sont assujetties et auxquelles le détenteur se réserve de donner une destination extérieure, est accordé pour les huiles végétales de toute espèce et les olives, les laines, le plâtre, le ciment; les briques et produits similaires, les poteries autres que celles destinées à la construction, le fourrage, le bois, le charbon de bois et les dattes. Elle peut être étendue à d'autres produits par arrêtés du Directeur des finances (et l'a été aux poivrons secs le 5 septembre 1907, Z. 3366).

1330. Toute personne établie dans une localité sujette qui veut y recevoir, chez elle ou dans ses magasins, des produits en entrepôt, doit faire une demande sur papier timbré contenant l'engagement de payer à l'administration, à titre de remboursement des frais de surveillance, une redevance forfaitaire. La demande n'est reçue que si ces frais, les pénalités éventuelles et la décharge des passe-debout sont garantis par une caution solidaire et solvable agréée par le receveur des contributions diverses, ou par le dépôt à titre de nantissement entre les mains du receveur général des finances, de valeurs mobilières comprises parmi celles admises pour le cautionnement des entrepositaires d'alcool. La redevance exigible des entrepositaires est de 24 fr. par an; elle est due par douzièmes. Les entrepositaires sont tenus de subir les visites et exercices des agents (art. 7).

1331. Tout porteur ou conducteur d'objets imposables est tenu, avant de les introduire dans un lieu sujet, de faire une déclaration détaillée et d'acquitter les droits si lesdits objets sont destinés à la consommation du lieu; il est tenu aussi de déclarer, s'il échet, qu'il n'entre rien de soumis aux droits. Après la déclaration, les préposés peuvent se livrer à toutes recherches. Aucune introduction ne peut être faite qu'aux heures et par les bureaux désignés à cet effet (art. 8). La traversée des lieux sujets se fait au moyen de passe-debout, avec consignation de caution ou escorte (art. 9). Les agents peuvent suivre les marchandises introduites dans une habitation pour l'entrée en fraude (art. 12).

1332. Toute importation clandestine ou tentative d'importation clandestine de produits soumis à des droits intérieurs, toute introduction ou tentative d'introduction frauduleuse des mêmes produits dans les localités sujettes, toute manœuvre tendant à empêcher ou à entraver l'exercice des droits de surveillance ou de vérification de l'Administration, toute fausse déclaration ou indication sur la nature, le volume, le poids ou le nombre des objets soumis aux droits, toute infraction aux dispositions qui régissent les passe-debout, le transit et l'entrepôt fictif, toute entrave à l'exercice, toute fabrication clandestine d'objets imposables, tout stationnement illicite et toute tenue de marché clandestin, toute contravention, d'une manière générale, aux dispositions du présent décret et des arrêtés réglementaires qui en assurent l'exécution, ainsi que de ceux touchant les alcools et la garantie des ouvrages d'or et d'argent, sont punis d'une amende de 480 fr., indépendamment de la confiscation de la marchandise saisie et des moyens de transport. Les propriétaires des marchandises sont civilement responsables du fait de leurs facteurs, agents ou domestiques en ce qui concerne les droits, amendes, confiscations et dépens. Les infractions sont constatées comme en matière de douane (art. 13).

1333. Ce décret a été suivi d'une instruction du 20 décembre 1906 (Z. 3176) destinée à en assurer l'application, un décret du 15 mai 1908 (Z. 3522) a modifié la liste des localités sujettes et celle des marchés et un arrêté du Directeur des finances en date du 23 mars 1907 (Z. 3257) a réglementé la perception, par voie d'abonnement de certains droits intérieurs. Ce dernier document mérite une courte analyse.

1334. Lorsque la constatation des produits fabriqués ou préparés à l'intérieur d'une localité sujette et soumis aux droits d'entrée est susceptible, soit en raison du mode de fabrication ou de préparation desdits produits, soit de la disposition des lieux, soit de toute autre circonstance, de difficultés particulières appréciables par l'Administration, celle-ci peut admettre individuellement chaque fabricant ou préparateur de ces produits à payer par abonnement l'équivalent du droit d'entrée dont elle estime sa production passible (art. 1). D'autre part, dans les localités sujettes non pourvues de bureaux de perception périphériques, des abonnements individuels peuvent être consentis en remplacement du droit d'entrée sur les bois à brûler et broussailles reçus par les contribuables de l'extérieur (art. 2).

1335. L'abonnement relatif aux droits d'entrée afférents aux produits fabriqués à l'intérieur du lieu sujet a pour effet d'affranchir l'industriel de la tenue de comptes d'entrée et de sortie et, par suite, de la déclaration des produits obtenus et des formalités à l'enlèvement; mais il reste soumis aux autres obligations légales, telles que les déclarations de mise à feu et de défournement; il ne peut, d'autre part, bénéficier du régime de l'entrepôt pour les produits venant de l'extérieur (art. 3). Le montant de l'abonnement, toujours payable d'avance, doit être acquitté au moment de la déclaration préalable de l'opération donnant ouverture aux droits, s'il s'agit d'opérations successives et distinctes; il doit l'être dans le mois, dans le cas contraire (art. 4).

1336. Les abonnements sont constatés par écrit; ils durent tant qu'ils n'ont pas été résiliés, mais l'abonné peut résilier à toute époque, par lettre recommandée adressée au Receveur des contributions directes; la résiliation n'a d'effet que 30 jours après cette notification. La notification n'est pas nécessaire en cas de cessation d'industrie de l'abonné, lorsque cette industrie est soumise au droit de patente et qu'une déclaration de cessation d'industrie a été faite. De son côté l'administration a la faculté de résilier l'abonnement à toute époque, sans être tenue à formalité ni délai (art. 5).

1337. Pour les abonnements relatifs au combustible (art. 2), les abonnés doivent faire conduire la marchandise au bureau d'entrée pour en faire la déclaration, et, dudit bureau à l'établissement auquel s'applique l'abonnement; il leur est interdit de vendre, donner, échanger, céder, employer ladite marchandise autrement que pour les besoins de l'industrie, ni les transporter, enlever ou laisser enlever. Si l'abonnement est résilié, le droit d'entrée est immédiatement exigible sur la totalité du stock existant. L'Administration peut exiger à chaque entrée une déclaration (art. 6).

B. Droits sur les huiles et les savons.

1338. Après les règles générales, il faut voir les règles particulières. Nous commencerons par le régime fiscal des huiles. Le régime ancien avait été établi par un décret du 12 octobre 1860 qui avait institué le *kanoun* des oliviers (Z. 851) et avait donné lieu à des décrets des 25 avril 1862, 6 novembre 1869 (Z. 854), 24 mai 1871 (Z. 856), 6 juin 1871 (Z. 857) etc. Ce système avait été profondément modifié par un décret du 1er avril 1897 qui avait supprimé les taxes indirectes et les avait remplacées par des droits d'entrée (Z. 717) et par les documents suivants: arrêté du 1er avril 1897 (Z. 718), décrets des 17 novembre 1897 (Z. 719) et 28 décembre 1897 (Z. 720), arrêté du 26 septembre 1898 (Z. 721), relatifs à la dîme des huiles et à son remplacement par le kanoun. Il suffit de mentionner ces précédents et de s'arrêter au décret du 8 décembre 1901 (Z. 1863) qui a modifié les bases de l'impôt kanoun. Cet impôt est dû par les oliviers; il est annuel, exigible en un seul terme dès le 1er novembre de chaque année et payable au bureau de la situation des biens (art. 2). L'impôt est recouvré au moyen de rôles, conformément au décret du 13 juillet 1899 (Z. 638). Les notaires appelés à passer des actes relatifs à un immeuble passible du kanoun doivent mentionner dans leur acte le numéro et le montant de la dernière quittance. En cas d'achat, le nouveau propriétaire doit s'assurer du paiement des taxes échues, car il en devient responsable (art. 4). A ce décret est annexé un tableau des tarifs, qui varient suivant les régions (Z. 1864) et un arrêté du 7 février 1902 (Z. 1903) a établi les mesures voulues pour son exécution.

1339. Ceci conduit au décret du 28 octobre 1903 qui a substitué le kanoun des oliviers à la dîme des huiles (Z. 2311). Le kanoun est assis sur l'évaluation du produit brut moyen des oliviers âgés de plus de 20 ans (art. 2). Il est annuel, exigible en un seul terme dès le 1er novembre de chaque année et payable au collecteur de la situation des oliviers (art. 3). Il est fixé en principal à 10 fr. 30 cent. par 100 fr. du montant de l'évaluation déterminée en l'art. 2. A ce principal s'ajoutent des accessoires variant suivant les circonscriptions (art. 4).

1340. Le droit d'entrée sur les olives vertes destinées à être consommées en nature, qui était de 4 fr. par quintal métrique à Tunis et de 3 fr. dans les autres régions, est abaissé à 2 fr. 35 par quintal métrique à Tunis et à 1 fr. 35 dans les autres villes (art. 8). Sont exonérées des droits d'entrée les olives vertes destinées à la trituration et directement transportées au moulin.

1341. Toutes les olives noires, quelles que soient leur destination, les olives vertes destinées à la trituration et les huiles restent assujetties lors de leur introduction dans les villes et agglomérations au-dessus de 500 habitants, au droit établi par le décret du 1er avril 1897 (Z. 717) sauf la faculté de conversion instituée au décret du 28 décembre 1897 (Z. 720) (art. 9).

1342. Puis un décret du 29 octobre 1903 crée une surtaxe sur les olives exportées provenant du Sahel (Z. 2313). Les huiles provenant des caïdats de Sousse, Monastir, Mahdia et Djemmal et exportées par un port quelconque de la Régence ou par tout autre point frontière sont, à leur sortie du territoire, soumises, à une surtaxe de 1 fr. 50 par quintal métrique, qui se superpose au droit de douane du décret du 2 mai 1898 (Z. 721) et à la taxe annuelle d'abonnement établie sur les huiles d'olive en exécution du décret du 28 décembre 1897 (Z. 720). Cette surtaxe est révisable tous les 5 ans (art. 1). Des déclarations d'origine sont imposées pour faire obstacle aux fraudes (art. 2). Ce décret a été suivi d'une instruction du Directeur de finances, en date du 3 novembre 1903 (Z. 2316) pour en assurer l'application.

1343. Un autre arrêté du même fonctionnaire, en date du 14 novembre 1903 (Z. 2324) a porté conversion du droit d'entrée sur les huiles et sur les olives, exigible dans diverses localités, en une taxe annuelle d'abonnement à percevoir par voie de centimes additionnels au droit de consommation sur la viande dans ces localités.

1344. On arrive ensuite à un décret du 19 novembre 1908 (Z. 3631) établissant une surtaxe sur les huiles provenant des caïdats de Sfax et de La Skira et exportées par un port quelconque de la Régence. Cette mesure est identique à celle qui avait été prise pour d'autres provenances le 29 octobre 1903 et elle présente les mêmes particularités. Il n'y a lieu de s'y arrêter, non plus qu'à un arrêté du Directeur des finances élevant le taux de la tare légale applicable aux huiles importées en futailles. Cet arrêté porte la date du 16 décembre 1908 (Z. 3648); il élève la tare de 12 à 18%.

1345. Un décret du 31 décembre 1909 (Z. 3956) a une portée plus considérable. Il étend la surtaxe de 1 fr. 50 cent. par quintal métrique, imposées aux provenances de certains territoires par les décrets précités du 29 octobre 1903 et du 19 novembre 1908, à toutes les huiles d'olives exportées de Tunisie. D'ailleurs un décret du 22 février 1910 (Z. 3999) a ajourné au 1er juin 1910 l'application de cette mesure.

1346. En résumé, les huiles d'olive sont grevées: 1° d'un droit qui les frappe toutes, au moment de la production et même avant, par la taxe qui frappe les arbres; — 2° d'un droit d'entrée dans les villes, pour celles qui sont consommées dans le pays; — 3° d'un droit d'exportation qui se superpose au droit de douane et à la surtaxe particulière à certains caïdats. C'est donc aujourd'hui une marchandise très lourdement imposée.

1347. Au début du développement du Protectorat, on avait soutenu que les italiens ne pouvaient être atteints par la surtaxe du kanoun sur les oliviers[1]; il a été jugé que le seul privilége dont ils jouissaient en la matière était l'option entre le paiement en nature et le paiement en argent: Sousse, 19 octobre 1893 (Journal, 1894, p. 252).

1348. La production des savons est très considérable en Tunisie parce qu'on y trouve à bon compte sur place une matière première excellente, l'huile d'olive. C'est dire qu'elle a tout de suite attiré l'attention du fisc. L'ancien régime, jugé insuffisant, a été modifié par un décret du 8 juillet 1891 (Z. 1544) qui a supprimé le droit de *kantria* et le droit d'exportation pour les remplacer par un droit de fabrication (art. 1).

1349. Pour la perception de cette taxe, les fabriques de savon sont ouvertes à l'Administration qui peut y mettre un gardien à poste fixe (art. 2). Avant d'ouvrir un établissement, tout fabricant est tenu de faire une déclaration et de dire s'il entend opérer d'une manière continue ou d'une manière intermittente. Dans le

[1]) S. Berge, Répertoire, V° Kanoun sur les oliviers.

second cas, il doit aviser l'Administration avant chaque opération. Des récépissés détachés d'un registre à souche constatent l'accomplissement de ces formalités (art. 3).

1350. Aucun produit ne peut être enlevé du lieu de fabrication avant le paiement des droits et le Trésor a privilége sur l'intégralité de la marchandise fabriquée (art. 4). Toute contravention est punie d'une amende de 300 piastres[1] et de 1000 piastres (600 fr.) en cas de récidive; le contrevenant est en outre condamné au paiement des droits exigibles; de plus, en cas d'enlèvement ou de fabrication clandestine, la marchandise saisie est confisquée. L'autorité peut se faire assister par la force publique, en cas de refus d'entrée, et si cette résistance se reproduit, l'établissement est fermé (art. 5).

1351. Le 3 juillet 1895 un décret (Z. 1545) a donné plus de précision, en vue de combattre la fraude, aux déclarations imposées aux fabricants et le 12 mai 1898, un autre décret (Z. 1546) a encore accentué ces précautions. Toute fabrique de savon doit porter une enseigne apparente, être privée de toute communication avec des bâtiments contigus et aucune vente au détail, par quantités inférieures à 5 kilos, ne doit avoir lieu à la fabrique même (art. 1).

1352. Les savons exportés sont dégrevés du droit de fabrication (art. 2). Les savons pour l'exportation circulent avec acquits-à-caution sous emballage plombé par la Régie; le fabricant n'est déchargé du droit qu'après un certificat de sortie (art. 4); un droit de plombage et un droit de statistique sont dus.

1353. Le 18 mai 1899 (Z. 1547) un décret a réduit le droit de fabrication à 3 fr. 20 par quintal métrique et a transformé le droit de douane à l'importation en un droit spécifique de 3 fr. 20 par 100 kilogrammes bruts.

1354. Le 12 décembre 1906 (Z. 3166) un arrêté du Directeur des finances a multiplié les moyens de contrôle sur les fabriques de savons; les moindres détails de l'outillage et toutes les phases de la fabrication sont l'objet de déclarations et de vérifications qui constituent dans leur ensemble un exercice très dur; ce document résiste à toute synthèse et il est beaucoup trop considérable pour trouver place ici. Nous devons nous contenter d'en signaler l'existence aux intéressés.

C. Régime fiscal de l'alcool.

1355. Les nécessités budgétaires grandissantes de la Tunisie, qui a dû faire des emprunts pour créer son outillage économique, ont conduit à une législation extrêmement complète qui constitue le régime fiscal de l'alcool; pour l'exposer succinctement, il n'y a pas d'autre moyen que de suivre l'ordre chronologique et de procéder par courtes analyses.

1356. La série des documents à parcourir s'ouvre par un décret du 2 mai 1898 (Z. 46) qui décide que des droits de consommation sont créés sur les sucres et les alcools (art. 1). Ces droits sont perçus à l'intérieur par les agents des contributions diverses, à l'importation, par le Service des Douanes (art. 2). Les fabricants ou producteurs d'alcool sous toutes ses formes sont tenus de déclarer le lieu, la nature de leur fabrication et leurs moyens de production (art. 3), ainsi que les quantités existant en leur possession. Ils sont assujettis à la vérification des agents de l'Administration (art. 4). Les contraventions sont punies d'une amende de 500 à 5000 fr. indépendamment de la confiscation des produits en fraude et du remboursement des droits fraudés (art. 6).

1357. Un arrêté du Directeur des finances du 20 mai 1898 (Z. 48)[2] porte règlement du mode de perception des droits de consommation ainsi créés: elle a lieu à la sortie des établissements producteurs, d'après les déclarations des fabricants, sauf pour les alcools destinés à la préparation des boissons spiritueuses, qui peuvent être expédiés en crédit de droits sur les entrepôts où ils doivent être employés; les droits sont garantis par un acquit-à-caution. Les produits à base d'alcool autres que les boissons ne peuvent être préparés qu'avec des alcools libérés de la taxe (art. 1). Les alcools déclarés pour l'exportation sont affranchis de l'impôt (art. 2).

1358. Nul ne peut se livrer à la fabrication des alcools ou mettre en fermentation des matières sucrées, sans faire une déclaration (art. 3). Les producteurs sont divisés en 4 classes: 1° distillateurs chez lesquels l'administration établit un service de surveillance permanente, qui rectifient des flegmes ou des produits imparfaits préparés dans d'autres établissements et obtiennent des produits propres

[1]) 180 fr. en monnaie actuelle. Voir les détails donnés sur le système monétaire. — [2]) Modifié par arrêté du 30 avril 1900.

à être livrés directement à la consommation; — 2° distillateurs qui mettent en œuvre des matières autres que les produits de la vigne, cidres, poirés, lies, marcs et fruits et obtiennent des flegmes expédiés en totalité chez les rectificateurs; — 3° industriels non bouilleurs de cru, qui distillent des vins, cidres, poirés, lies, marcs et fruits ou qui, mettant en œuvre d'autres matières ou recevant des esprits du dehors, obtiennent des produits propres à être livrés directement à la consommation; — 4° bouilleurs de cru distillant exclusivement les produits de la vigne (art. 4). Les industriels des trois premières catégories sont soumis à des régimes particuliers (art. 5); les bouilleurs de cru sont des propriétaires ou fermiers affranchis de toute déclaration de fabrication et de tout exercice, sauf le cas où ils demanderaient à être placés sous le régime de l'entrepôt fictif (art. 6).

1359. Les fabricants de liqueurs, de vins de liqueur, de vermouths, d'absinthe et d'autres spiritueux composés, peuvent obtenir la faculté de l'entrepôt pour les alcools qu'ils emploient. Ils doivent pour cela: s'engager à avoir dans leurs magasins une quantité minima de 20 hectolitres d'alcool pur et faire agréer une caution solvable, qui s'engagera solidairement avec eux au paiement des droits afférents aux quantités dont la sortie régulière ne serait pas constatée (art. 7). Il est tenu compte à ces entrepositaires de certains déchets (art. 8). Aucune sortie ne peut avoir lieu sans un titre de mouvement, congé, acquit-à-caution ou passavant (art. 9). Les acquits-à-caution pour l'exportation sont déchargés après la constatation de sortie; les autres par la prise en charge du destinataire. A défaut de décharge dans le délai de 8 jours, le soumissionnaire et sa caution sont passibles solidairement, en sus de la taxe, du paiement d'un second droit à titre d'amende (art. 10). Des déductions de coulage pour les alcools circulant sous acquit -à-caution peuvent être accordées jusqu'à concurrence de 3% au maximum (art. 11). Les bouilleurs de crus sont admis à établir eux-mêmes leurs titres de mouvement (art. 12).

1360. Tout fabricant d'appareils distillatoires est tenu d'inscrire sur un registre spécial qui est soumis aux investigations des agents de l'administration, les noms et demeure des personnes auxquelles il aura livré des appareils. Il fait aussi une déclaration au bureau de la circonscription. Aucun appareil ne peut être déplacé sans autorisation de l'Administration. Tout appareil non déclaré ou déplacé est confisqué (art. 13).

1361. Un décret du 29 août 1898 (Z. 49) a admis à la détaxe du droit de consommation les alcools employés au vinage et au mutage des vins d'exportation, pourvu que ces alcools soient parvenus sur le lieu de l'opération sous le lien d'un acquit-à-caution ou placés sous le régime de l'entrepôt; ce dernier régime est seul admis pour le mutage (art. 1).

1362. Les producteurs sont seuls admis à viner (art. 2) dans des magasins agréés par l'Administration. Chaque opération fait l'objet d'une déclaration; elle a lieu en présence de l'agent de l'Administration; il en est dressé procès-verbal descriptif (art. 3). Les vins vinés doivent être embarqués dans les 3 jours au plus tard (art. 4).

1363. La détaxe des alcools employés au mutage n'est faite que si le titre des moûts est porté à 11° au minimum. Une déclaration doit être faite au moins 15 jours avant l'entreprise de mutage, avec ouverture de registre, et une seconde déclaration 48 heures avant chaque opération à laquelle l'Administration se réserve de faire assister ses agents (art. 5). Les produits sont dirigés sur les points désignés par le Directeur des finances (art. 6)[1].

1364. Un décret du 3 février 1899 (Z. 50) a affranchi du droit de consommation les médicaments, produits chimiques et autres obtenus par la dénaturation de l'alcool et un autre décret du 18 novembre 1903 (Z. 2329) a réduit le droit de consommation sur les alcools dénaturés.

1365. Ce droit n'est plus que de 2 fr. par hectolitre d'alcool pur en ce qui concerne les alcools dénaturés pour servir au chauffage, à l'éclairage et à la production de la force motrice. Peuvent seuls profiter de cette réduction les alcools dénaturés sous les yeux des agents de l'Administration, par les procédés, dans les conditions et dans les lieux par elle prescrits et les alcools importés, s'il est reconnu, après analyse, qu'ils ont été dénaturés dans les conditions prescrites en Tunisie au moment de leur importation (art. 1).

---

[1]) Une instruction du Directeur des finances, en date du 23 mai 1901 (Z. 1779) a commenté le décret dont l'analyse précède.

1366. Le droit de consommation sur les alcools ou produits à base d'alcool est basé sur leur teneur en alcool pur, sans qu'il y ait lieu de distinguer entre les liquides en bouteilles et ceux conservés dans des récipients d'une autre nature. Il est liquidé au vu d'une déclaration écrite par l'importateur, introducteur, entrepositaire ou fabricant; il est perçu ou garanti pour les produits importés, au moment de l'importation, sur les produits fabriqués par tout autre que par les bouilleurs de cru, avant tout enlèvement du lieu de la fabrication, sur les produits des bouilleurs de cru, avant toute introduction dans les lieux sujets (art. 2).

1367. Des précautions minutieuses sont prises pour assurer l'exécution de ces prescriptions (art. 3). Les alcools destinés à l'exportation, ou ceux dirigés sur un entrepôt ou sur un atelier de dénaturation et ceux déjà libérés du droit de consommation peuvent traverser les lieux sujets, à condition d'être accompagnés d'un acquit-à-caution, d'un congé-quittance ou d'un certificat de libération (art. 4).

1368. Les négociants en gros et fabricants peuvent obtenir la faculté d'entrepôt pour les alcools non dénaturés qui font l'objet de leur commerce ou de leur industrie à condition de supporter les frais de surveillance, de représenter à toute réquisition au moins 20 hectolitres d'alcool pur, de garantir le paiement des droits et des pénalités éventuelles par le dépôt à titre de nantissement de valeurs mobilières, ou par une affectation hypothécaire ou par le cautionnement solidaire d'un établissement de crédit agréé par l'Administration. Les alcools en entrepôt doivent être dans un local distinct des lieux de distillation et des magasins de détail. Des envois d'entrepôt à entrepôt ou pour l'exportation peuvent être effectués au moyen d'acquits-à-caution; en dehors de cette exception aucune quantité ne peut être enlevée sans que le paiement du droit de consommation ne soit effectué (art. 5).

1369. Les distilleries autres que les bouilleurs de cru et quelle que soit leur importance, ne peuvent être ouvertes, même à titre temporaire ou accidentel, qu'avec l'autorisation de l'Administration et l'assujétissement à l'exercice (art. 6). Les bouilleurs de cru sont affranchis de toute déclaration de fabrication et de toute surveillance, sauf s'ils demandent à être placés sous le régime de l'entrepôt; mais ils ne peuvent faire sortir aucun alcool sans une lettre de voiture qu'ils établissent eux-mêmes (art. 7). La détention, la fabrication et le commerce des appareils distillatoires doivent faire l'objet de déclarations et sont étroitement surveillés (art. 8).

1370. Toute importation ou tentative d'importation clandestine, toute introduction clandestine, toute fabrication ou tentative de fabrication irrégulières, tout enlèvement sans pièces régulières de mouvement, tout bris de scellés, toute fausse déclaration, toute revivification ou tentative de revivification d'alcool dénaturé, tout coupage tendant à des régénérations d'alcool, tout mélange d'alcool méthylique aux boissons, tout emploi d'alcool dénaturé à des usages autres que ceux pour lesquels la modération de droits est accordée, tout refus de se prêter à l'exercice, toute vente ou détention clandestines d'appareils distillatoires, tout déplacement desdits sans autorisation, en général, toute infraction au décret et aux arrêtés réglementaires pris pour son exécution, sont punis d'une amende de 500 à 5000 fr., indépendamment du remboursement des droits fraudés et de la confiscation de la marchandise, des appareils de distillation, du matériel de fabrication et des moyens de transport. En cas de récidive dans les 2 ans, la peine est doublée; les co-auteurs et complices sont punis de la même peine que l'auteur principal. Les infractions sont constatées et punies conformément aux règles posées par le décret de 1884 sur les douanes (art. 9).

1371. Un arrêté du Directeur des finances en date du 20 décembre 1903 (Z. 2345) établit les procédés et les conditions dans lesquels la dénaturation des alcools prévue dans le décret précédent doit être effectuée pour faire profiter de la réduction de droits et un second arrêté du 24 décembre 1903 (Z. 2347) règle le mode de perception sur les alcools dénaturés. Les praticiens devront prendre connaissance de ces longs documents dont un résumé serait sans utilité, sinon même dangereux. Il faut en dire autant d'une instruction du même fonctionnaire, en date du 26 décembre 1903 (Z. 2352) sur le régime fiscal de l'alcool, d'un arrêté du 29 février 1904 (Z. 2416) sur les distilleries, et d'un arrêté du 20 mai 1904 (Z. 2482) sur les alcools employés au mutage et au vinage. Tous ces actes ne modifient en rien les bases de la législation; ils se bornent à resserrer les mailles du filet dont l'Administration entoure les fraudeurs, et à rendre plus dur et plus incommode l'exercice de la Régie sur les commerçants et les industriels qui manipulent des alcools. Nous en arrivons ainsi à un décret du 9 juillet 1904 (Z. 2520) qui porte à 125 fr. (au lieu de 50) le droit par hectolitre sur les alcools, esprits, eaux-de vie, liqueurs et autres produits à base d'alcool, tout en laissant à 2 fr. par hectolitre d'alcool pur le droit sur les alcools dénaturés destinés au chauffage, à l'éclairage ou à la production de la force motrice (art. 4).

1372. L'ordre chronologique nous présente ensuite un décret du 23 juillet 1904 (Z. 2525) qui interdit la fabrication, la circulation, la détention et la mise en vente des vins de sucre et des mélasses, et une instruction du 26 août 1904 (Z. 2549) pour la mise à exécution de ce décret.

1373. Nous arrivons ainsi à un décret du 29 juillet 1905 (Z. 2803) qui modifie encore, toujours en l'aggravant, le tarif des droits; sans dépasser le taux de 125 fr. l'hectolitre, il y soumet les vermouths, vins de liqueur ou d'imitation (art. 1); la surveillance en cours de route est renforcée (art. 3); la définition des bouilleurs de cru est élargie (art. 4); celle de la complicité en la matière est étendue, notamment à ceux qui ont procuré sciemment les moyens de commettre la fraude ou laissé s'installer des établissements clandestins dans leurs locaux ou sur leurs propriétés (art. 5). Un arrêté du 4 août 1905 (Z. 2811) assure l'exécution du nouveau décret, ainsi qu'une instruction du 14 août 1905 (Z. 2823). A mesure que les droits s'élèvent, les profits que la contrebande peut procurer s'accroissent et les efforts faits pour empêcher celle-ci suivent la même progression: le régime devient de plus en plus rude.

1374. C'est une voie dans laquelle il ne semble pas qu'on doive s'arrêter; le 2 mars 1908 (Z. 3479) un nouveau décret modifie encore le régime fiscal des alcools. Il n'augmente pas le droit de 125 fr. par hectolitre, mais spécifie qu'il est perçu sur la base d'un hectolitre d'alcool pur à la température de 15° centigrades, que, pour les vins, il est compté pour ce qui excède 15°9 et pour les cidres, poirés, hydromels et bières, pour ce qui excède 9°9. Enfin il porte sur les parfumeries et autres produits alcooliques pour la totalité (art. 1). La réduction du droit à 2 fr. par hectolitre d'alcool pur reste acquise aux alcools dénaturés (art. 2). Les époques de paiement des droits restent fixés comme dans la législation précédente (art. 3), mais les titres de mouvement sont précisés et on vise les déclarations d'enlèvement sous un nom supposé, ou sous le nom d'un tiers sans son consentement, ou les déclarations ayant pour but de simuler un enlèvement (art. 4). Une tolérance de 1% est accordée aux expéditeurs dans leurs déclarations pour les envois effectués sous le lien d'acquits-à-caution (art. 5). Les mouvements des alcools sont rigoureusement réglementés (art. 6 à 9).

1375. Les facultés d'entrepôt pour les marchands en gros sont maintenues; on leur accorde certaines facilités pour la constitution des cautionnements, mais on se montre plus rigoureux pour les constatations de sorties (art. 10). Si l'entrepositaire exploite un débit de boissons, on peut, à titre de tolérance, autoriser certaines communications entre l'entrepôt et le débit, mais cela prive le négociant de toute bonification pour ouillage, coulage, soutirage, affaiblissement de degré et de tous autres déchets (art. 11).

1376. Est réputé marchand en gros d'alcool ou de produits alcooliques, autres que les alcools dénaturés et les vernis à l'alcool dénaturé, quiconque reçoit et expédie, soit pour son compte, soit pour le compte d'autrui, des quantités des produits de l'espèce supérieures à 5 litres en volume et à 2 litres en alcool pur. Mais ne sont pas considérés comme tels les particuliers recevant accidentellement un fût, une caisse ou un panier de spiritueux etc. pour le partager avec d'autres personnes, pourvu que ces dernières soient désignées dans la déclaration d'expéditeur; ou ceux qui se trouvent accidentellement dans le cas de faire une transaction sur les alcools. Les négociants en gros sont tenus de faire une déclaration circonstanciée avant de se livrer à l'exercice de leur profession, et de soumettre à l'exercice des locaux disposés dans des conditions déterminées. A moins d'être placés sous le régime de l'entrepôt, ils ne peuvent être possesseurs que d'alcools ayant acquitté le droit de consommation (art. 12). Est considéré comme marchand en gros d'alcool dénaturé ou de vernis à l'alcool dénaturé quiconque en expédie pour son compte ou pour le compte d'autrui, des quantités supérieures à 25 litres en volume (art. 13). Les fabricants de liqueurs et de spiritueux sont tenus aux mêmes obligations que les marchands en gros (art. 14).

1377. Ceux qui veulent se livrer à la fabrication des vins mutés ou de liqueur ou d'imitation, des vermouths, vins de quinquina ou similaires, sont tenus d'en faire la déclaration 15 jours à l'avance et cela les soumet au régime de l'entrepôt et à l'exercice (art. 15).

1378. Les vins destinés à être exportés dans tout autre pays que la France et l'Algérie peuvent recevoir en franchise de droit telle addition d'alcool que l'exportateur jugera nécessaire; la mixtion est opérée sous les yeux des agents (art. 16).

1379. Les distilleries ne peuvent être ouvertes qu'avec l'autorisation de l'Administration et sont soumises à sa surveillance (art. 17). Les bouilleurs de cru sont affranchis de toute déclaration de fabrication et de toute surveillance; mais s'ils louent un alambic mobile, le loueur reste assujetti aux visites et vérifications; d'autre part les bouilleurs de cru peuvent se mettre sous le régime de l'entrepôt et sont soumis à toutes les obligations qui découlent de cette situation (art. 18). Le bouilleur de cru peut aussi vendre au détail sous certaines conditions (art. 19).

1380. La fabrication, la détention et le commerce des appareils distillatoires sont de nouveau réglementés, ainsi que leurs déplacements (art. 20).

1381. Les pénalités sont aussi précisées dans le nouveau décret; l'amende de 500 à 5000 fr., qui peut être doublée en cas de récidive dans les deux années, continue à frapper toute infraction à la législation sur la matière; de plus, toute fraude ou tentative de fraude dissimulée sous vêtements ou au moyen d'engins disposés pour l'introduction ou le transport frauduleux d'alcools ou de produits alcooliques, toute fraude ou tentative de fraude par escalade, par souterrain ou à main armée, tout transport d'alcools ou de produits alcooliques avec un titre de mouvement altéré ou obtenu frauduleusement, toute production ou tentative de production d'alcools ou de produits alcooliques, en dehors des bouilleries de cru ou des établissements producteurs régulièrement ouverts et surveillés par les agents de l'administration des finances, sont punis, indépendamment de la peine d'amende susdite, d'un emprisonnement de 6 jours à 6 mois, lequel, en cas de récidive dans les 2 ans est porté de 6 mois à 1 an. Les dispositions sur les co-auteurs et complices sont maintenues; mais les transporteurs et leurs préposés ne sont pas considérés comme contrevenants lorsque leur bonne foi est dûment établie et que par une désignation exacte de leurs commettants, ils mettent l'Administration en mesure d'exercer des poursuites efficaces contre les véritables auteurs de la fraude; les moyens de transport ne sont pas alors confisqués, mais leur valeur est ajoutée au chiffre des condamnations à prononcer contre les auteurs de la fraude. En cas de déplacement d'appareil à distiller, l'expéditeur est responsable, s'il ne met l'Administration en mesure d'exercer des poursuites efficaces contre la personne à laquelle incombait la déclaration (art. 22).

1382. Ce décret a été appuyé de trois arrêtés réglementaires du 2 mars 1908 (Z. 3480 à 3482) pris pour son exécution. Le premier traite de: 1° la liquidation des droits, par l'indication des appareils et procédés à employer pour la détermination du degré alcoolique (art. 1 et 2); — 2° la nomenclature des localités sujettes et les formalités d'introduction et de circulation; celles-ci diffèrent suivant qu'il s'agit de produits destinés à la consommation, ou à un entrepôt ou atelier de dénaturation, ou à l'exportation ou que les produits sont transportés par suite de changement de domicile (art. 3 à 11); — 3° la faculté d'entrepôt; la forme des demandes, l'aménagement des locaux et du matériel, les produits susceptibles d'être admis à l'entrepôt, la forme de l'admission, la constatation des sorties, les déductions pour coulage et décharges, les manipulations (art. 12 à 26); — 4° les dispositions concernant les marchandises en gros, les fabricants de liqueurs et de spiritueux composés non entrepositaires (art. 27 à 29); — 5° les dispositions spéciales aux fabriques de vermouths, vins de quinquina et similaires et vins de liqueurs ou d'imitation (art. 30 à 37); — 6° les dispositions relatives au mutage en franchise (art. 38 à 46); — 7° les dispositions relatives au vinage (art. 47 à 51).

1383. Dans le second arrêté, on trouve: 1° une nouvelle classification des distillateurs en 5 catégories: distillateurs plus ou moins puissamment outillés, ambulants, loueurs d'alambics et bouilleurs de cru (art. 1 et 2); — 2° des dispositions applicables aux trois premières catégories de distillateurs (art. 3 à 17); — 3° des dispositions spéciales aux établissements de la première catégorie, qui se subdivisent encore suivant qu'ils travaillent ou non en vase clos (art. 18 à 31); — 4° des dispositions spéciales aux distilleries ambulantes (art. 32 à 36); — 5° ce qui touche constatation et paiement des droits dans les distilleries de la première et de la troisième catégories (art. 37 et 38); — 6° des dispositions spéciales aux établissements de la deuxième catégorie (art. 39 à 61); — 7° des dispositions particulières.

1384. Dans le troisième arrêté, on s'occupe des formalités et opérations techniques tendant à la dénaturation des alcools et des conséquences fiscales qui en résultent.

1385. Nous ne pouvons que répéter ici ce que nous avons déjà dit: la matière en est arrivée à un tel état de perfectionnement technique et de complication législative, les documents récents n'abrogeant pas les anciens, mais venant se superposer à eux, que nous devons nous borner à une nomenclature détaillée sans tenter un résumé qui, laissant forcément de côté les détails, aurait peut-être l'inconvénient de mal éclairer les praticiens. Ceux-ci n'auront d'ailleurs, en cas de besoin, qu'à se reporter aux textes en vigueur, dont nous avons scrupuleusement indiqué la source.

1386. Au surplus nous en aurons fini avec le régime fiscal des alcools en mentionnant un décret du 31 décembre 1909 (Z. 3953) qui unifie au plein tarif du droit de consommation tous les produits alcooliques; en même temps, la garantie spéciale exigée par l'art. 2 du décret du 2 mars 1908 des dénaturateurs d'alcool est supprimée (art. 3); — et en y joignant un arrêté du 31 décembre 1909 (Z. 3958) qui modifie certains détails du régime en conséquence du décret précédent.

1387. Il est à peine besoin de dire que la législation dont l'esquisse précède a donné lieu à des difficultés judiciaires[1]; pour ne tenir compte que des plus récentes, nous mentionnerons qu'il a été jugé que les étrangers ne peuvent exciper en la matière que de la clause de la nation la plus favorisée, la France exceptée, qui est en l'espèce, la convention franco-italienne du 21 septembre 1896: Alger, 17 janvier 1900 (Journal, 1900, p. 88); que les quantités existantes en magasin au moment d'établissement de droits de consommation, en sont tenues, quelle que soit la cause de leur disparition, telle qu'un incendie, lequel peut motiver une demande de dégrèvement amiable, mais non une exemption légale: Sousse, 26 décembre 1901 (Journal, 1902, p. 426); qu'une tentative d'introduction d'alcool dans le périmètre d'une localité sujette est punissable, abstraction faite de l'intention de celui qui l'a commise: Alger, 29 décembre 1905 (Journal, 1908, p. 122); que le bouilleur de cru qui a créé une lettre de voiture pour la sortie de ses produits, conformément à la faculté qui lui en a été laissée par la loi, ne peut plus ensuite la modifier, parce qu'elle constitue un titre de créance pour le Trésor public: Tunis, 17 juillet 1907 (Journal, 1907, p. 567).

D. Régime fiscal des produits du sol et de la boucherie.

1388. *Céréales.* Le décret du 8 décembre 1906 sur les droits intérieurs rend sans intérêt le décret du 31 mai 1898 (Z. 200) portant modification des droits sur les céréales, sauf pour le droit de circulation, qui est exigé dans le périmètre de perception des localités du littoral, ou, à défaut, à l'occasion du passage des denrées à la frontière. Il est liquidé sur la déclaration faite par le propriétaire des denrées, sauf vérification (art. 2). Ce droit est indépendant du droit de douane (Instruction du 5 juin 1898, Z. 201). Il doit être perçu de manière à laisser les plus grandes facilités aux agriculteurs (Instruction du 16 juillet 1901, Z. 1801). En dehors de ces textes, il n'y a à signaler que le décret du 31 décembre 1910 (Z. 4222), qui réforme l'achour sur les céréales, et n'intéresse qu'indirectement les commerçants, puisqu'il ne constitue de charges que pour les producteurs.

1389. *Paille.* Les droits sur les pailles, pour la vente et l'entrée dans certaines villes, ont été supprimés par un décret du 18 juillet 1905 (Z. 2790).

1390. *Boucherie.* Un décret du 11 octobre 1892 (Z. 986) interdit l'abatage des animaux de boucherie en dehors des abattoirs municipaux ou des emplacements à ce destinés, sous réserve d'exceptions pour certaines fêtes et sous peine d'une amende de 16 à 100 fr. qui est de 100 à 200 fr. avec un emprisonnement de 6 à 15 jours, en cas de récidive, l'art. 463 Code pén. fr. sur les circonstances atténuantes étant applicable à la matière. Cette législation impose le paiement de taxes municipales dont il sera parlé ci-après.

Chapitre III. Matières d'or et d'argent.

1391. Le contrôle des matières d'or et d'argent a été organisé par un décret du 18 juillet 1905 (Z. 2791) qui est constitué par 38 articles divisés en 9 titres.

1392. Le titre I traite des titres, de la tolérance et des poinçons. Les ouvrages d'or ou d'argent fabriqués ou importés en Tunisie ne peuvent être à un titre in-

1) S. Berge, Répertoire V° Droits fiscaux sur l'alcool.

férieur aux minima indiqués au décret, le titre d'un ouvrage étant la quantité d'or ou d'argent fin contenue dans les pièces exprimée en millièmes. Ils doivent être essayés et porter l'empreinte d'un poinçon faisant connaître le titre sous lequel ils sont classés. Sont exemptés de l'essai et de la marque: 1° les ouvrages qui ne pourraient supporter sans détérioration l'empreinte des poinçons; — 2° les objets anciens d'art ou de curiosité; — 3° certains objets d'importation dont il est parlé à l'art. 16; — 4° les objets argentés et dorés qui ne sont pas considérés comme objets d'or ou d'argent.

1393. Les titres sont: pour l'or: 1er titre 840 millièmes; 2e titre 750 millièmes 3e titre 583 millièmes; 4e titre 375 millièmes. — Pour l'argent: 1er titre 900 millièmes; 2e titre 800 millièmes. Toutefois ne peuvent être à un titre inférieur à 900 millièmes les objets en argent massif (*tari*) sans soudure, en usage chez les indigènes et les *kholal* (broches arabes) comprenant une soudure. Tout ouvrage ayant un titre compris entre 2 titres légaux est considéré comme appartenant au plus faible de ces titres (art. 2). Des tolérances variant de 3 à 10 millièmes sont admises pour les différentes sortes d'ouvrages (art. 3).

1394. Les objets composés d'or et d'argent sont marqués du poinçon correspondant au métal principal, lorsque la proportion de l'autre métal ne dépasse pas 3%; sinon les deux poinçons sont placés l'un à côté de l'autre (art. 4). Tout ouvrage doublé ou plaqué doit porter mention de cette nature; les objets dorés ou argentés ne doivent porter aucun poinçon (art. 5). L'emploi simultané d'or, d'argent et d'autres métaux est autorisé à condition de porter une mention spéciale «bourré», «mécan», «métaux divers» ou «MD» (art. 6).

1395. La garantie est assurée par l'apposition de poinçons de types légalement déterminés. Il y a un poinçon de recense pour les seconds essais sur présomption de fausseté du premier poinçon. Les *amines* (syndics) de la bijouterie peuvent marquer d'une étoile les objets vendus avec leur concours, mais l'usage de tout autre poinçon leur est interdit (art. 7).

1396. Le titre II donne les règles applicables à la fabrication et à la vente locales. Tout fabricant ou marchand d'objets d'or ou d'argent doit faire par écrit la déclaration de son atelier ou de son magasin, à Tunis, au Bureau de la Garantie, ailleurs, à la recette des contributions diverses. Il est donne récépissé de cette déclaration, qui soumet ceux qui l'ont faite pendant la durée du jour à l'entrée des agents de l'Administration des finances, porteurs de leur commission, dans les ateliers ou boutiques. Il doit tenir un registre d'entrée et de sortie des ouvrages qui lui sont donnés en réparation, afficher un tableau des divers poinçons anciens et en cours. Les marchands ambulants sont soumis aux prescriptions de cet article. Les factures doivent indiquer le titre, si l'acheteur l'exige (art. 8).

1397. En dehors des ouvrages reçus en réparation, tout ouvrage d'or ou d'argent, achevé et non poinçonné, trouvé chez un fabricant, est saisi; il en est de même des ouvrages marqués de faux poinçons, tant anciens que en cours, ou dont les marques seraient entées, soudées, contretirées ou imitées (art. 9).

1398. Les ventes d'ouvrages d'or et d'argent vieux et neufs, aux enchères publiques, ne peuvent avoir lieu que par l'intermédiaire des officiers ministériels, des crieurs des souks spéciaux et des fonctionnaires et agents de l'État à ce autorisés (art. 10). Ceux des ouvrages ainsi vendus qui ne porteraient pas les poinçons réglementaires sont soumis, après la vente, aux règles applicables aux objets fabriqués en Tunisie. Les fonctionnaires vendeurs sont responsables de la présentation au contrôle de la Garantie; ils sont tenus de faire une déclaration avant la vente. L'acquéreur peut exporter les objets et ne point payer les droits, sauf l'accomplissement de certaines formalités; il peut aussi déclarer ne pas vouloir conserver les objets dans leur forme, auquel cas ils sont encore exempts par la brisure avant la remise. Les objets d'un titre inférieur au plus bas titre légal ne peuvent être remis à l'acquéreur que brisés (art. 11).

1399. Le droit de vente est de 1 fr. 25% *ad valorem* à percevoir sur le prix des ouvrages d'or et d'argent vieux ou neufs de toute provenance, vendus à la criée dans toute la Régence. Il est aussi perçu sur les ventes à l'amiable par l'intermédiaire de l'amine des bijoutiers indigènes. Il est perçu par les officiers ministériels en cas de vente publique (art. 12).

1400. Il est interdit de réouvrer des ouvrages en argent ayant la forme et le genre des objets de caractère oriental et en usage chez les indigènes; ces objets ne peuvent donc être mis en vente et vendus que brisés (art. 13). Les vieux ouvrages ne peuvent être mis en vente que s'ils sont revêtus des poinçons légaux en cours (art. 14).

1401. Le titre III concerne l'importation. Elle ne peut avoir lieu qu'après présentation au bureau des Douanes où les objets sont pesés contradictoirement pour envoi au Bureau de la Garantie où ils sont soumis aux règles applicables aux objets de fabrication tunisienne. Il y a exception pour les objets importés par les agents diplomatiques et consulaires des puissances, les bijoux d'or ou d'argent à l'usage personnel des voyageurs jusqu'à concurrence de 500 grammes, pour les objets d'or et de 3 kilogrammes pour les objets d'argent, les objets usagés d'argenterie de ménage ou d'orfèvrerie importés avec elles par des personnes, qui ne sont ni fabricants ni marchands d'ouvrage d'or et d'argent, et qui viennent s'établir dans la Régence. Toutefois ces objets ne peuvent être mis dans le commerce qu'après avoir été présentés au contrôle, reconnus à un des titres légaux, poinçonnés et soumis au paiement des droits de garantie et d'essai. L'admission temporaire des échantillons et autres objets est autorisée sur consignation pour 1 ou 3 mois (art. 16).

1402. Le titre IV consacré à l'exportation décide que l'exportateur fait une déclaration, présente les objets à la Garantie qui oblitère les poinçons et en appose un spécial. Cela entraîne la restitution des droits, sauf accomplissement de quelques formalités (art. 17).

1403. Le titre V s'occupe du Bureau de Garantie. Les ouvrages ne peuvent y être représentés que s'ils sont assez avancés pour n'éprouver aucune altération par le fait du travail complémentaire; ils doivent être munis de tous leurs accessoires; une pièce incomplète serait refusée (art. 20). Les ouvrages sont poinçonnés s'ils sont à un titre légal ou au-dessus et les droits de garantie sont acquittés; mais si l'essai démontre que les ouvrages sont à un titre inférieur au plus bas titre légal ils sont réexportés, s'ils viennent de l'extérieur, ou brisés s'ils viennent de l'intérieur, après avis donné à l'intéressé et en sa présence. Un nouvel essai peut être opéré par la Monnaie de Paris (art. 22). Pendant les essais les objets sont laissés au Bureau de Garantie sous la responsabilité du Contrôleur (art. 23).

1404. Si l'essayeur soupçonne un objet présenté comme homogène d'être fourré d'une matière étrangère ou à titre insuffisant, il le fait couper en présence du propriétaire. Le fait étant reconnu exact, l'ouvrage est saisi et confisqué et procès-verbal est dressé; dans le cas contraire, le prix de la main-d'œuvre est payé au propriétaire (art. 25).

1405. Le retrait des objets brisés n'a lieu que contre restitution du récépissé de dépôt revêtu de la décharge du déposant. Les ouvrages qui ne sont pas retirés dans les 3 mois de l'avis qui est donné au propriétaire, sont vendus aux enchères publiques par l'Administration et le produit net de la vente est versé en consignation à la Recette des finances où il est tenu sans intérêts à la disposition du propriétaire (art. 26).

1406. Tout propriétaire d'un ouvrage portant le poinçon légal peut, moyennant le paiement préalable du prix d'essai, en obtenir la vérification. Si celle-ci donne un titre plus bas, sans que les agents du bureau aient pu être victimes d'une fraude, l'Administration est tenue au remboursement des frais de vérification ainsi qu'au paiement de la différence entre la valeur intrinsèque de l'objet et sa valeur au titre exact, sans que cette différence puisse dépasser 600 fr. pour un même objet (art. 27).

1407. Le titre IV fixe le montant des droits à percevoir par le service de la Garantie, mais il a été modifié sur ce point par un décret du 21 avril 1912 (Journ. off. tun. 24 avril 1912); les droits sont actuellement de 200 fr. par kilogramme d'or et 20 fr. par kilogramme d'argent, alliage et soudure compris; le prix d'essai est respectivement, sur les mêmes bases, de 25 fr. pour l'or, de 0 fr. 40 cent. pour l'argent. Les prix de second essai comportent un minimum de perception (art. 28).

1408. La recense, dont il est parlé au titre VII est applicable à tous les ouvrages existant dans le commerce au moment de la promulgation du décret et pendant 3 mois; à partir de cette date et pendant 3 mois encore, il y a obligation de passer à la recense; à l'expiration de ce second délai, tous les ouvrages neufs ou vieux trouvés dans le commerce non pourvus des nouvelles empreintes ou du poinçon de recense, sont saisis et leurs détenteurs poursuivis (art. 29).

1409. Les sanctions sont l'objet du titre VIII. Des visites et vérifications sont faites pour la découverte des fraudes et des faux poinçons (art. 30); les objets saisis sont mis sous cachets de l'Administration et, s'il ne s'y refuse, de la personne chez laquelle la saisie a été opérée; ils sont déposés dans les 48 heures au bureau de la Garantie, qui, dans les dix jours, les fait tenir au Greffe du Tribunal compétent (art. 31).

1410. En cas de contestation technique, le procès-verbal et les objets saisis sont transmis à une commission d'arbitrage composée à la Direction générale des travaux publics; l'avis de cette commission est nécessairement transmis au Tribunal appelé à juger le crime ou le délit (art. 33). Il y a lieu à confiscation, en cas de culpabilité.

1411. La fabrication, la détention ou l'usage de faux poinçons de la garantie sont punis de 10 ans de réclusion; cette peine est réduite de moitié lorsque, au lieu de faux poinçons, on a fabriqué des poinçons de fantaisie imitatifs. La détention et la vente par un fabricant ou négociant d'ouvrages sur lesquels des marques de poinçons se trouvent entées, soudées ou contretirées, ou d'ouvrages revêtus, soit de l'empreinte de faux poinçons anciens, soit de l'empreinte de poinçons de fantaisie imitant les poinçons anciens ou les poinçons en cours, sont punies, indépendamment de la confiscation des objets saisis, d'une amende de 200 à 5000 fr. et d'un emprisonnement d'un mois. Est puni des mêmes peines tout individu reconnu coupable d'avoir présenté à la Garantie ou de détenir dans une intention de fraude des bijoux fourrés. L'apposition par une personne n'appartenant pas au Bureau de la Garantie de poinçons légaux, est punie de 5 ans de prison. Tout employé qui fournit ou laisse prendre des renseignements quelconques sur les ouvrages apportés au Bureau est passible de destitution (art. 34).

1412. La détention ou la vente par un fabricant ou négociant d'ouvrages terminés non poinçonnés par la Garantie ou ne portant pas les indications prévues aux art. 5 et 6 est punie d'une amende de 480 fr., sans préjudice de la confiscation des objets saisis; sont punies des mêmes peines les infractions au régime des objets importés, la détention ou la vente d'objets porteurs du poinçon d'exportation, le fabricant ou négociant détenteur d'objets réouvrés rentrant dans la catégorie de ceux visés en l'art. 13; sont encore punis des mêmes peines les officiers ministériels ou agents en faisant fonctions qui ont contrevenu aux dispositions de l'art. 11, le fait des assujettis de s'opposer aux vérifications et visites des agents de l'Administration, toutes infractions aux art. 8 et 29, la non apposition par les amines du poinçon à l'étoile sur les objets vendus par leur intermédiaire et, généralement toutes autres infractions au présent décret non autrement punies. Le cas échéant, il y a confiscation des objets saisis (art. 35).

1413. Le droit de transaction appartient à l'Administration des finances, avant comme après jugement, pour les délits et contraventions constatés par application du présent décret (art. 36).

1414. Un arrêté du Directeur de l'Office postal, en date du 21 juillet 1905 (Z. 2793) assure les formalités nécessaires pour la remise au bureau de Garantie des colis postaux, chargements et boîtes de valeur déclarée d'objets d'or et d'argent. Il y a remise au service des Douanes, qui accomplit d'office les formalités de garantie, puis restitution à l'Office postal qui effectue la remise des objets aux destinataires contre paiement des droits.

1415. Un arrêté du Directeur des travaux publics en date du 29 juillet 1905 (Z. 2802) réglemente les essais des matières d'or et d'argent. La petite bijouterie d'or est essayée au toucheau et l'essai par coupellation est pratiqué chaque fois que l'essayeur le juge utile; la grosserie d'or est soumise en entier à l'essai de coupellation par grattages et prélèvements, le poids de l'or prélevé pour chaque essai ne devant pas dépasser un demi gramme (art. 1). La petite bijouterie d'argent est essayée au toucheau. Toutefois cet essai est contrôlé sur l'ensemble par un essai par voie humide ou par coupellation. La grosserie d'argent est soumise en entier à ces derniers procédés. Les prélèvements pour chaque essai ne doivent pas dépasser 1 gr. d'argent fin (art. 2). Les prélèvements à effectuer pour les essais de contrôle sont au minimum de 1 gr. pour les ouvrages en or et de 3 gr. pour les ouvrages en argent (art. 3). Les ouvrages importés de France ou d'Algérie et portant les marques légales françaises seront essayées au toucheau, à moins de présomption de fraude.

1416. Un arrêté du directeur des finances, en date du 2 août 1905 (Z. 2809) détermine les types et la destination des poinçons des ouvrages d'or et d'argent; une instruction du même fonctionnaire, en date du 5 août 1905, donne les indications nécessaires pour l'application régulière de la nouvelle législation et un autre arrêté pris par la même autorité fixe les types des empreintes des poinçons de garantie et leur mise en service; ce document porte la date du 9 septembre 1905 (Z. 2844).

1417. Si complète qu'elle fût, cette législation fut rapidement l'objet de remaniements. Le 3 octobre 1906 un décret (Z. 3127) a été promulgué qui a institué un bureau de garantie à Sfax (art. 1), qui a posé en règle la réexportation immédiate des objets importés non susceptibles de poinçonnement (art. 2), qui supprime la perception du droit de 1 fr. 25 *ad valorem* établi par l'art. 12 du décret du 18 juillet 1905 (art. 3), qui admet les soumissions cautionnées au lieu de la consignation des droits, pour les objets admis temporairement par les voyageurs de commerce (art. 4), qui donne la liste des bureaux de douane ouverts à l'importation des objets de l'espèce (art. 5) et qui précise les règles relatives à la constatation des infractions (art. 6).

1418. Ce décret a été suivi d'un arrêté du Directeur de l'Office postal, en date du 4 octobre 1906 (Z. 3129) mettant les instructions de son service en corrélation avec les nouvelles dispositions légales, d'une instruction générale en date du 9 octobre 1906 (Z. 3132) et d'un arrêté du 13 novembre 1906 (Z. 3145) émis dans le même but par le Directeur général des finances.

Chapitre IV. Taxes municipales.

1419. En examinant ici les charges imposées aux commerçants et aux industriels par le système fiscal de l'État tunisien, il n'est pas possible de passer sous silence les nombreuses taxes qui alimentent les budgets municipaux. Non pas qu'il entre dans nos intentions d'en décrire le détail; cela serait impossible en raison de la quantité considérable des décrets qu'il faudrait citer, mais nous voudrions donner quelques notions sommaires.

1420. Les taxes communales sont perçues en vertu de décrets et d'après les rôles et titres rendus exécutoires par le Gouvernement. Ces rôles sont remis au receveur municipal; ils sont publiés par voie d'affiches et une large publicité est recommandée. Lorsque des réclamations sont faites contre les inscriptions au rôle, dans le délai fixé par le décret qui a institué la taxe, elles sont examinées par une Commission municipale; recours contre sa décision peut être fait devant la justice compétente dans un délai déterminé. L'écoulement de ces délais fixés pour les réclamations et recours les rend irrecevables et les taxes indiquées sur les rôles doivent être nécessairement acquittées. Néanmoins un jugement a décidé que lorsqu'il s'agit d'un redevable qui n'habite pas le périmètre communal, il peut se faire qu'il ne soit pas forclos: Tunis, 30 juin 1909 (Journal 1910, p. 281).

1421. Les quittances des receveurs sont extraites de registres à souche; elles s'appliquent parfois à des paiements par douzièmes qui sont exigibles chaque premier du mois pour le mois qui précède. Les receveurs municipaux après avoir adressé des sommations sans frais aux retardataires, dressent des états des contribuables qui n'ont pas payé et ces états revêtus du visa du Président de chaque municipalité forment des contraintes en vertu desquelles on exerce des poursuites. Celles-ci débutent par une sommation avec frais, qui est suivie d'un commandement de payer, lequel amène la saisie et la vente. La procédure est celle des contraintes, qui a été déjà décrite[1].

1422. Les taxes municipales s'appliquent aux objets les plus divers: l'abatage des animaux de boucherie dans les abattoirs municipaux, où l'on perçoit des taxes plus ou moins élevées, si bien que l'opération sert à la fois l'hygiène publique et le budget de la commune; le logement en ville et le stationnement sur les voies publiques et les places de certains animaux, bœufs, vaches, chèvres laitières; le balayage et l'éclairage; les cafés, les entrepreneurs de fêtes publiques; les impositions sur les loyers, longtemps désignées sous le nom de *carroube locative*; les chiens; les eaux, les enseignes, les fosses d'aisance, le numérotage des maisons; les stationnements sur la voie publique, étalages, colportages; les cimetières; les véhicules; enfin les taxes de voirie: permis de stationnement ou de dépôt temporaire de matériaux, alignements, autorisations de bâtir; entretien des chaussées et promenades, établissement et entretien des rues, égouts, chaussées et trottoirs.

1423. La réglementation est particulière à chaque ville; il serait oiseux d'en donner ici le tableau; on le trouvera dans l'excellent ouvrage de Valensi, *Législation*

[1]) Voir le n° 506 du présent ouvrage. — [2]) Voir les nos 1323 et s. du présent ouvrage.

communale de la Tunisie, un peu ancien, et, dans le recueil de Législation très au courant par des suppléments annuels, que M. Paul Zeys a publié sous le nom de *Code annoté de la Tunisie*, bien qu'il ne s'y trouve rien qui ressemble à un Code.

Chapitre V. Patentes et licences.

1424. Autrefois sous le nom de *mahsoulats* on comprenait un assez grand nombre de taxes parmi lesquelles étaient des patentes sur certains commerces et industries indigènes. Les *mahsoulats* avaient déjà succombé, pour la plus grande partie, dans une réforme qui leur a substitué le régime des droits intérieurs[2]; un décret du 31 décembre 1910 (Z. 4220) a remplacé les patentes par des licences. Il faut étudier ce système.

1425. Depuis le 1er janvier 1911, tout indigène tunisien ou assimilé se livrant à l'un des commerces ou à l'une des industries ci-après énumérées, est astreint au paiement d'une licence qui, pour quelques professions, est plus ou moins forte suivant la population de la ville où réside le redevable. La population décomptée pour l'assiette du droit de licence est celle comprise dans le périmètre fiscal établi pour la perception du droit d'entrée ou dans les limites du périmètre communal, si celles-ci sont plus étendues (art. 2 et 3).

1426. Les fabricants de briques et autres produits de briqueterie, de poteries ou céramiques de toutes sortes destinées à la construction paient par an 60 fr., ainsi que les fabricants de chaux, de ciments et de plâtre. Les fabricants de poteries autres que celles qui servent à la construction paient par an 12 fr.

1427. Les *ftaïris* (marchands de beignets indigènes) sont taxés à 15 fr. par an. Les épiciers, soukis, marchands de salaisons et marchands d'huile en gros, demi-gros et détail, installés en magasins ou boutiques paient, dans les villes de 100 000 habitants et au-dessus, par an, 20 fr. et partout ailleurs 15 fr. Les hôteliers, gargotiers, restaurateurs et tous débitants de mets proprement dit en magasins ou boutiques paient 60 fr. par an dans les villes de 100 000 habitants, et, partout ailleurs, 24 fr. Les marchands de gâteaux, patisseries et confiseries en magasin ou boutique paient par an, dans les villes de 100 000 habitants et au-dessus, 60 fr., partout ailleurs, 30 fr.; les cafetiers et les fondoukiers, dans les villes de 100 000 habitants et au-dessus 36 fr., dans les autres 18 fr. (art. 3). L'assiette de ces droits a été modifiée par un décret du 30 mars 1912 (Journ. off. tun. du 30 mars 1912).

1428. Toute personne voulant se livrer à l'un des commerces ou à l'une des industries ou professions ci-dessus énumérées est tenue d'en faire la déclaration contre récépissé au Bureau des Contributions diverses de la circonscription et de verser immédiatement un cautionnement équivalent au droit de licence pour un semestre entier. Le récépissé de la déclaration constitue la licence. Les personnes établies avant le 1er janvier 1911 sont dispensées de la consignation; cette dispense est personnelle.

1429. La déclaration est permanente; la licence est personnelle et ne peut être cédée qu'en vertu d'une déclaration faite au Bureau ci-dessus désigné; cette mutation n'est acceptée que si la licence afférente au trimestre en cours est acquittée. En cas de cession irrégulière, le cédant et le cessionnaire sont solidairement responsables vis-à-vis du Trésor, sans préjudice des peines que le cessionnaire peut encourir pour exercice de profession sans licence. Lorsque l'établissement est soumis à une réglementation spéciale (décrets des 16 mai 1897, 21 novembre 1897, 13 janvier 1898; Z. 614, 876, 286) la déclaration d'exercice n'est reçue que sur présentation d'une autorisation d'ouverture. Le cautionnement est personnel; il ne porte pas intérêt et doit toujours être au complet; il est affecté au paiement des droits de licence non acquittés et des frais (art. 4).

1430. Tout assujetti qui veut cesser son commerce ou son industrie est tenu d'en faire la déclaration préalable contre récépissé au Bureau des contributions diverses; les droits restent dus jusqu'à l'accomplissement de cette formalité. En cas de cessation régulièrement déclarée, lorsque les droits et frais ont été acquittés, le cautionnement est remboursé par le comptable qui l'a reçu. Les assujettis qui n'ont pas fait leur déclaration de cessation et sont restés 3 mois et 1 jour sans acquitter les droits, peuvent être réputés avoir cessé leur commerce ou leur industrie. Dans ce cas, le cautionnement est appliqué, après avis au redevable, à ce qui est dû et le surplus seul est remboursé. L'assujetti muni de la licence qui serait déplacé ou empêché d'exercer en vertu d'un jugement ou d'un arrêté de police n'a droit à aucun remboursement ni à aucune remise de droits (art. 5).

1431. L'assujetti exerçant plusieurs commerces ou industries passibles de la licence dans un seul et même local ne doit que la licence afférente à la profession la plus taxée. Lorsqu'il exerce ces commerces ou industries dans des maisons séparées ou des établissements distincts, il est dû autant de licences qu'il y a d'établissements différents (art. 6).

1432. Les droits de licence sont payables par trimestre grégorien et d'avance; ils sont dus pour le trimestre tout entier à quelque époque que commence ou cesse la profession; le recouvrement est fait suivant les règles du décret du 28 décembre 1900, art. 6 (art. 7).

1433. Des licences temporaires valables pour un mois et calculées au douzième du taux annuel, peuvent être délivrées aux potiers, fabricants de briques et produits similaires, de chaux, de ciments, de plâtre et aux cafetiers, lorsqu'ils n'exercent leur profession qu'accidentellement; ces licences font l'objet d'une déclaration d'ouverture; la demande n'est reçue que contre paiement de la mensualité. Il ne peut être délivré dans une seule année à un même individu plus de 6 licences temporaires (art. 8).

1434. Les personnes pourvues de licence sont tenues d'en justifier à toute réquisition de l'autorité; les agents peuvent pénétrer dans les locaux après justification de leur qualité, constater la contravention, saisir les produits et le matériel mobilier servant à la vente (art. 9).

1435. Les infractions sont punies d'une amende de 480 fr. indépendamment de tous les droits de licence fraudés et de la confiscation des produits fabriqués en fraude ou destinés à être vendus et du mobilier servant à la vente. Constitue une infraction au présent décret le fait d'exercer un commerce ou une industrie assujettis à la licence sous le nom d'une personne interposée qui, à raison de sa nationalité, n'est pas astreinte à la licence. Les propriétaires des établissements où la fraude s'est consommée sont civilement responsables du fait de leurs facteurs, agents ou domestiques, en ce qui concerne les droits, amendes, confiscations et dépens. Les infractions sont constatées et la répression poursuivie conformément aux règles du décret du 3 octobre 1884 sur les Douanes et monopoles (art. 10). Ce décret a été appuyé d'une instruction du Directeur des finances en date du 31 décembre 1910 (Z. 4223) pour en assurer l'exécution.

Chapitre VI. Timbre et enregistrement.

Section I. Timbre.

1436. La législation sur le timbre a été complètement refondue par un décret du 20 avril 1912 (Journal, 1912, p. 243). L'art. 1er de ce document établit la contribution du timbre sur tous les papiers destinés aux actes civils, judiciaires et extrajudiciaires et aux écritures qui peuvent être produits en justice et y faire foi. Imputation sera faite en Tunisie des droits de timbre perçus en France et dans les colonies françaises, dès que la réciprocité sera admise par ces pays.

1437. Il y a trois sortes de timbre: 1° le droit de timbre imposé et tarifé à raison de la dimension du papier dont on fait usage; — 2° le droit de timbre pour certains actes ou effets et gradué à raison des sommes y exprimées; — 3° le droit de timbre spécial à divers écrits ou formules déterminés par la loi (art. 2).

1438. Sont soumis au timbre de dimension tous les actes et écritures soit publics, soit privés, livres, registres, répertoires, lettres, extraits, copies et expéditions de ces pièces devant ou pouvant faire titre ou être produits soit en justice, soit devant les autorités constituées pour obligation, décharge, justification, demande ou défense (art. 3). Il y a cinq sortes de papiers de dimension; ils coûtent respectivement 0,60 cent., 1 fr. 20, 1 fr. 80, 2 fr. 40 et 3 fr. 60. Sont soumis au timbre de 0,60 cent. et de 1 fr. 20 les minutes des officiers publics ou ministériels (art. 4).

1439. Sont soumis au timbre proportionnel gradué à raison des sommes et valeurs y exprimées: 1° les billets et obligations non négociables, quelle que soit leur dénomination; les actions et obligations des sociétés, compagnies ou entreprises quelconques ayant leur siège en Tunisie et toutes les valeurs mobilières émises par des sociétés, compagnies ou entreprises françaises ou étrangères, qui sont négociées, exposées en vente en Tunisie ou énoncées dans des actes de prêt, de dépôt et de nantissement ou dans tout autre acte ou écrit. Le droit est de 5 cent. par 100 fr. ou fraction de 100 fr. pour les écrits visés dans le 1° qui précède; il est de 60 cent. par 100 fr. ou fraction de 100 fr. de la valeur nominale, ou, à défaut, de la valeur réelle, pour les titres ou certificats d'action, lorsque la durée de la société, compagnie ou entreprise n'excède pas 10 ans; il est double pour les mêmes valeurs, lorsque la durée des institutions susdites dépasse dix ans; il est de 1 fr. 20 par 100 fr. ou fraction de 100 fr. du montant du titre, pour les obligations des sociétés, compagnies ou entreprises quelconques, dont la cession, pour être parfaite à l'égard des tiers, n'est pas soumise aux dispositions des lois civiles (art. 5).

1440. L'art. 6 du décret contient l'énumération des écrits soumis à des droits de timbre spéciaux; ce sont les récépissés du transport de marchandises, les connaissements, les quittances des comptables publics, les affiches, les formules administratives.

1441. Sont exempts du droit et de la formalité du timbre, même lorsqu'ils sont produits en justice: 1° les titres de la dette publique de l'État, des communes et des établissements publics de la Tunisie, des Gouvernements, villes, corporations et établissements publics français et étrangers; — 2° les actes et pièces établis dans un intérêt public ou administratif; — 3° les pièces de comptabilité publique; — 4° les actes et écrits judiciaires et extrajudiciaires; — 5° les titres de transport et papiers de bord; — 6° les pièces concernant l'état civil; — 7° les documents concernant l'immatriculation foncière; — 8° les livrets de caisse d'épargne, les livrets d'ouvrier, les diplômes d'étude, les registres et livres de comptabilité des particuliers, commerçants et agriculteurs, les registres et livres des magasins généraux, les lettres missives ne contenant ni engagement ni reconnaissance, les mandats poste, les passeports des indigents, les affiches manuscrites de demande d'emploi, les effets de commerce, warrants, chèques et reconnaissances de Monts de piété, les certifications de vie, etc. (art. 7).

1442. Toute contravention au timbre de dimension ou au timbre spécial est punie d'une amende de 20 fr. et toute contravention au timbre proportionnel de 2 p% du montant des effets ou de 10 p% des actions ou obligations de sociétés avec un minimum de 20 fr. On punit d'une amende de 50 à 500 fr. la vente ou l'emploi de timbres mobiles ayant déjà servi, avec en outre, en cas de récidive, 5 jours à 1 mois de prison. L'art. 463 C. pén. fr. est applicable (art. 8).

1443. Les art. 9 à 13 du décret indiquent le mode du paiement des droits; l'art. 14 établit la solidarité pour le paiement des droits de timbre et amendes; l'art. 15 impose certaines obligations aux officiers publics et ministériels et aux fonctionnaires; l'art. 16 fait défense d'écrire deux actes à la suite sur une même feuille de timbre, sauf exceptions énumérées; les art. 17 et 18 imposent certaines règles aux receveurs d'enregistrement; l'art. 19 prescrit l'apposition de timbres mobiles sur les écrits privés non soumis au timbre, lorsqu'ils sont produits en justice; l'art. 20 donne des droits d'investigation aux agents de l'Administration des finances; les art. 21 à 28 règlent des détails de poursuite, de prescription des contraventions et d'application du décret. Celui-ci a été suivi d'un arrêté du Directeur général des finances, en date du 24 avril 1912 (Journal, 1912, p. 433 et s.) pour compléter les détails de cette application.

1444. La nouvelle législation sur le timbre a aussi été complétée par un décret du 4 juillet 1912 (Journal, 1912, p. 508) sur les récépissés de chemins de fer; le tarif ainsi créé comporte certaine franchise pour les expéditions de peu d'importance et pour les autres, des taxes variant de 10 à 50 centimes; les envois d'or et d'argent, de valeurs, d'objets d'art et les remboursements sont passibles des droits de 35 ou de 70 centimes suivant qu'il s'agit du transport en grande ou en petite vitesse; les colis de ravitaillement continuent à être exemptés de timbre.

Section II. Enregistrement.

1445. La matière de l'enregistrement a été complètement remaniée et refondue par un décret organique en date du 19 avril 1912 (Journal, 1912, p. 289 et. s., 337 et s., 369 et s.). Ce décret et ses annexes forment un tout complet dont il est bon que nous donnions ici une rapide analyse.

1446. «L'impôt de l'enregistrement est établi sur les actes civils, judiciaires et extrajudiciaires et sur les mutations nommément désignées qui s'accomplissent sans faire l'objet d'un titre. Les droits d'enregistrement sont fixes ou proportionnels; les droits fixes sont applicables à tous les actes non expressément soumis au droit proportionnel. Le droit proportionnel est établi pour: les transmissions entre-vifs de propriété, de nue-propriété, d'usufruit ou de jouissance des biens meubles ou immeubles et celles de fonds de commerce ou de clientèle, à titre onéreux ou à titre gratuit; les transmissions par décès de biens immeubles; les obligations, libérations, condamnations, collocations ou liquidations de sommes ou de valeurs; les contrats de mariage avec apport, les actes de formation ou de prorogation de sociétés, les partages, les mainlevées d'hypothèques, les prorogations de délai, les délivrances de legs, les titres nouvels et les reconnaissances de rentes, les contrats d'assurances et les marchés et traités, les déclarations par le donataire ou ses représentants et les reconnaissances judiciaires de don manuel. Les instances devant l'Ouzara et les tribunaux régionaux sont assujetties à un droit fixe perçu à l'occasion de la demande, préalablement à l'enrôlement de l'instance, et à un droit proportionnel exigé lors de l'enregistrement du jugement définitif (art. 1). Il sera fait imputation, quand la réciprocité sera acquise, entre ces droits et ceux perçus en France et dans les colonies françaises (art. 2).

1447. La quotité des droits fixes et proportionnels est réglée suivant un tarif (annexe n° 1); il doit être suppléé à une absence de détermination de la valeur sur laquelle porte l'acte par une déclaration estimative certifiée par les parties; une annexe 2 du décret énumère les actes exonérés du droit et de la formalité ou du droit seulement (art. 3). Certains faits de prise de possession ou de paiement de contributions ou autres peuvent établir la réalité de mutations soumises aux droits (art. 4). L'Administration peut requérir l'expertise lorsque les prix et évaluations ayant servi de base à la perception des droits paraissent inférieurs à la valeur vénale; la dissimulation du prix d'une vente ou de la soulte d'un échange ou d'un partage peut être établie par tout genre de preuves admis par le droit commun, sauf le serment décisoire et l'impossibilité d'user de la preuve testimoniale plus de 10 ans après l'enregistrement (art. 5). La perception des droits se fait sans fraction de 20 en 20 fr. avec certains minimums (art. 6). Lorsqu'il y a dans un acte plusieurs dispositions indépendantes, ne dérivant pas nécessairement les unes des autres, il est dû pour chacune d'elles un droit particulier (art. 7). Il ne peut être perçu cumulativement sur un même acte, plusieurs droits fixes, sauf exception; si l'acte donne ouverture à la perception de plusieurs droits, le plus élevé est seul perçu (art. 8).

1448. Les délais d'enregistrement sont: de 4 jours pour les exploits et procès-verbaux d'huissiers; de 10 jours pour les procès-verbaux de vente publique de meubles; de 15 jours pour les jugements des tribunaux indigènes; de 25 jours pour les actes judiciaires et les jugements des tribunaux français; d'un mois pour les actes des notaires; de 2 mois pour les actes sous seings privés portant mutation de jouissance d'immeubles à un titre quelconque, pour les mutations entre vifs, celles de propriété de fonds de commerce ou de clientèle, de constitutions et cessions d'hypothèque ou de rente d'enzel etc.; de 3 mois pour les testaments et les mutations par décès (art. 9). Ces délais sont doubles lorsque l'acte ou la mutation a été passé ou résulte d'un décès survenu en France ou à l'étranger (art. 10). Leur point de départ est fixé par l'art. 11; l'art. 12 accorde un délai supplémentaire d'un mois pour les transmissions entre vifs ou de fonds de commerce ou de clientèle, afin que le cédant puisse se soustraire à l'amende et au versement auxquels il est exposé par le défaut de déclaration et de versement du cessionnaire (art. 12).

1449. Les huissiers, commissaires-priseurs et autres personnes ayant droit de faire des exploits et des procès verbaux, qui n'ont pas accompli la formalité d'enregistrement dans les délais légaux sont punis d'une amende de 5 fr., si l'acte est sujet à un droit fixe, et d'un droit en sus du minimum de 10 fr., si l'acte est soumis à un droit proportionnel; l'amende est portée à 10 fr. pour les greffiers et notaires (art. 15). Les contraventions commises par des particuliers sont punies d'amendes et de droits en sus variables suivant les actes soumis aux droits (art. 16). Le Directeur général des finances est autorisé à accorder des remises partielles de ces peines (art. 17).

1450. L'art. 18 du décret indique les bureaux où les actes et mutations doivent être enregistrés; l'art. 19 et l'art. 20 précise les personnes qui sont tenues d'acquitter les droits, et la responsabilité des officiers publics et ministériels qui ont passé les actes; l'art. 21 établit la solidarité envers les diverses personnes qui ont concouru ou sont intéressées aux actes ou transmissions qui donnent lieu à enregistrement.

1451. Tous les actes sous seing privé, judiciaires autres que les jugements des tribunaux indigènes, extrajudiciaires ou administratifs doivent être enregistrés sur les minutes, brevets ou originaux (art. 22). Toute personne qui veut conserver la trace d'un acte ou écrit quelconque peut en requérir la transcription, c'est-à-dire la copie littérale sur les registres. S'il est rédigé dans une langue autre que la langue française, la traduction seule est susceptible d'être transcrite (art. 23 à 25). Les receveurs ne peuvent délivrer d'extrait des actes enregistrés ou de copie des actes transcrits que sur ordonnance de justice (art. 26).

1452. Le tribunal devant lequel est produit un acte non enregistré en ordonne, sur réquisition du ministère public ou même d'office, le dépôt au greffe pour être immédiatement enregistré (art. 27). Les avocats défenseurs, oukils judiciaires, huissiers et greffiers, ainsi que tous officiers et fonctionnaires publics ne peuvent délivrer des actes non enregsitrés, ou en donner copie ou extrait, ou faire d'autres actes en vertu de ceux pour lesquels la formalité n'a pas été accomplie (art. 28); les expéditions doivent transcrire la mention d'enregistrement de l'original (art. 29); les officiers publics et ministériels sont tenus d'établir un répertoire de leurs actes (art. 30). Ils sont tenus à la communication de tous leurs registres et papiers aux agents de l'Administration, sous peine d'une amende de 500 fr. (art. 31).

1453. La poursuite des droits simples, des droits en sus et des amendes a lieu par voie de contrainte[1] (art. 32). Un exécutoire peut être délivré aux officiers publics qui ont fait l'avance des droits (art. 33). Les expertises prévues en l'art. 5 ont lieu dans les formes et conditions du décret du 14 juillet 1886 (Z. 259) et du 16 mars 1892 (Z. 259) (art. 34). En matière de dissimulation, il est procédé judiciairement suivant certaines formes spéciales (art. 35).

1454. Il y a prescription pour la demande des droits simples, droits en sus et amende d'enregistrement, au bout de 3 ans ou de 15 ans suivant les cas (art. 36). Dans certains cas, il peut y avoir lieu à restitution de droits (art. 37). La révocation, l'annulation ou la résolution prononcée par jugement ou arrêt ayant l'autorité de la chose jugée ne donne pas lieu à la perception du droit proportionnel de mutation (art. 38).

Chapitre VII. Marchés publics.

1455. Nous avons déjà exposé le régime des droits intérieurs tel qu'il résulte du décret du 8 décembre 1906 (Z. 3159). Ce même document législatif indique certaines taxes à percevoir sur les marchés, lesquelles sont ou non concédées aux communes. Elles grèvent beaucoup de marchandises et nous ne pouvons penser à reproduire ici cette législation; il nous suffit de signaler l'existence de taxes grevant les négoces sur les marchés.

1456. Après cette première notion, nous devons en consigner d'autres en quelques mots, car il y a certains marchés soumis à des réglementations particulières et, sans pouvoir les exposer ici par le menu, ce qui serait sans intérêt et fort long, il est bon d'en signaler l'existence.

1457. En cette matière, nous trouvons d'abord un ensemble de décrets réglementant le Souk des Bijoux à Tunis: décrets du 20 juillet 1880 (Z. 132) réglementant la profession de *dellal* (crieur public) chargé d'annoncer les ventes et de recevoir les enchères; du 17 septembre 1880 (Z. 133) qui fixe les droits à percevoir sur les ventes; du 2 novembre 1880 (Z. 134) fixant la répartition de ces droits entre les différents officiers du souk, *amine* (syndic) crieur public, experts et caisse du bureau de vente; du 20 juin 1885 (Z. 135) règlementant la vente aux enchères des bijoux neufs enrichis de pierres précieuses; du 30 septembre 1888 (Z. 136) interdisant toute opération commerciale sur les bijoux aux fonctionnaires du Souk.

1458. Un autre marché fort important, c'est celui qui, à Tunis, porte le nom de *Fondouk el Ghalla* (marché aux légumes) et qui est en réalité la halle centrale de la ville, où l'on vend tous les objets de consommation, viande, poisson et gibier, et, en outre, des légumes de toutes sortes. Il y a là, pour les ventes en gros, des bureaux d'enchères; on y a établi pour la commodité des trafiquants une sorte de bureau de change et d'avances pécuniaires; tout cela forme un ensemble assez compliqué, rapportant gros au trésor, onéreux pour les consommateurs, procurant licitement ou non des gains considérables aux courtiers et intermédiaires, et qui a mis souvent à l'épreuve la sagacité des administrateurs; nous énumérerons, à toutes fins utiles, les documents les plus importants desquels résulte la réglementation actuellement en vigueur: décret du 29 janvier 1895 (Z. 641) remplaçant les droits perçus à Tunis sur les légumes frais et la paille au Fondouk el Ghalla par des droits d'entrée perçus aux portes de la ville; décret du 30 janvier 1895 (Z. 644), réglementant la perception des nouveaux droits; décret du 27 juin 1895 (Z. 646), pour la vente au détail des

[1]) Voir les nos 516 et s. du présent ouvrage.

légumes frais dans la cour centrale du Fondouk el Ghalla; décret du 16 juillet 1900 (Z. 651), modifiant le tarif des droits et arrêté du 20 juillet 1900 (Z. 652), tentant une réglementation des ventes en gros tendant à faire obstacle aux coalitions de vendeurs et d'acheteurs; arrêté du 21 janvier 1905 (Z. 2660), indiquant les conditions dans lesquelles les agents chargés de diriger les ventes en gros doivent exiger les paiements des adjudicataires; décret du 27 avril 1907 (Z. 3283) et arrêté du même jour (Z. 3284) réorganisant les droits de criée exigibles des vendeurs aux enchères de légumes frais, les droits de stationnement et d'abri; arrêté du 25 janvier 1909 (Z. 3708) créant un bureau d'enchères pour le poisson; décret du 25 janvier 1909 (Z. 3709) interdisant la vente du poisson sous glace.

1459. Nous terminerons cette sèche nomenclature par la mention d'un décret du 28 avril 1902 (Z. 1943) autorisant l'ouverture par les particuliers de marchés publics pour la vente des animaux de trait, de selle, de bât et pour celle des véhicules; un arrêté du président de la municipalité de Tunis, en date du 24 février 1904 (Z. 2415) sur le colportage des légumes et un décret du 6 septembre 1905 (Z. 2842) sur la vente des bois et charbons à Sousse.

Chapitre VIII. Pêche des éponges et des poulpes.

1460. La côte est de la Tunisie est bordée de fonds maritimes assez fertiles en éponges et toutes ses côtes sont propres à la pêche des poulpes ou calmars dont les populations indigènes font une grosse consommation. Des pêcheurs grecs et siciliens ont de tout temps réuni sur ces rivages des flottilles nombreuses venant concurrencer les marins tunisiens; de tout temps aussi, des taxes assez lourdes ont frappé le produit des pêches; il a fallu aussi empêcher les pêcheurs de dévaster les fonds par des procédés de pêche propres à les dépeupler et cela a donné lieu à une législation considérable: décrets du 16 juin 1892 (Z. 606), du 11 janvier 1895 (Z. 607), du 28 août 1897 (Z. 608), du 17 juillet 1897 (Z. 1387), enfin décrets du 16 juillet 1906 (Z. 3085), sur la pêche des poulpes, et du 17 juillet 1906 (Z. 3086), sur la pêche des éponges.

1461. Le premier supprime les patentes dont étaient tenus de se munir les pêcheurs de poulpes, et les remplace par un droit d'entrée de 2 fr. par 100 kilogrammes dans les villes d'une population agglomérée de 500 habitants et au-dessus et de 0 fr. 05 cent. par kilogramme dans les marchés extérieurs aux lieux sujets (art. 2). Moyennant le paiement de ces droits, la pêche, le commerce et le colportage des poulpes sont libres; la vente à la criée est facultative; dans certaines régions, le régime du passe-debout est autorisé (art. 3 et 4).

1462. La législation sur les éponges, résultant du second décret, est plus compliquée, et cela se comprend en raison de la richesse de la marchandise. La pêche est divisée en deux catégories, celle dite *blanche*, relative aux éponges lavées et celle dite *noire*, relative aux éponges brutes. Pour se livrer à la première, il faut se munir d'une patente plus ou moins coûteuse suivant qu'il s'agit de barquettes pêchant au trident, ou de bateaux pêchant à la drague (gangava) ou de bateaux pêchant au scaphandre (art. 2). L'emploi de la gangava et du scaphandre sont interdits du 1er avril au 31 mai inclusivement et, à toute époque, en deçà de la ligne des fonds de 10 mètres, dans l'étendue de la mer de Bou-Grara, dans le canal d'Adjim, dans celui de Kerkennah, de Bordj Khadidja aux bouées lumineuses 0 et 1, et de Sfax à Sidi Youcef (art. 3). Tout bateau doit porter des signes de reconnaissance facilitant la police de la pêche (art. 4).

1463. Quiconque vent exercer la pêche noire doit se munir d'une patente qui est infiniment moins coûteuse (art. 5); les bateaux consacrés à cette pêche ne peuvent servir d'annexes à des bateaux exerçant la pêche blanche (art. 6); ils ne doivent employer que des engins autorisés (art. 7).

1464. Les patentes sont délivrées dans les ports ouverts au commerce; elles sont valables pour une année à partir du 1er juin pour la pêche noire, la gangava et le scaphandre, partant du 1er octobre pour la pêche blanche (art. 8); les demandes doivent être circonstanciées et visées par le consul de la nation du pétitionnaire (art. 9).

1465. Est prohibé tout trafic d'éponges en mer, ainsi que tout transbordement d'un bateau à un autre, exception faite pour les barquettes attachées à un bateau-dépôt; les éponges blanches ou noires doivent être apportées dans un des ports ouverts au commerce; à leur débarquement, elles sont présentées au préposé à la police de la navigation qui enregistre leur poids et leur nombre; ensuite les pêcheurs sont libres de disposer de leur pêche comme ils l'entendent (art. 10). Les ventes ne peuvent avoir lieu que par commissaire priseur, ou, à défaut, par un crieur public désigné par l'Administration ou la commune (art. 11). Il est perçu par l'officier chargé de la vente 1% (art. 12). Toute association secrète ou toute manœuvre entre les marchands d'éponges ou autres tendant à nuire aux enchères, à les troubler, ou à déprécier les cours donne lieu à l'application de l'art. 412 Code pén. français (art. 13).

1466. Les navires chargés de la police de la pêche portent des signes distinctifs (art. 14). Il est défendu de pêcher, de vendre ou d'acheter des éponges d'un diamètre inférieur à 5 centimètres sauf pour l'espèce *adjemi* ou *zimokha*; celles pêchées qui sont inférieures à cette dimension doivent être rejetées à la mer (art. 15). Les pêcheurs, transporteurs et détenteurs d'éponges sont tenus à laisser visiter leur marchandise et à subir tous contrôles (art. 16).

1467. Il y a une amende de 200 à 2000 fr. et un emprisonnement de 6 jours à 1 mois pour celui qui pêche sans patente et l'emprisonnement peut atteindre 3 mois pour celui qui le fait à la drague ou au scaphandre (art. 17), pour celui qui se livre à la pêche des éponges en temps prohibé, à l'aide d'engins prohibés ou hors des limites prescrites (art. 18); les produits de la pêche sont en outre saisis et confisqués (art. 19). Il y a 100 à 1000 fr. d'amende pour ceux qui détournent tout ou partie de la pêche d'un bateau pour l'expédier à l'étranger, ou qui sont convaincus d'avoir débarqué des éponges ailleurs que dans un port ouvert au commerce (art. 20). Une amende de 50 à 200 fr. peut être infligée à quiconque aura refusé de présenter sa patente aux agents de l'État ayant qualité pour constater les contraventions ou d'obtempérer aux réquisitions ou de se soumettre aux vérifications prévues en l'art. 16 (art. 21). Tout pêcheur d'éponges noires convaincu d'avoir livré tout ou partie de sa pêche à un pêcheur exerçant la pêche blanche, tout pêcheur qui, n'étant pas muni de patente pour la pêche blanche, aura à son bord des éponges lavées, tout pêcheur exerçant la pêche blanche qui sera convaincu de s'être procuré tout ou partie des éponges recueillies par un pêcheur d'éponges noires, quiconque aura pêché ou fait pêcher ou acheté, vendu, transporté des éponges n'atteignant pas le minimum réglementaire, est passible d'une amende de 100 à 500 fr. sans préjudice de la confiscation des éponges saisies en délit (art. 22). Toute autre contravention au présent décret est punie d'une amende de 16 à 100 fr. (art. 23) et au cas où il y a cumul de contraventions, la peine la plus forte est seule appliquée (art. 24). En cas de récidive, les peines édictées peuvent être élevées au double; il y a récidive lorsque, dans les deux années précédentes, à compter de la date du fait incriminé, il aura été rendu contre le délinquant un jugement passé en force de chose jugée pour contravention au décret réglementant la pêche des éponges ou aux arrêtés pris en conformité desdits décrets (art. 25). Sont déclarés responsables des amendes prononcées: les armateurs, affréteurs, consignataires des bateaux de pêche, à raison des faits des patrons et équipages, les pères, tuteurs, maris et maîtres, à raison des faits des mineurs, femmes, préposés et domestiques, à moins qu'ils ne prouvent qu'ils n'ont pu empêcher le fait qui donnerait lieu à cette responsabilité (art. 26).

1468. Les contraventions sont constatées par procès-verbaux des capitaines ou patrons des embarcations garde-pêche, des agents du service de la Navigation et des Pêches, des agents de la force publique, des agents des diverses administrations et régies financières et de tous agents spéciaux assermentés à cet effet; les procès-verbaux font foi jusqu'à preuve contraire; ils sont dispensés de l'affirmation. A défaut de procès-verbaux, les contraventions peuvent être prouvées par tous moyens de droit (art. 27).

1469. L'Administration des finances a le droit de poursuite (art. 29) et celui de transaction pour les infractions prévues aux art. 17, 20 et 22 (art. 31). Les objets saisis sont conservés jusqu' au jugement, à moins qu'ils ne soient sujets à dépérissement, auquel cas ils sont vendus par les commissaires priseurs ou crieurs publics, pour le prix être attribué à qui de droit (art. 28).

Table des matières.

Avant-propos.

Première partie. Organisation politique et administrative de la Tunisie.

Chapitre III. Police sanitaire.

A. Police intérieure.

B. Police sanitaire des animaux.

C. Police des transports.

Chapitre IV. Chasse.

Chapitre V. Réglementation des transports.

Chapitre VI. Réglementation des ports.

Chapitre VII. Police de la navigation.

www.ingramcontent.com/pod-product-compliance
Ingram Content Group UK Ltd.
Pitfield, Milton Keynes, MK11 3LW, UK
UKHW020316230726
13925UKWH00002B/456

9 782013 546867